智能网联和新能源汽车
战略性新兴领域"十四五"高等教育系列教材

智能电动汽车产品开发与管理

主　编　廉玉波　陈潇凯
副主编　刘坚坚　赵炳根　钟益林　曾　董
参　编　彭邦煌　徐金泽　张惠林　周　荣　谭　易　高士艳

本书以智能电动汽车为对象，结合整车开发管理传统模式和智能电动汽车开发管理新模式，从全生命周期视角论述了智能电动汽车产品开发与项目管理流程，系统地展现了各流程的概念、步骤以及关联，并融入实际工程案例。本书特别介绍了汽车软件的开发与管理在智能电动汽车项目中的工作流程和技术要点，以及创新驱动的汽车产品开发与管理。本书可作为普通高等院校车辆工程、新能源汽车及智能汽车等相关专业的教材，也可作为智能汽车、新能源汽车等相关行业的专业技术人员的学习参考资料。

图书在版编目（CIP）数据

智能电动汽车产品开发与管理 / 廉玉波，陈潇凯主编. -- 北京：机械工业出版社，2024.9. --（战略性新兴领域"十四五"高等教育系列教材）. -- ISBN 978-7-111-76815-9

Ⅰ. F407.471

中国国家版本馆 CIP 数据核字第 2024TL4204 号

机械工业出版社（北京市百万庄大街22号　邮政编码100037）
策划编辑：何士娟　　　　　责任编辑：何士娟　章承林
责任校对：潘　蕊　张　征　封面设计：张　静
责任印制：常天培
北京机工印刷厂有限公司印刷
2024年9月第1版第1次印刷
184mm×260mm · 22.75 印张 · 1 插页 · 508 千字
标准书号：ISBN 978-7-111-76815-9
定价：79.90 元

电话服务　　　　　　　　网络服务
客服电话：010-88361066　机 工 官 网：www.cmpbook.com
　　　　　010-88379833　机 工 官 博：weibo.com/cmp1952
　　　　　010-68326294　金　书　网：www.golden-book.com
封底无防伪标均为盗版　机工教育服务网：www.cmpedu.com

编委会

主　任：廉玉波　陈潇凯

副主任：刘坚坚　赵炳根　钟益林　曾　董

委　员：彭邦煌　徐金泽　张惠林　周　荣
　　　　谭　易　高士艳　兰滢滢　莫丹贝
　　　　李　莹　万贝贝　罗经纬　王晓巍
　　　　黄　笛　黄闪闪　杨　荣　朱兴佳
　　　　赵一书　赵彩云　任雪凝　钟　凌
　　　　秦启友　黄普春　史沛瑶　杨众凯
　　　　王　皓　王　楠　郭春光　许晓冬
　　　　范　波　熊洪斌　方　旭　罗锦文
　　　　曾　多　彭文杰　李　松　蔡娅妮
　　　　邱旭波　陈润鑫　温桂林　熊前竹
　　　　陈　松　刘月晗　冯佳乐　李千卉
　　　　梁永源　王笑宇

（排名不分先后）

丛书序

全球汽车产业正快速进入以电动化、智能化为主的转型升级阶段，汽车产业生态和竞争格局正加剧重构，中国汽车强国之路面临着前所未有的机遇与挑战。智能网联新能源汽车产业的快速变革，推动汽车产业对人才能力需求的根本性改变。作为人才培养过程中的基础性核心要素，专业教材建设工作应为高质量人才培养体系提供坚实支撑，为人才培养提供知识载体，促使学生在知识学习中通过实践获得智慧，进而实现人才驱动产业高质量发展的倍增效应。

为全面贯彻党的二十大精神，深入贯彻落实习近平总书记关于教育的重要论述，深化新工科建设，加强高等学校战略性新兴领域卓越工程师培养，在教育部高等教育司和中国汽车工程学会的指导下，我们联合车辆工程相关专业的二十余所院校、十余家汽车及科技公司，共同开展了智能网联和新能源汽车战略性新兴领域"十四五"高等教育系列教材的建设工作。

本系列教材内容贯穿智能网联新能源汽车的全产业链，紧紧围绕立德树人的根本任务，用心打造培根铸魂、启智增慧的精品教材。同时结合信息时代、数字时代的学习特点，在教材建设过程中积极推进数字化转型，以更丰富的教材形态和内容供给助推育人方式变革。本系列教材建设旨在充分发挥教材作为人才培养关键要素的重要作用，着力破解战略性新兴领域高等教育教材整体规划性不强、部分内容陈旧、更新迭代速度慢等问题，加快建设体现时代精神、融汇产学共识、凸显数字赋能、具有战略性新兴领域特色的高等教育专业教材体系，牵引带动相关领域核心课程、重点实践项目、高水平教学团队建设，着力提升人才自主培养质量。特别值得指出的是，在本系列教材建设过程中，智能网联新能源汽车头部企业以极大的热情积极投入教材建设工作中，以丰富的工程实践反哺人才培养，高校和企业优势互补、加强协同，共同大力推进新时代、新形势下的汽车人才培养工作。

在智能网联新能源汽车高速发展的阶段，技术积累、梳理、传播和创新非常重要。本系列教材不仅可以为高等院校、汽车研究机构和企业工程技术人才培养提供非常有价值的内容，而且可以直接服务于电动汽车产业的自主创新，对深入推进供给侧结构性改革、提高我国电动汽车产业自主研发创新能力、提升自主品牌零部件和整车企业的竞争力、培育智能网联新能源汽车行业新动能，都具有非常重要的价值。

丛书总主编、中国工程院院士

2024 年 6 月

前言

全球汽车产业正处于电动化、智能化的浪潮之中，大量新技术、新产品的涌现持续推动着全球产业竞争格局的重构。产业的快速变革必将带来企业核心竞争力的根本性变化，并重新定义新时代汽车工程技术人才的能力需求。未来，汽车工程技术人才的培养不能仅局限于汽车技术本身，还要深刻理解产品策划、项目管理、用户体验、成本控制以及运营服务，不断提升沟通协作能力、结构化思维能力、领导力、全球化视野以及创新能力的培养成效。新时代汽车工程技术人才的培养不仅是高校的任务，也是企业义不容辞的责任。为了更好地满足未来社会和产业的发展需要，为中国汽车产业的转型升级与持续领先提供高质量的人才保障，高校和企业必须各司其职、加强协作，实现优势互补，共同大力推进新时代、新形势下的汽车人才培养工作。

为响应智能电动汽车产业发展需求，培育战略性新兴领域技术人才，比亚迪股份有限公司和北京理工大学联合编写了本书，希望能够为新能源汽车和智能网联汽车领域的学生和工程技术人员提供智能电动汽车产品的开发、管理系统知识，以使读者能够深入浅出地理解产品项目开发与管理的各个环节与流程等。本书深入产学研融合模式，将教学知识与实际工程案例充分融合，以适应智能电动汽车技术的快速迭代。

本书以智能电动汽车为对象，结合整车开发管理传统模式和智能电动汽车开发管理新模式，从全生命周期视角论述了智能电动汽车产品开发与项目管理流程，系统地展现了各流程的概念、步骤以及关联，并融入实际工程案例。作为汽车智能化的核心基础，特别介绍了汽车软件的开发与管理在智能电动汽车项目中的工作流程和技术要点。最后，面对技术的快速更迭和行业的急速变革，本书还讨论了创新思想对于汽车产品开发与管理的驱动作用。

本书的主要特点如下：

第一，紧跟产业发展前沿，充分反映国际科研和生产最新进展。从我国产业发展实际出发，充分反映产业发展的中国特色。

第二，注重理论教学与实践教学的融合，将我国民族汽车企业代表比亚迪的自主可控技术、真实产业案例、典型解决方案等融入教材。坚持思想性、系统性、科学性、生动性、先进性的统一，做到结构严谨、逻辑性强、体系完备。

第三，本书配套视频资源和"综合实践题"等多样化习题，使学生更易理解工程案例，深入思考国家相关政策，了解技术发展方向，全方位接触到真实工程问题和解决方案，切实提升解决复杂工程问题的能力。

本书在编写过程中，得到了孙逢春院士的指导，也得到了比亚迪股份有限公司兰滢滢等同仁，以及北京理工大学电动车辆国家工程研究中心林程、何洪文、王震坡、王志福、李千卉、梁永源、王笑宇等师生的大力支持。在此，对他们表示衷心感谢。

在本书完稿之际，对本书所列参考文献的作者致以诚挚感谢！书中引用不周之处，恳请同行学者海涵，帮助作者提出改正意见。由于作者学识有限，书中难免有疏漏和错误之处，恳请使用本书的高校师生和企业工程技术人员批评指正！

编　者

二维码清单

名　　称	二维码	页码	名　　称	二维码	页码
高效十二合一智能电驱系统		83	刀片电池包强化结构		338
CTB 技术原理		83	刀片电池包-卡车碾压测试		339
全场景智能脉冲自加热技术		120	刀片电池针刺试验		340
比亚迪智能充电技术		334			

　　本教材附带的数字资源均放置在机械工业出版社自主可控的公共服务平台——天工讲堂。该平台按照国家有关规定备案，可确保数字资源安全。

目 录

丛书序
前言
二维码清单

第1章 绪 论 　　1

1.1 智能电动汽车发展概述 　　1
1.1.1 新能源汽车发展背景 　　1
1.1.2 智能电动汽车发展现状 　　2
1.2 智能电动汽车产品开发项目的特征 　　4
1.2.1 产品开发及项目管理理论基础 　　4
1.2.2 汽车产品开发项目的特征 　　6
1.2.3 智能电动汽车与传统燃油汽车开发项目的差异性 　　8
1.3 汽车产品开发流程与项目管理的关系 　　9
思考与练习 　　10

第2章 整车开发流程 　　12

2.1 汽车产品开发的关键过程 　　12
2.1.1 产品规划阶段 　　12
2.1.2 概念开发阶段 　　14
2.1.3 工程设计阶段 　　17
2.1.4 样车试验阶段 　　19
2.1.5 投产上市阶段 　　21
2.2 汽车产品开发的主要工具 　　23
2.2.1 产品质量先期策划（APQP） 　　23
2.2.2 潜在失效模式及后果分析（FMEA） 　　23
2.2.3 测量系统分析（MSA） 　　25
2.2.4 统计过程控制（SPC） 　　26
2.2.5 生产件批准程序（PPAP） 　　27
2.3 工程案例：某纯电动车型开发工作时序图 　　28
思考与练习 　　30

第3章 开发项目规划立项 　　32

3.1 目标市场定义 　　33
3.1.1 市场细分梳理 　　33

	3.1.2 目标市场选择	33
	3.1.3 目标市场定位	35
3.2	用户需求分析	35
	3.2.1 族群划分与选择	35
	3.2.2 用户画像	36
	3.2.3 用户需求挖掘	37
	3.2.4 用户需求筛选	40
3.3	商业需求分析	42
	3.3.1 企业理念体系	42
	3.3.2 企业经营战略	42
	3.3.3 产品业务组合及投资顺序	43
3.4	产品战略与企业能力评估	45
	3.4.1 产品战略概述	45
	3.4.2 产品战略的企业实现	47
3.5	竞争车型对标	49
	3.5.1 竞争车型对标概述	49
	3.5.2 竞争车型对标流程	50
	3.5.3 竞争车型对标趋势	54
3.6	政策法规分析与导入	55
	3.6.1 汽车政策要求	56
	3.6.2 汽车标准法规要求	56
	3.6.3 汽车标准法规导入与管理	57
3.7	开发需求转化	60
	3.7.1 开发需求转化概述	60
	3.7.2 开发需求管理	61
	3.7.3 关键清单和文档	61
3.8	商业计划书编制	63
	3.8.1 商业计划书制定流程	63
	3.8.2 商业计划书内容	64
3.9	工程案例：某纯电动车型开发项目规划	65
	3.9.1 市场现状分析及预测	65
	3.9.2 目标市场定义	66
	3.9.3 用户需求分析	67
	3.9.4 竞争车型对标	67
	3.9.5 开发需求转化	69
思考与练习		71

第4章　设计开发　　75

4.1	总体设计	76
	4.1.1 产品定位	76
	4.1.2 关键尺寸	77

4.1.3　关键性能　　78
　　　4.1.4　关键系统选型　　81
　　　4.1.5　功能定义　　86
　4.2　造型设计　　88
　　　4.2.1　整车尺寸框架定义　　88
　　　4.2.2　草图及效果图设计　　88
　　　4.2.3　数字模型建立　　89
　　　4.2.4　油泥模型制作　　89
　　　4.2.5　空气动力学分析　　90
　4.3　平台架构开发　　91
　　　4.3.1　平台基础框架定义　　92
　　　4.3.2　平台开发策略　　93
　　　4.3.3　标准化接口及通用化　　95
　4.4　性能集成开发　　98
　　　4.4.1　性能目标制定　　98
　　　4.4.2　性能指标分解　　99
　　　4.4.3　性能验证　　100
　　　4.4.4　性能评价与反馈调整　　102
　4.5　功能集成开发　　103
　　　4.5.1　功能目标制定　　104
　　　4.5.2　功能定义　　105
　　　4.5.3　功能分解　　107
　　　4.5.4　功能开发　　109
　　　4.5.5　功能验收　　113
　4.6　系统设计　　113
　　　4.6.1　电驱动系统　　113
　　　4.6.2　热管理系统　　117
　　　4.6.3　整车电子电气架构　　121
　　　4.6.4　智能底盘　　124
　4.7　工程案例1：某纯电动车型总体设计开发　　129
　　　4.7.1　核心竞品分析　　129
　　　4.7.2　项目产品定义　　129
　　　4.7.3　项目平台选型　　130
　　　4.7.4　整车框架分析　　131
　　　4.7.5　整车性能分析　　131
　　　4.7.6　整车功能分析　　132
　4.8　工程案例2：某车型八合一电驱动系统开发　　133
　　　4.8.1　电驱动系统需求及特征　　133
　　　4.8.2　八合一电驱动系统零部件功能　　134
　　　4.8.3　八合一电驱动系统开发流程　　134
思考与练习　　139

第 5 章　汽车软件开发与管理　　142

5.1　汽车软件开发　　144
- 5.1.1　软件开发模型　　146
- 5.1.2　软件需求分析　　147
- 5.1.3　软件架构设计　　149
- 5.1.4　软件详细设计　　151
- 5.1.5　软件代码编写与编译　　153
- 5.1.6　AI 在软件开发中的应用　　154

5.2　汽车软件测试　　155
- 5.2.1　软件单元测试　　156
- 5.2.2　软件集成测试　　159
- 5.2.3　软件合格性测试　　162
- 5.2.4　AI 在软件测试中的应用　　163

5.3　汽车软件开发管理　　165
- 5.3.1　软件开发项目管理　　166
- 5.3.2　软件开发质量管理　　168
- 5.3.3　软件开发配置管理　　170
- 5.3.4　软件开发变更管理　　171

5.4　汽车软件策划与迭代　　172
- 5.4.1　软件策划　　173
- 5.4.2　软件升级能力建设　　173
- 5.4.3　软件升级管理　　174
- 5.4.4　软件运营　　175

5.5　工程案例：某车型电动尾翼系统软件开发　　176
- 5.5.1　软件需求分析　　176
- 5.5.2　软件架构设计　　177
- 5.5.3　软件详细设计　　180

思考与练习　　182

第 6 章　试制与试验验证　　185

6.1　试制开发流程　　186
- 6.1.1　试制策划　　186
- 6.1.2　试制生产　　189
- 6.1.3　试制总结　　192

6.2　整车试制开发　　192
- 6.2.1　整车试制准备　　193
- 6.2.2　整车试制生产　　193
- 6.2.3　整车试制生产问题及工程变更管理　　197
- 6.2.4　整车试制安全注意事项　　198

6.3　试验验证与管理　　200
- 6.3.1　汽车试验目的及类型　　200

	6.3.2	汽车开发试验体系与管理	201
	6.3.3	汽车开发试验流程	208
6.4	型式认证试验与公告		213
	6.4.1	汽车认证制度概述	213
	6.4.2	汽车产品认证流程	216
	6.4.3	法规一致性检查	218
6.5	工程案例：某车型智能驾驶系统试验开发		219
	6.5.1	产品规划阶段	219
	6.5.2	概念开发与工程设计阶段	222
	6.5.3	样车试验阶段	223
	6.5.4	投产上市阶段	227
思考与练习			228

第 7 章　开发项目管理　　　231

7.1	项目管理工作内容		232
	7.1.1	项目管理的目的及作用	232
	7.1.2	项目管理的十大知识领域	232
	7.1.3	项目管理的五大过程组	233
7.2	项目团队		237
	7.2.1	项目团队管理	237
	7.2.2	项目团队组建及职责分工	240
7.3	项目范围管理		242
	7.3.1	主要工作及步骤	243
	7.3.2	知识、工具与技术的使用	244
7.4	项目进度管理		247
	7.4.1	主要工作及步骤	247
	7.4.2	知识、工具与技术的使用	249
7.5	项目成本管理		251
	7.5.1	主要工作及步骤	252
	7.5.2	知识、工具与技术的使用	255
7.6	项目质量管理		258
	7.6.1	主要工作及步骤	258
	7.6.2	知识、工具与技术的使用	268
7.7	项目采购管理		270
	7.7.1	主要工作及步骤	271
	7.7.2	知识、工具与技术的使用	275
7.8	工程案例：某车型主驾驶座椅项目成本管理		276
	7.8.1	对象选择	276
	7.8.2	价值分析	277
	7.8.3	方案实施	278
思考与练习			279

第8章 产品生命周期管理与开发改进　　282

8.1 汽车产品生命周期管理　　282
- 8.1.1 汽车产品生命周期管理内涵　　283
- 8.1.2 单车型生命周期管理主要内容　　284
- 8.1.3 多车型生命周期管理主要内容　　287

8.2 汽车产品优化和开发改进流程　　288
- 8.2.1 产品现状及问题分析　　288
- 8.2.2 产品优化方向和目标确定　　290
- 8.2.3 产品优化方案的制定与开发　　291
- 8.2.4 改款产品的上市导入　　292

8.3 工程案例：某车型生命周期管理与产品开发改进　　293
- 8.3.1 产品诊断及市场分析　　293
- 8.3.2 政策导向、企业规划梳理　　295
- 8.3.3 改款策略制定　　295
- 8.3.4 改款车型市场表现　　298

思考与练习　　299

第9章 创新驱动的汽车产品开发与管理　　301

9.1 技术创新的概念　　301
- 9.1.1 创新的重要性　　301
- 9.1.2 创新的概念　　302
- 9.1.3 创新的过程　　303
- 9.1.4 技术创新的概念　　304
- 9.1.5 技术创新的类型　　305
- 9.1.6 技术创新的驱动方式　　306

9.2 技术演进规律　　310
- 9.2.1 技术系统进化发展的S曲线　　310
- 9.2.2 技术生命周期　　312
- 9.2.3 第二曲线模型　　313
- 9.2.4 创新生命周期　　314

9.3 技术创新方法　　316
- 9.3.1 SWOT分析方法　　316
- 9.3.2 QFD方法　　320
- 9.3.3 头脑风暴法　　323
- 9.3.4 TRIZ方法　　324

9.4 创新管理　　328
- 9.4.1 创新管理的框架　　328
- 9.4.2 创新管理的困境　　329
- 9.4.3 管理的不确定性　　329
- 9.4.4 不确定性的管理应对　　330
- 9.4.5 创新管理的工具　　331

	9.4.6　创新管理的流程	333
	9.4.7　创新管理的关键因素	334
9.5	工程案例	**336**
	9.5.1　比亚迪电池系统的发展	336
	9.5.2　刀片电池系统创新方案	337
思考与练习		343

参考文献　　　　　　　　　　　　　　　　　　　　　　　　　　　　　**346**

第 1 章
绪 论

> **学习目标**
> 1. 了解电动汽车和智能电动汽车的发展历程,理解为什么电动化是智能化的基础。
> 2. 理解智能电动汽车与传统燃油汽车项目的共性特征与差异性特征。
> 3. 理解产品开发流程与项目管理之间的逻辑关系。

全球汽车产业正快速步入以电动化、智能化为主的转型升级时代,在国家政策的持续引领下,国内新能源汽车产业蓬勃发展,并在智能电动汽车领域展现出显著的先发优势与市场成效。本章首先从产品层面出发,论述全球新能源汽车发展背景以及国内智能电动汽车发展现状,阐明智能电动汽车在电力驱动和智能化方面的两大显著特征。其次,从产品管理角度,介绍不同项目管理知识体系的区别,在此基础上对传统汽车产品开发项目的特征进行归纳,辨析智能电动汽车项目与传统燃油汽车项目的差异。最后,对汽车产品开发流程与项目管理之间的逻辑关系进行分析。

1.1 智能电动汽车发展概述

1.1.1 新能源汽车发展背景

现代内燃机汽车自 1886 年问世以来,长期占据全球汽车市场的主流。电动汽车虽然早于内燃机汽车出现,但受限于当时动力蓄电池技术水平低以及成本居高不下的状况,其发展远远落后于同期的燃油汽车。

随着 20 世纪中后期三次石油危机的爆发,以及锂电池、二次充电电池的突破,主要汽车生产国家和地区开始思考汽车工业电动化的转型发展道路。20 世纪末—21 世纪初,美国为摆脱石油依赖,将发展新能源汽车作为重要的产业方向,但其新能源汽车技术路线在纯电动、插电式以及燃料电池之间不断更替,同时由于电力的生产成本较高,行业内部整体对于发展电动汽车的意愿并不强烈。欧洲侧重于碳减排战略,新能源汽车早期以生物燃料汽车和燃料电池汽车为战略方向。同时，欧洲锂矿资源的缺乏导致其纯电动汽车的发展并不顺利，随着政策力度加大以及基础设施完善，目前也在纯电动汽车与氢燃料电池汽车技术研发和市场扩展上持续推进。日本一直致力于开展混合动力和燃料电池电动汽车的探索，近年来重点推进动力蓄电池、氢燃料电池的研究，并逐渐应用到电动汽车上。

我国一方面面临能源安全和高碳行业的难题，另一方面在以先进动力总成为代表的传统汽车核心技术上受国外技术壁垒的制约，因而发展新能源汽车成为国家的重要战略方向。相较于其他国家，我国在21世纪初便提出了"三纵三横"的矩阵式研发布局，在整车上布局纯电动、混合动力和氢燃料电池汽车，在关键零部件上加强电池、电机、电控等关键共性技术的攻关，之后又提出了纯电驱动战略，大力推动动力蓄电池全产业链建设以及纯电动汽车、插电式混合动力汽车的市场化应用。

不同国家及地区在战略选择、政策支持上的差异，使得新能源汽车产业的发展出现了不同的集聚效应。经过二十多年的技术研发和示范推广，中国新能源汽车实现了大规模产业化发展。截至2023年底，我国新能源汽车产销量已实现连续9年全球第一，产业链上下游有效贯通，电池、电机、电控等核心电动化技术基本实现自主可控，产业总体发展水平处于国际首位。2023年，我国新能源汽车产销量全球占比超过60%，国内新能源汽车渗透率超过30%，远超其他国家及地区，新能源汽车产业已成为中国先进制造业的代表。

1.1.2　智能电动汽车发展现状

对于汽车的智能化发展，由于理论体系、底层技术、政策方针、配套产业的缺失，在20世纪主要处于研究阶段，没有取得突破性成果。进入21世纪，随着全球半导体、传感器、人工智能算法、移动通信网络等技术的快速发展，特别是汽车电动化技术的成熟，持续推动智能电动汽车产品的出现与更迭。

党的十八大以来，我国政府积极推动智能网联汽车的发展，将其视为解决交通安全、道路拥堵、能源消耗和环境污染问题的重要手段，从而驱动汽车行业科技变革、加快升级。随后，国务院及工业和信息化部、公安部、交通运输部等部门先后发布一系列政策标准和意见，指导和规范国内智能网联汽车产业发展。2020年，国家发展改革委等部门发布了《智能汽车创新发展战略》，从技术创新、产业生态、基础设施、法规标准、产品监督和网络安全六大方面确定了智能汽车建设发展体系。2021年3月，工业和信息化部研究成立智能网联汽车推进组，进一步促进整车电动化和智能网联等技术的创新融合。从产业角度上看，在国家政策的持续引导下，受益于全球最大的新能源汽车产业链，智能电动汽车技术在中国飞速发展，并逐渐成为当下中国新能源汽车产品的竞争焦点。2014年，特斯拉正式进入中国市场，随后一大批智能电动汽车企业成立并提出自身的电动化与智能化方案。2019年后，智能电动汽车在中国市场迎来了发展机遇期，本土产业链不断完善、生产制造成本得到有效控制，加速了智能电动汽车的量产与交付速度，比亚迪、蔚来、理想、小鹏等企业纷纷推出具备自身产品特色的智能电动汽车产品。2021年以来，随着我国新能源汽车产业进入市场化阶段，智能电动汽车也随之进入了蓬勃发展的扩张期，传统车企与新势力车企不断推出具备高安全、高性能以及高智能化水平的电动汽车产品，智能电动汽车已经成为今后新能源汽车市场的主流。

智能电动汽车一般是指以电能为主要驱动动力、拥有空中下载技术（Over-the-Air Technology，OTA）升级能力，以及配备智能驾驶和人车交互智能座舱功能的车辆。智能电动汽车被视为电动汽车和智能网联汽车二者的结合，有着电力驱动和智能化发展两大显著特征，是当下新能源汽车发展中最重要的细分品类。

电力驱动代表着汽车能源和驱动系统的技术变革。汽车电动化是汽车智能化的基础，电动汽车则是目前智能汽车的最佳载体，这主要体现在以下三个方面：

1）从能源供给和电平衡的角度来看，传统燃油汽车的供电系统由发动机和蓄电池组成，受限于发动机的热效率，其发电功率难以满足日益增长的智能化技术电耗需求；而电动汽车普遍采用DC-DC变换器进行供电，能够将动力蓄电池的高压向低压转化，为各类电耗单元提供电能，相比传统燃油汽车转换效率更高、输出稳定性更好、体积质量更小，具备智能化的先天优势。

2）从动力系统的结构和控制来看，电动汽车用三电系统代替传统燃油汽车的发动机以及传动系统，在结构上集成度更高，在各种工况下动力控制的精确性与响应速度远高于传统内燃机。同时，随着汽车电子电气架构向中央集中式发展，电驱动系统能够实现与智能化技术的充分融合，形成智电融合技术和智能控制系统，为汽车智能化功能的应用提供了良好的技术基础。

3）从车网互动和网联融合的角度看，电动汽车不仅是单车智能的基础，更是整个新能源技术体系的重要成分。随着电动汽车以及充电设施的普及升级，电动汽车能作为短周期储能设备做到与新能源电力的车网互动，从而带动交通与能源系统的全面电动化进程，实现能源结构的持续绿色低碳优化。在电力驱动的作用下，汽车已不仅仅是一个配备电子功能的机械出行工具，而是逐渐转变为大型智能移动终端，为人们提供更安全、更丰富、更舒适的出行体验。

智能化发展代表着汽车控制技术和运行使用方式的变革。当下汽车智能化发展主要聚集于智能驾驶、智能座舱和智能网联等领域，与智能网联汽车的概念一致。智能驾驶作为汽车智能化的核心组成，能够基于对周围环境的感知、分析、判断进行决策和执行，通过辅助驾驶、智能安全、车辆智能控制以及智能地图等实现智能驾驶行车及智能泊车等功能。智能座舱作为人车交互的入口，以人车交互、车联网等作为基础支持，能为用户提供智能化的驾驶操纵体验以及乘车娱乐。智能座舱的出现使得汽车内部空间正朝着第三生活空间转变。智能网联代表着汽车融合现代通信与网络技术，从而实现车辆与人、路、云、网等外部节点的智能信息交换共享与协同控制，以达到车辆安全、高效行驶。而作为智能网联功能的重要组成，OTA技术可实现智能电动汽车终端设备的持续迭代更新，是智能驾驶及智能座舱的关键支撑技术。目前，市场上的智能电动汽车大多是以纯电动汽车为载体，典型的智能电动汽车产品如图1-1所示。

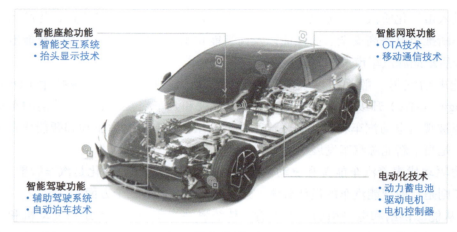

图 1-1　智能电动汽车典型产品

总体上看，智能电动汽车产品仍处于初期阶段，各类新技术将围绕着电动化、智能化和网联化不断推陈出新，驱动汽车产业变革。电动化将催生新型集中式或一体化的电子电气架构，为智能网联技术的应用提供最佳载体，智能网联技术又会反向促进电动化技术的革新，全面支撑着智能电动汽车实现单车智能和网联赋能协同发展。在单车智能方面，电动化技术和智能化技术将打破现有边界，实现更加充分的融合。新一代电子电气架构将以中央计算平台为核心，对动力域、底盘域、车身域、智能驾驶域、智能座舱域等进行功能协同与智能控制。跨域融合的智能控制技术将不断涌现，如智能底盘、智能车身控制、高阶智能驾驶等创新技术，将赋予智能电动汽车产品新的功能及展现形式。网联化技术的不断突破将进一步实现"车—能—路—云"的全新融合产业生态，不仅为高阶智能驾驶提供有力支撑，更将汽车、电池、交通、信息、能源系统等多个领域结合成一个不可分割的整体。车端—云端的大数据信息联动，可实现对整车的能耗监控、故障预警与行车分析；车路融合可以为自动驾驶提供超越感知视野的认知智能，提升自动驾驶技术安全性；电动汽车与能源系统的协同，将对提高电网调峰调频能力、消纳可再生能源等发挥重要作用，助力构建清洁低碳、安全高效的新型能源体系。

1.2　智能电动汽车产品开发项目的特征

智能电动汽车作为汽车工业创新发展的新一代科技产物，需要应用科学、系统、动态、协调的开发模式和管理手段来保证项目的高效推进以及产品的成功上市。

1.2.1　产品开发及项目管理理论基础

1. 产品开发流程框架

在制造业企业的主要业务中，产品开发被认为是投入资源最多、管理难度最大、流程最为复杂的一个系统，需要规范的产品开发流程以及协调的人员组织管理才能保障产品开发项目的成功。目前，汽车零部件及整车产品的开发流程主要参照产品质量先期策划（Advanced Product Quality Planning，APQP）或全球整车开发流程（Global Vehicle Development Process，GVDP）而构建。APQP包含了计划和确定项目、产品设计开发和验证、过程设计开发和验证、产品和过程确认，以及反馈、评定和纠正措施五个阶段，适用于汽车中小型零部件或总成产品的开发。GVDP主要包含了战略阶段、概念阶段、开发阶段、产品及生产成熟阶段，适用于大型复杂的整车产品开发。针对电子设备等快速迭代类产品，则主要采用集成产品开发（Integrated Product Development，IPD），其在流程上主要包含概念、计划、开发、验证、发布、生命周期管理等阶段，在目标节点与侧重上与APQP和GVDP存在差异，如图1-2所示。同时，随着我国汽车市场的迅猛发展，汽车产品升级换代的节奏不断加快，智能电动汽车产品在结构、功能、性能以及定位上与传统燃油汽车相比发生了很大的变化，由此对汽车产品开发流程的规范性和高效性提出了更高要求。

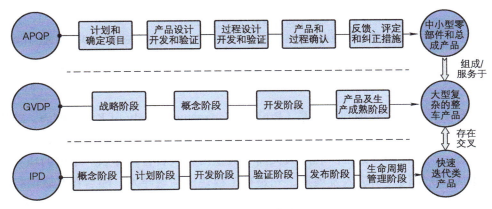

图1-2 产品开发流程

汽车产品开发流程是基于产品开发的业务逻辑，通过对历史车型开发经验的系统性总结，在充分考虑业务和能力发展的基础上，结合企业研发组织管理模式，形成的一套结构化、标准化的指导产品开发过程的文件体系。该流程是将汽车产品开发业务活动按照横向时序和纵向业务进行业务组合，并按照一定逻辑关系、层次关系呈现，结合汽车产品特征被划分为策划阶段、设计阶段、试制验证阶段及生产阶段等。该流程的核心价值在于有效指导整车产品开发全价值链业务活动的有序展开和集成管理，提高业务协同率，控制开发资源投入，实现产品开发项目从偶然成功走向必然成功。

2. 项目管理知识体系

现代项目管理的知识体系以及方法理论出现于20世纪40年代，以美国"曼哈顿计划"为代表性项目，将系统工程的思想及方法应用到项目管理当中，从而起到缩短项目周期的目的。之后，国际项目管理协会、美国项目管理协会、英国商务部先后推出了自身的项目管理知识体系，形成了一系列完整的项目管理知识概念，为众多行业的项目管理实践提供了理论参考。三大国际项目管理知识体系的对比见表1-1。

表1-1 三大国际项目管理知识体系

体系名称	制定组织	标准文件	体系特点	体系结构
PMBOK	美国项目管理协会	《项目管理知识体系指南》（第六版）	从知识层面对项目管理的基础概念及组成部分进行全面、完整的体系构建，强调项目管理的具体内容	① 项目基本概念：项目基本要素、项目运行环境、项目经理角色 ② 五大过程组：启动、规划、执行、监控、收尾 ③ 十大知识领域：整合、范围、进度、成本、质量、资源、沟通、风险、采购、相关方 ④ 四十九个子过程
ICB	国际项目管理协会	《国际项目管理专业资质认证标准》（3.0）	对项目经理进行能力评估，关注岗位胜任能力，强调项目经理应具备的知识和技能	① 二十八个核心要素：项目和项目管理、项目管理的实施、项目背景、项目阶段与生命周期、项目开发与评估、项目结构、项目启动、项目收尾等 ② 十四个附加要素：项目信息管理、业务流程、变化管理、系统管理、业务流程等
PRINCE2	英国商务部	《受控环境下的项目管理》（2009）	从操作层面对具体环境下应遵循的原则和措施进行说明，强调项目在具体环境中如何应对	① 七大原则：持续的业务验证、吸取经验教训、定义角色和责任、分阶段管理、例外管理、重点关注产品、根据项目环境裁减 ② 七大主题：商业论证、组织、质量、计划、风险、变更、进展 ③ 七大过程：项目准备、项目指导、项目启动、阶段控制、产品交付管理、阶段边界管理、项目收尾

从内容上看，项目管理知识体系（Project Management Body of Knowledge，PMBOK）从知识层面出发，对项目管理进行了系统性的体系构建，是目前全球最为广泛使用的项目管理体系之一。其在中国的推广程度大大高于其他两种项目管理体系。中国的项目管理实践从20世纪90年代开始进入发展期，先是在工程建设领域导入，随后在互联网行业得到推广，之后再转入汽车及制造业领域。随着21世纪中国经济的腾飞以及各类重大项目的开展，以PMBOK为代表的国际三大项目管理知识体系在中国得以全面铺开。

项目管理在PMBOK中被定义为"将知识、技能、工具与技术应用于项目活动，以达到项目要求的手段"。项目管理是为达成项目目标或项目要求所进行的一切管理活动，项目目标则是高质量、高效率地完成汽车产品开发的所有任务。因此，项目管理需要监督并管控产品开发的所有流程。整车企业的项目管理流程基本上建立于PMBOK，多数采用强矩阵式或混合矩阵式管理模式，包含对进度、质量、成本、收益或风险的管理。

1.2.2 汽车产品开发项目的特征

当下主流的项目管理知识体系在项目的概念界定上大体一致。PMBOK对项目的定义为"为创造独特的产品、服务或成果而进行的临时性工作"。此概念将项目定义为"一项工作"，并概括出项目的三个基本特征：临时性、独特性以及渐进明细性。在中国产业环境中，项目的定义一般采用PMBOK的说法，即将项目看作由临时性团队，在开放、不确定的环境中开展的一次性和创新性工作。

汽车产业投资额与规模巨大、上下游关联产业链长，相较于其他工业产品，汽车产品本身生产周期长、单价高、结构复杂，因此除了一般项目的特点外，还包含了需求导向、系统协调、驱动变革等特征。其主要内涵如下：

1）临时性：每个汽车产品开发项目都应有明确的启动时间和计划投产时间，需要在限定的时间内完成汽车产品的所有开发任务，当达到项目目标时，则表明该项目结束。但项目也可能由于项目目标无法实现、项目需求消失而被中止或延期。临时性代表着项目持续时间的确定性，但并不表明项目持续时间的长短，汽车项目的开发周期一般为2~5年，当确定的项目目标实现后，项目就会终止。

2）独特性：从内部角度看，汽车产品开发项目的独特性主要体现于整车或系统层面，如整车结构、材料技术、造型设计等的变化；从外部角度看，每个汽车产品开发项目所面临的团队构成、节点要求、目标市场或竞争环境都可能存在差异。各种区别的叠加使得汽车产品开发项目的独特性大大提升，这些独特的地方往往也是项目目标的关注点和项目风险的高发点，是汽车产品开发项目管控的重点。

3）渐进明细性：渐进意味着"这是一种分步骤、持续稳定增加的过程"，明细则意味着"工作需要仔细、详细以及通盘考虑"，渐进明细性则是综合临时性与独特性的项目整体属性。其含义表明虽然项目持续时间是确定的，但由于项目产品独特性的存在，在整车开发项目启动之初，项目团队只能对独特或显著点进行粗略或广泛的定义。随着项目团队对产品的理解更加深入和全面，这些特性就会逐渐精确和详尽，在项目终止前实现既定的项目目标。

4）需求导向：开发需求是产品开发项目启动和推进的内在原因，而相比其他工业制品，汽车产品开发项目需要同时考虑来自用户、商业、政策和法规、产品等多个方面的需求，任何一项需求的不满足都可能会影响开发目标的实现，甚至导致开发失败。用户需求包含了用户对汽车的功能、性能、美观、价格等多方面的要求，属于外部需求。商业需求体现在汽车产品开发项目承载着企业在产品利润、市场份额、行业话语权等方面的需求。政策和法规需求是汽车产品开发生命周期内所必须考虑和满足的强制性需求。产品需求是其他需求的产品化体现，通常依据用户需求、市场分析、竞品对比、新技术应用等因素综合决定，反映汽车产品或服务的具体形态，是产品开发的基础。

5）系统协调：汽车产品作为一项精细且复杂的工业制造品，具有十分复杂的工业生产流程。从构成上看，汽车产品包含近万个零件或千余个部件，其中部分零部件由供应商提供，不同零部件协同工作以实现系统或总成的特定功能。汽车产品包含动力系统、底盘系统、车身系统、电子电气系统、内外饰系统等主要部分，各主系统中又包含多个子系统。各系统需要协调统一，才能达成整车性能与功能目标。同时，汽车产品也是交通系统中的一部分，汽车系统需要与外部系统协调才能更好地实现产品功能应用及价值体现，从而保障行车安全并提供优越的用户体验。

6）驱动变革：每种汽车产品从设计开发到市场投放，都是一项较为长期且复杂的系统工程。汽车投产后在市场上存在着固有的生命周期，通常被划分为导入期、上升期、成熟期和衰退期，其时间长短与产品内外部需求密切相关，一般当汽车产品进入衰退期时就要考虑启动新开发项目。成功的产品开发项目能够改变汽车产品衰退的现状，并在保障安全性的同时具备更加多元化的功能与性能，以驱动产品技术革新和产业发展变革。

1.2.3　智能电动汽车与传统燃油汽车开发项目的差异性

智能电动汽车与传统燃油汽车的区别集中体现在电动力驱动系统以及汽车智能化系统上。传统燃油汽车的技术及工艺已然成熟，在新一轮科技革命中创新研发力度较小。随着智电融合技术的不断革新与迭代，两种汽车产品之间的差异将会持续扩大，并直接反映到产品销量上。2024年7月，中国新能源乘用车的市场渗透率已超过50%，较去年同期36.1%的渗透率提升了15个百分点。到2035年，渗透率有望超过90%。智能电动汽车已经逐渐成为环保、智能、经济以及未来汽车市场的主流选择。

汽车产品的区别同样也会反映在产品开发项目上。综合来看，相比传统汽车，智能电动汽车产品开发项目在特征内涵上更加丰富与系统化，项目管理水平也由规范化向精益化或效率化转变，主要差异如下：

1) **临时性依旧是项目的基本特征，但智能电动汽车项目的开发周期明显缩短**，较短的开发周期意味着需要较高的开发效率以及管理水平。短开发周期是技术进步和市场需求共同作用下的结果。近年来，主流智能电动汽车企业不断开展对系统集成、整车平台架构等技术开发项目的研究，为产品开发提供充分的技术支撑，客观上缩短了开发周期。同时，在项目管理组织模式上也由项目式、矩阵式向复合式转换，以适应不同车型、不同需求下的项目开发，提高综合效率。

2) **扩大化的竞争环境带来多元化的需求以及个性化的产品**。进入智能电动汽车时代，全面市场化使得各类汽车产品丰富而多样，新开发项目的启动必须要考虑到多元化的需求才能保障自身产品具备足够的竞争力。具体而言，无论是电动化技术还是智能化技术，都要满足用户对于安全和舒适的需求。安全性除了要求电动力系统的运行安全外，还包含了智能驾驶技术的控制安全、智能网联技术的功能安全、信息安全等；舒适性要求其具有良好的整车性能、续驶里程、驾乘体验等，同时提供包含娱乐和辅助功能的智能座舱技术等。在政策和法规要求方面，燃油汽车的标准体系建设已完善充足，而智能电动汽车的开发需要考虑标准法规的适用性及变化。在商业需求方面，由于国内智能电动汽车技术水平和产业规模居全球首位，以及近年来国内市场竞争持续加剧，海外市场的开拓需求也逐渐凸显。

3) **系统协调的复杂程度和算力要求在不断扩大**。随着汽车电动化、智能化、网联化技术的更新与迭代，智能电动汽车具有更多复杂的电子电气部件和智能控制部件，传统的分布式电子电气架构难以满足日益增长的控制功能及算力需求，具备更为强大的算力支持系统成为企业的重点研发对象。软件是智能电动汽车实现其功能和性能的核心要素，软件设计开发也成为整车开发流程中一项重要构成。以硬件为主的电子电气架构正转向以软件架构为核心的中央集成控制计算系统，软件的开发也不再是基于某一固定硬件的开发，而是可移植、可迭代和可拓展等特性的系统融合开发。

4) **驱动变革的效应越发明显**。技术的快速更迭与竞争化的市场环境使得汽车产品的生命周期大大缩短。汽车企业必须推出更高品质、更高价值的产品才能维持竞争力,因此需要根据市场变化对产品进行持续更新。产品的快速研发带来了市场的繁荣与技术的积累,不断催动着汽车产业的电动化与智能化转型发展,新能源汽车已成为新一轮科技革命中最具代表性和战略性的重要载体之一。

1.3 汽车产品开发流程与项目管理的关系

智能电动汽车产品开发项目是为了创造一款智能电动汽车而进行的临时性工作,具有明确的项目起止时间、特定的电动化与智能化性能水平目标、确切的工作范围以及定量的项目预算,并有着明显的多元化需求导向、复杂性系统协调以及驱动产业转型变革的特征。产品开发流程需要考虑汽车产品的基本属性,从产品规划、概念开发、工程设计、样车试验及投产上市各阶段进行动态调整与稳步递进。项目管理则是为达到项目目标,对智能电动汽车产品开发项目进行全方位和全过程的策划、组织、管控和协调的总称。项目管理要在特定资源的约束下成功达成预定目标,必须合理地平衡项目开发管理、整车质量、性能目标、研发成本、时间周期、项目风险和动态信息等多种相互矛盾的要求,重点在范围管理、进度管理、成本管理、质量管理、采购管理等领域对项目进行全过程的管理。智能电动汽车产品项目特征、产品开发流程以及项目管理领域的逻辑关系如图1-3所示。

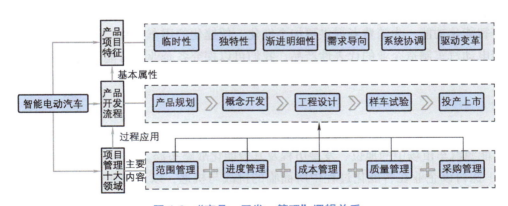

图1-3 "产品—开发—管理"逻辑关系

综上所述,汽车产品的开发是一项长期且复杂的系统性工程,需要建立完整的项目管理方法论与措施来实现标准化及规范化管理。智能电动汽车和传统燃油汽车在系统及性能层面上存在明显差异,影响了汽车产品开发过程中的各个阶段,进而导致后续管理各流程存在不同。为了确保智能电动汽车的质量和性能达到预期的标准,开发团队需要制定一系列协同递进的开发流程,并在整个开发流程中实施全面的差异化、标准化、效率化管理,以便更好地应对新技术、新模式、新市场带来的挑战和机遇。

思考与练习

一、简答题

1. 典型的产品开发流程 APQP、GVDP、IPD 分别包括哪些主要阶段？分别适合于什么类型的产品开发任务？
2. 什么是汽车产品开发流程？其主要包括哪些阶段？其主要功能是什么？
3. 三大国际项目管理知识体系 PMBOK、ICB、PRINCE2 的特点和主要结构分别是什么？
4. 什么是项目管理？项目管理的目的是什么？
5. 汽车产品开发项目的特点是什么？

二、综合实践题

1. 随着全球新能源汽车市场的快速发展，智能化已经成为汽车产业未来的核心竞争力之一。每一家主流智能电动汽车制造企业在智能化的战略布局和实施路径上都有独特的方向和创新重点。无论是智能驾驶、智能座舱，还是电池管理系统和车联网，各企业都在围绕"智能电动汽车"进行广泛的技术投入和市场策略调整。例如：比亚迪凭借其"云辇"主动悬架系统和自研的车载操作系统，在技术创新和产品智能化方面持续发力，稳步提升市场地位；蔚来则通过其 NIO Pilot 智能驾驶辅助系统和创新的换电模式，为消费者提供独特的智能化体验；小鹏、理想等新兴品牌也纷纷推出智能座舱、先进辅助驾驶系统、自动泊车等智能化功能，为消费者提供更加个性化、便捷化的用车体验。通过深入分析这些主流智能电动汽车制造企业的代表性产品，我们可以探究各企业在智能化发展上的不同战略路径与技术布局。

题目要求：

1）选择一家主流智能电动汽车制造企业（如比亚迪、蔚来、小鹏、理想等），并介绍其在新能源汽车市场中的地位、发展历程及其智能化战略布局。

2）探讨该企业在智能化过程中所面临的挑战与机遇，以及如何通过技术创新、市场策略等手段应对行业竞争和市场需求变化。

3）选择 1～2 家其他主流智能电动汽车制造企业，简要介绍其智能化发展战略，并与所选企业进行对比分析。

2. 在全球汽车产业向可持续发展转型的过程中，电动化和智能化成为两大核心驱动力。电动化主要是指以电力为主要动力来源的新能源技术应用，如纯电动汽车（BEV）、插电式混合动力汽车（PHEV）等；智能化则主要体现在汽车的自动驾驶、智能座舱、车联网（V2X）等技术的应用。这两者相辅相成，共同推动了现代汽车工业的转型升级。

电动化为智能化提供了稳定的技术支撑，而智能化则能够进一步提升电动汽车的用户体验、驾驶安全性和能源管理效率。随着电池技术、自动驾驶技术和车载操作系统的发展，电动化与智能化的深度融合正在逐步改变汽车产品的形态和消费者的出行方式。为了更好地理解两者的关系，分析电动化与智能化的融合将有助于探索汽车行业未来的技术趋势与发展方向。

题目要求：

1）简要说明电动化和智能化的基本概念，分别描述两者在汽车产业中的主要应用。

2）通过案例分析，举例说明在智能电动汽车中，电动化与智能化是如何深度融合的。

3）讨论电动化与智能化的融合在提升车辆性能、驾驶体验、能源效率、产品差异化等方面的优势。

第 2 章
整车开发流程

> **学习目标**
> 1. 理解遵照整车开发流程并科学地开展汽车产品开发各项工作的必要性。
> 2. 理解汽车产品开发主要阶段的基本概念和工作要点。
> 3. 能够应用汽车产品开发的主要工具,开展初步的策划、分析工作。

整车开发流程是汽车从概念设计、产品设计、工程设计到制造,再到转化为商品的整个过程中的各业务部门责任和活动的描述。相比传统燃油汽车,智能电动汽车具有更多复杂的电子电气部件和智能控制部件,因此需要考虑系统工程、软件工程、功能安全、预期功能安全、信息安全等方面,基于汽车传统开发流程进行融合优化,建立更适合智能电动汽车的整车开发流程。本章主要介绍智能电动汽车整车开发流程的基本概念、五个关键阶段(产品规划、概念开发、工程设计、样车试验、投产上市)、五大主要开发工具(APQP、FMEA、MSA、SPC、PPAP),以及与之相关的关键技术和实际工程案例。

2.1 汽车产品开发的关键过程

整车开发流程主要包含产品规划、概念开发、工程设计、样车试验、投产上市五个阶段。为了更好地对各阶段工作进行管控,汽车企业在关键阶段上细化出不同的控制节点,如造型设计、工程设计发布等。该节点可称为里程碑(阀点),是项目策划和控制的检查点,可对项目状态进行全方位评估,以便及时识别风险和缺口,提出并执行消除风险和缺口的措施。各阶段的主要里程碑(阀点)和控制目标如图 2-1 所示。

2.1.1 产品规划阶段

1. 概念

产品规划阶段是产品型谱向产品项目的转化阶段。在这个阶段,需要完成企业对原有产品型谱和未来产品战略的再平衡,决定是否启动产品项目的开发工作。这一阶段的工作重点是深入地分析产品在产品型谱中的定位、产品项目需要达到的边界条件，比如销量、投资、成本、产品特征、开发周期、盈利能力等。

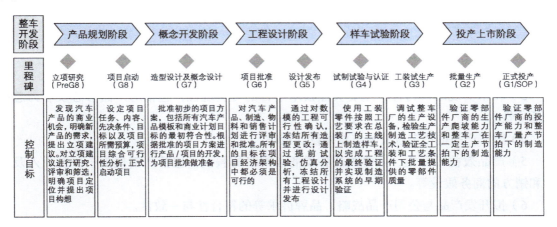

图 2-1　各阶段的里程碑及控制目标

注：里程碑的名称不是唯一的，名称、编号可自行定义。

2. 主要工作内容

产品规划阶段主要包括立项研究和项目启动，活动涉及的主要部门有：市场、造型设计、财务、品质、项目管理及产品开发等。本阶段的里程碑、控制目标、关键活动见表 2-1。

表 2-1　产品规划阶段的里程碑、控制目标、关键活动

开发阶段	里程碑	控制目标	关键活动
产品规划阶段	立项研究（PreG8）	发现汽车产品的商业机会，明确新产品的需求，提出立项建议。对立项建议进行研究、评审和筛选，明确项目定位并提出项目构想	① 产品规划部门牵头各产品部门为车型项目的批准进行战略准备，包括目标市场定义、用户需求调研与输入、商业需求分析与输入、产品战略与企业能力、竞争车型对标、政策要求与标准法规等 ② 技术趋势分析，新技术、新工艺、新材料的应用分析 ③ 定义项目基本需求，分析资料需求 ④ 造型方向性草图 ⑤ 批准项目研究的预算 ⑥ 项目的经济影响评估，确定项目宏观目标和计划
	项目启动（G8）	设定项目任务、内容、先决条件、目标以及项目所需预算，项目综合可行性分析，正式启动项目	① 分析市场需求转化为工程开发需求的前景 ② 制定项目产品策略、产品定义、产品商品性评价 ③ 制定整车项目进度计划 ④ 造型预认可 ⑤ 造型相关长周期的供应商清单 ⑥ 制定初始质量目标 ⑦ 签批项目所需的预算，包括长周期投资 ⑧ 分析项目商业转化的可行性 ⑨ 批准《项目立项书》或下发预立项通知

产品规划阶段首先需要评估整车立项需求；其次，根据市场调研和竞争车型分析进行整车项目初步规划，并进行整车开发可行性评估，完成整车初始目标编制，包括项目主计

划、市场目标、质量及性能目标、财务目标及项目风险等；再次，管理层根据研究结果决定是否正式启动整车项目；最后，评审通过后输出《项目立项书》。

3. 主要关注点

1）宏观市场发展趋势，主要关注宏观政策、市场规模及法律法规。

2）细分市场发展趋势，主要关注市场规模、竞争关系及产品主要功能属性。

3）技术实现的可行性，主要关注技术平台的可实现性，包括对产品形态及动力总成的适应性。

4）整车产品造型定位及整车总体设计策略。

5）产品效益可行性，主要关注各类商务策略的假设，包括产销规模、研发投入及供方和销方的商务假设等。

6）拟开发产品与公司产品战略、品牌诉求等的符合性与一致性。

2.1.2 概念开发阶段

1. 概念

概念开发阶段是在产品规划明确并且可行性得到批准的基础上，完成汽车产品项目方案的开发。这些方案包括动力总成、智能网联、整车性能的目标、全尺寸主题模型、关键零部件的设计、整车的物料成本、制造规划、产品质量目标等。根据产品项目任务书设定的边界条件，细化市场、造型、工程和制造的需求，识别车型项目开发过程中的冲突。从产品规划阶段到概念开发阶段，所有汽车产品项目的策划信息、决策内容均需要通过产品项目任务书予以控制，以确保整车开发团队能够充分理解车型项目目标。

2. 主要工作内容

概念开发阶段主要包括造型设计和概念设计，活动涉及的主要部门有：市场、造型设计、财务、采购、品质、项目管理、产品开发等。本阶段的里程碑、控制目标、关键活动见表2-2。

表2-2 概念开发阶段的里程碑、控制目标、关键活动

开发阶段	里程碑	控制目标	关键活动
概念开发阶段	造型设计和概念设计（G7）	批准初步的项目方案，包括所有汽车产品模板和商业计划目标的最初符合性。根据批准的项目方案进行产品或项目的开发，为项目批准做准备	①完善项目综合可行性分析 ②完善整车需求定义、产品组合、配置 ③完成车型底盘架构、总布置和电驱动系统、智能化系统方案 ④造型认可，概念部分TG0部分数据发布 ⑤启动模拟样车试制 ⑥启动长周期模具件和中周期采购件的供应商选点 ⑦初步确定制造基地、制造方案、质量目标 ⑧确立项目经济性目标 ⑨项目主进度评估

概念开发阶段相关工作开展从以下七个方面进行，具体为：

1）总体设计：根据汽车的总体方案和功能属性要求，提出对各系统总成及零部件的布置要求和特性参数的设计要求，协调整车与系统总成、相关系统总成之间的布置关系及参数匹配关系，组成一个在给定条件下使用功能属性达到最优，并满足产品工程属性目标要求的整车参数和性能指标的汽车产品。

2）造型设计：基于总体布置确定的基本尺寸要求进行整车造型设计，主要包括造型方案选择和整车造型开发等工作。造型设计流程如图2-2所示，造型设计的草图和油泥模型如图2-3所示。期间，大部分汽车企业都会通过大量的专业评审和市场调研手段进行不断的修正和调整，以达到产品造型的适度领先，使其在竞争环境下的产品外观造型更胜一等。

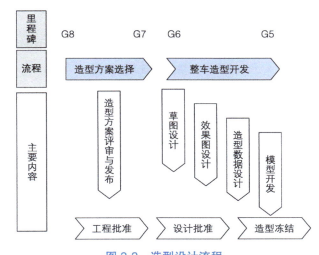

图2-2 造型设计流程

a) 造型设计草图　　　　　　　b) 油泥模型

图2-3 造型设计阶段相关示意

3）功能集成开发：根据用户体验和用户需求，从整车功能的角度考察各项技术指标是否完成，使整车系统达到功能最优。功能集成开发流程共分为五个步骤，如图2-4所示。智能电动汽车在功能目标制定时，还需要对整车的功能安全、预期功能安全、信息安全等进行分析，并定义安全目标。

图2-4 功能集成开发流程

4）性能集成开发：在概念开发阶段，不仅要考虑汽车的物理结构设计，还要考虑汽车结构所应具有的满足消费者需求的内在特征，这些特征称为汽车性能。因此在汽车产品开发过程中，需要同时满足消费者对汽车性能的需求。性能集成流程共分为四个步骤，如图2-5所示。整车性能开发主要包括动力性经济性设计、碰撞安全设计、噪声/振动与声振粗糙度（Noise Vibration Harshness，NVH）性能设计、计算流体动力学（Computational Fluid Dynamics，CFD）性能设计、底盘性能设计、车身性能设计、内外饰性能设计、电子电气性能设计、精致工程设计、异响设计、可靠性设计、挥发性有机化合物（Volatile Organic Compounds，VOC）性能设计、气味设计、禁限用物质设计、能耗管控设计以及重量管控设计等。此外，对于智能电动汽车还需要考虑高压安全、充电性能、电磁兼容（Electromagnetic Compatibility，EMC）以及智能驾驶相关的体验评价。

图2-5 性能集成开发流程

5）技术选型：在总体布置和造型边界的约束条件下，基于整车功能、性能属性及设计目标大纲，进行技术方案的多方案对比选择，包括高压系统、智能驾驶、动力总成、传动系统、转向系统、制动系统、悬架系统、燃油系统、电子电气架构、空调系统以及信息娱乐系统等。技术选型过程既要关注功能属性的实现，又要从供应体系、制造体系、结构形式等方面统筹考虑每个总成及零部件的成本问题，这是决定产品是否具有良好竞争力的核心过程，考验的是企业整体的核心竞争力，包括协同效率、技术能力、供应链管理能力等。

6）成本效益：在技术选型的基础上，开展零部件成本分析管控，并结合产品的市场定位、竞争关系、技术特性、制造方案设计等，进行产品投入产出分析，细化品牌推广、供方和销方的商务策略，并进行产品成本效益的全面分析，明确各板块的成本效益目标和管控要点，从而控制产品成本保证产品盈利，这是整车企业可持续发展的根本保障。

7）开发计划：不仅包括开发进度计划，还包括开发目标计划及资源保障计划。一般来说，企业通常会侧重开发目标和开发进度的管理，却忽略了资源计划方面的支持，从而出现矩阵管理难以落地的局面。要使开发计划顺利进行，企业不仅要管理开发进度、开发目标，还要保障计划资源。

3. 主要关注点

1）整车功能的定义及性能目标的制定。

2）充分应用对标分析、仿真分析等手段开展多方案论证与选择。

3）充分利用专业评审及市场调研方法，全方位把握和审视客户需求，包括产品造型、产品功能属性定义等。

4）分析目标市场的政策、法律及准入法规要求，对于智能电动汽车需要考虑电池、电机、电控系统、软件升级、数据安全等专项标准法规要求。

5）在概念设计阶段，需要进行整车的功能安全、预期功能安全、车联网络安全的分析及目标制定；在方案设计阶段，需要分析个人隐私数据保护。

6）在满足功能属性的要求下，需要保障产品品质并兼顾成本要求，还需要考虑内部制造水平和供方的设计及制造保障能力。

7）在方案策划阶段的基础上，开展一系列投入产出分析以及进行供方和销方商务策略的细化与明确。

8）项目开发计划的制定，包括进度、目标及资源计划，三者同等重要。同时要特别强调计划和目标的兼容匹配。

2.1.3 工程设计阶段

1. 概念

在完成造型和概念设计后，开始进入工程设计阶段。工程设计是对整车进行细化设计的过程，各个总成分发到相关部门分别进行设计开发，最终完成产品图纸的设计工作。同时运用设计失效模式与后果分析（Design Failure Mode and Effects Analysis，DFMEA）工具，识别制造过程中的潜在问题和风险，从而进行过程设计改进。此外，该阶段需要供应商根据汽车企业以正式生产为目的所发布的图纸、数模、技术规范等工程设计信息，启动工装模具的制造。

根据不同的开发阶段和应用目的，零部件数模可分为 TG0、TG1、TG2 三种状态。

① TG0：粗略的三维数模，表明零件在整车位置上的基本外形和尺寸。数模包含主要的特征、边缘和界面，以及中心线（线束和管状物），可用于零部件定点。

② TG1：数模包含所有零件界面、过渡面和紧固件孔和位置，可用于软模制造。

③ TG2：最终的三维数模，表明整车位置上的完整零件设计意图。数模可用于正式模具和零件制造。

工程设计的每个阶段均需通过虚拟工程评估，以支持其发布，包括数模的检查、结构设计分析、动力学分析、热力学分析、流体力学分析等工作。虚拟评估主要用来分析工程解决方案能否满足需求，保证在实物制作和数据发布以前，产品设计开发部门具有解决问题的能力。虚拟评估主要关注结构、性能以及制造集成的问题，以及主要解决 BOM（Bill of material，物料清单）、造车以及零件设计接口问题。

此外，在生产启动前，样车制造阶段可以通过虚拟调试来验证车辆装配过程。样车制造分为七个阶段：骡子车（Mulecar，也称"杂合车"）、模拟样车、工程样车、制造验证车、产品和工艺验证车、预试生产车以及试生产车。其中，骡子车、模拟样车和工程样车在试制车间完成，制造验证车由制造工程部门负责，产品和工艺验证车、预试生产车以及试生产车在工厂完成。本阶段相关样车是：骡子车、模拟样车、工程样车。

① 骡子车：在项目开始早期利用现有生产车辆，通过改装等方式安装新的动力总成系统（包括新的电机/发动机支承，功能性的电机/发动机冷却和整个动力总成）或其他系统。其目的是在项目早期支持动力总成初始验证和标定工作，或者特定系统的早期开发验证。

② 模拟样车：根据工程设计发布的信息，利用代表设计的结构件通过拼装和改装而成的样车。其目的是支持整车/系统的开发和验证，包括通过此车完成结构件的设计和发布。其中，样车中的零部件为非正式工装零部件。

③ 工程样车：根据工程设计发布的信息，采用能够代表制造意图和满足设计要求的零部件（批量工装或简易工装，有代表意义的制造工艺）在试制车间装配的样车。其目的是进行整车集成的开发、验证，以及与整车相关的子系统技术规范和整车技术规范要求、零件调试、开发动力总成标定和公告法规的早期验证。其中，样车中的架构件原则上为正式工装零部件，其余为软模件。此外，工程样车至少需要具有以下特征：

① 零部件必须能够代表制造意图，可以是批量工装或简易工装。

② 架构零部件必须根据最终发布的 TG2 工程数据制造，部分集成零部件可以用 TG1 的工程数据制造。

③ 零部件要经过严格的质量控制程序。

2. 主要目标和关键活动

工程设计阶段主要包括项目批准和设计发布，活动涉及的主要部门有：造型设计、市场、整车集成、财务、品质、项目管理、产品开发、试制等。本阶段的里程碑、控制目标、关键活动见表 2-3。

表 2-3　工程设计阶段的里程碑、控制目标、关键活动

开发阶段	里程碑	控制目标	关键活动
工程设计阶段	项目批准（G6）	对汽车产品、制造、物料和销售计划进行评审和批准。所有的目标在项目经济架构中都必须是可行的	① 批准项目综合可行性分析 ② 造型批准 ③ 产品配置冻结、完成初步整车总布置 ④ 造型 TG1 部分数据发布 ⑤ 成立同步工程小组，进行初步的系统和零部件设计，确定联合设计供应商 ⑥ 批准项目经济性方案 ⑦ 批准批量制造模具和生产设备的投资 ⑧ 模拟样车试驾和评审 ⑨ 启动工程样车试制 ⑩ 项目主进度评估
	设计发布（G5）	通过对数模的工程可行性确认，冻结所有造型更改；通过提前试验、仿真分析，冻结所有工程设计并进行设计发布	① 批准整车总布置设计 ② 系统和零部件设计更新，下发模拟样本 TG2 数据 ③ 同步工程，分析设计和工艺、设计制造的一致性，完成零部件、模具、工装的开发方案 ④ 制造可行性报告评审 ⑤ 长周期模具铸造启动 ⑥ 评估项目经济性 ⑦ 第一辆工程样车评审 ⑧ 项目主进度审核

工程设计阶段的主要工作是完成整车各个总成及零部件的设计工作，协调各系统总成与整车、总成与总成以及零部件与零部件之间的各种矛盾，保证整车功能属性满足整车目

标要求，主要包括总布置详细设计和车身、底盘、电器、内外饰、动力总成各系统详细设计，以及工艺设计的验证工作。其中，总布置详细设计验证是在总体布置的基础上，深入细化总布置设计，精确描述各零部件的尺寸和位置，为各总成和部件分配准确的布置空间，确定各个部件的详细结构形式、特征参数、质量要求等条件。各系统详细设计验证是按照总布置详细设计要求，基于功能属性、成本、重量、品质要求，开展详细的工程数据开发，并组织样品样件对设计意图（包括功能属性、耐久性及环境适应性等）进行验证确认。工艺设计验证则是根据零部件设计方案、生产量纲要求，进行生产线及夹模检具的工程化设计与开发。

3. 主要关注点

1）通过数字样车进行总布置校核与检查。

2）通过大量的仿真分析及样品样件验证，确保产品设计满足设计意图及法律法规要求。

3）产品设计满足成本、质量及进度要求。

4）整车集成匹配与调校满足功能属性要求。

5）产品设计满足耐久性和环境适应性要求。

6）涉及智能化、电动化相关的产品需要满足功能安全、预期功能安全、信息安全、个人隐私数据保护等技术要求。

7）通过大量工艺仿真分析，确保所有设计具有良好的工艺性，包括零部件、白车身焊接、涂装以及整车总装与在线监测等。

8）零部件选定及供方技术支持。

9）确保样车试制准备就绪，包括人员、工艺文件、生产线、供应链能力等。

2.1.4 样车试验阶段

1. 概念

工程设计阶段完成后，理论上产品设计均应符合设计要求。工程设计阶段主要通过数字样车和虚拟仿真手段进行设计意图符合性验证，因此还需要通过大量实物对其进行系统全面验证，这就是样车试验阶段。本阶段需要完成零部件的工艺开发，模具、检具、夹具的开发，最终输出工装样件。与本阶段相关的样车制造有：

1）*制造验证车*：是在生产线正式造车前的准备工作，检验车辆的工艺可行性。在工厂里完成制造，以识别工厂的问题并为正式造车做好员工培训。制造验证车会通过所有的工艺系统，为工厂员工展示产品的制造工艺过程。

2）*产品和工艺验证车*：用正式生产工装模具和制造工艺制造的样件，并按照生产线工艺装配而成的样车。其主要目的包括100%动力总成标定、底盘操控性验证、动力加速性验证和整车技术规范（Vehicle Technical Specification，VTS）认证，同时对制造工艺进行验证，对生产工人进行培训。

2. 主要目标和关键活动

样车试验阶段主要包括试制试验与认证、工装试生产，活动涉及的主要部门有：品质、项目管理、产品开发、试制试验等。本阶段的里程碑、控制目标、关键活动见表2-4。

表2-4 样车试验阶段的里程碑、控制目标、关键活动

开发阶段	里程碑	控制目标	关键活动
样车试验阶段	试制试验与认证（G4）	使用工装零件按照工艺要求在总装厂的主线上制造样车，以完成工程的最终验证并实现制造系统的早期验证	①工程样车质量、整车性能评估 ②工程样车试车 ③制造工艺验证完成 ④供应商批量零部件制造启动 ⑤成立验证阶段质量改进小组 ⑥项目经济性（成本） ⑦生产样车制造启动状态评估 ⑧项目主进度审核
	工装试生产（G3）	调试整车厂的生产设备，检验生产制造工艺技术，验证全工装和工艺条件下批量提供的零部件质量	①生产样车整车质量、性能评估 ②生产样车试车 ③工艺验证和工程签发 ④生产性设备预验收 ⑤批量零部件状态确认 ⑥预试生产计划批准 ⑦项目经济性（成本） ⑧项目主进度审核

样车试验阶段的主要工作是通过大量的样车试制，以实物的方式开展产品功能属性及制造工艺性验证，并通过这些验证对制造工艺性和产品设计进行优化完善，再进行第二轮验证，直至产品定型。其中，样车试制包括：生产线联调联试，工艺规程、工位工序验证，人员培训以及整个供应链和物流环节的验证等。样车试验主要开展一系列的耐久性和环境适应性验证，包括高温试验、高寒试验、高原试验、道路耐久、粉尘试验、腐蚀性试验、安全碰撞等。通过这些试验验证可确保产品能满足不同地区和环境用户的各类工况要求，如图2-6所示。

a) 正面碰撞试验　　　　　　　　　　b) 室内降雪模拟试验

图2-6 样车试验示意图

第 2 章 整车开发流程

3. 主要关注点

1）工艺文档发布与管理。
2）设计变更验证与管理。
3）法规一致性检查与校核。
4）产品 3C 认证及公告申报。
5）企业自身及供方制造过程管理。

2.1.5 投产上市阶段

1. 概念

通过前面四大阶段的工作推进，在产品定型的基础上启动投产上市工作。与本阶段相关的生产造车如下：

1）*预试生产车*：主要考核工艺装备、检验流程和检验装置的过程能力。在批量生产工装模具的条件下，要求制造确定尺寸和形状的单一零件，以及试验所有单一工艺装备和组合工装的功能。预试生产造车车辆要求所有的零件都完成匹配。

2）*试生产车*：主要对批量生产工装设备和制造系统最终认可，保证正常生产条件下制造出的单一零部件和总成的尺寸与匹配的稳定性，并对生产爬坡质量进行考核。试生产造车车辆要求所有的零部件获得 PPAP（Production Part Approval Process，生产件批准程序）认可，最终生产出的试生产车辆视为可销售车。

2. 主要目标和关键活动

投产上市阶段主要包括批量生产和正式投产，活动涉及的主要部门有：品质、项目管理、产品开发、总装制造等。本阶段的里程碑、控制目标、关键活动见表 2-5。

表 2-5 投产上市阶段的里程碑、控制目标、关键活动

开发阶段	里程碑	控制目标	关键活动
投产上市阶段	批量生产（G2）	验证零部件厂商的生产爬坡能力和整车厂在一定生产节拍下的制造能力	① 预试生产造车质量、性能评审 ② 预试生产造车试车 ③ 生产设备最终验收 ④ 市场投放计划批准 ⑤ 零部件的 PPAP 100% 批准 ⑥ 试生产制造计划批准
	正式投产（G1/SOP）	验证零部件厂商的投产能力和整车厂量产节拍下的制造能力	① 试生产造车质量、性能评审 ② 试生产造车试车 ③ 新车型发布批准 ④ 项目经济性（成本）

投产上市阶段的主要工作：一是打通企业自身及供方和销方的生产及沟通流程，实现从零部件物流到整车生产以及整车物流全产业链的批量一致性能力验证，该阶段将进行的汽车生产工艺如图 2-7 所示；二是基于产品定位，全方位推进产品广告宣传及上市活动，

包括品牌包装、广告宣传、渠道建设、上市活动策划等。正式投产又可称为 SOP（Start of Production），在 SOP 之前，产品需要通过各项法规认证，以确保其质量、安全和性能符合上市条件；在 SOP 之后，则进入到产能爬坡和规模化生产阶段。

a) 冲压生产　　　b) 焊装生产　　　c) 涂装生产　　　d) 总装生产

图 2-7　汽车生产工艺示意图

3. 主要关注点

1）供方供应能力及产品一致性。
2）企业自身的制造一致性和产品一致性。
3）备品备件准备工作。
4）上市策略及广告宣传部署。
5）产品营销策略。
6）渠道数量和渠道能力认证。

整车开发流程本质是将企业产品开发业务活动按横向业务时序和纵向业务要素进行业务组合，并按一定的逻辑关系、层次关系形成业务矩阵。这一矩阵关系不是横向业务时序和纵向业务要素的简单组合，而是要基于各阶段需要完成的工作目标，按照整车、系统、子系统以及零部件之间的从属关系进行详细业务分解。通过这种业务组合，既能有效支撑从整车到系统、子系统、零部件的功能属性、成本质量等的系统分解，又能支撑从零部件到子系统、系统、整车的逐级集成匹配与验证。唯有这种既符合产品开发客观规律，又能将各业务按照不同层次和时序进行整体组合的业务矩阵关系，方能构成支撑整车产品开发全价值过程的开发流程体系架构，可以用"V"形图来描述上述整车开发流程，如图 2-8 所示。

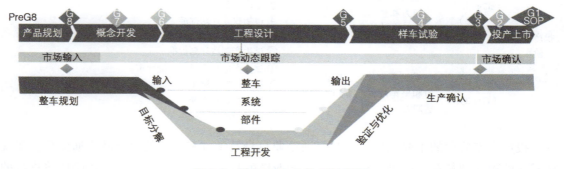

图 2-8　整车开发"V"形流程图

2.2 汽车产品开发的主要工具

五大产品开发工具是汽车行业实施"国际汽车特别工作组质量管理体系"（IATF 16949）时必须应用的工具。有效应用五大产品开发工具（APQP、FMEA、MSA、SPC、PPAP），可以使组织（为实现一定的目标，互相协作而结合而成的集体或团体）更好地进行缺陷预防，推动持续改进，从而降低生产成本，提高产品质量。按照产品开发工具的使用先后顺序，依次为：产品质量先期策划（APQP）、潜在失效模式及后果分析（FMEA）、测量系统分析（MSA）、统计过程控制（SPC）、生产件批准程序（PPAP），如图2-9所示。

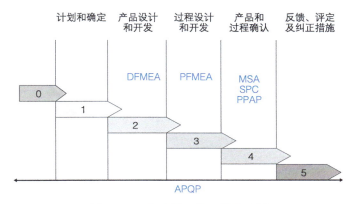

图2-9 五大产品开发工具关系图

2.2.1 产品质量先期策划（APQP）

产品质量先期策划（Advanced Product Quality Planning，APQP）是用来确定和制定确保产品满足顾客要求所需步骤的结构化方法，如图2-10所示。APQP是通过组成多功能的团队，在产品量产前进行周密的前期策划活动，尽可能在早期识别可能出现的产品与过程失效，并采取措施以便后期更改。实施这一工具可以有效地帮助组织提高产品质量，提高顾客满意度，并减少整个供应链的成本及浪费。

APQP通过对时间和任务两个维度的定义来管理项目。在实际应用中，企业可以根据自身产品特点来定义产品开发的节点数量和交付物形式。APQP一般可分为五个阶段，计划和确定项目；产品设计和开发；过程设计和开发；产品和过程确认；反馈、评定及纠正措施，如图2-11所示。

2.2.2 潜在失效模式及后果分析（FMEA）

潜在失效模式及后果分析（Failure Mode and Effects Analysis，FMEA）作为一种预防措施工具，其主要目的是发现和评价产品或过程中潜在的失效及其后果，找到能够避免或减少潜在失效发生的措施并不断地完善，以便能够相对容易且低成本地对产品或过程进行修改，从而减轻事后修改的危机。FMEA七步法是FMEA的一个标准步骤，用以管理潜在的故障，并确保在产品开发和生产的各个阶段中进行认真审查，其相关步骤如图2-12所示。

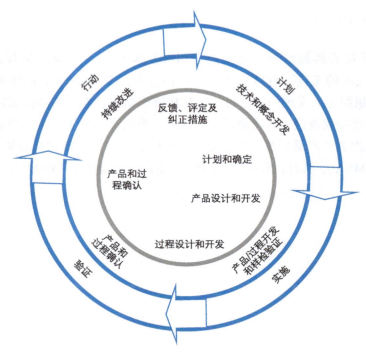

图 2-10 产品质量先期策划循环

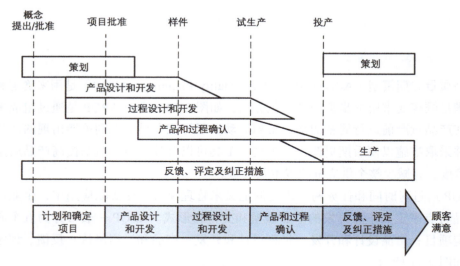

图 2-11 产品质量先期策划进度表

FMEA 是在 APQP 第二、三阶段时进行的失效模式分析，包括产品和过程，主要用于分析技术风险，从而提高产品设计和过程的安全性和可靠性。FMEA 的应用最好在产品开发过程的早期阶段启动。根据用途和适用阶段的不同，FMEA 可分为六类：SFMEA—系统失效模式与后果分析、DFMEA—设计失效模式与后果分析、PFMEA—过程失效模式与后果分析、MFMEA—机器失效模式与后果分析、EFMEA—设备失效模式与后果分析、SE-FMEA—维护失效模式与后果分析。各类 FMEA 的适用阶段及用途见表 2-6。

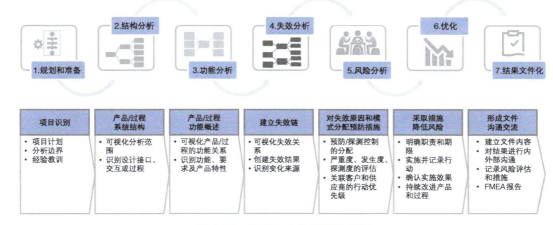

图 2-12　FMEA 七步法相关步骤

表 2-6　FMEA 的分类

类别	适用阶段	用途
SFMEA—系统失效模式与后果分析	早期概念阶段	识别潜在弱点，通过系统、子系统、分系统不同层次的展开，自上而下逐级分析，执行功能以及相联系的潜在失效
DFMEA—设计失效模式与后果分析	产品设计开发时	产品设计开发时充分考虑到产品在生产、运输、使用的过程中各种潜在失效模式，以及相关的后果、起因、机理，主要针对的是部件，包括主系统、子系统、零件、组件、机构
PFMEA—过程失效模式与后果分析	制造、装配过程	确认制造和装配的失效原因与制程变异，找出管制及改善方法，同时确认制程潜在的失效模式及影响
MFMEA—机器失效模式与后果分析	设备运行中	机器在运行过程中各种潜在的失效模式，以及相关的后果、起因和机理
EFMEA—设备失效模式与后果分析	新设备引进前	设备策划时潜在的失效模式，以及失效后会引起的后果进行分析
SEFMEA—维护失效模式与后果分析	产品送达客户前	用于产品送达客户前所有服务失效模式的分析。为了防止分析时的偏差，每个部门的代表、技术和管理人员都应该参与

2.2.3　测量系统分析（MSA）

测量系统是指用来对被测特性进行定量测量或定性评价的仪器或量具、标准、操作、方法、夹具、软件、人员、环境和假设的集合，以此用来获得测量结果。测量系统分析（Measurement Systems Analysis，MSA）是对每个零件能够重复读数的测量系统进行分析，评定测量系统的质量，以此判断测量系统产生数据的可接受性。它使用数理统计和图表的方法对测量系统的分辨率和误差进行分析，以评估测量系统的分辨率和误差对于被测量的参数来说是否合适，并确定测量系统误差（Measurement System Error）的主要成分，如图 2-13 所示。

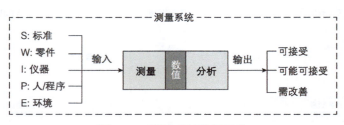

图 2-13　测量系统分析示意

测量系统误差是由测量系统能力决定的测量偏差，是 MSA 的研究对象，其变异分析如图 2-14 所示。

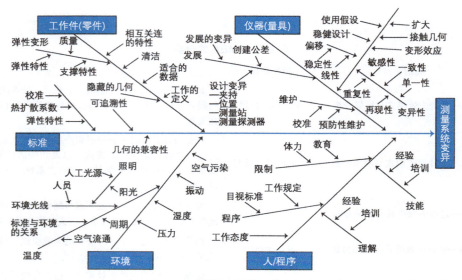

图 2-14　测量系统变异分析示意

测量系统误差（Measurement system error）= 精确度（Precision）+ 准确度（Accuracy）

1）精确度研究的是测量变差的波动范围，没有考虑与真值的差异。

　　精确度（Precision）= 重复性（Repeatability）+ 再现性（Reproducibility）

2）准确度研究的是测量变差与真值的差异。

　　准确度（Accuracy）= 偏倚（Bias）+ 稳定性（Stability）+ 线性（Linearity）

2.2.4　统计过程控制（SPC）

统计过程控制（Statistical Process Control，SPC）是一种借助数理统计方法的过程控制工具。它对生产过程进行分析评价，根据反馈的信息及时发现系统性因素出现的征兆，并采取措施消除其影响，使过程维持在仅受普通因素影响的受控状态，以达到控制质量的目的，如图 2-15 所示。

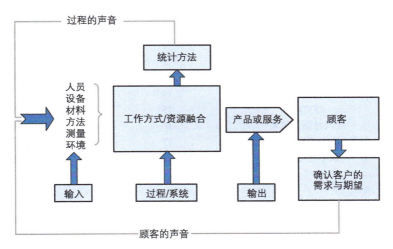

图 2-15 有反馈的过程控制系统模型

SPC 一般伴随 PPAP 过程展开，主要分为三方面：一是利用控制图分析过程的稳定性，对过程中发现的异常因素进行预警；二是利用过程能力指数分析，对过程质量进行评估；三是通过持续地监控、评价，实现异常因素预防控制，使过程处于稳定的、可控的、符合要求的状态。

2.2.5 生产件批准程序（PPAP）

生产件批准程序（Production Part Approval Process，PPAP）是用来确定供应商是否已经正确理解了顾客工程设计记录和规范的所有要求，以及其生产过程是否有潜在能力，在实际生产过程中按规定的生产节拍满足顾客要求的产品。它规定了生产零件批准的一般要求，包括生产和散装材料。PPAP 的具体要求最终以顾客需求为准。

1.PPAP 的提交

下列情况，组织必须获得经授权的顾客代表的批准：

1）一种新的零件或产品（即以前没有提供给某个顾客的某种零件、材料或颜色）。
2）对以前所提供不符合零件的纠正。
3）对于设计记录、规范或材料方面的工程更改从而引起产品的改变。
4）在顾客通知中的任何一种情况。

2.PPAP 的要求

PPAP 的要求明细见表 2-7。

3. PPAP 的提交等级

产品提供方必须按顾客要求的等级，提交该等级规定的项目和 / 或记录。

表 2-7　PPAP 要求明细表

序号	要求明细	序号	要求明细
1	设计记录	10	测量系统研究
2	任何授权的工程变更文件	11	合格实验的文件要求
3	必要时的工程批准	12	控制计划
4	DFMEA	13	零件提交保证书（PSW）
5	过程流程图	14	外观批准报告（AAR）
6	PFMEA	15	生产件样品
7	全尺寸测量结果	16	标准样品
8	材料/性能试验结果的记录	17	检查辅具
9	初始过程研究	18	顾客的特殊要求

4. PPAP 批准状态

根据实际情况，顾客根据提交物或实际状态的满足情况将产生以下三种批准状态：

1）**完全批准**：是指该产品或材料，包括所有零部件，满足顾客所有的要求。因此，组织被授权根据顾客计划安排，交运量产的产品。

2）**临时批准**：是指在有限的时间或按有限的数量，交运生产需要的材料。供应商只有在下列情况下，可给予临时批准：已明确了阻碍生产批准的不合格品原因，且已准备了一份顾客同意的纠正措施计划。若要获得"批准"，需要再次提交 PPAP。若不符合纠正措施计划，即使按截止日期或规定的数量交运，这临时批准文件内所有包括的材料仍会被拒收。如果没有同意延长临时批准，则不允许再交货。对于散装材料，供应商必须使用"散装材料临时批准"表格。

3）**拒收**：是指根据生产批次提交的和/或文件与之相符的 PPAP 不符合顾客的要求，在这种情况下，适当时，提交和/或过程都必须纠正以满足顾客要求，在量产交运之前，提交必须被批准。

2.3　工程案例：某纯电动车型开发工作时序图

以某公司在 2020—2023 年开发的一款全新纯电动车型为例，这款汽车产品开发工作的主要流程，包括车型项目的开发周期、里程碑计划、整车开发各阶段的主要工作内容，以及评审、发布/认可、五大工具使用等重要环节，如图 2-16 所示。由于该新款车型相比以往开发的车型增加了多项智能配置的开发需求，因此在时序图中重点体现了该车型的软件开发计划。

随着汽车市场竞争加剧、电动化智能化技术发展迅速，大多数汽车企业会采用平台化的开发策略，并在整车项目开发之前提前进行平台项目的预研开发，以实现智能电动汽车产品的快速迭代和开发效率的提高。如今，各汽车企业都在充分总结经验教训的基础上，通过对标先进企业，建立适应企业自身战略和管理模式的产品开发流程。虽然各汽车企业的开发流程呈现形式、开发周期、作业文件等存在一定差异，但其产品开发的核心业务逻辑基本相同。此外，根据车型项目的开发范围，汽车企业在进行整车开发体系策划时可进行适当的裁剪，以建立更适合本车型开发项目的整车开发流程。

第 2 章 整车开发流程

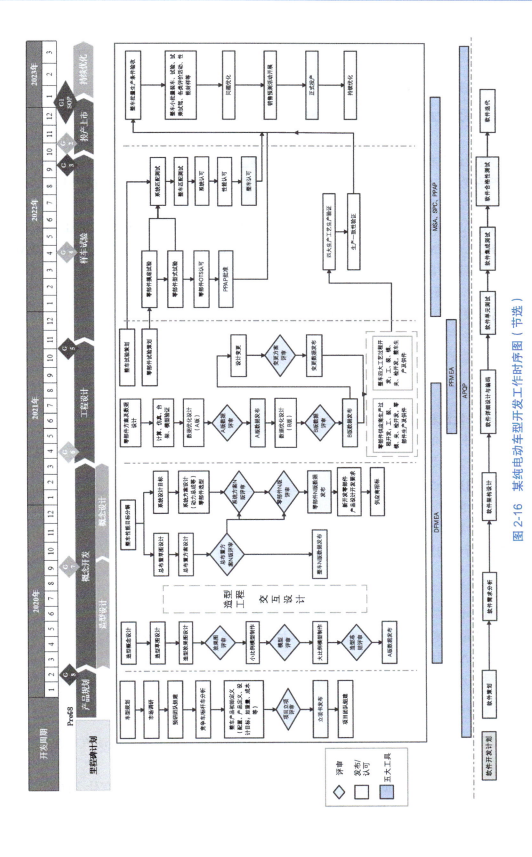

图 2-16 某纯电动车型开发工作时序图（节选）

思考与练习

一、单选题

1. 整车开发流程共分为_____个阶段、_____个里程碑。（   ）
   A. 5、8   B. 6、10   C. 5、9   D. 6、10
2. 造型设计及概念设计位于整车开发流程的_____阶段、_____里程碑。（   ）
   A. 产品规划、G8   B. 概念开发、G7   C. 工程设计、G5   D. 投产上市、G1
3. 汽车产品开发的主要工具有（   ）。
   A. APQP、FMEA、MSA
   B. FMEA、MSA、SPC、PPAP
   C. APQP、DFMEA、MSA、PPAP
   D. APQP、FMEA、MSA、SPC、PPAP
4. 与工程设计阶段相关的样车制造有（   ）。
   A. 骡子车、模拟样车、工程样车
   B. 制造验证车、产品和工艺验证车
   C. 预试生产车、试生产车
   D. 制造验证车、产品和工艺验证车、预试生产车

二、填空题

1. 整车开发流程的关键阶段包括_____、_____、_____、_____、_____。
2. 概念开发阶段从_____、_____、_____、_____、_____、_____、_____七个方面展开。
3. 样车制造分为_____、_____、_____、_____、_____、_____、_____七个阶段。
4. 零部件数模可分为_____、_____、_____三种状态。
5. SOP 所在的里程碑为_____。

三、判断题

1. 与样车试验阶段相关的样车制造有制造验证车、产品和工艺验证车。（   ）
2. PPAP 是用来确定和制定确保产品满足顾客要求所需步骤的结构化方法。（   ）
3. DFMEA 适用于产品设计开发阶段。（   ）
4. 批量生产是为了验证零部件厂商的投产能力和整车厂量产节拍下的制造能力。（   ）

四、简答题

1. 功能集成开发是在整车开发流程中的哪一个阶段进行的？智能电动汽车在进行功能集成时需要注意的事项有哪些？
2. 投产上市阶段中，批量生产和正式投产在主要目标和关键活动上有什么区别？
3. PPAP 指的是什么工具？包括哪几种批准状态？

五、综合实践题

1. 我国作为目前全球最大的新能源汽车生产国和出口国，相关技术快速发展的同时也导致了整个行业激烈的竞争。想要在其中脱颖而出，产品的更新迭代无疑是关键所在，这就离不开对于整车开发流程的优化。这要求企业必须在保证产品质量和安全性的前提下，通过快速响应市场需求、缩短开发周期、降低开发成本来保证自身足够的竞争力。

请结合本章内容并调研相关资料，针对整车开发流程所面临的挑战，提出优化整车开发流程的具体思路并尝试进行相应的可行性分析。

2. 汽车产品的开发过程是一个高度复杂的系统工程，尤其在智能电动汽车的设计与制造过程中，涉及从需求分析到产品验证的多个阶段。为了确保产品的高质量与出色的市场竞争力，汽车行业通常采用 5 大开发工具：质量功能展开（QFD）、设计失效模式与后果分析（DFMEA）、设计验证与产品验证（DVP&R）、产品质量先期策划（APQP）、生产件批准程序（PPAP）。这些工具不仅有助于系统化地管理风险、优化设计，还能够在新技术开发和验证中起到关键作用。

随着智能电动汽车技术的不断进步，悬架系统、动力总成、自动驾驶技术等核心技术的创新成为行业竞争的焦点。例如，比亚迪推出的"云辇"主动悬架技术，显著提升了车辆的操稳性能与舒适性，是前沿技术应用于实际产品的典型案例。

请结合汽车产品开发的 5 大工具以及其他实际案例，讨论各开发工具在智能电动汽车开发过程中的应用，并分析如何通过这些工具提高产品的创新性与市场竞争力。

第3章
开发项目规划立项

学习目标

1. 理解汽车产品开发规划立项阶段的主要流程和关键工作步骤。
2. 能够初步掌握汽车产品开发规划立项各阶段的主要工具。
3. 了解智能化、电动化发展给车型开发规划阶段带来的影响和变化。
4. 了解商业计划书的主要内容,能够初步撰写商业计划书中的项目前景和产品需求分析。

汽车行业正进入竞争更加激烈的新发展阶段,同时,随着社会经济发展,用户受教育程度提高,多元化的用户需求不断出现。因此,汽车企业在车型规划中只有准确定位目标市场,整合目标用户需求,打造出符合目标市场机会、人群定位的产品,才能适应激烈的市场竞争。本章主要介绍智能电动汽车在项目规划立项阶段的主要流程和关键步骤、使用的主要工具,以及实际工程案例。汽车产品规划立项阶段的典型流程如图3-1所示,通过外部因素(市场+用户)和内部因素(商业需求+产品战略与企业能力)的综合分析,得到产品初步定义,后续通过竞争车型对标和政策法规分析与导入,将前期的产品需求转化为开发需求,最后产出商业计划书。

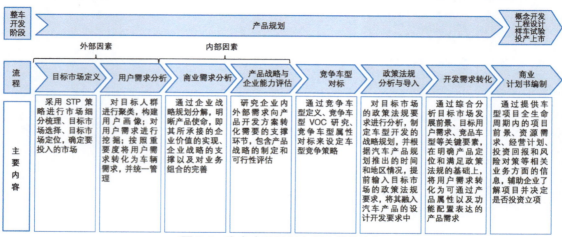

图3-1 汽车产品规划立项阶段的流程

3.1 目标市场定义

目标市场定义处于产品规划最前端,对后端产品设计研发起着关键性引领作用。只有在最初阶段掌握正确的市场定位,才可能使上市车型获得市场认可并取得可观销量。完整的目标市场定位可采用"STP策略",即市场细分梳理(Segmentation),目标市场选择(Targeting),目标市场定位(Positioning)。

3.1.1 市场细分梳理

1. 细分市场与目标市场

1)细分市场:指根据差异性,用一定的标准将整体市场划分为多个子市场,每一个子市场可以称为一个细分市场。细分市场的作用体现在,可以更加聚焦地研究该群体用户,选择竞争对手,制定更有针对性的产品战略,从而通过打造产品卖点,吸引目标客户,创造收益。

2)目标市场:指通过研究,选定上述某细分市场,作为本品研发与投放的市场。

2. 汽车市场细分方法

汽车市场的细分梳理有两大维度:产品维度和用户维度。产品维度是指汽车产品的具体特征;用户维度是指对应目标销售用户的人群划分,如用户的年龄、性别、家庭情况、用车需求等。可以从产品维度入手,进行市场细分与目标市场定位,再依据该细分市场做特定目标人群的研究。主流的汽车产品分类维度见表3-1。

表3-1 主流的汽车产品分类维度

分类维度	内容
燃料形式	燃油、纯电、插混、非插混等
车身形式	轿车、SUV、MPV、皮卡等
级别	A00级、A0级、A级、B级、C级、D级
价位段	10万元以下、10万~20万元、20万~30万元等(价位段颗粒度可根据项目需求自定义)
风格	运动、豪华、时尚、科技等

在进行汽车市场细分时,表3-1描述的每一个类别都可对应不同的目标市场。通常在车型规划初期,采用从宏观到微观、从整体到细分的分析思路,如中国整体汽车市场→燃料形式→车身形式→级别→价位段→风格,通过收敛递进的方式研究各个维度的销售表现、发展趋势等,定位有机会的细分目标市场。

3.1.2 目标市场选择

1. 宏观市场分析(PEST分析)

在进行目标市场选择时,首先需要对宏观市场进行分析,确保产品投放与大环境发展趋势的契合。销量数据可以体现各个细分市场的历史表现，但因为汽车产品规划的周期较长，企划时需要在当前数据基础上，结合刺激因子预测未来趋势，从而选定未来适合投放的细分目标市场，如图 3-2 所示。

图 3-2　宏观市场分析

1）政治（Politics）：即政府的方针、政策、法令等，如新能源补贴政策、充电桩等公共基础建设等。

2）经济（Economy）：人口数量及其增长趋势、国民收入、国民生产总值及其变化情况等，主要反映国民经济发展水平和发展速度，消费者的收入水平、消费偏好、储蓄情况、就业程度等，如油价抬高、疫情后的经济复苏对于车市的促进等。

3）社会（Society）：包括一个国家或地区的居民教育程度和文化水平、宗教信仰、风俗习惯、审美观点、价值观念等，如国民文化自信、露营潮、自驾游的风靡。

4）技术（Technology）：需要重点关注本行业相关技术手段的发展变化，如动力蓄电池技术的突破，智能驾驶、智能座舱等智能化、电动化新技术的发展。

除宏观市场分析外，还有其他针对购车影响因素的参考维度，如购车形式的差异、首购、增换购、销量地域分布、城市线级等，需要在细分市场预测工作中重点考虑。

2. 市场评估原则

通过分析刺激因子，需要对当前细分市场进行评估，选择出具有机会的细分目标市场。评估时需要遵循以下原则：

1）细分市场规模：规模大小决定了入局者在该细分市场能获得市场的份额。一般来说，企业会选择规模较大的市场，从而确保产品销量与利润目标。但针对规模小的市场也可采用蓝海竞争策略，通过错位竞争获得成功。

2）细分市场增长率：通过刺激因子分析，对细分市场销量进行预测，找出未来有增长趋势的细分市场，从而获取良好的利润与发展前景。

3）竞争格局机会点：对当前市场进行归类分析，明确内部竞争环境。例如：某些头部企业是否已经对市场进行垄断，新入局企业是否还能创造机会点；在刺激因子的趋势下，竞争格局中是否能产生全新的产品品类；哪些企业或车型份额在逐步萎缩，原因是什么，是否有机会取代等。

4）企业目标与资源：需要同步评估自身企业的目标与资源。

3.1.3 目标市场定位

市场定位是根据竞品在市场上所处的地位，针对消费者对于产品需求而确定自身产品的独特性。市场定位并不是对产品本身的定义，而是对将要投放目标市场的圈定及潜在消费者的需求把握。综合考虑市场规模、发展趋势、机会点、企业资源等因素后，在进行细分市场布局时，需要根据市场定位的方法来决定本品入局的竞争策略。市场定位方法分为以下三类：

1）创新定位：寻找全新的市场机会，填补当前市场空缺。采用创新定位时应对全新市场进行深入分析，如该市场空白的原因是什么，是否因为某些技术难以实现、用户群体未被挖掘还是其他原因所致。

2）避强定位：当前成熟市场大多有强势竞品，避强定位即错位竞争，打造与当前强势竞品差异化的产品定位，减少风险。避强定位时需要对差异化市场容量进行分析，不能为了避强而让自身产品处于极端小众的市场中。

3）迎头定位：面对强势竞品，采用正面竞争的方式与其瓜分市场容量。该定位方式需要依托强大的产品竞争力，才能在竞品原有的优势下争夺市场。

中国汽车行业正以智能化、电动化、网联化等特点带动新一轮汽车科技革命。而中国汽车市场处于由增量市场转为存量市场阶段，企业面临着销量增长乏力的现状。伴随经济全球化的加深，以及"走出去"政策的鼓励支持，全球化市场定位的作用也越来越重要。在全球经济、文化、社会环境复杂多变的情况下，全球化产品定位更应该切合当地市场情况，形成差异化布局策略。除采用"STP策略"外，还需要符合目标市场当地的法律法规，并考虑地域环境限制、基础设施、地域文化差异等因素，才能因地制宜，实现全球化战略布局。

3.2 用户需求分析

在当前汽车产品种类极度丰富的市场前提下，必须以用户需求为导向。用户需求分析的流程为：族群划分与选择、用户画像、用户需求挖掘、用户需求筛选，其中贯穿着用户调研、用户访谈等工作，来确保用户研究的真实性、准确性。

3.2.1 族群划分与选择

每个人因为其成长经历、生活环境、社会角色等影响，在购车时会有很大的需求差异，意味着需要设计不同的产品来满足对应的需求群体。对用户进行聚类分析一般有以下几个维度：

① 年龄和生命周期阶段性。人在不同年龄会有不同的认知和需求，导致了不同的消费心理和购买行为。并且随着年龄的增长，社会角色也会发生变化，即产生了不同的家庭生命周期。

② 职业。职业对于人们购车也有重大影响，如创业老板、国企员工、传统制造业员工等，由于职业特征的差异性，车辆所提供的情感价值和功能需求是不同的。

③ 经济状况。一般来说，经济状况决定了购车预算，是用户购买行为的首要因素。

④ 生活方式与消费观。不同的生活方式决定了对消费支出的态度和习惯，即消费观。

⑤ 价值观与情感需求。人的价值观是由社会环境、文化传统、个人经历等多种因素决定，一般相对持久和稳定。

通过以上维度的交叉聚类，可以对目标市场的购买人群进行聚类划分。聚类维度可根据需求自由组合，当聚类标准以横轴为价值观、纵轴为社会阶层时，即可得到10种用户族群，如图3-3所示，图中气泡为该族群的用户数量占比。

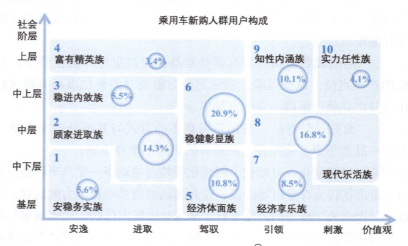

图3-3　用户族群聚类

通过聚类得到族群分类后，还需要在众多族群中选择产品的目标人群，进行精准定位。族群的选择原则一般为：

① 目标市场契合度：目标族群的选择离不开与目标市场定位的契合，如A级SUV用户。通过其价格段、车身形式、车型级别的判断，可以对目标族群的范围进行初步收敛。

② 体量大小：该目标族群的人群数量要足够大，只有基本盘较大的情况下，才能支撑产品利润目标。

③ 增长趋势预测：需要结合宏观人口分析、社会环境变化等因素，对未来用户族群的量级进行预测，从而得到未来最有机会点的族群群体。

④ 企业营销目的及形象匹配度：站在企业角度，在用户选择时需要考虑投放该产品的目的是什么，是需要获得高销量、高端的市场口碑还是其他原因。另外，目标人群的选择决定了未来产品设计的调性和宣传推广方向，而用户又会将产品与企业形象绑定。

3.2.2　用户画像

用户画像的目的是了解产品目标用户的基本情况（如年龄、收入、地域、家庭情况等），生动地勾勒用户需求，帮助产品设计工程师将用户需求转化为产品设计。

㊀　来源：国家信息中心。

完整的用户画像包含四个方面：
① 人口属性：包括性别、年龄、婚姻状况、家庭收入、城市级别、学历等。
② 社会属性：包括社会阶层、职业类型、职位等。
③ 观点属性：即消费观与生活方式，包括兴趣爱好、日常生活、消费习惯等。
④ 购车属性：包括购车动机、购车预算、关注因素、使用行为等。

用户画像内容可以根据项目需要进行调整。在项目初期，针对人口属性和社会属性进行初步定义，观点属性及购车属性需要在用户需求挖掘中不断完善。用户画像示例如图 3-4 所示。

基本信息
- 姓名：张先生
- 住址：广州
- 年龄：35 岁
- 学历：本科
- 婚姻：已婚，有 1 孩
- 职业：私企（销售总监）
- 购买车型：比亚迪汉，28 万元
- 购车类型：增购

工作与家庭	典型用车场景	个人喜好
・私企销售总监 ・工作状态自由，压力不大 ・非常注重家庭	・上下班通勤 ・业务拜访	・球类运动 ・旅游
消费观念	情感需求	产品需求
・根据个人喜好购买，偏向于实用性 ・个性消费，理性尝鲜	・对品牌有一定要求 ・汽车品牌可以彰显车主的身份、地位，利于业务开展	・安全：碰撞安全（以家庭为中心） ・驾驶/乘坐体验：操控、空间、舒适性、豪华感

➢注重家庭，家庭大于工作，工作是为了支撑家庭生活过得更好
➢对汽车品牌有一定要求，认为品牌可以彰显身份地位，利于业务开展
➢购车关注：安全、空间、舒适、操控

图 3-4　用户画像示例

要注意，用户画像并非指某一个特定的人，而是泛指一类用户。在实际项目中，可能同一族群会拆分出多类用户画像，实际市场中也会出现同一款车卖给各种不同人群的情况，需要通过调研验证，得到用户聚类及主要目标人群画像，必要时也可以增加次要目标人群以进行辅助说明。

3.2.3　用户需求挖掘

1. 用户需求定义及特征

用户需求是指用户在产品使用过程中所需要的产品功能和体验，往往具有以下三个特征：

1）用户需求不明确。福特汽车的创始人亨利·福特曾经说："如果问人们要什么，人们只会告诉我他们要的是跑得更快的马。"可见大多时候，"需求"并不是显性存在的，需要对隐性需求进行挖掘，找到用户真正需要的东西。

2）用户所想、所说、所做的差异性。部分用户说的不等于实际做的，也不等于心里想的。例如，在某车型内饰颜色调研时发现，当询问用户"米白色内饰是否好看"时，得到的回答都是好看，但用户实际买的却是黑色。在需求研究中，需要对从用户那里获得的信息进行识别、分析和处理。

3）用户需求有效期缩短。在如今这个产品快速更替的时代，用户是善变的，会随着不同的人生阶段、不同的生活环境而变化，在需求研究中必须带入用户的人生阶段和其所处的环境进行全面分析。

2. 用户需求分析原则

基于以上三个特点，在用户需求分析中需要遵循 Y 模型分析方法，如图 3-5 所示。对用户浅层需求进行挖掘，挖掘出本质需求，避免出现伪需求，最终做出真正满足用户需求的产品功能。

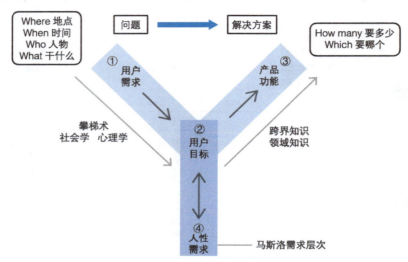

图 3-5　Y 模型分析方法

Y 模型分析方法具体为：

① 代表用户需求场景，是用户的表层深度，通常为用户的观点和行为，即在什么场景下、什么目标用户、在什么时间下的什么需求。

② 代表用户需求背后的目标和动机，是需求的第二层深度，即用户为什么要提出这个需求，最深层的动机是什么。

③ 代表产品功能，是根据用户需求深度剖析得出的解决方案，是产品设计工程师能理解的描述。从"②→③"的过程，是将产品需求转化成产品功能。

④ 代表人性需求，是指用户行为背后的底层动机，是需求的本质。具体来说，是基于剖析出来的用户需求，加以人性化的设计与考量，即需要与马斯洛需求层次相结合，如图 3-6 所示，为由下至上、从人性底层需求到最高价值的进阶。在用户无感知的情况下，设计出更为人性化、满足某种需求的产品。

图 3-6　马斯洛需求层次

Y模型的应用一般需要有两大分析步骤。一是"①→②→④",深入调研需求,尽可能思考透彻,不断地去追问为什么。例如:①用户希望在长途开车时能够有人陪他聊天;②用户背后的动机可能是觉得无聊,也可能是担心自己开车走神发生安全事故;④对应到马斯洛底层需求中,无聊是需要爱和归属感,担心安全事故是安全需求。二是"④→②→③",将思考后的结果输出,力争给出尽可能简单的解决方案。以④中的安全需求为例,②对应到用户希望在开车时能时刻保持安全,③对应车辆需提供疲劳监测提醒功能。从上述案例中可以看出,同样的表层需求可能对应出不同的底层需求,那么对应的解决方案自然大不相同。只有通过这样的分析,才能够真正地做到理解用户需求,创造超出用户期待的产品,而不仅是满足当下用户的表层需求。

3. 用户需求挖掘方法

用户需求挖掘可根据不同的目的采用不同的方法,也可以多种方法交叉使用:

1)**用户旅程图**:是将用户为了完成某个目标而经历的过程可视化的一种工具,能够阐明用户与产品间的关键交互节点,通过观察分析用户在各个阶段的行为、想法、情绪,来帮助优化产品,并解决痛点。

例如,露营成为当下人们追求自然、放松身心的热门活动。可以通过用户旅程图的方式,来挖掘车辆能为露营出行带来的体验提升。如图3-7所示,露营场景用户旅程图包括指导原则、用户故事、机会洞察三部分。①指导原则:明确使用产品的用户,以及使用产品的核心场景和期望。②用户故事:指用户在产品使用过程中的经历,包括阶段、目标、行为、情感体验等。③机会洞察:包括使用产品中发现的痛点和未来的机会,以及谁来跟进和具体拆解细化责任载体等。

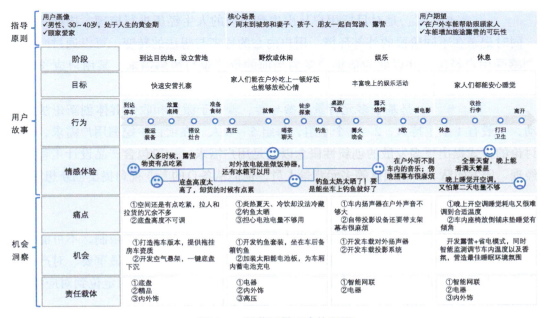

图3-7 露营场景用户旅程图

2）用户调研：是通过各种方式得到受访者的建议和意见，并对此进行汇总，其目的在于为产品设计开发提供相关数据基础。用户调研分为定量调研和定性调研。定量调研一般用于固定问题的验证，大多以问卷形式进行，原则上有效样本量应在 30 份以上。定性调研一般用于开放式问题的讨论，多以访谈形式进行，常采用以下三种方式：小组座谈会、一对一访谈、入户访谈。调研者应通过调研目的选择不同的调研方法。

3）用户移情图：是将用户行为和感受进行梳理，可以让产品设计工程师快速带入用户角色中，达到共情，解析出用户需求。用户移情图包括用户的所想、所看、所做、所听，如图 3-8 所示。

图 3-8　用户移情图

4）用户成长故事：是对目标用户从出生到当前的人生经历进行梳理，描绘其关键节点，同时记录在不同阶段的外部环境、用户内心的思考与想法的转变，可以通过时间维度深刻感受用户经历，并以此为依据演变为当前的价值观与情感需求。某用户成长故事如图 3-9 所示。

5）创新工作坊：是基于多元背景的参与者、着力于激发和收集群体创新想法的一项活动，一般有 1 个主持人，2~3 个小组，每组 5~6 人。在项目中挖掘用户需求，通过多人讨论的方式提出更多发散的创新性概念以满足用户需求，一般包含产品设计工程师、产品经理、研发团队、营销团队等多元背景人员，他们从各自的专业视角提出创新想法。

3.2.4　用户需求筛选

在经历用户需求分析后，往往会产出大量需求，但由于开发资源限制，不可能对所有需求都响应。这时就需要对用户需求进行重要性判断和筛选，优先将最重要、对产品提升最大的需求进行落地。根据用户满意度，运用 KANO 模型可以将需求定位到对应象限中，从而判断其优先级，并对用户需求进行筛选，如图 3-10 所示。

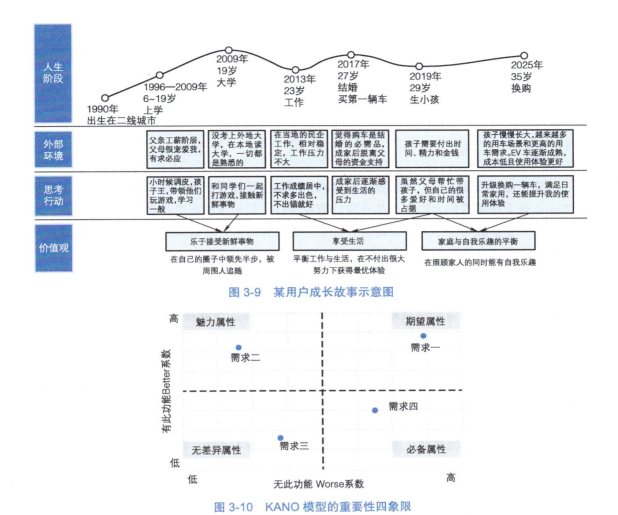

图 3-9　某用户成长故事示意图

图 3-10　KANO 模型的重要性四象限

第一象限表示：期望属性（需求一）。当产品满足此需求时，用户满意度会提升；当不满足此需求时，用户满意度就会降低。该属性属于产品的竞争性属性，应尽力去满足用户的期望型需求，使其产品和服务优于竞争对手并有所不同。

第二象限表示：魅力属性（需求二）。当不满足此需求时，用户满意度不会降低；但当满足此需求时，用户满意度和忠诚度会有很大提升。

第三象限表示：无差异属性（需求三）。无论是否满足此需求，用户满意度都不会有改变。用户在意程度低。

第四象限表示：必备属性（需求四）。当满足此需求时，用户满意度不会提升；当不满足此需求时，用户满意度会大幅降低。这些需求是用户认为有义务做到的事情。

在进行产品开发时，用户需求的重要度排序一般是：必备属性＞期望属性＞魅力属性＞无差异属性。其中，期望属性和魅力属性中的需求可以考虑作为产品卖点进行包装营销。通过上述 KANO 模型对用户需求进行排序后，将重要度较高的需求纳入需求管理清单，方便后续与产品设计开发部门沟通，以及落地方案的追踪跟进，见表 3-2。

表 3-2　需求管理清单案例

需求来源	用户场景描述	需求概述	需求目的/动机	需求类别	解决方案概述
用户旅程图	老人小孩坐第三排时上下车进出不太方便	三排人员上下车不方便	想要更好地照顾家人	便捷性	三排SUV能够像MPV一样从二排侧面上车

3.3　商业需求分析

汽车产品不仅需要反映市场及用户需求，同时也是公司目标实现和战略表达的重要手段之一。企业端需求作为汽车产品开发的前置条件，是指导汽车产品规划的重要基石。因此，需要对企业战略规划进行拆解，分析相应的商业需求，并将其作为汽车产品规划及开发的重要输入，完善汽车产品开发的前置工作。

3.3.1　企业理念体系

商业需求是以企业经营战略规划为基准，推演而来的企业决策层面的业务开发需求，是企业业务产品规划及开发的重要依据之一。企业通常通过企业理念体系、企业经营战略、产品业务组合及投资顺序来实现对企业战略规划的拆解。其中，企业理念体系是企业进行经营活动的基石，也是企业文化最为核心的内容，包括企业使命、企业愿景和企业价值观。使命是意义，愿景是目标，价值观是准则。使命、愿景、价值观三者在企业中既要非常明确，又要保持内在的一致性，其重要性无高低之分，均是指导企业经营的重要基石。值得说明的是，一个公司的使命、愿景、价值观并不是长期不变的，需要根据市场以及业务发展随时更新调整。

3.3.2　企业经营战略

1. 企业经营战略定义

企业经营战略是企业为实现其经营目标，谋求长期发展而做出的全局性经营管理计划。企业经营战略包含企业发展方向和企业资源配置策略，是企业最高管理层的职责。汽车企业经营战略不仅需要考量车型项目本身，而且必须考虑如何在众多车型项目和流程中共享有限的资源。

2. 企业经营战略的类型

企业的战略类型包括：发展型战略、稳定型战略、收缩型战略、并购战略、成本领先战略、差异化战略和集中化战略。根据经营目的可进一步将其收敛为四种战略模式，分别为进取型、保守型、防御型和竞争型。各企业可根据其经营现状及经营目标等按需选择经营战略。新能源车企近几年迅速崛起，多以发展型战略为基底，衍生各类特色化的汽车产品战略。

3. 企业经营战略的选择

在企业经营战略的选择过程中，常使用 SPACE 矩阵进行判定，即战略地位与行动评价矩阵（Strategic Position and Action Evaluation Matrix），以此分析企业外部环境及企业应该采用的战略组合。将上述提到的进取型、保守型、防御型和竞争型四种战略模式分别分布在 SPACE 矩阵的四个象限，如图 3-11 所示。这个矩阵的两个数轴分别代表了企业的两个内部因素，即财务优势（FS）：Financial Strength 和竞争优势（CA）：Competitive Advantage，以及两个外部因素，即环境稳定性（ES）：Environmental Stability 和产业优势（IS）：Industry Strength。

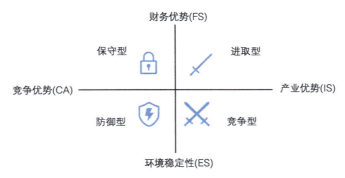

图 3-11　战略地位与行动评价矩阵

SPACE 矩阵通过多项指标确定内外维度，以帮助企业更加准确地进行战略选择和定位，从而圈定战略措施。战略措施是承接企业战略和业务端产品战略与开发的重要步骤，与战略类型的对应关系见表 3-3。

表 3-3　战略类型与战略措施

战略类型	所属象限	具体战略措施	战略模型
进取型	第一象限	多元化、一体化、新产品开发、市场渗透	增长型
保守型	第二象限	市场开发、市场渗透、集中多元化	稳定型
防御型	第三象限	紧缩、剥离、清算、退出部分业务	收缩型
竞争型	第四象限	一体化、市场渗透、产品开发	增长、组合型

当向量出现在"进取型"象限时，说明企业处于一种绝佳的地位，可以利用自己的内部优势和外部机会，比如混合多元化的经营战略；当向量出现在"保守型"象限时，意味着企业型应该固守基本竞争优势，不要过分冒险，比如集中多元化的经营战略；当向量出现在"防御型"象限时，意味着企业应该集中精力克服内部弱点，并回避外部威胁，比如紧缩、剥离的经营战略；当向量出现在"竞争型"象限时，说明企业在不稳定的环境中具有重要的竞争优势，可以采取竞争性的战略，比如横向一体化的经营战略。

3.3.3　产品业务组合及投资顺序

产品业务组合完善了每个车型产品在公司整车布局中承担的角色和使命，从而指导企业对于有限资源的合理分配（即投资偏好和优先度），以及它们相互之间如何作用以实现组合协同效应。在确定产品业务组合的过程中，常使用波士顿矩阵（BCG Matrix）进行判断。该矩阵是一种用来分析和规划企业产品组合的方法，主要基于公司外在和内在两个维度因素进行产品结构判定。

① 外在因素体现为市场引力，其中市场增长率为核心指标。它是指企业所在产业某项业务前后两年市场销售额增长的百分比，通常用10%作为增长率高低的界限。

② 内在因素体现为企业实力，包括企业市场占有率，以及技术、设备、资金利用能力等，其中市场占有率为核心指标。它是指企业某项业务的市场份额与这个市场上最大竞争对手的市场份额之比，反映该业务在商场上的竞争地位。相对市场占有率的分界线为1.0（在该点产品业务的市场份额与其市场上最大竞争对手的市场份额相等）。

将上述两个维度分别转化为波士顿矩阵的轴线，横轴为企业在产业中的相对市场占有率，纵轴为市场增长率，两轴的交叉点表示企业的一项经营业务或产品，而圆圈面积的大小表示该业务或产品的收益与企业全部收益之比，如图3-12所示。波士顿矩阵将产品业务定位在四个区域中，分别为明星业务、问题业务、现金牛业务和瘦狗业务。

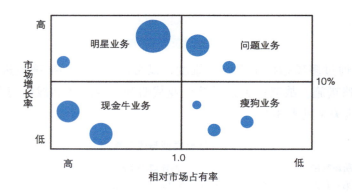

图3-12　波士顿矩阵（BCG Matrix）

① 明星业务（stars）：为高增长、强竞争的产品业务，其市场份额及增速均较大，在增长性和企业获利性方面拥有较好的长期机会。

② 问题业务（question marks）：为高增长、弱竞争的产品业务，通常处于最差的现金流量状态，对问题业务的改进与扶持方案一般均列入企业长期计划中。

③ 现金牛业务（cash cow）：又称厚利产品，为低增长、强竞争的产品业务。

④ 瘦狗业务（dogs）：又称衰退类产品，为低增长、弱竞争的产品业务。

通过以上企业战略规划的分解，可逐步明晰目标业务（即车型项目）的产品使命，即其所承接的使命和愿景，该车型项目对于企业战略的支撑点，以及其在企业整体业务组合中的位置与投资顺序。对于后续的环节而言，以上产品使命的确定，是反映汽车企业端商业需求的具象化输入。

3.4 产品战略与企业能力评估

接收到商业需求的输入后,需要通过搭建适宜的产品战略以满足既定的需求,并对企业能力进行合理评估,确定最终的产品战略,从而完善汽车产品开发的前置工作。

3.4.1 产品战略概述

1. 产品战略的含义

一般来说,汽车产品战略需要满足三个方向的诉求:①向上支撑企业经营管理战略,即满足商业需求输入;②对外满足用户需求,即市场趋势及用户需求;③向下指导产品研发。

2. 产品战略的重要性

产品战略对于产品开发及资源整合的整个过程具有重要的指导性意义,它描述了企业的产品愿景和使命,以及如何实现。一个清晰的产品战略至少能带来以下好处:始终围绕着用户为中心进行产品的开发,产品与企业运营战略保持一致,产品与市场需求与趋势高度契合,更好地配置有限的企业资源,各部门高效的协作,产出开发成果呈现出明显的产品增长,高效的产品创新等。

3. 产品战略的内容

产品战略是企业对其所生产与经营的产品进行全局性谋划,定义了目标市场及群体、客户需求、产品竞争策略、解决方案、成功因素、关键优势等因素,见表3-4。

表3-4 产品战略组成

组成因素	注 解
目标市场及群体	目标用户角色及其特征是什么
客户需求	想要解决目标用户哪些问题?为什么很重要?为用户创造哪些价值
产品竞争策略	产品通过何种竞争策略进入市场
解决方案	有什么不同的做法?如何解决问题?为什么产品值得购买
成功因素	决定解决方案成败的关键因素是什么
关键优势	什么是独特的、不能轻易复制或购买的

4. 产品战略的制定

产品战略的制定主要有两种基本的竞争优势,即成本领先与产品差异化。将这两者与特定的业务范围相结合,可以得出三个基本的竞争战略(波特竞争战略矩阵),如图3-13所示。

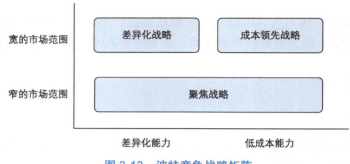

图 3-13　波特竞争战略矩阵

（1）成本领先战略

成本领先战略（Cost Leadership Strategy），是指通过采取行动，以低于竞争对手的成本，为用户提供可接受的、具有某种特性的产品或服务。成本领先战略主要有六种实现途径，分别为简化产品型成本领先、改进设计型成本领先、材料节约型成本领先、人力节约型成本领先、生产创新型成本领先和价值链创新型成本领先。此战略除了反映在企业能力上，也可从车型产品配置策略上体现。此类产品的目标市场往往是经济型用户，车型配置策略以成本导向为基础。

（2）差异化战略

差异化战略（Differentiation Strategy），是指以用户认为重要的差异化方式来生产或提供服务的一系列整合行动。该战略主要由四种基本类型组成，分别为产品差异化战略、服务差异化战略、品牌差异化战略和形象差异化战略。该战略更易塑造车型的产品或品牌标签，使其在激烈的市场竞争中脱颖而出，同时差异化可引导消费者对车型产品产生认同感，更易建立起品牌的忠诚度。例如，理想L系列车型以家庭用车、"奶爸"形象的差异化塑造，在SUV市场脱颖而出。各车型产品可通过技术创新、设计风格及服务体验等多重方面建立差异化特征。

（3）聚焦战略

聚焦战略（Focus Strategy），是指通过一系列行动来生产产品或提供服务，以满足特定的竞争性细分市场的需求。这种战略的核心是瞄准某个特定的用户群体、细分的产品线或细分市场。聚焦战略通常为企业识别蓝海市场，并通过适宜的战略布局率先进入，建立一个主导品牌。例如，长城汽车在2008—2016年间，没有像其他主流车企一样全面进军当时的红海市场（即轿车市场），而是基于聚焦战略全面转向"大树型品牌战略"，聚焦15万元以下经济型SUV市场，打造哈弗品牌，将其发展为企业主干产品，同时也为后续的进阶战略做了充分铺垫。

波特三种竞争战略适用情况不同，其差异见表3-5。

表 3-5 波特三种竞争战略差异

战略名称	特点	优势	劣势
成本领先战略	吸引价格敏感用户 扩大市场份额、生产规模 降低成本、优化供应链	提升价格优势 保持市场地位	利润低 降低成本，影响产品质量 客户流向竞争对手
差异化战略	聚焦较宽的产品 交付优质产品 建立忠诚的客户关系 获取市场份额	利于提升用户忠诚度 产品性能差异化 获得更高利润率	必须持续创新，开发新产品性能，以此吸引客户 性能不好可能导致市场份额大幅减少
聚焦战略	适用于狭小市场，对市场认识深入，有独特需求	聚焦营销和新产品开发工作 具有很高的竞争壁垒 为提高利润率创造机会	依赖单一狭小市场，风险大，容易受到新技术冲击

3.4.2 产品战略的企业实现

1. 企业能力

明确产品战略后，还需要依托企业资源和企业能力来实现产品战略。企业资源是企业能力的基石，包括以下三方面：有形资源、无形资源和组织资源。企业能力是指运用、转换与整合资源的能力，包括以下方面：营运能力（研发、生产制造、销售、渠道与服务等）、实现增长的能力（购并与合并，融资、风险管理和成交，资产运用效率等）、特殊资产（技术专利、品牌等）、特殊关系（政府关系、互补关系等）等。

企业能力、产品战略和输入商业需求的企业战略，三者间相互作用，形成产品开发前的战略金字塔，支撑和指引车型产品开发，如图 3-14 所示。

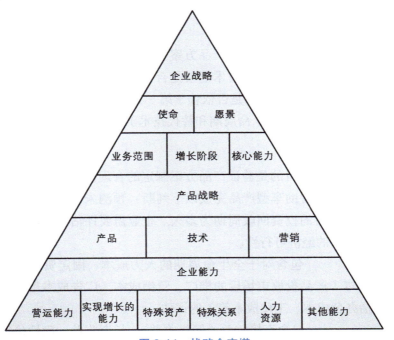

图 3-14 战略金字塔

2. 可行性分析

产品战略从内外部需求的角度论证了该产品业务的必要性，而后续如何将产品战略概念落地，则需要进一步对其可能性、合理性和风险性进行判断，即基于企业能力和该产品业务（车型项目）的可用资源，完成对产品战略概念的可行性判断。

可行性分析是在决定一个投资启动项目之前，对项目设计的一些主要问题（如市场需求、资源条件、建设规模、工艺设备等）进行详细、周密、全面的调查研究和综合论证，从而为项目决策提供可靠的依据。通俗来讲，就是研究该项目在市场发展的前景、技术上的先进性和可行性、财务上的实施可能性、经济上的合理性。项目可行性研究各部分内容的关系和作用如图 3-15 所示，其中，技术可行性和经济可行性分析为企业能力评估的重点内容。

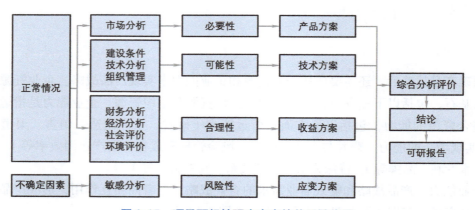

图 3-15　项目可行性研究内容的关系及作用

（1）技术可行性分析

技术可行性分析的主要目的是验证产品方案实现的可能性，通过输出技术方案达到闭环。企业需要评估开发车型所需要的技术框架是否存在技术风险、应对风险的规避方法是否可行、产品的环境依赖性（如产品是否依赖于第三方平台或环境）、技术要求的可达成度（如产品赖以生存的关键技术及其生命周期和替代技术）等。

（2）经济可行性分析

经济可行性分析的主要目的是验证产品方案制定的合理性，通过输出收益方案达到闭环。经济可行性分析主要帮助车型产品完成以下判断：预测未来投资收益是否大于当前投资支出，以及项目实施后的投资回收周期为多久。企业需要评估项目的成本、收益和投资回收期，以确定该项目的经济可行性。

1）成本可行性分析：包含对于全生命周期的人力成本、固定资产投资成本、软件及硬件成本、运营成本（产品投放市场后的推广、营销成本，广告成本等）和其他支出（公司运营成本，包括办公成本、工位成本等）的评估。

2）收益可行性分析：包含直接收益（销售收益）、长期收益、隐性价值（可能带来的其他价值，如口碑、好评、行业地位、流量等）。

3）投资回收期分析：用于判断项目投产后，收益总额达到投资总额所需要的时间，可分为静态投资回收期和动态投资回收期。如图3-16所示，当车型项目的投资回收期计算结果落入盈利区时，为期望的正向结果；当落入盈亏平衡点或亏损区，需要结合之前战略及市场分析内容，合理取舍决策。

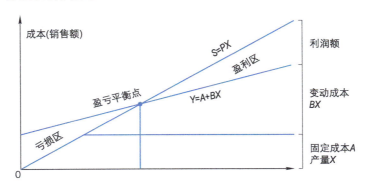

图3-16 投资回收期概图

通过上述分析可知，产品使命指导产品业务战略的选择，企业能力及项目可行性分析则是产品业务战略得以实现的支撑，由此实现市场及商业需求到可行性产品战略的转化。此过程将需求提取、过滤、筛选、匹配成为初步的项目开发战略输入，并为后续商业计划书的制定提供前置部分内容。

3.5 竞争车型对标

新产品开发不仅要关注消费者需求和公司战略目标，还要了解竞争对手的产品动向，才有可能获得市场成功。因此，在完成内部和外部因素分析之后，还需要对竞争车型进行对标分析。

3.5.1 竞争车型对标概述

对标（Benchmarking）又称标杆管理，起源于美国施乐公司在20世纪70年代的"竞争标杆方法"（Competitive Benchmarking）。汽车产品开发周期长、工程量庞大，但由于市场竞争激烈，多数产品投放市场后收益小于成本。为了避免资金、资源的浪费，国内外汽车企业对于对标的应用相当普遍。汽车企业会对新车型（拟规划开发的车型）和竞争车型（在细分市场格局中与公司车型存在相互争夺市场份额的车型）的特征和功能进行详细分析，该过程称为竞争车型对标。

竞争车型对标通常由一个部门统筹、多个部门联合开展，且贯穿新车型开发全流程，这里主要针对车型规划立项阶段的对标工作进行介绍。汽车更新迭代的速度越来越快，不仅需要更加精准地设定对标车型，同时要根据市场变化对未来的竞争走势做出预测，随时调整竞争策略。

3.5.2 竞争车型对标流程

竞争车型对标的主要工作流程包括竞争车型设定、竞争车型 VOC 研究、产品属性对标分析、竞争策略设定。竞争车型设定是指确认哪些产品值得对标，明确具体需要进行对标的对象是竞争车型对标的第一步。确定竞争车型之后，既要站在用户的角度倾听消费者声音，对竞争车型的用户口碑进行研究，也需要从产品的角度具体拆解竞争车型的各项功能和性能，全面分析其属性的优劣。最终根据用户和产品两方面综合的分析，制定本品在市场中将如何取胜的竞争策略。

1. 竞争车型设定

（1）竞争车型筛选

在前期的目标细分市场定义（包含车型级别、类别、动力形式及价格区间）中，已经在一定程度上圈出了市场中可能存在竞争关系的大部分车型，也就是所谓的竞争车型地图。竞争车型筛选则需要进一步选出具有代表性的车型以锁定竞争圈。所谓竞争圈，是基于用户真实的关注、对比行为构建的，具有竞争关系的车型范围。竞争车型筛选是为了不断缩小竞争圈，找到核心竞品，行业上通常会以漏斗形式来表示这一筛选过程，如图 3-17 所示。

图 3-17 竞争车型筛选漏斗

原则上，核心竞争车型数量不应过多，标杆竞争车型则根据实际情况筛选。例如：A 级轿车市场竞争十分激烈，有超过 100 款车型参与竞争，竞争车型可选择性较多，核心竞争车型可考虑将细分市场销量前 3 或者前 5 的车型全部圈入，但也不宜过多，避免引起对标工作的失焦。当细分市场处于竞争不充分或相对空白的状态时，核心竞争车型数量则不做限制。

（2）竞争车型分类

在筛选过后的竞争圈中，需要依据竞争关系的强弱，区分相应的标杆竞争车型、核心竞争车型、主要竞争车型。筛选和分类的维度包括市场份额、品牌定位、售价区间等。

1）**标杆竞争车型**：是指同一级别和类别市场中综合性能和销量表现均优秀的旗帜车型，一般其品牌定位或者售价区间会高于拟开发车型，可用于新车型开发前期的目标制定和后期的指标验收，也可用于确定车型后期技术提升、突破的方向和目标。需要注意的是，由于汽车产品属性众多，会存在不同属性对应的标杆竞争车型不一致的情况。

2）**核心竞争车型**：是指同一细分市场中品牌定位、价格区间与拟开发车型接近且销量表现优秀的车型，一般在消费者购买选择过程中对比频率最高，预计与拟开发车型的销量此消彼长，存在强竞争关系。

3）**主要竞争车型**：是指竞争车型地图内品牌定位、价格区间与拟开发车型接近，销量表现尚可，但竞争关系弱于核心竞争车型的车型。

（3）竞争车型修正

在研发环节，随着车型开发过程的不断深入，市场在不断变化，竞争对手也会陆续发布新的产品，包括原有竞争车型的改款或者换代车型，以及全新平台的全新车型。此时需要重新定义竞争车型，分析新上市竞品的竞争力，重新梳理与本品的竞争关系，对竞争车型进行一定修正。另外，除了从产品特征维度进行筛选外，也可以通过市场调研手段去了解用户购车心路历程，分析本品或竞品用户在购车决策过程中的对比车型，对竞争圈内的车型与本品的竞争关系进行验证。

2. 竞争车型用户之声（VOC）研究

用户之声（Voice of Customer，VOC）是指用户对品牌、产品、服务的反馈声音，包括线上和线下多种渠道输出的评论、期望、偏好等。VOC研究是指通过搜集分析用户反馈数据，转化成有效的建议以指导企业后续的产品设计开发。一般来说，VOC研究更多关注的是本品用户在买车、用车过程中的反馈，但是在竞争车型对标环节，则更加侧重于收集目标细分市场消费群体对于竞品的综合感知。竞争车型VOC研究可以简单分为收集、分析、建议三个步骤。竞争车型VOC收集的来源包括网络在线评论、调查问卷、社交媒体分享、销售/售后顾问咨询、经销商门店等多个渠道。竞争车型VOC分析的内容主要包含产品形象分析、满意度分析两个方面。值得注意的是，如果有多个竞品存在相同的短板问题，则代表当前细分市场该问题是待解决的共性痛点，需要在后续新车型开发中重点关注。竞争车型VOC分析之后需要输出本品开发方向的建议，目的是帮助本品在竞争激烈的市场中打造差异化优势，同样是从产品形象、满意度两个维度展开。

3. 产品属性对标分析

对标分析与研发能力发展水平紧密相关，产品属性的对标是对标分析的核心。对标分析的内容包括整车级对标分析和系统及零部件级对标分析。在规划立项阶段更多是整车级对标分析，主要目的在于对竞争圈内的产品整车竞争力进行深入研究，了解其全貌，分析其竞争优势属性所在。属性是保证产品畅销、支撑产品竞争力的特性，一个产品可以有很多属性，但所有的产品属性加在一起应尽可能涵盖用户的所有需求。竞争车型对标分析的维度一般会与属性所进行对应。具体的产品属性对标分析分为三大步骤：基础信息搜集、实车属性测评、综合竞争力/优劣势分析。

（1）基础信息搜集

基础信息搜集的内容包括基本参数、网络拆车和性能测评报告等信息，将从各个渠道搜集到的竞品参数数据进行汇总，以方便横向对比。其内容具体包括：正面/侧面造型图片、车型级别、价格等基本信息，车身尺寸、整备质量、座位数、底盘悬架、动力总成配置等基本参数，百公里加速时间、最高车速、油耗/电耗、NVH、乘员空间、储物空间等性能实测数据等。主要信息渠道来源于各车企官方网站、工信部车辆公告信息以及主流汽车媒体平台的测评数据。某竞争车型的基础信息见表 3-6。

表 3-6　某竞争车型基础信息（节选）

竞品参数		竞争车型 A	竞争车型 B
基本信息	级别	中大型 SUV	中大型 SUV
	指导价 /万元	34.98	35.98～37.98
基本参数	长×宽×高 /mm	5030×1960×1760	4891×1937×1680
	轴距 /mm	2935	2998
	整备质量 /kg	2300	2205/2335
	座位数	6	5
	前/后悬架	麦弗逊/多连杆	双叉臂/多连杆
	轮胎	255/50 R20	255/55 R19
	能源类型	增程式	纯电
	驱动方式	双电机四驱	后置后驱/双电机四驱
	CLTC 纯电续驶里程 /km	203	702/650
	动力电池电量 /(kW·h)	40.5	98
性能实测数据	百公里加速时间 /s	6.5	4.9
	最高车速 /(km/h)	172	200
	综合电耗 /[(kW·h)/100km]	16.5	14.8/16

（2）实车属性测评

在经过基础信息搜集之后，汽车企业通常都会选择购买或租赁竞争车型进行实车属性的详细测评。由于在竞争车型对标分析阶段主要针对的是整车级别的参数和性能对标，实车属性测评依据测评的方式可分为测量类和评价类。

1）测量类：主要包括整车基本尺寸及关键硬点参数的测量、整车精致工程及人机布置方面的评价，为整车产品开发提供参数参考。通过人机参数测量，可为新车型设计提供轴距、前排头部有效空间等参考参数。

2）评价类：主要包括动态主观评价，动力性、经济性、制动性以及静态类的乘坐性主观评价，机舱布置评价，外观精致性评价等评价内容。通过对标，为新车型提供 0→100km/h 加速时间、100km/h→0 制动距离、综合能耗等评价测试参数。

（3）综合竞争力/优劣势分析

产品属性对标分析的最后一步是对上述基础信息搜集结果和实车属性测评结果进行可视化呈现。可将竞争车型各属性维度的得分情况用雷达图（或称"蜘蛛图"）进行展示，为下一步竞争策略的制定提供最直接的参考。如图 3-18 所示，某竞争车型 A（黑色）的优势属性为空间（乘员空间、储物空间等）、舒适性（座椅、空调等）、NVH 性能（路噪、风噪等），某竞争车型 B（蓝色）的优势属性为造型风格（外观、内饰等）、操控性（操稳性能、转向性能等）、动力性。

第3章 开发项目规划立项

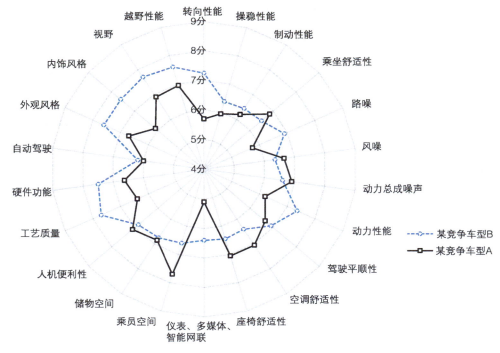

图3-18 竞争车型各属性情况示例

4. 竞争策略设定

广义上的竞争策略是指企业在与竞争对手进行竞争时获取竞争优势的一切手段，包括产品、价格、渠道、营销等多个维度。在产品维度，汽车企业在得出详细的竞争车型对标结果之后，通常会将拟开发车型与竞争车型的属性进行对比，给出产品属性竞争力策略（Product Attribute Leadership Strategy，PALS）。该策略用以指导开发团队性能开发方向，明确本品与竞争车型之间的差异化属性以及竞争优势属性。

在产品属性竞争力策略中，一般会依据本品与竞争车型各属性得分（来源于主观评价和客观测试分数）的差值，来确定L、A、C、U四个竞争力等级。L、A、C、U分别表示本品的各细分属性与竞争车型之间的相对关系：

① L（Leader）："In the leading level"，处于领先水平，排名领先。

② A（Among）："Among the leaders"，处于优秀产品水平，性能接近领先。

③ C（Competitive）："Between average level"，处于核心竞品平均水平，具有一定竞争力。

④ U（Uncompetitive）："Below the average level"，低于核心竞品平均水平，无竞争力。

需要说明的是，竞争策略中处于领先状态的属性一般不超过三个。领先属性目标定义过多，在成本、进度等资源限制下，所开发的产品反而会失去重心，缺乏个性。通常情况下，竞争策略要结合主机厂自身的情况（产品战略、制造条件等）制定，以便发挥自身优势，做到差异化竞争。比如，当下新能源汽车企业通常会选择以智能驾驶、智能座舱等智能化属性作为突破口，与燃油车形成差异化竞争，通过不断的OTA软件升级，让客户享受便利的智能网联生态。只生产纯电车型的新能源汽车企业则会突出三电（电机、电池、电控）技术，主打0→100km/h加速、高压快充、电池安全等性能。

根据前期的产品概念、产品亮点和卖点以及产品竞争策略，对整车级商品属性定位进行逐一描述，即定义性能目标。性能目标一般根据主观评价分数或核心客观指标结果综合设定，如：动力性目标定位L，目标分数为8分，关键指标整车0→100km/h加速时间≤5s；安全属性可以定义为2023版C-NCAP（中国新车评价规程）达到5星，或C-IASI（中国汽车保险安全指数）达到3G1A。整车性能目标定义一般以分值形式呈现。根据细分市场竞争车型的平均水平、标杆车型，或者最优竞争车型水平、项目开发周期等进行综合计算，得到某车型整车性能所对应的目标分值，见表3-7。

表3-7 某车型整车性能目标定义样表

产品属性	目标设定	目标设定值	标杆竞品实测值	核心竞品1实测值	核心竞品2实测值	描述
安全性	A	7.5+C-NCAP五星+C-IASI达3G1A	7.5	7.25	7	C-NCAP、C-IASI等碰撞等级，车身抗撞能力等被动安全性能；预防事故发生的主动安全功能
动力性	L	分值	8分	7.75分	7.5分	7.5分	0→100km/h加速时间；最高车速；起步加速，中速加速，高速加速；爬坡能力，长时间高速行驶能力等
		0→100km/h加速时间/s	≤5	5.3	6.2	6.3	
经济性	L	12.5kW·h/100km	13.5kW·h/100km	13.9kW·h/100km	13.2kW·h/100km	高速/城市道路，冬季/夏季的百公里电耗、油耗等

3.5.3 竞争车型对标趋势

1. 竞品对标数据库的建立

为了对与整车开发相关的对标数据进行有效管理及分析，需要建立竞品对标数据库，主要功能包括体系管理、数据录入、实现功能、应用管理等，如图3-19所示。竞品对标数据库是汽车企业实现全流程竞品创新对标管理的重要工具，也是减少数据库数量、破除数据交流屏障、缩短研发周期的降本增效利器。随着汽车智能化技术的发展，在智能座舱产品中，除了对于仪表屏、中控屏、副驾屏的硬件参数对标外，对于功能解析（如功能视频采集、功能地图绘制、亮点功能分析等）的占比将进一步增大。

2. 智能化属性评价

"新能源车的上半场是电动化，下半场是智能化"已成为汽车行业共识。随着5G网络技术突破、大量物联网应用得以实现，汽车作为继手机之后的下一代移动终端，智能化、网联化趋势凸显。2021年，中国汽车技术研究中心有限公司（简称"中汽中心"）发布的《中国汽车消费者研究与评价（CCRT）管理规则（2021 版）》（简称"2021 版 CCRT 管理规则"）中，针对智能电动汽车制定了新的评价标准，加入了驾驶辅助这一维度，占比 10%，同时也将智能科技单独作为感知质量评价的重要指标，占比达到 15%，如图 3-20 所示。

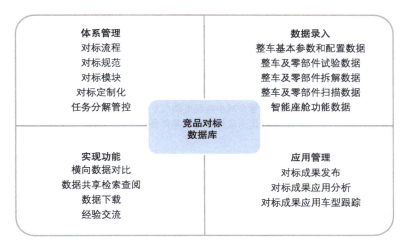

图 3-19　竞品对标数据库示例

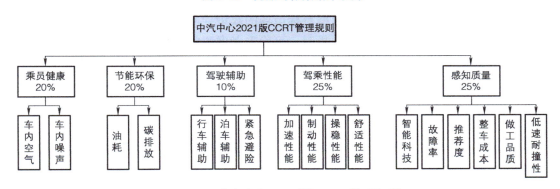

图 3-20　中汽中心 2021 版 CCRT 管理规则

对于智能化功能属性的对标将成为各车企未来的重点，传统汽车产品属性对标体系需要进一步完善，将更加注重智能驾驶（智能驾驶硬件感知能力、算力、高速和城市智能领航、自动泊车等），以及智能座舱（屏幕、导航、语音交互、场景模式、OTA 等）所对应的各类控制器电路策略及软件算法逻辑的解析。

3.6　政策法规分析与导入

在完成市场调研及相应分析之后，除了对自身资源、发展战略及研发能力等内部因素进行分析之外，还需要对目标市场的政策法规要求进行识别、分析和导入，以确保汽车在产品全生命周期内都能达到国家政策法规要求，并能在政策环境的引导下推动其快速发展。

3.6.1 汽车政策要求

从汽车产业的发展历程来看，政府的参与和支持至关重要。各国根据本国国情以及市场发展阶段，相继出台了多项发展规划和政策来支持智能电动汽车产业的快速发展，见表 3-8。

表 3-8 智能电动汽车的主要政策内容

政策类型	主要内容
产业发展战略规划	制定智能电动汽车产业的发展战略规划旨在从产业发展的全局出发，在不同的发展阶段内找出影响产业发展的重要因素并作出相应的整体布置和规划
补贴和税收优惠政策	补贴和税收优惠政策旨在减小智能电动汽车的购买成本，缩小与传统燃油汽车的价格差距。不同国家的补贴、税收优惠政策额度和条件各有不同，通常与智能电动汽车的类型、续驶里程、能耗等因素有关
基础设施支持政策	基础设施支持政策旨在改善智能电动汽车的充电的条件和改造配套电网，提高智能电动汽车使用的便利性和可靠性。完善的智能电动汽车基础设施是产业发展的基础保障，有利于促进智能电动汽车的购买和使用，促进消费增长
其他推广应用政策	包括补贴及税收优惠政策在内的推广应用政策，旨在提高智能电动汽车的使用价值和社会认可度，增加在市场上的需求

政策环境对于汽车企业选择目标市场有着重要影响。在车型开发项目规划立项阶段，需要了解目标市场的政策要求，并根据目标市场的政策导向进行车型开发的战略规划。例如，进行智能电动汽车目标市场的选择时，可优先考虑税收补贴优惠、充电桩建设、推广应用计划等政策支持力度较大的国家或地区，将更有利于促进智能电动汽车市场的消费增长。

3.6.2 汽车标准法规要求

标准及相关技术法规是汽车产品研发、检测认证及政府管理的重要依据，汽车产品的开发必须在相关技术法规允许的范围内进行，产品的生产和设计必须满足目标市场准入管理及技术法规要求。汽车产品的技术法规一般指涉及车辆主动安全、被动安全、一般安全、环境保护、节能和防盗等方面的要求，此外对于电子电气部件和智能控制部件更为复杂的智能电动汽车，还需考虑功能安全和信息安全。随着汽车智能化、电动化技术的发展，各国都在加速推进电动汽车、自动驾驶与智能网联汽车、双碳等相关技术法规的制修订工作。

1. 国外技术法规体系

目前，国外具有代表性的汽车技术法规体系见表 3-9。

2. 我国汽车标准体系

我国当前已建立起以强制性国家标准为核心、以推荐性国家标准为主体、配套行业标准和团体标准、合理采用各种标准文件形式、适应我国国情、较为科学完善且与国际相协调的汽车标准体系，如图 3-21 所示。

表 3-9　国外主要汽车技术法规体系

法规类型	主要内容
联合国法规	联合国欧洲经济委员会（UNECE）制定了针对整车及部件的联合国法规，促进了各缔约方间互相承认车辆产品型式批准，一定程度上减少了国际贸易壁垒，涉及联合国法规共 169 项、全球技术法规共 24 项。此外，在智能网联汽车和电动汽车领域正在开展自动驾驶系统、动力总成、电池等相关技术法规的制修订工作
欧盟法规	欧盟汽车技术法规体系，包括单项零部件和系统相关法规/指令共 107 项，其中采用联合国法规 95 项，保留欧盟自身法规/指令 12 项。对于其自身法规/指令，欧盟出台"欧洲第七阶段污染物排放标准"。为适应电动化和智能化的发展，欧盟整车型式认证法规和汽车安全相关技术法规正在开展制修订工作
美国法规	美国汽车安全技术法规和配套的管理文件主要包括汽车安全主体技术法规 FMVSS 64 项以及配套试验规程、汽车安全管理性技术法规、汽车防盗技术法规、排放和噪声技术法规以及节能技术法规。为了适应智能化电动化技术的不断发展，美国汽车技术法规在安全、环保、节能等领域处于全面加严趋势
日本法规	日本以法律为依据，制定并颁布了一系列机动车相关的政令、省令、公告、通知。另外，日本签署《1958 年协定书》后，开始积极采用联合国法规，至今已采用近百项。对于其国内法规，目前主要围绕汽车节能与环保领域进行相关更新，并针对 L4 级自动驾驶领域相关发展需求修订《道路交通法》

此外，在电动汽车标准领域，已覆盖基础通用、电动汽车整车、动力蓄电池及电驱动等系统部件、充电与换电等关键方面。在智能网联汽车标准领域，涉及先进驾驶辅助系统、自动驾驶、网络安全、网联与功能应用、资源管理与应用等方面。我国已逐步形成了较为完善且在部分领域实现国际领先的智能电动汽车标准体系。

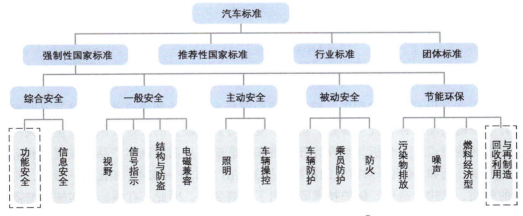

图 3-21　我国汽车标准体系（2024 年）⊖

3.6.3　汽车标准法规导入与管理

标准法规要求是进入目标市场的最基本条件。汽车标准法规管理工作是为确保所开发汽车产品满足目标市场的标准法规要求而开展的一系列标准法规工作，主要包括三个方面：汽车标准法规信息获取、汽车标准法规导入以及汽车标准法规符合性管控，如图 3-22 所示。

⊖　虚框表示该领域强制性国家标准还未发布。

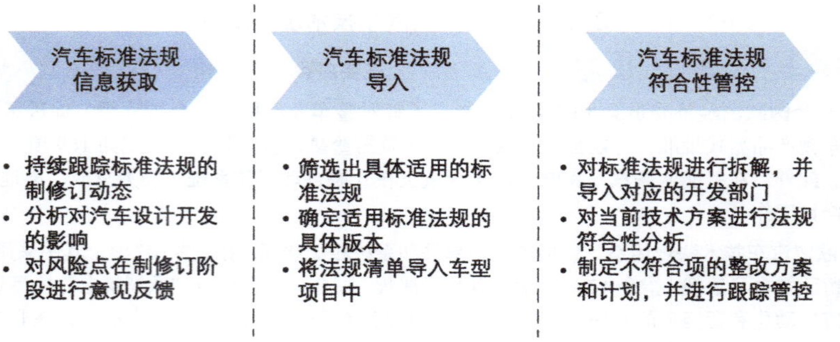

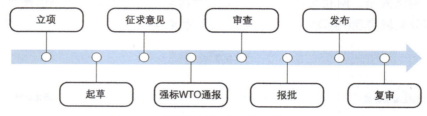

图 3-22 汽车标准法规导入与管理流程

1. 汽车标准法规信息获取

世界各国的汽车标准法规在不断发展和更新。法规部门需要基于目标市场对强制性标准和技术法规的实施要求及执行情况，及时获取和分析标准法规的相关动态信息，以指导汽车产品的设计开发。我国的汽车标准制修订管理流程涵盖了立项、起草、征求意见、强标 WTO 通报、审查、报批、发布、复审等环节，如图 3-23 所示。

图 3-23 我国汽车标准制修订管理流程

在汽车产品设计开发过程中，需要持续跟踪标准法规的制修订动态，尤其是对汽车造型设计、关键性能指标、技术参数、量产车变更等影响较大的法规要求，要重点关注各项条款要求的变更点，并分析其给设计开发带来的影响，从而对汽车产品开发提出相应的标准法规建议。例如，《汽车对行人的碰撞保护》（GB 24550—2024）相比上一版本，对前保险杠的材质、结构、造型、保护技术等提出了更高要求。因此，在该标准实施之前需要提前获取修订信息，做好风险识别和产品整改工作。

对于识别到的风险中较大的变更点，可在征求意见或强标报批公示等阶段，及时向标准主管部门进行反馈，提出合理的修订意见。此外，对于此类重点标准，还可在标准立项阶段参与到制修订工作中，在标准项目初期对风险点进行预测分析，及时提出对该标准的重大诉求点和建议，以此提前规避标准法规更新造成的重大产品设计变更或项目延期等问题。

2. 汽车标准法规导入

在获取目标市场的标准法规信息之后，法规部门需要识别出不同车型项目适用的标准法规要求，并及时传递最新的标准法规信息至车型项目组和设计开发部门，具体的操作步骤如下：

1）根据车型项目的市场定位和产品需求信息，在目标市场的汽车标准法规体系中筛选出具体适用的标准法规。例如，新能源汽车相比传统燃油汽车需要满足车载能源、电机及控制器、充电连接装置、低速提示音等新能源专项法规要求。

2）根据车型项目的计划推出时间和产品生命周期定义，确定适用标准法规的具体版本。在设计开发过程中，若识别出的标准法规正在进行制修订，并且在车型项目新申请型式认证或新生产之前正式实施，则根据实施日期要求选用最新版本。除实施时间之外，还需要重点关注部分条款是否存在过渡期要求。例如，GB 7258—2017《机动车运行安全技术条件》于 2018 年 1 月 1 日起实施，但其中部分条款在标准实施之日起第 13 个月、25 个月起才开始对新车型实施。此外，对于正在新制定的汽车标准法规也需要进行跟踪，根据其制定周期和预计实施时间，判断是否需要导入车型项目中。例如，GB 44495—2024《汽车整车信息安全技术要求》于 2023 年报批，于 2024 年 8 月 23 日正式发布，于 2026 年 1 月 1 日起实施，因此，对计划 2026 年起推出的车型，则需要考虑这项标准要求。

3）将确定的适用标准法规项目汇总成车型项目的标准法规清单，并导入车型项目和设计开发部门，以此指导车型项目的设计开发。同时，法规部门需要将有制修订动态的标准法规最新要求，及时进行解读分析和宣贯培训，更新标准法规清单，便于设计开发部门及时获取最新版的标准法规要求。

3. 汽车标准法规符合性管控

汽车产品标准法规符合性管控是根据上述确定的标准法规清单，对产品的标准法规符合性进行分析，并对不符合的标准法规项进行整改进度的管控，具体的操作步骤如下：

1）基于确定的车型项目标准法规清单，法规部门需要对每项条款要求进行拆解，并导入对应的设计开发部门。部分标准法规在车型开发过程中会涉及多个产品系统，将各项标准法规条款以产品设计开发的维度进行拆分，以便开发人员精准识别需要满足的法规条款。

2）由各设计开发部门对当前的技术方案进行标准法规符合性分析。对于部分标准法规项的符合性，在现阶段若无法通过实车试验验证进行判定，则可通过计算机辅助工程（Computer Aided Engineering，CAE）等技术进行仿真验证分析，给出当前的符合性判定，便于在前期设计阶段就能识别出不符合标准法规要求的技术方案，并及时进行整改。

3）法规部门需要对各设计开发部门的标准法规符合性分析结果进行评审和判定，对于不符合标准法规要求的技术方案，相关部门需要制定相应的整改方案和整改计划。在后续的产品开发过程中，法规部门需要对不符合项的整改进度进行跟踪管控，直到汽车产品满足所有的标准法规要求。

因此，在汽车产品规划立项阶段，需要根据计划推出的时间和地区情况，提前分析目标市场的政策及标准法规要求，将其导入车型项目中，并在后续的开发阶段进行管控，才能确保在规划的时间内顺利进入目标市场。

3.7 开发需求转化

3.7.1 开发需求转化概述

汽车产品开发前期会接收到来自多方面的需求输入,包括市场需求、业务需求、用户需求、产品需求等,如图3-24所示。开发需求转化重点关注整个产品(即整车)级别的初始需求定义。汽车产品本身具有许多不同的属性,传统燃油汽车的属性特征通常分为以下几大类:①动力性;②经济性;③安全性;④舒适性;⑤操控性;⑥NVH等。随着智能化技术的快速发展,智能电动汽车开始演化出明显区别于传统燃油车的特殊属性,如:①智能座舱(音响效果等、车联网、OTA功能、语音/手势控制功能、生活服务功能、场景模式等);②智能驾驶(智能驾驶硬件、功能清单及实现效果)。以上属性特征在产品开发过程中统称为产品属性,是开发需求转化过程中与用户需求建立联系的关键。

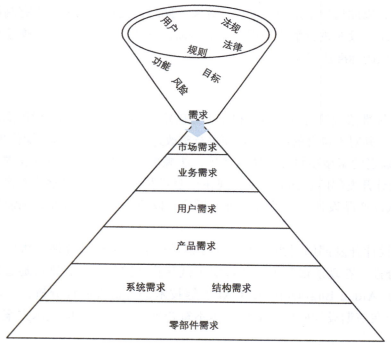

图3-24 产品开发需求分类

在车型研发设计过程中,各属性的实现通常会相互影响甚至互斥。因此,工程师们并不会一味地去满足全部用户的所有需求,而是结合车型的开发边界,在满足目标市场标准法规的基础上梳理出对应的产品开发需求和开发优先级。同时需要注意,用户购买车辆是为了作为一个整体产品使用,而不仅仅是组成产品的众多部件的集合。只有在清楚地理解和定义产品级别需求之后,才能衍生出相应的系统、子系统以及零部件的要求。

3.7.2 开发需求管理

开发需求管理流程主要分为以下步骤：需求收集、需求分析、需求分配、需求管控、需求验证，如图 3-25 所示。首先，收集和识别某个特定细分市场主要的、特征性的用户需求，结合外部市场环境、企业内部环境和竞争对手的情况，确定新汽车产品的市场定位。其次，对收集的需求进行进一步的过滤和筛选。再次，将汽车产品需求进一步分解到子系统和各零部件中，并对其中的变更活动进行规范化的流程管控。最后，进行模拟环境和用户环境的验证，以确保汽车产品能满足输入需求的要求。开发需求管理的目的在于能够正确地把握以汽车用户需求在内的汽车产品开发的各类需求，并保证最后开发出来的汽车产品能够满足这些需求。

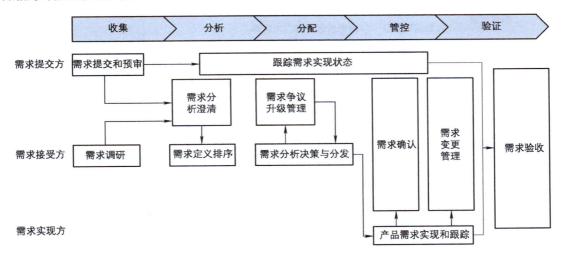

图 3-25　开发需求管理流程

3.7.3 关键清单和文档

1. 产品属性定义表

开发需求转化是将用户需求、车辆属性和产品卖点三者进行串联的关键环节。一个产品可以有很多属性，产品属性必须来源于用户的需求。所有的产品属性加在一起，应该涵盖用户的所有需求。表 3-10 给出了智能电动汽车产品的属性及其子属性定义的示例。需要注意的是，属性的定义并不是标准化的，因此，在不同的汽车项目和汽车制造商的组织机构中，属性及其子属性的列表和定义有所不同。每项商品属性都可以通过 L（领导地位）、A（领先地位）、C（有竞争力）、U（无竞争力）这四个字母来进行定义，以此来制定本品的属性目标和竞争策略。

2. 车型规划配置表

除商品属性外，车型规划配置表是开发需求转化后的另一项关键文档。车型规划配置表是了解一辆车型功能配置最基础也是最直观的文档，主要通过简洁和市场化的语言来描述一款车型所具备的硬件和功能清单,与产品属性定义一同构成对一款车型的描述和定义。车型规划配置是在产品策划阶段,对即将开发的车型基于市场需求,经过工程可行性分析以及成本收益分析的基础上对车型的定义。车型规划配置表主要分为三部分内容:规划车型名称、规划车型的配置项、规划车型与各配置项的关系。当前,随着电动化和智能化的发展,汽车的规划配置表也融入了更多新的元素,如电机功率和转矩逐渐取代了发动机参数,动力蓄电池电量、电动汽车续驶里程、智能驾驶硬件、智能座舱芯片等信息也成了必不可少的内容。表 3-11 展示了常见的车型规划配置表所展示的信息。

表 3-10 智能电动汽车的产品属性定义

序号	一级属性	二级属性	定位描述
1	感知质量	外观感知质量	外观工艺、漆面质量等
		内饰感知质量	内饰色彩面料、工艺等
2	用户交互体验	用户交互体验	车辆信息及状态显示、手机互联、多屏交互等
3	智能座舱	智能座舱	音响效果;车联网;OTA 功能,如导航功能、控制功能(手机/语音控制车窗、座椅等)、通信功能、生活服务功能、场景模式等
4	智能驾驶	智能驾驶	智能驾驶硬件(包括感知能力、算力等)、功能清单及实现效果等
5	空间便利性	人机工程	乘坐空间(前排、第二排、第三排),储物空间(乘员舱、行李舱等),车内空间调整灵活性,拓展性,储物空间实用性
6	充电性能	充电性能	是否支持快充,充电功率、时间及充电便利性
7	安全性	安全性	C-NCAP、C-IASI 等安全评价等级,车身抗撞能力等,预防事故发生的安全配置(ABS、ESP、BSD 等)
		制动性	制动距离、热衰退、制动灵敏
8	动力性	动力性	0→100km/h 加速时间;最高车速;起步加速、中速加速、高速加速;爬坡能力;长时间高速行驶能力等
9	经济性	经济性	WLTC/NEDC 等工况下的能耗、冬季/夏季的电耗、油耗等
10	操控性	驾驶平顺性	换档顺畅性、加速踏板灵敏性
		车辆动力学	转弯灵活,高速行驶车身稳定性,麋鹿测试等
11	舒适性	NVH	整车 NVH,主动降噪 ANC,主动路噪消减技术 RNC 等
		座椅舒适性	座垫、靠背的包裹性、支撑性,头枕、腰托、扶手的调节操作,安全带等的动态舒适性
		空调性能	空调制冷、制热效果;空气净化,香氛效果,空调温区
……	……	……	……

表 3-11 车型规划配置表示例

参数/配置分类	参数/配置信息	车型 A	车型 B	车型 C
基础参数	车身尺寸、轴距等信息	4455mm × 1875mm × 1615mm	4455mm × 1875mm × 1615mm	4455mm × 1875mm × 1615mm
动力参数	功率、转矩、加速时间、续驶里程等信息	430km	510km	510km
底盘系统	车身形式、前/后悬架形式等信息	麦弗逊式独立悬架	麦弗逊式独立悬架	麦弗逊式独立悬架
安全配置	安全带和气囊等配置	●	●	●
外部配置	车门、玻璃、外部灯光、行李舱和后视镜等配置和功能	●	●	●

（续）

参数/配置分类	参数/配置信息	车型A	车型B	车型C
内部配置	转向盘、座椅、仪表、内后视镜和杯托等配置和功能	●	●	●
空调系统	空调及空调相关的功能和配置	●	●	●
智能辅助驾驶系统	硬件方案、智能辅助驾驶等级、辅助驾驶相关的功能和配置	—	●	●
智能座舱	车机系统、中控屏、扬声器、HUD抬头显示、情景模式等功能和配置	—	○	●
车身/内饰/轮毂	车漆颜色、内饰颜色/材质和轮毂尺寸/样式等	○	○	○

注：●表示标准配置，即所选车型在上市销售时默认搭载或具备对应的功能或配置项；
　　○表示选装配置，即该款车型在上市销售时暂无对应的功能或配置项，但是用户可以通过加价或其他方式选择增加该功能或配置项；
　　—表示无此配置。

3.8　商业计划书编制

整个汽车产品开发周期内会面临大量的资源投入，并且在这期间以及之后的车型上市过程中也将面临许多潜在风险，这些情况都有可能导致车型销量或盈利能力等指标不及预期。因此，汽车企业在决定是否开发一个车型项目时，需要了解足够充分的信息才能对全局进行宏观把控，编制商业计划书的目的就是通过提供信息来辅助企业进行决策。

3.8.1　商业计划书制定流程

商业计划书所涵盖的内容非常丰富，从早期的产品定义到之后的投资收益评估，通常需要跨部门的众多相关方组成的项目团队参与到编制过程当中。市场部门和产品规划人员负责明确精准的产品定位和定义，造型设计人员要了解设计趋势和审美偏好，产品设计工程师会根据市场端和造型设计的输入进行初步的数据设计，财务及相关人员则需要核算成本和收益等投资回报。在公司管理层审批通过后，项目开发工作才会正式启动。商业计划书的编制和审批流程通常包括项目概述、市场分析、项目策划、经济方案、审批汇报等环节，如图3-26所示。

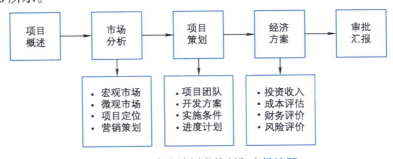

图3-26　商业计划书编制和审批流程

3.8.2 商业计划书内容

商业计划书可以理解为车型项目开发的可行性分析报告以及经营管理计划的结合，内容需要包括车型项目的项目前景、资源需求、投资回报和风险及对策等相关业务方面的信息，见表 3-12。

表 3-12 商业计划书的主要内容

类型		主要内容
1. 项目前景	法律法规	明确政策法规及经济环境的现状，分析其未来变化和导向意图
	市场及竞品	① 汽车市场整体现状及预测：对整体汽车市场容量、各细分市场占比、增速等现状进行分析，对乘用车未来市场销量及走势进行预测 ② 细分市场现状及预测：从细分市场总量、占比、销售区域、使用权等多方面分析，对车型所在细分市场未来的趋势进行预测 ③ 竞争格局分析：通过细分市场竞品类型、价格、销量及市占率等方面的分析，评估竞争激烈程度 ④ 竞品分析：通过细分市场竞争格局分析，明确和分析标杆竞争车型、核心竞争车型、主要竞争车型 ⑤ 市场机会：结合公司产品布局及优势，说明是否要进入这个市场以及进入该市场的原因，并预测车型的未来的市占率
	用户分析	① 细分市场人群划分及其特征：结合人群划分模型进行特征总结，并确定车型所要进入的目标细分市场 ② 目标客户及需求：明确目标客户，分析目标客户需求及痛点
	产品需求定义	① 产品战略定位：明确产品在公司车型中的主要定位，如形象型、主销型、布局型等 ② 产品属性定位：设定产品打造方向，体现出车型细分市场、客户群体、价格区间、卖点等信息 ③ 造型定义：结合细分市场的竞品造型特征以及市场产品未来造型趋势，给出产品造型方向及内饰风格建议 ④ 尺寸定义：结合细分市场主流产品车型尺寸范围、未来核心竞品尺寸变化趋势预测及销售策略，给出车型的尺寸建议 ⑤ 性能定义：根据车型定位及竞品分析，明确产品关键性能要求 ⑥ 其他定义：包含但不限于安全、空间、智能互联、人机交互等 ⑦ 导入时期及产品生命周期改款建议：规划产品导入市场时间建议及改款换代节奏、改款范围 ⑧ 配置提案：基于产品打造方向、竞品配置梯度和配置下延趋势、细分市场可能投放全新产品及前沿科技预测、目标人群关注因素，依据消费者配置感知价值，提出产品的配置梯度建议 ⑨ 车型销量及售价规划：设定车型产品在生命周期内合理且安全的售价、各款型的销售比重以及车型整体的销量目标
	营销策略	① 车型卖点或亮点：结合细分市场、竞品分析及以上的产品定义，分析本车型的卖点或亮点及以后的宣传重点 ② 销售及推广渠道：规划此车型的销售渠道、推广渠道及推广时间 ③ 销售策略：结合车型卖点或亮点、销售渠道、金融方案、推广渠道及竞品的销售策略，规划此车型的销售策略 ④ 售后质保：规划上市后消费者所能获得的售后及质保的年限和范围
2. 项目策划	项目团队	产品总监、各模块经理及工程师
	产品规格定义	① 主要技术参数：尺寸参数、质量参数、通过性参数等 ② 主要性能指标：整车动力性、经济性、平顺性、舒适性、NVH 等 ③ 主要开发范围：主要根据造型和模具改动程度判定开发范围大小

（续）

类型		主要内容
2. 项目策划	开发进度策划	当前阶段待开发车型的进度策划，即里程碑计划
	生产场地策划	确定生产场地，并说明选此生产场地的原因
	项目盈利目标	单车毛利润目标
3. 投资预算分析	投资目标	确定整车研发、白车身钣金、零部件、焊接工装/夹具、四大工艺等五大环节的总计预算目标金额
	投资预算	① 整车研发投资预算：竞品研究、咨询费用、造型设计、样车制作、试制车辆、试验费用、公告认证、人工费、差旅费用、运杂费用、试制车间专用夹具、设备费用等可预见以及其他不可预见的费用 ② 零部件开发投资预算：白车身总成、动力蓄电池、动力总成、高压系统、底盘系统、电器系统、内外饰件、车身附件和门系统、变更等不可预见费用 ③ 工艺投资预算：冲压、焊装、涂装、总装、变更等不可预见费用
4. 成本目标	整车成本目标	车型上市后生命周期内每一个款型的成本目标
	系统成本目标	车型上市后生命周期内白车身总成、动力总成、高压系统、底盘系统、电器系统、内外饰系统、车身附件和门系统、紧固件等各系统的成本目标
5. 投资回收分析		计算项目生命周期内的总利润、投资回报周期以及盈亏平衡点，通常需计算全生命周期内每一年的以下金额数值：初始投入、营业现金流、项目残值收入、净现金流量、累计净现金流量、现金流量现值、累计现金流量现值等
6. 项目风险及对策	市场风险	分析市场需求的不确定性、竞争态势的变化以及政策法规对项目的影响
	技术风险	评估项目所采用技术的成熟度和可靠性。技术更新迅速或技术实施中的困难可能对项目造成不利影响
	品质风险	产品品质不达标或客户反馈不佳对项目声誉和市场份额的潜在影响
	生产风险	涉及供应链稳定性、生产设备故障或产能不足等问题，这些都可能影响到产品的及时交付和成本控制
	进度风险	项目执行过程中可能出现的延误，导致市场机会丧失或额外成本增加
	成本/投资/收益风险	与项目的财务表现直接相关，包括成本超出预算、投资收益不达标或资金链断裂等风险

3.9 工程案例：某纯电动车型开发项目规划

以某公司在2020年开发的一款A00级纯电动车型项目为例，对车型开发项目规划工作进行说明。该项目在总投资不超过1亿元的前提下，设计并开发出符合市场需求的量产车型。这里主要展示其规划立项阶段商业计划书中项目前景和产品需求分析的核心内容，涵盖市场现状分析及预测、目标市场定义、用户需求分析、竞争车型对标、开发需求转化等。

3.9.1 市场现状分析及预测

围绕我国汽车市场进行现状分析及预测。

乘用车整体市场：2018年迎来拐点，市场遇冷，竞争加剧；2019年销量维持在2144.4

万台，2020年受疫情影响下滑态势较明显，销量下滑至1928.8万台，同比下跌约10%。

新能源汽车整体市场：近年来保持高速增长；2017—2019年每年保持70%以上快速增长；因2019年补贴首次大幅度下降（地方财政补贴取消），整体新能源市场开始表现乏力；2020年，在强有力的政策刺激作用下（补贴下降放缓），疫情后市场逆势回暖，同比增长30%。

A00级BEV市场：2017年为销量爆发元年，受补贴连续下降以及新能源汽车涨价的影响，2019年销量断崖式下跌；2020年销量同比强势增长93.8%，是新能源市场回暖的主力军。

A00级BEV使用性质：个人使用性质在A00级BEV中的占比越来越高，2019年已达80%；受共享汽车行业颓势影响，截至2020年11月，个人占比提升至92.7%，在个人代步市场存在较大提升潜力。

A00级BEV主销区域：主要区域为华东、华中、华南的二三线城市，主销省份为河南17%、广西15.4%、山东14.4%等人口大省，同时在A00级BEV价格下探至3万元级别的趋势下，四五线城市的渗透率将大幅提升。

3.9.2 目标市场定义

2020年，A00级BEV市场按照车长与价格进一步细分为三个主要市场，如图3-27所示：

1）3万～4万元的四座车市场：以超低价格优势吸引庞大的县级、城镇、乡村等区域用户群体，将会持续渗透，当前呈现车型E一家独大的垄断态势。

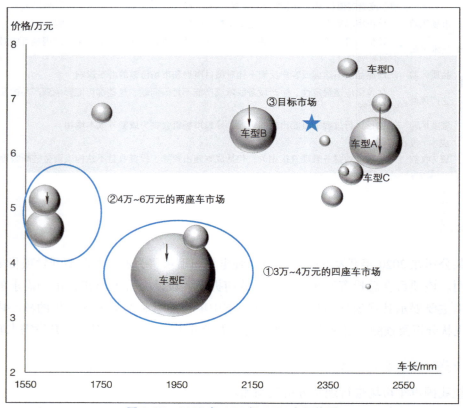

图3-27　2020年A00级BEV市场格局

2）4万～6万元的两座车市场：市场份额保持在20%左右，近年来变化幅度较大，产品数量不断减少，预计未来份额占比将持续走低，逐渐被3万～4万元的四座车市场转化。

3）6万～8万元的四/五座车市场：市场容量最大，份额占比最高，历年稳定保持在50%以上，为A00级BEV的重点布局市场，代表产品有车型A和车型B。

本品目标市场明确，瞄准市场容量最大的6万～8万元的四/五座市场，抢夺车型A和车型B的市场份额。

3.9.3 用户需求分析

根据国信中心2019—2020年5月的调研数据，A00级BEV市场的主要人群分为两类，如图3-28所示：第一类是理性顾家的中层管理职员；第二类是喜欢尝鲜的个性年轻人。典型画像为"80后""90后"，收入较为稳定的基层和中层职员；人物标签为照顾家人、理性消费、个性尝鲜；汽车产品需求为安全、续航稳定、性价比高、外观好看。

3.9.4 竞争车型对标

1. 竞争车型定义

6万～8万元的A00级BEV市场车型较多，竞争较为充分，用"漏斗法"按照产品的级别、车身结构、销量、价格、造型风格、功能特征、品牌等多个维度综合考虑，核心竞争车型为车型A、车型B，主要竞争车型为车型C、车型D，见表3-13。

2. 竞争车型VOC研究

（1）销量监测

随着2019年补贴退坡幅度加大，主流A00级BEV车型销量开始持续走低，核心竞品车型A、车型B月均销量维持在2000台左右。2020年两款车型终端售价逐步下探，采取以利润换市场的策略，销量逐渐攀升，截至2020年11月，车型A突破8000台，车型B突破5000台，市场声量较高。

2021年，随着补贴金额相应退坡20%，如果维持售价不变，车型A和车型B的销量将保持稳定或小幅下降的走势。

（2）VOC研究

通过对竞品舆情的监测，收集归纳用户声音，发现车型A口碑主要好评为"空间大、外观好看、提速很快、性价比高"，主要差评为"座椅偏硬、内饰简单、噪声比较大"。车型B口碑主要好评为"颜值高、空间大、操控简单、性价比高"，主要差评为"舒适性一般、异响、座椅偏硬"。因此以消费者视角，可提炼出两个车型的共性优势在于外观、空间和性价比，共性劣势在于内饰质感、NVH性能。

基本特征	价值观	消费观	产品需求
80后为主，基层中层，收入稳定	人物标签：照顾家人／理性消费／个性尝鲜	消费理性，追求实用，个性尝鲜	关注汽车基础属性
性别 男性56.7%，女性43.2%	理性顾家、工作上进、喜欢尝鲜	✓消费倾向理性、实用品质接近一半	· 关注汽车基础属性
年龄 90后：33.1%，80后：48.3%	家庭亲和、理性务实、品味	冲动消费 10.7% 89.3% 理性消费	· 要求安全保质、高性价比
家庭生命周期 单身恋爱中19.4%，已婚带有幼儿/小学中学孩子68.0%	工作上进、有追求、想要取得更好的成就	果断消费 47.9% 52.1% 谨慎消费	· 外观个性好看
学历 大专50.0%，本科及以上35.5%	向往充实有价值、衣食无忧、无拘无束的生活	个性消费 48.1% 51.9% 从众消费	产品需求：安全、高性价比、有颜值
家庭收入 10万~25万元60.6%，25万~40万元22.5%	关心时事、休闲美食、喜好运动、旅游	尝鲜消费 43.1% 56.9% 保守消费	续航里程 33.9% 购车价格 32.7% 安全性 31.8% 无电时间 28.4% 质量 27.7% 配置 24.2% 外观 23.5% 电池特性 21.4% 舒适性 19.8% 使用费用 19.4% 品牌 19.2% 动力性 16.9% 操控性 15.2% 空间 12.4% 内饰 8.7% 服务 8.2% 车联网功能 6.2% 信息及娱乐 3.9% 产品平台 1.7%
单位性质 私营／民营企业41.6%	更向往个性时尚、新鲜刺激的生活	品质消费 43.2% 56.8% 节约消费	
职位 一般基层职员35.4%，中级管理职员17.3%	为了自己的爱好、很舍得消费，如文化娱乐（电影、电子游戏）、小收藏等	潮流消费 25.4% 74.6% 实用消费	

理性顾家的中层管理职员 喜欢尝鲜的个性年轻人

图 3-28 A00 级 BEV 市场的主要人群

第3章 开发项目规划立项

表3-13 竞争车型定义维度

维度	竞争车型	级别	类别	品牌	价格	功能特征	造型风格	销量
核心竞品	车型A、车型B	相同	相同	相当	相当	相当	相当	销量好
主要竞品	车型C、车型D	相同	相同	相当	相当	相当	相当	销量尚可

3. 对标分析及竞争策略

通过主观评价和客观测试,对核心竞争车型的产品属性进行具体的对标分析,进一步验证了竞品主要优势在于外观、配置、交互娱乐性等,主要劣势在于内饰材质做工水平、NVH、电池与充电性能,见表3-14。本品在外观、配置属性上会予以借鉴,在内饰、电池性能上会重点提升,与竞品形成差异化,抢占A00级BEV市场份额。

表3-14 某新车型产品属性对标分析

产品属性	产品属性定位 某新车型	核心竞品评分 车型A	核心竞品评分 车型B
指导价	6万~8万元	7.38万元/6.54万元	6.98万元/6.2万元
外观	A	6.5分	6.25分
内饰	L	6分	5.75分
配置	C	6分	6.25分
碰撞等级	C	国标	国标
交互娱乐性	C	6分	6.25分
空间	C	5.5分	4.5分
便利性	C	5分	5分
电池和充电	L	续驶里程为301km 30%—80%快充时间为40min	续驶里程为301km 30%—80%快充时间为40min
动力性	C	350km:5.5分	300km:5.5分
经济性	C	10.2分(公告)	9.4分(公告)
操控性	C	转向:6分。操控:7分 乘坐舒适性:6.5分	转向:6分。操控:6.75分 乘坐舒适性:5分
制动性	C	5.75分	5.75分
驾驶平顺性	C	6.25分	5.75分
静音效果	C	总成:6分。路噪:4.5分 风噪:4.5分	总成:5分。路噪:4.5分 风噪:5.0分
座椅舒适性	C	前排:6.25分。后排:5.75分	—
空调性能	C	5.75分	5.5分

注:数据来源某新车型开发团队主观评价及客观测试。

3.9.5 开发需求转化

1. 本品定位描述

基于用户需求、竞品对标、竞争策略,对本品的产品属性进一步分解,尤其在定义为A或L的关键属性上,需要重点提升以寻找突破点,见表3-15。目标人群女性占比较高,对车的颜值关注度更高，需要通过外观内饰多样化的细节设计去寻求产品个性化，因此从定位上要拉开差距，优于竞品。目前市场热销车型如车型 E、车型 A 等造型偏方正，小巧可爱，有自身特点，辨识度高。本品造型需要拥有自身特点，与众不同，具有一定话题度，给予用户更多的想象空间。

表 3-15 某新车型产品属性定位描述

产品属性	定位	定位描述
外观	A	外观造型：①全新设计外观，不弱于当前主流；②高颜值、高辨识度，时尚新颖；③迎合女性审美 多彩颜色：①全新开发潮流颜色；②选用有光泽、有质感的车漆；③易于实现多样化撞色（汽车前、后端保护装置，外后视镜，车身等）
内饰	L	内饰风格：①简约不简单，需要有设计感；②设计双拼配色，搭配不同外观；③迎合女性审美，简约时尚风格 内饰材质：①低价不低质，需要有品质感；②多种材质、多种皮纹混搭；③局部点缀软质包裹、装饰件提升质感
交互娱乐性	C	中高配搭载 dilink 系统（C），低配搭载 FM 收音机（U）
空间	C	持平竞品平均水平
便利性	C	应充分考虑女性车主的操作便利性，易用、易上手
配置	C	持平竞品平均水平
电池和充电	L	客户非常关注续驶里程，续驶里程表现应稳定扎实；搭载刀片电池，电池安全性领先竞品平均水平
碰撞等级	C	持平竞品平均水平，按国标水平开发
动力性	C	持平竞品平均水平
经济性	C	客户非常关注电耗，持平竞品平均水平
操控性	C	应充分考虑女性车主，轻巧好开，全系标配 EPS
制动性	C	持平竞品平均水平
驾驶平顺性	C	持平竞品水平即可满足需求，重点关注能量回馈舒适性
静音效果	C	持平竞品平均水平
座椅舒适性	C	持平竞品平均水平
空调性能	C	持平竞品平均水平

2. 本品配置表

本品在车型配置方面会倾向于搭载提升操控性、便利性的配置，充分提升女性驾驶员的驾驶体验，对于 ESP、GPS 导航、10.1in（1in=2.54cm）中控屏幕、倒车影像、无线充电等配置进行标配，见表 3-16。

表 3-16　某新车型配置表

配置族	配置值
动力性	续驶里程为 320km
	0→50km/h 加速时间为 4.9s
操控配置	ESP+EPB+AVH
	R16 铝轮
	经济 / 运动驾驶模式
内部配置	间接式胎压监测
	塑料转向盘
	仿皮座椅
	前排 1 个 USB+4 扬声器
	行车记录仪
外部配置	卤素前照灯
	外后视镜电动调节 + 加热
	前照灯延时关闭
	自动开启前照灯 +LED 日间行车灯
智能配置	OTA 升级
	4G 网络
	GPS 导航系统
	10.1in 中控屏 + 倒车影像
	遥控 + 蓝牙 +NFC 钥匙解锁

通过对拟开发 A00 级纯电动车型的目标市场、用户需求、竞争车型、开发需求进行分析，初步完成了汽车产品规划立项阶段的主要工作步骤，为进一步完成商业计划书的编制提供了核心内容。同时，在智能电动汽车开发项目规划过程中，需要重点考虑用户对智能化、电动化的配置需求，给车型项目开发团队提出合理且符合用户、市场需求的本品定位和配置建议，为后续的设计开发、软件开发和试验验证等开发工作提供市场分析支持。

思考与练习

一、单选题

1.(　　)不是用户需求挖掘的方法。
A. 用户旅程图　　　B. 用户成长故事　　　C. SPACE 矩阵　　　D. 用户移情图

2. KANO 模型中对用户需求分为（　　）。
A. 期望属性、魅力属性、无差异属性、必备属性
B. 期望属性、魅力属性、必备属性
C. 期望属性、魅力属性、无差异属性
D. 期望属性、无差异属性、必备属性

3. 波士顿矩阵可应用于（　　　）。
A. 企业经营战略的选择　　　　　　B. 产品战略的可行性分析
C. 竞争车型对标　　　　　　　　　D. 产品业务组合及投资顺序分析

4.（　　　）是开发需求转化中的关键清单和文档。
A. 商业计划书　　　　　　　　　　B. 产品属性定义表、车型规划配置表
C. 竞品车型 VOC 研究报告　　　　　D. 车型项目标准法规清单

二、多选题

1. PEST 趋势分析是指（　　　）。
A. 政治　　　　B. 经济　　　　C. 社会　　　　D. 技术

2. 完整的用户画像包含（　　　）。
A. 人口属性　　B. 社会属性　　C. 观点属性　　D. 购车属性

3. 波特竞争战略矩阵包括（　　　）。
A. 产品战略　　B. 成本领先战略　C. 差异化战略　D. 聚焦战略

4. 车型规划配置表主要分为（　　　）。
A. 规划车型名称　　　　　　　　　B. 规划车型尺寸参数
C. 规划车型的配置项　　　　　　　D. 规划车型与各配置项的关系

三、填空题

1. 目标市场定位的方法有_____、_____、_____。
2. 竞争车型的主要分类有_____、_____、_____。
3. SPACE 矩阵划分的战略类型包括_____、_____、_____、_____。
4. 竞争力等级 LACU 分别指_____、_____、_____、_____。

四、判断题

1. 我国的汽车标准制修订管理过程涵盖了标准立项、起草、征求意见、强标 WTO 通报、审查、报批、发布、复审等环节。（　　　）

2. 企业经营战略描述了企业的产品愿景和使命，以及如何实现。（　　　）

3. 在进行竞争车型筛选时，核心竞争车型越多越好。（　　　）

4. 商业计划书的内容需要包括车型项目的项目前景、资源需求、投资回报和风险对策等相关业务方面的信息。（　　　）

五、简答题

1. 在进行用户需求分析时可以采用哪种模型？如何应用？

2. 当新的汽车标准法规发布之后，如何获取该信息并进行法规分析和导入管理的工作？

3. 竞争车型对标的主要流程是什么？

4. 可以应用哪种战略矩阵进行产品战略的制定？不同战略的差异性有哪些？

六、综合实践题

1. 《"十四五"国家老龄事业发展和养老服务体系规划》明确提出：推动老龄事业和产业协同发展。政府将鼓励企业开发专为老年人设计的智能化出行工具，满足老年人群体在日常生活中的便捷、安全和舒适需求。未来，老年人出行市场将成为政策扶持的重点领域之一。

老年人更倾向于拥有安全、舒适、操作简便的交通工具，这为汽车行业提供了新的增长点。市场上现有的一些车型已经开始针对老年用户的需求进行设计，比如具备辅助驾驶功能、智能化操作以及舒适座椅的车型，逐渐受到老年消费者的青睐。新能源车的普及也为老年人群体提供了低碳环保的出行选择。整体而言，老年人出行市场正在经历从传统车型向智能化、舒适化、个性化车型的转型。

某公司拟开发一款针对老年人出行的新车型。请基于以下要求，进行该车型的规划立项工作：

1）市场现状分析：结合2024年国内老龄化趋势，分析老年人出行需求的变化趋势，探讨传统出行方式的局限性和潜在的市场机会，评估在当前智能化和电动化背景下，老年人专用车型的市场空间。

2）目标市场定义：请细分老年用户群体，明确目标市场（如城市、农村、不同收入水平的老年群体），讨论不同年龄段和生活方式对车辆需求的差异，以及如何通过车型开发满足这些需求。

3）用户需求分析：针对老年人出行的特点，从安全性、操作简便性、舒适性、智能化辅助功能等方面，提出具体的用户需求分析。探讨如何通过整合辅助驾驶、健康监测等新兴技术提升车辆对老年用户的吸引力。

4）竞争车型对标分析：研究国内现有为老年人设计的或适合老年人使用的车型，进行对标分析，找出现有产品在技术、设计、功能和市场定位上的优势和不足。论述你设计的产品如何通过差异化策略获得市场竞争力。

5）初步产品定位及设计概述：综合以上分析，确定该车型的产品定位，提出其核心卖点，并简要描述该车型的主要技术特点、设计方案和目标价格区间。说明如何通过这些设计满足老年用户需求并提升产品竞争力。

6）商业计划书撰写：根据以上分析，撰写一份简短的商业计划书摘要，重点阐述该老年人出行车型的市场前景、技术路线、核心竞争优势和盈利模式。明确如何通过这一车型的开发满足市场需求并实现商业成功。

2. 东南亚近年来成为全球汽车行业增长最迅速的市场之一，尤其是在印度尼西亚、泰国和越南等国。该地区的汽车需求主要集中在小型经济型车辆，特别是耐用、经济实惠的车型备受消费者青睐。尽管大部分市场仍然依赖燃油车，但新能源车型逐渐崭露头角，受到一些国家政策的支持，如泰国和印度尼西亚正推动新能源汽车的生产与销售。

东南亚的道路基础设施、气候条件以及交通文化都影响着消费者的购车决策。例如：在一些路况较为复杂的国家，消费者更倾向于购买通过性强、耐用性好的 SUV 和小型皮卡；城市中的年轻家庭和中小企业则更喜欢灵活性高且维护成本低的车型。与此同时，东南亚市场的竞争也在加剧。来自日韩的品牌在当地拥有很强的品牌忠诚度，而中国的汽车制造商也在以其性价比和创新技术逐步扩大市场份额。新能源汽车市场虽然尚未大规模普及，但随着政策推动和基础设施改善，未来几年其渗透率预计将显著提升。

请参照本章思考题 1 的具体要求完成车型规划立项初步工作，并着重尝试撰写商业计划书。

第4章
设计开发

学习目标

1. 掌握汽车产品设计开发阶段中涉及的基本概念、术语定义和开发工具等内容。
2. 理解汽车产品设计开发阶段的主要流程和关键工作步骤。
3. 了解智能化、电动化发展给汽车产品设计开发工作带来的影响和变化。

汽车产品的设计开发是车型开发项目的核心部分，在前期产品规划和市场调研的基础上，需要将市场语言进一步转换为工程语言，开展工程化数据开发，并通过大量的仿真分析及后续的样品样件试制与测试等工作进行设计符合性验证。本章主要介绍智能电动汽车在设计开发阶段的主要流程和关键步骤（总体设计、造型设计、平台架构开发、性能集成开发、功能集成开发、系统设计），以及该阶段的实际工程案例。如图4-1所示，该阶段首先进行整车级的定义、设计，以及性能集成开发和功能集成开发，然后将整车级开发目标进一步分解为系统级目标，进而进行电驱动系统、热管理系统、整车电子电气架构、智能底盘等关键系统设计和过程开发工作。

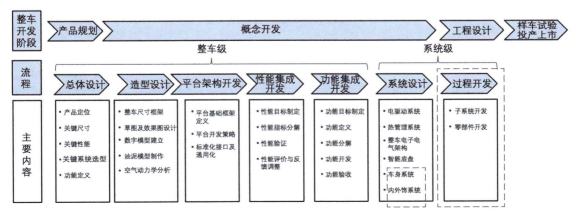

图 4-1 汽车产品设计开发流程

4.1 总体设计

总体设计是汽车产品设计开发过程中关键的一环,它将市场用户和开发需求转化为设计开发依据,既要考虑消费者对汽车的性能、安全和功能的要求,同时也要满足成本、生产、制造及售后的需要,此外还要平衡性能、功能和成本之间的矛盾,以便后续开发出适应市场需求的汽车产品。总体设计主要包括车型产品定位、关键尺寸(X向、Y向和Z向)、关键性能(动力性、经济性和安全性等)、关键系统选型、功能定义等内容。

4.1.1 产品定位

1. 车辆类型及级别

汽车的产品类型可以按产品形态(Sedan/轿车、SUV/运动型乘用车、MPV/多用途乘用车、Pickup/皮卡、Cross/跨界车等)和车辆级别(A00级、A0级、A级、B级、C级、D级等)进行分类,见表4-1、表4-2。在进行产品定位时,首先需要根据市场用户和开发需求,确定开发车辆的类型和级别。

表 4-1 车辆类型

类型	图示	说明
轿车		包括三厢、两厢、敞篷车、两门跑车等
SUV		运动型乘用车,与常规车的主要区别是离地间隙、接近角、离去角更大,通过性更好
MPV		多用途汽车,集SUV宽大的乘员空间、轿车的舒适性和厢式货车的功能于一身
皮卡		是一种采用轿车车头和驾驶室,带有敞开式货车车厢的车型。具有轿车的舒适性,同时还有一定的载货和越野能力
跨界车		综合多种车型特点的跨界车型

表 4-2 车辆级别 (单位:mm)

参数	A00级	A0级	A级	B级	C级	D级
长	2500~3600	3600~3900	3900~4400	4300~4600	4500~4900	4800~5200
宽	1500~1650	1550~1670	1670~1740	1670~1770	1770~1850	1800~1900
高	1330~1550	1350~1480	1330~1440	1360~1430	1360~1450	1400~1500
轴距	1800~2400	2350~2500	2400~2700	2500~2800	2600~2900	2700~3200
前悬	350~800	500~850	550~850	700~900	700~1000	700~1000
后悬	300~500	400~650	500~750	700~1000	800~1200	900~1300
轮距	1290~1450	1430~1540	1520~1590	1580~1640	1600~1690	1630~1710

2. 驱动形式

驱动形式主要是指动力总成位置、驱动轴和车身（车架）的布置位置关系。按照动力总成的相对位置，可以将汽车的驱动形式分为前置前驱、后置后驱和四轮驱动（主前驱和主后驱），如图 4-2 所示。

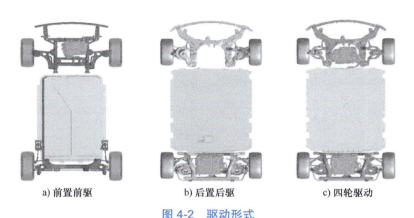

a) 前置前驱　　　　b) 后置后驱　　　　c) 四轮驱动

图 4-2　驱动形式

4.1.2　关键尺寸

在确定车辆类型级别之后，还需要对产品的关键尺寸进行规划，包括 X 向、Y 向和 Z 向的关键尺寸，对于汽车产品的性能和安全具有决定性影响。

1. X 向关键尺寸

X 向关键尺寸包括：车长 $L103$、轴距 $L101$、前悬 $L104$、后悬 $L105$、前轮心至脚掌 $L113$、乘员空间 $L99$（$L99$-2 是指前排脚掌到二排座椅中心点的距离）、座椅参考点至后轮心 $L115$，如图 4-3 所示。

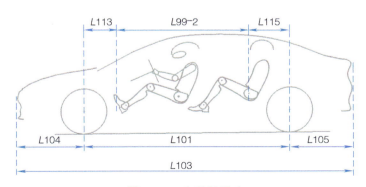

图 4-3　X 向关键尺寸

2. Y 向关键尺寸

Y 向关键尺寸包括：车宽 $W103$、前护轮板处车宽 $W106$、后护轮板处车宽 $W107$、前

轮距 W101-1、后轮距 W101-2、座椅参考点 Y 轴坐标 W20，如图 4-4 所示。

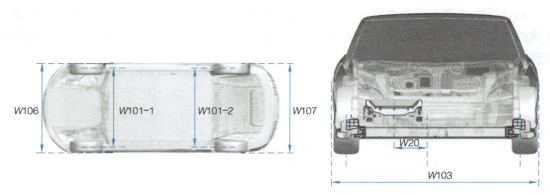

图 4-4　Y 向关键尺寸

3. Z 向关键尺寸

Z 向关键尺寸包括：车高 H101、轮胎直径 R、离地间隙 H157、座椅高度 H30、座椅参考点（R 点）至地面距离 H5、有效头部空间 H61、C 点（后背舱或外部组件上的最高点沿 X 向在汽车后风窗玻璃外表面上的投影点）到地面的距离 H120-1，如图 4-5 所示。

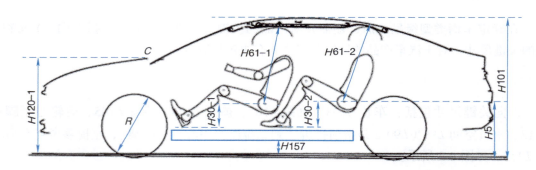

图 4-5　Z 向关键尺寸

4.1.3　关键性能

1. 动力性

汽车的动力性是指汽车在良好路面上直线行驶时由汽车受到的纵向外力决定的、所能达到的平均行驶速度。其中，根据《纯电动乘用车　技术条件》（GB/T 28382—2012），电动汽车的动力性通常使用最高车速、加速能力、坡道起步能力等主要指标来评价。

2. 经济性

（1）经济性的定义

汽车的经济性是指车辆行驶一定距离所消耗的能量，或者车辆消耗单位能量能够行驶的距离。电动汽车经济性有两个重要评价指标：能量消耗率和续驶里程。

1）能量消耗率是电动汽车经过规定的试验循环后对动力蓄电池重新充电至试验前的容量，从电网上得到的电能除以行驶里程所得的值，单位为 W·h/km。在汽车企业中，一般以循环工况下，每行驶 100km 的电耗 [（kW·h）/100km] 作为纯电动汽车能量消耗率的评价标准。

2）续驶里程是电动汽车在动力蓄电池完全充电状态下，以一定的行驶工况，能连续行驶的最大距离，单位为 km。在汽车企业中，通常将纯电动汽车在一定循环工况下常温、高温、低温的续驶里程作为评价标准。

（2）整车能耗测试标准工况

汽车实际的经济性受包括道路状况、交通状况、天气环境和车辆驱动形式等因素的影响，在实际道路上测试能耗或续驶里程并不是一个理想的途径，其结果也不具代表性。为此，各国有关部门联合多家车企，定义了一系列具有代表性的整车能耗测试标准工况来评价汽车的经济性，乘用车主要的循环工况包括新欧洲行驶循环（New European Driving Cycle, NEDC）、世界轻型汽车测试循环（World Light-vehicle Test Cycle, WLTC）、中国轻型乘用车测试循环（China Light-duty-vehicle Test Cycle-passenger, CLTC-P）。常用循环工况的基本信息见表 4-3。

表 4-3 循环工况基本信息

循环工况	单位	NEDC	WLTC	CLTC-P
时长	s	1180	1800	1800
单循环里程	km	11.04	23.27	14.48
平均车速	km/h	33.6	46.6	29
最高车速	km/h	120	131.3	114
工况曲线	—			

由于实际测试存在充电损耗，因此还需要考虑国家标准《电动汽车能量消耗量和续驶里程试验方法》（GB/T 18386.1—2021、GB/T 18386.2—2022）和《轻型混合动力电动汽车能量消耗量试验方法》（GB/T 19753—2021）等相关规定进行修正。

3. 安全性

安全性能是汽车的重要性能之一，主要分为主动安全和被动安全，对于电子电气部件和智能控制部件更为复杂的智能电动汽车，还需考虑功能安全和信息安全。主动安全是指那些可以使汽车主动采取措施，避免碰撞事故发生的安全技术。被动安全指的是当碰撞事故不可避免时，车辆的设计能够避免或降低乘员和其他道路交通参与者伤害的能力。功能安全是指汽车在正常使用过程中，各种功能模块都能正常工作，不会对驾驶人和乘客造成伤害，这些功能模块包括但不限于驱动电机、制动系统、转向系统、安全气囊等。信息安全是指保护车辆和车辆中的电子系统免受未经授权的访问、使用、披露、干扰和破坏的威胁。为了避免车辆信息受到入侵或干扰带来的危害，汽车制造商常常采用加密通信、多重身份验证、网络安全监控等手段来加强车辆的安全性。

在对汽车进行安全性能相关的设计与开发中，首先要考虑目标市场的相关法规要求，例如，主被动安全相关的 GB 24550—2024《汽车对行人的碰撞保护》、GB 17354—2024《乘用车前后端保护装置》，以及信息安全相关的 GB 44495—2024《汽车整车信息安全技术要求》等标准要求。由于电动汽车装有动力蓄电池、电机、高压线束等部件，因此相比传统燃油汽车，其整车尺寸定义、总布置、载荷分配等均发生了较大的变化，相应的整车被动安全性能包括车体结构耐撞性设计、约束系统匹配等均需要做较大的调整甚至重新设计。接下来，以被动安全为例，介绍电动汽车结构耐撞性设计时考虑的主要因素有乘员保护、防止起火爆炸、防止触电三个方面。

1）在乘员保护方面，与传统燃油汽车相似，应秉承"软—硬—软"的车辆结构设计原则，提高车辆前后端的吸能效率，避免产生较高的加速度，同时较高的乘员舱强度可以降低车身结构的侵入量，保障乘员具有足够的生存空间。以正面刚性壁障碰撞为例，假设车辆初速度为 v_0，以加速度 a 做匀减速运动，车体前端的塑性变形量就是车辆在碰撞中行驶过的位移量 S（假设乘员舱完全刚性不变形），存在 $a = \dfrac{v_0^2}{2S}$ 的关系。为了使车身加速度 a 尽可能小，应当尽量增加前端的碰撞压缩量（即位移量 S）。碰撞过程的压缩量又与前舱中可利用的压缩空间相关。因此，在车辆概念设计阶段，需要将被动安全相关的关键尺寸定义纳入整车总布置设计中。图 4-6 展示了总布置设计中前舱被动安全性能相关的尺寸。

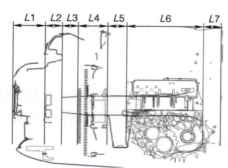

编号	说明	性能相关
L1	前保外表面至防撞梁	行人保护腿部冲击吸能空间
L2	防撞梁最前端至吸能盒中心前端	低速碰撞维修经济性
L3	吸能盒前端至散热器前端	低速碰撞维修经济性
L4	散热器厚度	不可压缩空间
L5	散热器后端至动力总成前端	高速碰撞可压缩空间
L6	动力总成占用空间	不可压缩空间
L7	动力总成后端至前围板	高速碰撞可压缩空间
可压缩空间	L2+L3+L5+L7	结构耐撞性可压缩空间

图 4-6　前舱被动安全性能相关尺寸定义

此外，电动汽车为保证续驶里程，需要搭载大容量动力蓄电池，不仅占用了较大的空间，而且电池重达数百千克，导致其整车质量较同级别传统燃油车增重 20% 以上。同时，由于电驱动系统较发动机更紧凑，使得短前悬与短后悬逐渐成为电动汽车的一种设计趋势。这就给车内乘员保护开发带来了巨大挑战，安全工程师需要在有限的设计空间内尽可能提升吸能效率。一方面，在车体前端增加"象鼻"结构、副车架前端吸能盒等传力结构，拓展传力路径，形成"防撞梁—象鼻—上边梁—减振塔—A 柱"的上传力路径，"防撞梁—前纵梁—前纵梁根部—门槛梁"的中传力路径与"副车架吸能盒—副车架—前纵梁根部—门槛梁"的下传力路径，如图 4-7 所示。另一方面，通过导入乘员约束系统的新技术，如双预紧安全带、自适应限力安全带、增大气体发生器等，提升乘员约束系统的吸能效率，以应对更高车体加速度下的乘员保护。

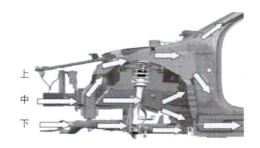

图 4-7　整车上、中、下三条传力路径设计

2）在防止起火爆炸方面，应从整车角度出发，通过在动力蓄电池系统四周预留防护空间，实现碰撞事故中动力蓄电池外壳不发生严重变形，避免电池包内部高压回路发生短路或电芯受机械挤压发生内部短路。具体而言，X 方向上，预留前纵梁根部至门槛梁的过渡空间，避免纵梁方向急剧变化而降低传力效率，同时保证动力蓄电池前后端与前后副车架的间距，避免正碰、后碰发生时悬架侵入动力蓄电池。Y 方向上，应预留动力蓄电池外侧边框距离外侧门槛的空间，并采用双门槛梁等结构形式，以应对侧面刚性柱体碰撞。

3）在防止触电方面，应在整车布置阶段做好总体布局设计，充分分析碰撞时高压线束以及各高压零部件的高压接口是否受挤压。例如，机舱内高压接口特别是直流母线接口应横向布置，以避开电驱总成与前围板之间的直接挤压。

4.1.4　关键系统选型

电动汽车主要可以分为四个子系统，即动力系统、电气系统、车身系统和底盘系统，如图 4-8 所示。电动汽车的动力系统由车载能量系统、电机系统和电控系统组成。车载能量系统由储能装置（如动力蓄电池、超级电容器、燃料电池、高速飞轮等）、动力电池箱、冷却系统和温度传感器等组成。电机系统由电机（如永磁电机、直流电机、磁阻电机、交流电机等）、温度传感器、冷却系统及传动变速系统等部分组成。电控系统由整车控制系统、电池管理系统、电机控制器、功率变换器及辅助系统控制器等组成。电气系统包括接触器、断路器、线束和充电器。车身系统与传统燃油车相差不大。底盘系统包括底盘电控系统、传动系统、行驶系统、制动系统、转向系统等，其中传动与行驶系统又主要由减速器、传动轴、驱动桥、悬架和车轮等组成。这些系统相互关联、相互作用，共同构成了电动汽车的整体功能。接下来以电动汽车的核心系统——动力系统和底盘系统为例介绍关键系统的选型。

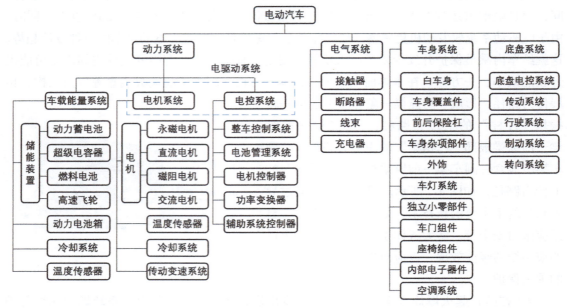

图 4-8　电动汽车基本组成

1. 动力系统

动力系统在电动汽车中也称为电动力总成系统，包括电驱动系统和车载能量系统（动力蓄电池系统）。电驱动系统主要集成了电机系统、电控系统等。动力蓄电池系统作为电动汽车的动力来源，对动力系统的运行同样至关重要。

1）高集成度是车用电驱动系统的重要发展方向，比较具有代表性的有三合一电驱动系统和多合一电驱动系统。三合一电驱动系统是指将电机、减速器和电机控制器结合集成起来的系统；多合一电驱动系统的集成度更高，集成了驱动电机、减速器、驱动电机控制器、高低压直流转换器、双向车载充电器、高压配电箱、电池热管理系统、整车控制器等模块。集成式电驱动系统的优势在于体积减小、系统更紧凑，优化了动力系统的布局和质量、能量传输路径，减少了能量损耗，提高了系统效率，但是也带来了系统的散热问题，增加了零部件检测和维修的难度，见表 4-4。电驱动系统的选型流程应按照锁定动力架构范围、电驱动系统筛选、电驱动系统方案论证来进行，如图 4-9 所示。

2）动力蓄电池系统主要由电池壳体、模组、冷却系统和电池管理系统（Battery Management System, BMS）等组成。模组是由一定数量的电芯通过串联、并联方式组合而成，其中电芯数量及其串、并联方式与整车电压平台有关。模组的数量决定了动力蓄电池的电量，由续驶里程要求和布置空间决定。图 4-10 为动力蓄电池的结构，其中电芯主要由正极、负极、隔膜和电解液组成，主要工作原理是靠锂离子在正极和负极之间的迁移实现充电和放电。现阶段，电动汽车的动力蓄电池主要为锂离子电池，根据其电芯正极材料体系分为锰酸锂电池、三元锂电池、磷酸铁锂电池，其优缺点见表 4-5。

第 4 章 设计开发

表 4-4 电驱动系统的分类

类型	三合一电驱动系统 + 其他功能模块	多合一电驱动系统
图示		
组成	电机、减速器、电机控制器	电机、减速器、电机控制器、直流转换器、高压配电盒、车载充电机、整车控制器、电池管理系统等
效率	低	高
集成化	低	高
轻量化	低	高
空间利用率	低	高
应用范围	前电驱动系统 / 后电驱动系统	前电驱动系统 / 后电驱动系统
代表车型	本田 e:NS1、埃安 S、丰田 bZ4X	比亚迪八合一 / 十二合一、华为 Drive ONE、长安超集电驱动系统

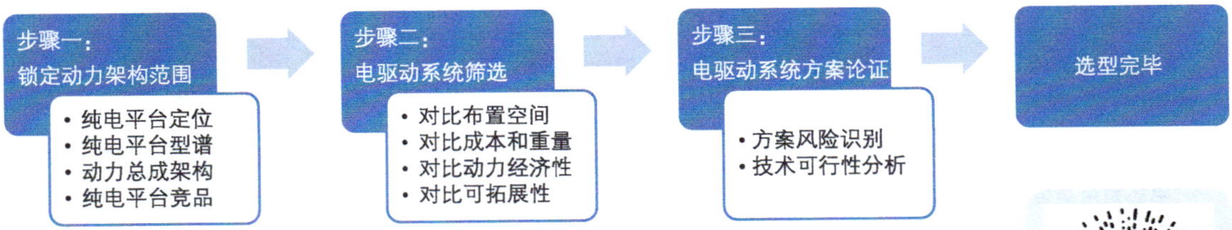

步骤一：锁定动力架构范围
- 纯电平台定位
- 纯电平台型谱
- 动力总成架构
- 纯电平台竞品

步骤二：电驱动系统筛选
- 对比布置空间
- 对比成本和重量
- 对比动力经济性
- 对比可拓展性

步骤三：电驱动系统方案论证
- 方案风险识别
- 技术可行性分析

选型完毕

图 4-9 电驱动系统选型流程

电芯 (CELL) → 模组 (MODULE) → 电池包 (PACK)

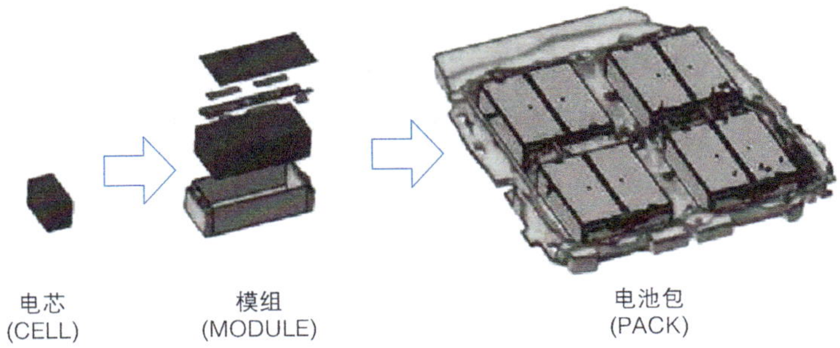

图 4-10 动力蓄电池结构

高效十二合一智能电驱系统

CTB 技术原理

表 4-5 不同类型锂离子电池的特点

类型	优点	缺点
锰酸锂电池	便宜、能量密度良好、安全性良好	循环性能差
三元锂电池	能量密度高、循环性能好、成本较低	热稳定性较差
磷酸铁锂电池	便宜、热稳定性好、循环性能好	能量密度低

动力蓄电池系统的选型需要根据续驶里程、布置空间、成本等多方面综合评估，选型流程如图 4-11 所示。目前常见的动力蓄电池系统整车集成技术主要有电芯到模组（Cell to Module, CTM）、电芯到电池包（Cell to Pack, CTP）、电池车身一体化（Cell to Body, CTB）/电芯到底盘（Cell to Chasis, CTC），其主要特点见表 4-6。

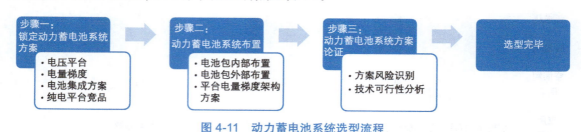

图 4-11 动力蓄电池系统选型流程

表 4-6 动力蓄电池系统整车集成技术

类型	CTM	CTP	CTB/CTC
图示			
集成方案	电芯→模组→电池包	电芯→电池包	电芯→电池包（上盖为地板）
电芯封装类型	圆柱、方形、软包	圆柱、方形	圆柱、方形
空间利用率	低	高	更高（整车 Z 向空间）
电池包是否承受载荷	否	否	是
电池包可维修性	可单独更换模组	只能更换电池包	更换电池包，电池与车身重新密封
代表产品	广汽—弹匣电池	宁德时代—麒麟电池	比亚迪—刀片电池；特斯拉—4680 电池
代表平台	大众 MEB	吉利 SEA	比亚迪 E 平台 3.0 Evo
动力蓄电池系统集成发展趋势：CTM → CTP → CTB			

2. 底盘系统

底盘系统主要包括前悬架、转向系统、制动系统、后悬架等。悬架系统的类型对车辆的布置空间及底盘操纵稳定性能有较大影响，总体设计阶段需要根据产品定位完成前、后悬架系统选型，其主要类型和结构特点见表 4-7。

表 4-7 悬架系统的类型和结构特点

类型	类型一	类型二	类型三	类型四
类型	麦弗逊 + 转向后置 + 扭转梁/三连杆/四连杆	麦弗逊/双球铰麦弗逊 + 转向前置 + 五连杆	双叉臂 + 转向后置 + H臂/A臂/五连杆	下双球铰/上下双球铰双叉臂 + 转向前置 + H臂/A臂/五连杆
驱动形式	主前驱	主后驱	主后驱	主后驱
前总成布置/类型	前倒 平行轴/同轴（单）	后倒 平行轴/同轴（单）	前倒 平行轴/同轴（单/双）	后倒 平行轴/同轴（单）
后总成布置/类型	— —	前倒/后倒 平行轴/同轴（单）	前倒/后倒 平行轴/同轴（单/双）	前倒/后倒 平行轴/同轴（单/双）
适用级别	A0～A+级	A～C级	B～E级	B～E级
代表平台	长城 ME	大众 MEB	奥迪 J1	奥迪 PPE
图示				

纯电动汽车的悬架系统与传统燃油车型无明显差异，前悬架系统类型见表 4-8，后悬架系统类型见表 4-9。悬架系统选型流程如图 4-12 所示。

表 4-8 前悬架系统类型

类型	麦弗逊类		双叉臂类		
	麦弗逊	下双球铰麦弗逊	双叉臂	下双球铰双叉臂	上下双球铰双叉臂
图示					
布置空间对比	★★	★★	★	★	★
成本对比	★★★★★	★★★★	★★★	★★	★
重量对比	★★★★★	★★★★	★	★★	★★★
性能对比	★	★★	★★★	★★★★	★★★★★
承载能力对比	★	★	★★★	★★	★★
拓展性能对比	★	★	★★	★★	★★
应用级别	A00～C级	A～B级	B～E级	B～E级	B～E级
代表车型	大众 ID.3	宝马 ix3	保时捷 Taycan	奔驰 EQS	奥迪 e-tron

表 4-9 后悬架系统类型

类型	非独立悬架	独立悬架				
	扭转梁	纵臂+两连杆	纵臂+三连杆	H 臂+两连杆	A 臂+三连杆	五连杆
图示						
布置空间对比	★	★★	★★	★★★★	★★★★	★★★
成本对比	★★★★★	★★★★	★★★	★★	★	★
重量对比	★	★★	★★★	★	★	★
性能对比	★	★★	★★★	★★★★	★★★★	★★★★★
承载能力对比	★	★★	★★★	★★★★	★★★★	★★★★
拓展性能对比	★	★	★	★★	★★★	★★★
应用级别	A00~A级	A0~A级	A~C级	B~E级	B~E级	B~E级
代表车型	本田 e：NS1	欧拉芭蕾猫	丰田 BZ4X	蔚来 ET7	保时捷 Taycan	特斯拉 Model 3

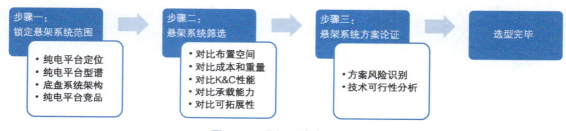

图 4-12 悬架系统选型流程

4.1.5 功能定义

1. 功能概念

功能，即事物的作用或事物的工作方式。功能的核心思想是能够按照一定的规则执行动作，从而完成特定的任务。在汽车总体设计中，围绕用户体验的功能是重点关注的要素之一，其功能属性对用户有重大的价值，也是汽车质量的关键点。此外，汽车可分为整车、系统、零部件三个层级，对应功能可分为整车功能、子系统功能以及零部件功能三个层级。整车的功能由一个以上的子系统功能来实现，子系统的功能由一个以上的零件功能来实现。在整车开发过程中，为了给用户提供完整的功能体验，工程师关注的功能以整车层级功能为主，这也是用户可以使用或者感知到的最小功能单元。

2. 功能模块

在汽车研发领域，以整车功能划分不同的功能域，并利用对应的域控制器，用以对不同模块的功能进行统一控制。目前智能电动汽车的整车功能共涵盖五个功能域：动力域、底盘域、车身域、智能座舱域、智能驾驶域，各模块的示意图和主要功能见表 4-10。

表 4-10 功能域模块示意图及主要功能

功能域模块	动力域	底盘域	车身域	智能座舱域	智能驾驶域
示意图					
主要功能	转矩控制、充放电设置、快速上下电、动力蓄电池冷却/加热、能量管理等	ABS故障指示、牵引力控制、陡坡缓降、驾驶模式切换、智能悬架等	空调控制、锁止与解锁、车门/车窗控制、座椅调节/按摩、内外灯控制等	座椅联动、多屏幕联播、智能座椅控制、抬头显示系统、仪表系统、流媒体后视镜、驾驶行为监测等	车内外监控（行车影像、车内监控）、危险预警、L1级别智能驾驶、L2级别智能驾驶、L3级别智能驾驶、泊车辅助等

1）动力域是一种智能化的动力总成管理单元，主要用于动力总成的优化与控制。动力域由动力系统、变速器管理系统、高压电源管理系统、热管理系统构成，主要包括转矩控制、充放电设置、快速上下电、动力蓄电池冷却/加热、能量管理等功能。动力域的优势在于为多种动力系统单元计算和分配转矩，优化车辆的动力表现，同时兼具电气智能故障诊断的功能，保障车辆的动力安全。

2）底盘域与汽车行驶相关，由制动系统、电子驻车系统、电动助力转向系统、智能悬架系统和四驱系统构成。其中制动系统是底盘域较为重要的组成部分，包含ABS故障指示功能、牵引力控制功能、陡坡缓降功能和电子驻车功能等。目前，随着高度自动驾驶的需求提升，驾驶模式切换、地形自适应控制、智能悬架控制、转向助力、制动助力等功能逐渐成为底盘域的重点研发功能，旨在提升整车车辆状态的稳定性和安全性。底盘域控制器采用高性能、可扩展的安全计算平台，实现软件分层、硬件模块化设计，对底盘系统进行统一管理。

3）车身域用来控制汽车车身部件，包括空调控制、锁止与解锁、车门/车窗控制、座椅调节/按摩、内外灯控制、智能前照灯等功能，主要满足用户用车的安全性、舒适性等需求。在整车集成开发过程中，为了降低控制器成本和整车重量，车身域控制器从分散化的功能组合，逐渐过渡到集成所有车身电子的一个总控制器。

4）智能座舱域包括抬头显示（Head-Up-Display, HUD）、仪表盘和车载娱乐信息系统（In-Vehicle Infotainment, IVI）三个最主要的组成部分，主要涵盖座椅联动、多屏幕联播、智能座椅控制、抬头显示系统、仪表系统、流媒体后视镜、驾驶行为监测等功能。此外，语音识别等多模态交互技术改变了智能座舱域的控制方式，驾驶人或乘客可通过语音交互方式控制座椅调节和通风加热等功能。

5）智能驾驶域指智能驾驶辅助的功能集成，主要包括车内外监控（行车影像、车内监控）、危险预警、L1～L3级别智能驾驶、泊车辅助等功能。智能驾驶域的功能集成需要具备对图像信息的接收和判断能力、数据处理能力、导航路线规划能力、实时情况的决策能力等，对域控制的软硬件要求最高。

4.2 造型设计

车辆造型设计不仅关乎车辆的外观美学,更是品牌个性、技术实力和市场定位的综合体现。好的设计能够激发情感共鸣,提升用户体验,甚至引领社会潮流。车辆造型设计是一个多学科交叉的领域,涉及工业设计、工程学、市场营销、人体工程学等多个方面,它要求设计师在艺术性和工程性之间寻找平衡,在创新与实用之间寻求和谐。设计师需要具备广泛的知识背景和敏锐的市场洞察力,才能创造出既美观又实用的车辆。此外,随着科技的发展和消费者需求的变化,车辆设计也在不断地变化。设计师必须紧跟时代的步伐,不断学习新的设计理念和技术,以适应不断变化的市场环境。

4.2.1 整车尺寸框架定义

整车尺寸框架定义是造型设计中的首要步骤,它涉及车辆的外部尺寸、内部空间以及与车辆性能相关的各种参数的确定。在定义整车尺寸框架时,一方面,要明确车辆的市场定位,如轿车、SUV、MPV、皮卡等;另一方面,要根据市场定位设定车辆设计的基本目标,包括预期的性能、舒适度、安全性、燃油效率等,这些都与造型设计息息相关。此外,通过整车尺寸框架定义,可以定义和分解前悬架、轴距、后悬架、车高及车宽尺寸链,为后续的造型设计提供设计参考。

4.2.2 草图及效果图设计

在定义了整车尺寸框架后,基于车辆的市场定位、用户需求和品牌定位,开始构思车辆的外观和内饰设计,使用草图快速记录灵感和创意。这些草图通常比较抽象,用于捕捉设计的初步想法。设计师使用绘图工具绘制出车辆的正面、侧面、背面和俯视图草图,草图中重点强调车辆的比例、姿态和主要特征线,如车顶线、腰线和特征折线等,如图 4-13 所示。

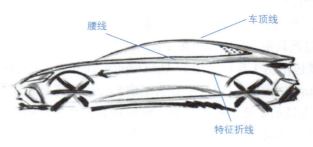

图 4-13 车辆设计草图

经过评审和迭代,选定出最具潜力的草图方案,之后在草图的基础上绘制更详细的效果图,展示车辆的精确外观和内饰,如图 4-14 所示。使用专业的绘图软件,如 Adobe Photoshop 或 Autodesk Alias,创建高保真的视觉效果。同时需要设计师考虑车辆的材质和色彩方案,包括车身漆面、内饰材料和色彩搭配。通过效果图展示不同材质和色彩对车辆外观和内饰的影响,并在效果图中模拟真实世界的光照条件,包括太阳光、环境光和人工光。精确的光照和阴影处理可以增强效果图的真实感和立体感。设计团队将最终评审效果图的创新性、美观性、市场吸引力及工程可行性,根据不断的反馈和优化,如优化车身比例、改进细节设计和优化色彩方案等,生成最终的效果图方案。

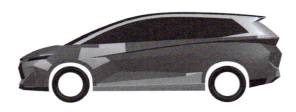

图 4-14　效果图状态

草图和效果图设计是车辆造型设计中最具创造性的环节之一。通过这一阶段,设计师将抽象的设计概念转化为具体的视觉形象,为后续的设计分析、工程评估和原型制作奠定基础。同时,高质量的效果图也是设计沟通和市场推广的重要工具。

4.2.3　数字模型建立

完成草图和效果图设计之后便进入数字模型建立阶段,选择合适的三维建模软件,如CATIA、UG、SoildWorks 等,从效果图中提取关键的设计元素,开始构建车辆的基本几何形状,使用参数化建模技术,确保设计的灵活性和可修改性。

在基本形状的基础上,初步添加车辆的细节特征,如车身线条、灯具、格栅、车轮等,确保所有细节都符合设计意图并与整体设计协调。对于车辆的外表面,使用曲面建模技术创建光滑连续的表面,曲面的质量直接影响到车辆的视觉美感和空气动力学性能。除了外观,也需要创建座椅、仪表板、门板等内饰组件的三维模型,并同步考虑人机工程学等因素。

建模的时候需要与工程团队合作,确保数字模型的建立满足工程要求,如装配空间、部件强度等,并准备必要的工程分析,如工程问题校核、有限元分析、模态分析等。这个阶段持续的时间较长,需要工程团队与造型设计团队紧密配合、相互协调,来达成造型与工程的和谐统一。

数字模型建立阶段是车辆造型设计中技术性很强的环节,它要求设计师不仅要有良好的设计感,还要足够了解工程技术。高质量的数字模型是确保设计从概念到实现的关键,它直接影响到车辆的最终外观、性能和品质。

4.2.4　油泥模型制作

在数字模型建立后,根据项目需求,可以开始油泥模型的制作,如图 4-15 所示。汽车全尺寸模型制作流程如下:骨架设计制作→泡沫内芯制作→油泥填敷→铣床加工油泥→手工修改造型→更改模型逆向扫描→油泥模型装饰。

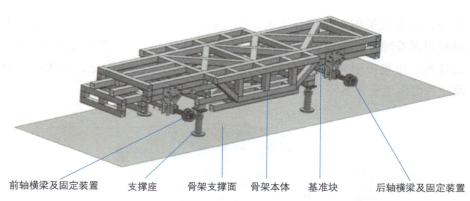

图 4-15 油泥模型骨架

前轴横梁及固定装置　支撑座　骨架支撑面　骨架本体　基准块　后轴横梁及固定装置

基于数字建模以及设计师的灵感，模型师对铣削后的油泥进行细节雕刻和调整，如图 4-16 所示。造型设计师对油泥模型车进行评估，对未达到要求的造型提出修改意见，并进行优化和完善。整个油泥模型优化完成并通过评审后，再对设计方案进行逆向扫描。将扫描后的数据转交相关部门，由相关部门工程师分析整车的工程问题、人机关系等。工程管理部门汇总问题以及解决方案后，反馈给造型设计师。整个油泥方案需要多方沟通协作，不断优化造型数据。

图 4-16 油泥刮调过程

油泥模型制作是一个和多部门协作的过程，它结合了设计创意、工程分析和物理制作，不仅为设计师提供了实际的评估平台，也为工程团队提供了实际参考对象，确保在美学和工程要求之间取得平衡。

4.2.5　空气动力学分析

空气动力学分析是为了确保车辆在高速行驶时具有优异的空气动力学性能，从而提高燃油效率，减少风噪、增强车辆稳定性，并提升整体性能。

主要环节如下：

1）在最终确定了油泥模型后，需要确保油泥模型表面光滑、无缺陷，以减少风洞测试时的误差，并标记模型上的关键测量点，为后续数据采集提供参考。

2）根据油泥模型的尺寸和所需的测试条件，选择合适的风洞设施（图 4-17），制定详细的测试计划，包括测试速度、攻角范围、测试点和测量参数等。

3）安装压力传感器、热膜测速仪等测量设备，在设定风速下对模型进行一系列测试，采集包括阻力、升力、侧力等数据。

4）对数据进行分析，评估模型的空气动力学性能，并与仿真数据进行对比分析。

5）经过多次迭代和测试，最终使油泥模型的空气动力学性能满足设计要求。

图 4-17　空气动力学风洞测试

4.3　平台架构开发

随着智能电动汽车更新换代周期越来越短，以及个性化需求不断增加，为适应市场需求，各大汽车企业都采用平台架构开发模式，在同一平台上根据自身产品的布局同步开发多款车型，以满足多元化的细分市场需求，如图 4-18 所示。平台开发具有以下优点：

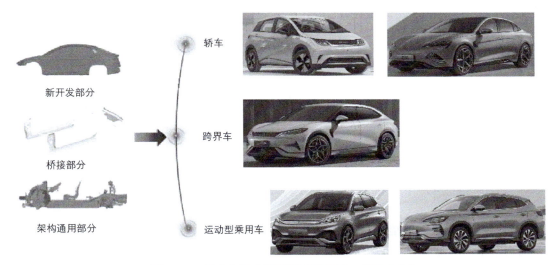

图 4-18　平台产品布局示例（比亚迪 e 平台 3.0）

1）设计灵活性强：汽车平台开发兼顾轿车、跨界车、SUV 等多种车型、不同尺寸，驱动形式可选择前驱、后驱、四驱等多种驱动形式，同一个下车体可匹配不同的上车体造型，提供丰富的产品线组合，满足消费者多元化需求。

2）加速技术创新：为保证基于平台开发的车型在未来 5～10 年的市场竞争中保持足够的竞争力，平台开发过程中需要一定的技术创新。目前，智能互联、智能驾驶、高压系统、智能底盘等技术领域发展迅速，在平台开发过程中要对未来技术发展有充分的规划和创新。

3）技术通用性高：同平台多车型之间的技术与零部件可以通用，从而降低开发成本。同时，平台化的开发模式使得车辆的生产制造、维修、保养更加方便。

4）降低成本：汽车平台开发多个车型共用一套模具、生产线，可降低车辆的研发、制造成本。

4.3.1 平台基础框架定义

平台的基础框架定义包含平台尺寸带宽及系统架构的定义，其流程如图 4-19 所示。一个整车平台内常见的产品谱系包括轿跑车、两厢轿车、三厢轿车、跨界车、SUV 等，涉及变化的整车要素包括动力总成布置、悬架选型、车长、车宽、车高和轮胎规格等。平台的尺寸带宽定义包含上述这些基本要素的定义，是从整车到系统再到零部件逐步分解、细化的过程。同时，需要兼顾平台人体框架及储物空间，以确保人机舒适性、操纵舒适性及主驾视野。

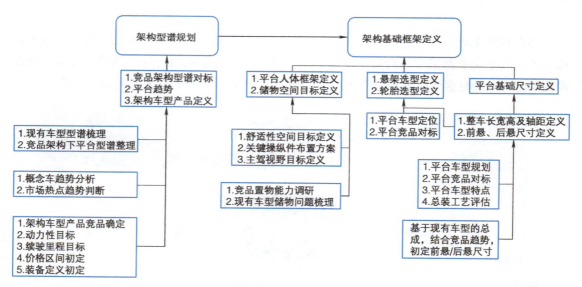

图 4-19 平台基础框架定义流程

平台架构各系统的性能目标分解示例见表 4-11。在对平台性能目标进行分解后，总布置、动力系统、底盘系统、车身系统、电器系统等相关系统应结合具体零部件开发难度、开发周期、开发成本、质量目标等因素验证平台性能目标制定的合理性。若零部件无法满足平台性能目标，则需要论证平台目标、零部件方案的合理性和技术依据，在各关联系统达成一致后更改平台性能目标或零部件设计方案。为适应不同车型需求，平台的主要参数通常是一个范围而非确定的值。为保证整车性能和零部件通用化率，同级别车型通常共用一个平台。

表 4-11 平台架构部分性能目标分解

目标分级	一级目标	二级目标	三级目标
平台架构部分性能指标	尺寸框架	外部尺寸	长、宽、高、轴距
		内部尺寸	$L113$、$L99\text{-}2$、$H30$、$H61$
		通过性	离地间隙、接近角、离去角、转弯直径
	动力系统	电压平台	400V、800V
		电驱动系统	电机数量及布局、电机类型
		动力蓄电池	电池类型（CTP/CTB）、电池容量、电池体积
	底盘系统	悬架系统	前悬架形式、后悬架形式、主动悬架
		车轮系统	轮胎尺寸及型号
	性能集成开发	动力性	0→100km/h加速时间、最高车速、爬坡能力
		经济性	纯电续驶里程、百公里电耗
		安全性	C-NACP、E-NACP（目标市场碰撞测试标准）
		操控稳定性	转向轻便性、中心区转向、稳态回转
	功能集成开发	动力域	转矩控制、能量管理、充放电管理
		底盘域	牵引力控制、智能悬架、ABS
		车身控制域	空调控制、锁止与解锁、座椅控制
		智能座舱域	座椅联动、多屏联播、抬头显示
		智能驾驶域	泊车辅助、辅助驾驶、车内外监测

4.3.2 平台开发策略

由于同一平台通常包含多款车型，为兼顾不同车型的外观尺寸、动力需求等差异，同时保证零部件最大程度的通用化，在开发过程中需要制定不同车型间的演化策略。演化策略主要由整车尺寸框架带宽驱动，包含 X、Y、Z 三个方向尺寸演化。

1. X 方向演化策略

X 方向尺寸变化包含前悬长度 $L104$、后悬长度 $L105$、轴距 $L101$，如图 4-20 所示。前悬长度 $L104$ 演化主要通过更改前吸能盒长度实现；后悬长度 $L105$ 演化主要通过更改后地板及后纵梁长度实现；轴距 $L101$ 演化主要通过更改中地板及门槛梁后段实现；前悬长度、后悬长度、轴距更改后即可实现整车长度差异。

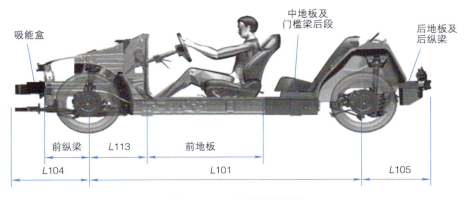

图 4-20 X 方向演化策略

2. Y方向演化策略

同一平台内不同车型的车宽存在一定差异,为满足车宽可在一定带宽范围内调节,需要定义平台的Y方向演化策略。Y方向演化策略主要涉及轮距$W101$、车宽$W103$。车宽$W103$要随着轮距$W101$和轮胎尺寸变化而变化,也可以由车宽$W103$、轮胎尺寸反向推导轮距$W101$。

同一平台的不同车型轮距变化较小时,可通过更改轮辋偏距(轮辋安装面与车轮中心面的距离)调节。当轮距变化较大时,可通过调整悬架杆系长度、转向节宽度或副车架宽度等以匹配轮距演化方案,如图4-21所示。在悬架硬点整体外移时,可通过修改摆臂内点安装支架匹配以保证悬架运动特性没有较大变化。

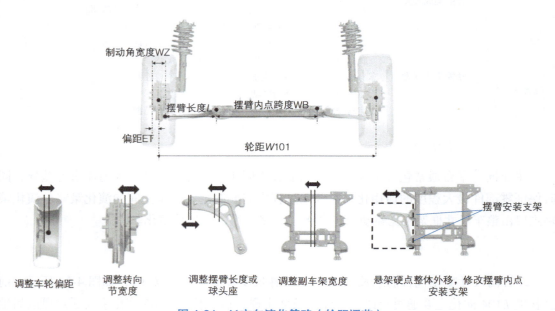

图4-21 Y方向演化策略(轮距调节)

3. Z方向演化策略

根据不同类别车型车高的差异,按照底盘的高低,可以将车型分为两类:一类是低底盘车型,主要包含轿车;另一类是高底盘车型,主要包含跨界车、SUV。为增强高低底盘车型间的关联性,需要定义平台的Z方向演化策略,该策略主要涉及底盘系统及人体坐姿。

1)底盘系统Z方向演化通过调整离地间隙,进而调整车高,故可转化为离地高度演化,如图4-22所示。离地高度演化主要包含两个方面:一个是轮胎直径变化引起的离地间隙变化;另一个是轮心高度变化引起的离地间隙变化。轮心高度差小于等于15mm时,可通过更改转向节,以及轮心向下平移或悬架下跳实现;轮心高度差大于15mm时,在更改转向节的基础上,配合悬架下跳、悬架整体平移实现。为保证副车架本体通用,可通过增加副车架钢套长度来实现悬架整体平移。

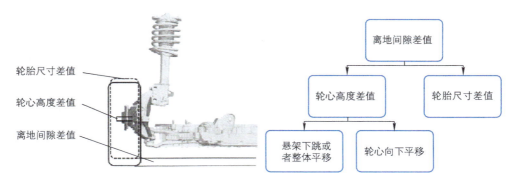

图 4-22 Z 方向演化策略（底盘系统）

2）根据高低底盘车型类别，同平台内一般存在两到三种人体坐姿，不同车型对应不同的人体坐姿，相应的 Z 方向尺寸座椅高度 $H30$ 则会不同。同平台内座椅骨架相同，可以通过更改座椅横梁上支架高度来实现不同坐姿的演变，如图 4-23 所示。

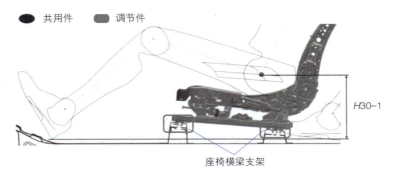

图 4-23 Z 方向演化策略（人体坐姿）

4.3.3 标准化接口及通用化

产品平台化的目的是缩短车型开发周期、降低开发成本、提高整车质量。平台开发过程中的零部件通用化率是重要指标，提高零部件通用化率首先要保证不同车型相同零部件的接口数量、分布、规格相同，通过减少零部件种类，扩大单一零部件的采购规模，实现降本增效。零部件通用化率指标涉及的概念包括：

1）新开发件：现有产品无法沿用，需要全新开发的零部件。

2）沿用件：结构、尺寸、属性和接口等完全沿用的零部件。

3）沿用修改件：在现有零部件本体结构不变的情况下，仅在外观尺寸方面进行修改，或者硬件结构未变仅对软件进行修改的零部件。

1. 标准化接口

为提高零部件的通用化率，平台零部件应尽可能采用模块化设计。模块化设计是基于平台及整车功能自上而下的设计，同时针对零部件自身技术发展规律、技术路线，形成的技术规范或设计准则。标准化接口可分为零部件布置位置的平台化和接口、尺寸、结构的平台化。

1）平台设计中，前围板是非常关键的零部件，它是连接前舱和乘员舱的桥梁，布置了众多关键零部件接口。图 4-24b 为某平台前围板接口布局，主要包括前舱线束过孔、转向管柱中间轴过孔、制动踏板安装面、空调箱体安装面。其中，转向管柱中间轴、制动踏板、空调箱体位置与人机工程相关，在布置时需结合平台车型人机需求、性能目标、零部件选型、左右舵需求等因素综合考虑，保证同平台所有车型前围板接口一致，或者同平台的同一车型前围板接口一致。

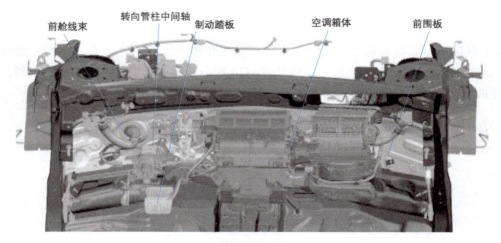

a) 前围板接口需求

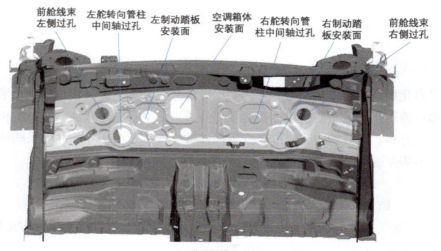

b) 前围板接口布局

图 4-24 平台车型的前围板开发

2）零部件的平台化是指根据零部件功能定义、属性要求、产品工艺等维度，将一个复杂零部件拆分为几个独立的模块，通过不同模块的组合实现零部件的多样化、标准化。其中：部分模块为通用部分，不可更改；部分模块规划两到三种可选规格；部分模块则完全不受限制，可自由更改。零部件平台化的另一个设计准则是零部件与外部系统的接口尺寸、规格必须一致，保证平台化零部件的可互换性及通用性。

制动踏板是典型的平台化多模块零部件，根据其属性要求，可将其分为完全借用部分、部分更改部分和完全更改部分，如图4-25所示。①完全借用部分包含踏板面、球笼、垫片及连接支架，对不同的踏板这些零部件均可完全借用，无须更改。②部分更改部分包含踏板底座和踏板旋转轴，其中，踏板底座与前围板连接的4个安装孔位置分布、孔径完全一致。为匹配不同车型人机需求，制动踏板面位置不一样，但为了保证助力器行程、踏板力不变，就要求调整踏板旋转轴位置，对踏板底座进行局部更改。③完全更改部分包含踏板臂，用于连接踏板面与底座。踏板面位置调整，踏板臂就需要匹配调整，同时与周边零部件保持一定的安全间隙。

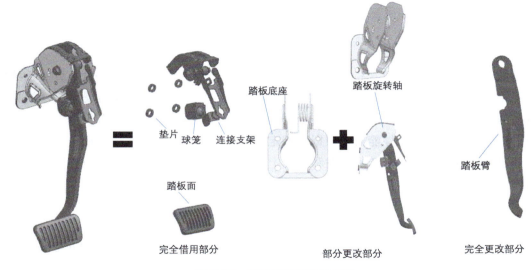

图 4-25 制动踏板平台化设计

2. 通用化率

通用化率指标可分为狭义通用化率和广义通用化率。狭义通用化率指平台内所有沿用件的比例。广义通用化率指平台内所有沿用件与沿用修改件的比例之和。

在系统架构选择的基础上实现高通用化率，其关键在于识别需要固定的要素。根据各要素的具体情况，通用化策略可大致分为完全借用策略、部分修改策略、新开发系列化策略、个性化策略。这些策略的实现要按照简化、归并、统一的标准化设计原则，尽可能在相互独立的系统中，选择同时具有功能互换性及尺寸互换性的单元，并基于产品功能设计一系列可组合的、具有某种独立功能和接口的通用模块，与新设计的模块和零部件一起组合成大量的、满足各种需求的产品。

基于平台开发的车型，其零部件状态可通过内部平台零部件物料清单（Bill of Material, BOM）进行管控。利用BOM表，可以方便地查看、掌握同平台零部件通用化情况。

4.4 性能集成开发

性能集成开发是以用户需求为核心出发点，多领域、多学科团队并行开展各性能的开发和管理，是保障各项性能指标要求达成的活动，也是保障智能电动汽车产品核心竞争力的重要手段。以下将从整车性能目标制定、性能指标分解、性能验证、性能评价与反馈调整等方面对整车性能集成流程进行详细介绍。

4.4.1 性能目标制定

广义上讲，汽车性能是指能够被消费者感知的，用于满足客户使用需求的专项性能，包括动力性经济性、制动性、安全性、舒适性、NVH、空调性能、感知质量、EMC 和射频性能等。产品性能的设计需要大量分析用户与市场需求，找准市场定位，提高产品竞争力并满足目标市场的法律法规要求。

1. 性能目标来源和定位

性能目标的来源主要包含：客户需求、市场需求、竞品分析和法律法规。针对各项性能设定目标进行开发，需要先将商品属性定位转化为性能定位。性能定位是单一性能相对于竞品的性能表现定义，可采用 LACU 竞争力等级进行划分。性能集成开发需要对产品的性能目标进行定位，各个性能需要根据性能定位设计对应的开发策略，并通过机理论证确认性能定位可以达成。由于产品开发和实际上市之间具有时间差，性能定位还需要具备一定的前瞻性。

2. 整车性能目标

在整车性能集成开发过程中，整车性能目标特指整车技术规范（Vehicle Technical Specification，VTS）。整车性能集成需要将性能定位量化为具体的性能指标。在 VTS 目标设定中，重点参考性能定位、竞品对标数据、以往车型经验数据、技术路线、法规要求等，各专业性能开发工程师综合评估定义 VTS 目标，同时要求 VTS 目标符合性能定位的区间。

不同专业的性能 VTS 目标往往有相互影响或者承接关系。性能集成开发工程师需要在项目中对性能目标进行平衡和管控。从项目横向（性能专业）角度，需要统筹和管理各个性能专业，尤其是对相互影响的性能之间进行评估、协调，最终在性能目标上达成一致。从项目纵向（时间）角度，按照整车开发流程，从性能定义、性能指标设定、性能指标分解、性能指标达成上形成全方位管理。表 4-12 展示了整车性能目标书的主要内容。

表 4-12 某车型的整车性能目标书（节选）

	性能指标		单位	整车性能目标	
				豪华型（五座）	尊贵型（五座）
1	轻量化	整备质量	kg	3485	3525
2	整车基本参数	车长	mm	5319 ± 10	5319 ± 10

（续）

	性能指标		单位	整车性能目标	
				豪华型（五座）	尊贵型（五座）
3	整车基本参数	车宽	mm	2050±5	2050±5
4	整车基本参数	车高（整备质量）	mm	1925±5	1925±5
5	整车基本参数	轴距	mm	3050±5	3050±5
6	整车基本参数	最小离地间隙	mm	≥200	≥200
7	整车安全	C-NCAP 星级	星级	五星	五星
8	整车安全	碰撞性与维修经济性指数	等级	—	—
9	整车安全	车内乘员安全指数	等级	优秀	优秀
10	整车安全	车外行人安全指数	等级	良好	良好
11	整车安全	车辆辅助安全指数	等级	优秀	优秀
12	整车安全	碰撞高压安全	是/否	是	是
13	智能网联	盲区监测	分值	≥7	≥7
14	智能网联	道路偏离预警	分值	≥7	≥7
15	智能网联	蓝牙通话效果	分值	≥7	≥7
16	智能网联	音效评价	分值	≥7.75（18品牌扬声器）	≥8（22品牌扬声器）
17	智能网联	语音识别率	分值	≥7.5	≥7.5
18	智能网联	影像系统（倒车/全景）	分值	≥7.25	≥7.25
19	耐久性能	设计寿命里程	km	≥30万	≥30万
20	耐久性能	设计寿命年限	年	≥10	≥10
21	防腐与密封	防雨密封性	分值	10	10
22	防腐与密封	防腐性能主观评价	分值	≥9	≥9
23	防腐与密封	整车强化腐蚀试验	等级	≥9	≥9
24	NVH 性能	动力总成主观评价	分值	≥7.0	≥7.0
25	NVH 性能	风噪主观评价	分值	≥7.25	≥7.25
26	NVH 性能	路噪主观评价	分值	≥7.25	≥7.25
27	NVH 性能	整车气密性	scfm	≤40	≤40

4.4.2 性能指标分解

VTS 是衡量整车性能的标准，是整车开发过程中各阶段判断实物验收是否合格的依据，同样也是系统技术方案制定的基础。汽车由若干系统及成千上万零部件构成，为保证这些系统及零部件组装后能够满足整车 VTS 目标，需要将 VTS 定义的整车性能目标转化为系统、子系统及零部件的设计要求，即性能指标或控制参数。系统技术规范（System Technical Specification, STS）与子系统技术规范（Subsystem Technical Specification, SSTS）是基于 VTS 制定的、关于系统的性能参量和指标值；零部件技术规范（Component

Technical Specification, CTS）是基于 STS、SSTS 进一步制定的关于零部件的性能参量和指标值。整车各系统研发人员可通过关联性、匹配性分析逐步建立明确的零部件设计指标，同时建立可客观测试或主观感知的评价指标与验证体系。整车集成是整车性能制定、分解与达成过程的载体，二者相互依存，其关联性如图 4-26 所示。

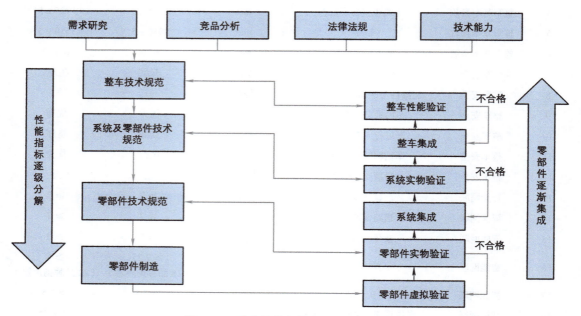

图 4-26　整车性能与整车集成开发体系

性能开发包括两个阶段。第一阶段是基于性能开发策略制定整车技术规范，并将整车目标逐级分解至系统、子系统和零部件的技术规范。第二阶段是实物制造阶段，从零部件到系统再到整车，逐级验证并最终形成满足性能目标的产品。零部件的加工制造务必遵循零部件的性能指标要求，经过实物验证合格的零部件可用于组装成系统或总成部件，系统实物验证合格后才可以进行整车装配，并以通过整车性能合格验证作为设计认可的依据。

4.4.3　性能验证

1. 性能仿真

通过模拟汽车在实际场景中各种工况下的行为表现，可以对汽车性能进行设计、验证和优化。

（1）CAE 仿真体系和软件

计算机辅助工程（Computer Aided Engineering, CAE）是汽车性能开发的有力手段，可以帮助工程师在产品设计早期对产品进行分析和验证，提高产品开发质量与效率，降低设计成本，缩短开发周期。在产品设计中，使用计算机软件建立数学模型，完成对产品的结构、材料、热、电、磁、流体等特性的分析。

（2）性能仿真过程

性能仿真过程建立在工业仿真平台上，通过搭建物理模型，结合数值分析及数学算法，对模型各项性能进行求解、分析与优化，实现物理世界的镜像。例如，典型的结构有限元分析。性能仿真过程包括前处理、计算和后处理三个阶段：

① 前处理：即建模阶段，构建搭载性能的模型，赋予模型几何、材料、属性和接口等参数，定义初始条件、边界条件、场域条件，根据实际情况设定控制策略，按需划分网格等。

② 计算：根据仿真设置，包括求解器的选择、仿真步长、仿真精度的设定，基于算法计算出仿真结果。

③ 后处理：针对性能仿真的目标，结合图表交互、瞬态分析、响应曲线、模态求解等方式对仿真结果进行处理与分析，得出结论。

（3）CAE仿真与试验

按照整车开发的不同阶段，CAE仿真可以分为模型在环（Model in Loop，MIL）、软件在环（Software in Loop，SIL）、处理器在环（Processor in Loop，PIL）和硬件在环（Hardware in loop，HIL）四个阶段。

① MIL：验证控制算法模型的准确性。

② SIL：验证模型与代码功能的一致性。

③ PIL：在目标处理器上验证模型与代码的一致性。

④ HIL：在控制器上验证代码与功能的一致性。

为了确保仿真的准确性，需要对整车、系统、零部件进行完整的测试，通过测试数据不断校正相应的CAE模型，CAE仿真与整车实时数据对标是数字孪生的基础。此外，在多个CAE仿真时会涉及整车多性能冲突的问题，进行多性能联合仿真与优化就至关重要。

（4）多性能仿真

整车性能涉及机、电、控、液、热等多个学科，而多学科之间存在相互影响。以模型为中心，开展多物理场耦合仿真，深入分析各性能之间的耦合和协同效应，获得整车性能的全局最优解，是解决复杂整车性能开发问题的必要条件。通常情况下，首先通过基于模型的系统工程分析复杂系统架构，其次进行多模型联合仿真建立各子系统之间关联，最后借助多目标优化算法探索系统的全局最优。

2. 性能测试

性能测试是在产品设计开发阶段，对整车、系统总成及零部件开展性能验证的重要活动。产品开发前期的概念设计、造型方案设计、产品开发验证都需要以性能测试作为性能验收和认可的依据。性能测试阶段将充分发现产品设计问题并形成有效的解决方法，有利于提升性能、降低成本和减少售后问题。

(1) 性能测试分类

性能测试可按照场地和目的进行分类：从性能测试场地的维度划分，性能测试可以分为室内台架测试和户外场地测试；从性能测试目的的维度划分，性能测试可以分为设计验证和性能方案对比验证两种。不同分类的影响因素、优点和缺点见表4-13。

表4-13 性能测试分类

分类		特点
性能测试场地	室内台架测试	可以对影响试验过程的多种因素进行精确控制，如试验环境温度、湿度、光照、风速、摩擦系数、坡度、道路阻力等。室内台架测试的优点是在保证试验结果准确度的情况下，可以有效降低试验成本，同时试验条件可以准确控制，可重复性强
	户外场地测试	测试环境真实、测试结果可靠但是试验成本较高，测试和调节难度大，且由于实际道路环境受多种因素（温度、风速、湿度、路面附着系数、坡度等）耦合影响，即使是同一个驾驶人按照相同的方式在不同的时间、同一地点重复测试，也会有一定的差异
性能测试目的	设计验证	主要指通过实车测试，确认性能目标的可达成性及风险，结合前期整车性能目标，发现设计过程中的问题，并进行优化提升，达成产品开发目标
	性能方案对比验证	主要指性能方案论证和选择，通过试制样车或改制车开展试验验证，确认设计方案的可行性及不同方案的性能、优缺点

(2) 性能测试内容

整车各项性能开发过程中均需要开展性能测试活动，如动力性经济性、整车安全碰撞测试、制动性能等。不同的性能测试对应的环境条件、测试设备、试验车辆及试验程序均有不同的要求。以电动汽车能量消耗量和续驶里程测试为例，动力性经济性小组应对车辆软硬件状态进行点检，确认车辆状态满足设计要求后，在标准汽车试验场开展整车道路滑行阻力测试，并根据相应的试验标准对整车阻力进行修正，获取整车道路行驶模拟阻力曲线；将获取的道路行驶阻力曲线输入到底盘测功机上，通过底盘测功机给车辆施加相应的阻力以模拟车辆在真实道路上的行驶状态；然后，按照试验标准规定的程序，使车辆在转鼓上按照规定的工况行驶，通过电流和电压传感器实时采集在不同速度片段的电流和电压；通过计算获取不同试验循环的能量消耗量和电池包总放电量；按照能量消耗量和续驶里程计算公式，获得整车能量消耗量和续驶里程。

(3) 性能测试管控

产品开发过程中性能测试主要通过设计验证计划（Design Verification Plan，DVP）的方式进行管控。根据性能开发范围、性能目标定义，各性能小组编制整车性能设计验证计划，并根据该验证计划进行性能测试进度的管控。

4.4.4 性能评价与反馈调整

整车层面的VTS指标不仅需要往下分解，还要同步进行性能目标转化与控制（Attribute Transform and Control，ATC），即将整车性能目标向各个总成或系统，直至底层零部件分解。在形成各级技术评价指标的同时，还需要将评价技术指标要求转化为系统或零部件结构设计技术规范。通过指标分解，使各系统明确围绕整车性能目标达成进行相关工作，并以此来确定系统、总成和零部件具体控制因素和主要参数等。

例如，整车加速性能目标的实现，一般可由整车动力总成（发动机或电动机）功率转矩大小、传动效率及整车重量等主要因素决定。当动力总成和传动效率初步确定之后，整车重量就成为达成预定整车加速性能目标的关键要素，而不同的整车重量又决定了整车关键系统或总成的结构和工艺技术方案，并带来相应的整车成本变化。这就需要综合协调或平衡动力性能目标，以及动力总成选型和重量等目标，从而提出明确的技术参数指标要求及相关结构集成设计要求。针对指定的整车重量目标，要逐级分解到各个系统，分配给系统不同的重量目标意味着不同的材料和工艺选择，以及不同的系统结构集成设计技术方案选择。整车性能目标达成的技术路径是：基于整车众多综合性能指标层层分解到零部件层级，并同步转化为结构设计技术要求或规范；之后从零部件材料、工艺、结构设计逐级集成为系统或总成，并按照分解的系统或总成的性能目标要求检查或验证结构集成设计，最终形成整车结构集成设计，满足整车各种性能目标要求，如图 4-27 所示。

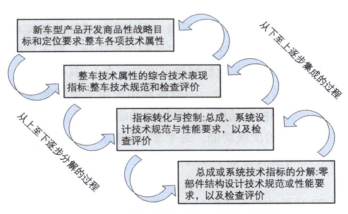

图 4-27　整车性能目标达成的技术路径

4.5　功能集成开发

功能集成是指在汽车开发流程中，根据用户体验和用户需求，从整车功能的角度考察各项技术指标是否完成，使整车系统达到功能最优。功能集成开发总流程共分为五个步骤（图 4-28）：功能目标制定—功能定义—功能分解—功能开发—功能验收。第一步，在开发初始阶段，基于市场研究、用户调研、技术水平等因素制定整车功能目标，以确定整车的定位和研发目标；第二步，需要从用户功能诉求和竞品车型功能对标的角度，对功能需求进行挖掘与分析，以明确各类功能的定义；第三步，需要对每一功能进行拆解，将功能目标转化为技术目标、零部件研发目标和系统研发目标，以具体化每一功能目标的开发计划；第四步，制定详细的开发计划，先完成基础的软硬件开发，并在此基础上进行功能匹配测试和功能体验评价；第五步，对功能进行评审验收、综合验收，以确保各项功能按照原有设计思路和开发计划实现,若有未实现的功能,需要重新制定开发计划并完成最后的功能验收。

图 4-28　功能集成开发总流程

4.5.1　功能目标制定

整车功能目标的制定是整车功能集成开发过程中的先导阶段,需要先确认整车功能目标的合理性和可实现性,并逐步推进后续的功能分解和功能验收流程。整车功能目标制定分为功能层级划分和功能目标制定两个环节,划分清晰的功能层级有利于制定合理的功能目标,而功能目标的合理制定可降低开发成本、节省开发时间。

1. 功能层级划分

对整车功能进行层级划分不仅可以更清晰、更直观地感知功能模块、功能数量,也便于各部门在开发过程中对重点功能进行快速定位和调整优化。整车功能可按层级大小分为 T1、T2、T3、T4、T5 共五个层级(此处层级可以自定义),其中:

① T1 功能是整车层级最大的功能,一般按照用户用车流程和步骤进行划分,如驾驶功能、车内外照明功能、空调控制功能、门窗控制功能、解闭锁功能、座椅功能等。

② T2 功能是 T1 功能下的次级功能,每个 T1 功能建议分成 2~4 个 T2 功能,一般按照区域(如车内车外、座椅前后排等)或功能大项(如转向、制动等)进行划分,是对 T1 功能的细化和区分。

③ T3 功能是对 T2 功能的进一步细分,每个 T2 功能建议分成 2~5 个 T3 功能,一般按照功能类型(如基础功能、智能功能、设置功能等)或操作方式(如机械操作、电动操作、软开关操作等)进行划分,因此 T3 层级内各项功能较为独立,在开发过程中可直接对 T3 各项功能进行评价。

④ T4 功能主要指各项具体功能的具体实现方式,是较为细化的功能层级,也是功能匹配调试环节中较为重要的功能层级。

⑤ T5 功能是更为细化的 T4 功能,也是五个功能层级中最小的一个层级指标,此功能层级将会详细展示整车功能的操作步骤和验证方法。

以车内外照明功能(T1)为例,按照照明区域可分为外部照明操控和内部照明操控两个 T2 功能。每个 T2 功能可按照功能类型分为基础照明和智能照明等多个 T3 功能层级,每个 T3 功能可按照功能实现方式分为多个 T4 功能,每个 T4 功能又可细化成多个 T5 功能指标,以此逐层确定功能层级和功能具体实现方式,最终形成完整的车内外照明功能清单,如图 4-29 所示。

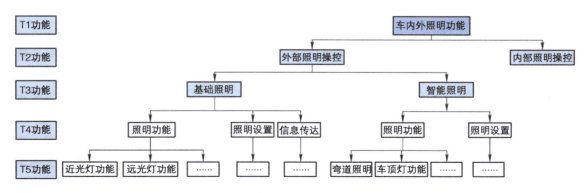

图 4-29　车内外照明功能层级示例

2. 功能目标制定

虽然明确功能层级和功能清单提升了整车功能集成开发效率，但由于整车功能集成开发具有一定的周期成本和经济成本，因此并不能对每一层级的各个功能都进行重点研发。此外，每辆车的品牌定位和目标群体均不相同，需要侧重研发的功能点也不相同。因此，对各功能制定合理的功能目标可在一定程度上降低开发成本，并判断该功能在市场上有无明显的竞争力。

整车功能按照重要程度高低可分为四个功能目标，参考 LACU 竞争力等级进行划分。最初制定的功能目标可依据研发计划、研发成本、功能评价结果、功能验收成果等因素进行更改和优化。

4.5.2　功能定义

功能定义主要通过为什么需要这个功能（客户、法规、竞品分析、项目、公司需求等），这个功能可以做什么（功能触发后的行为、驾驶人或乘客如何操作功能形成人车互动），以及如何实现这个功能（对该功能的核心需求、同目标功能的对比、功能逻辑及实现方案等）三方面，从目标用户功能诉求和竞品车型功能对标角度规划整车的功能。

功能定义主要分为三个步骤：功能需求分析、功能清单整理、功能需求描述，如图 4-30 所示。首先，由车型属性及定位整理新功能需求，从功能概述、竞品分析总结、市场发展趋势及消费趋势、技术发展趋势、用户画像或技术特点等方面对功能进行分析；其次，由产品属性概要和配置表需求评估各项功能的搭载情况，输出整车功能清单；最后，对确定搭载的功能从功能说明、使用工况、功能框图和功能策略四方面对其进行功能需求描述，并编写功能需求定义说明书。

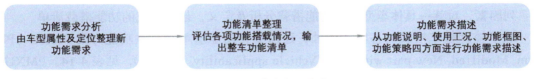

图 4-30　功能定义步骤

1. 功能需求分析

不同属性的车型产品对功能有不同的需求，但功能需求的挖掘主要是以用户需求和技术创新为主导。

以用户需求为主导的分析需要从用户画像、场景分析、用户旅程图等方面对功能需求进行挖掘，主要遵循图 4-31 所示流程。不同使用场景对功能的需求有很大差异，首先，应确定功能使用的核心场景，如日常通勤、接待、节假日短途出行、业务代步等。其次，通过调研确定核心场景下目标用户的行动旅程，以便从使用舒适性、功能实用性等角度确定功能的实现方式，如"起点—寻车—近车—进入—落座—行驶—临停—行驶—到达—停车—离车"为用户用车的全部行动旅程。再次，进一步细化使用该功能的核心场景，将其分为六个小场景，分别为人物（驾驶人、乘客）、时间（大多数时间、经常会使用）、地点（大多数地方、经常到的地方）、动机（高频出行目的、例行出行目的）、需求和行为，以便进一步确定该功能的使用工况。然后，确定目标用户的诉求，如挖掘用户用车过程中的痛点和需求，并通过开发特属功能的方式制定解决方案。最后，基于用户的视角，从使用舒适性、操作简洁性、仪式感等方面预设功能使用体验，完成功能需求的挖掘与分析。

图 4-31　功能需求分析流程

功能需求分析中，确定功能适用的场景是重中之重。场景是指在某一特定环境下用户使用功能的全过程。这一特定环境包括外界环境、时间、用户自身特征以及车辆特征等。构成环境的因素被称为场景因子，主要分为三大类，分别为环境变量、人物变量以及车辆变量。根据不同的分类，进一步细化场景因子，如：环境变量包含天气、时间、地面、居住环境等；人物变量包含出行目标、驾驶人特征（如年龄、职业等）、乘客特征、携带物品、用户行为等；车辆变量包含车辆状态、车辆设置等。不同的场景因子能够组合出不同的场景，进而对功能提出不同的需求。随着整车技术的发展，功能需求也在不断创新，因此还需要进行以技术创新为主导的新功能需求分析。通过对技术创新的特点分析，新技术优点的总结，新技术适用场景的挖掘，完成新功能需求的闭环梳理。

2. 功能清单整理

在完成功能需求的分析之后，需要进一步梳理功能清单。功能清单是指基于具体的车型风格及配置表，综合竞品功能情况、目标用户人群偏好、用户需求、开发成本、法规等一系列因素，对某一具体车型进行功能搭载分析及定义，最终形成的功能搭载清单。

除了梳理整车搭载的各项功能外，还需要在功能清单中标注功能方案 PMXU（Platform, Modified, New part with multi Vehicle applicability, Unique），见表 4-14。PMXU 是对所有功能的分类，其中：P 功能是沿用功能，在功能使用和系统层面都没有改动；M 功能同样是沿用功能，不同的是，它在系统层面有一定的改动；X 功能和 U 功能是新开发功能，也是后续需要重点展开功能分解工作的功能。

表 4-14 功能方案 PMXU 分类

PMXU		Function（功能）	System（系统）
P	Platform	沿用功能；功能方案及用户使用场景未发生变化	沿用系统；使用同样的件号
M	Modified	沿用功能；功能方案、性能参数、使用场景有改动	改动系统；需要至少利用了 70% 的模具和工程开发费用
X	New part with multi Vehicle applicability	新功能；在多个项目中使用	新系统；在多个项目中使用
U	Unique	新功能；只在单一项目中使用	新系统；只在单一项目中使用

3. 功能需求描述

根据功能搭载清单，整车确定搭载的功能需要从功能说明、使用工况、功能框图和使用策略四方面进行进一步的功能需求描述。

1）功能说明描述了该功能的定义、使用方法、功能反馈以及功能作用。

2）使用工况描述了功能使用的场景。场景的覆盖度直接影响后续的功能定义和各场景下的用户体验，因此覆盖场景越多、覆盖面越广，功能使用逻辑越完整。

3）功能框图中包含功能流程图和功能系统框图。功能流程图描述用户对于新功能的操作步骤，主要为开启和关闭功能的操作流程，图中需要涉及功能进入、车辆显示反馈、车辆状态等内容；功能系统框图则描述的是整个模式的功能控制架构。

4）功能策略主要包含两方面：一方面是对于功能开闭方式、功能开启判断条件进行描述；另一方面则是对各关联系统、各系统联动执行方式提出功能实现策略。

4.5.3 功能分解

功能分解是在功能定义后，完成功能实现的工作，具体是指将功能需求转化为技术目标、零部件研发目标和系统研发目标，以便具体化各项功能的开发计划。这一步需要编写项目功能交互说明书，用于描述子系统、控制器模块之间如何协作来落实某项功能，同时用于收集、开发和描述功能实现。功能实现的核心内容是功能需求输入、功能系统框图绘制以及系统功能需求制定，其中系统功能需求主要包含功能的电气实现以及功能的交互界面实现。

1. 功能需求输入

功能需求的输入来源于功能需求描述，目的是将影响功能实现的各种因素分解，并给各系统提出功能实现的对应策略。一方面，需要描述使用该功能的多样场景、车辆所需状态、目标用户体验；另一方面，需要描述将该需求分配给哪几个系统，如仪表、多媒体主机、动力系统、悬架系统等，详细阐述每一系统实现该功能的具体策略。

2. 功能系统框图绘制

功能系统框图包含功能实现流程图和功能系统架构图。功能实现流程图主要描述开启和关闭某项功能时，用户的操作方式、系统的执行策略、状态的显示和提示信息的显示等内容，明确功能逻辑及各逻辑条件。图 4-32 为驾驶模式进入及退出的功能实现流程图。在功能开发过程中，需要将功能需求逐一分解至各个零部件控制器，而系统架构图描述的是整个功能的控制架构，是将功能与相关的传感器和控制器以模块化的形式表述，如图 4-33 所示。

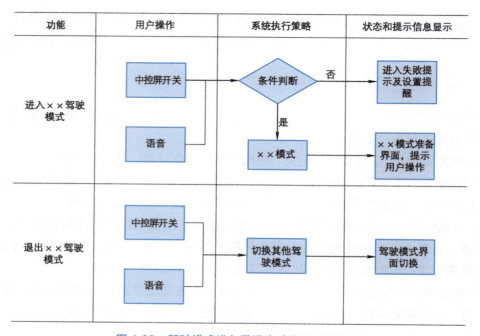

图 4-32　驾驶模式进入及退出功能实现流程图

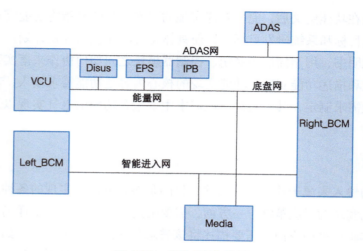

图 4-33　功能系统架构图

3. 系统功能需求制定

系统功能需求包含详细设计方案和关联系统策略分解。详细设计方案描述的是某项功能的开启和关闭的具体方式，以及开启该功能的所有判断条件；关联系统策略分解则是对各个系统提出实现某项功能的策略，具体描述为开启某项功能后，各关联系统的执行动作以及各个系统的联动方式。功能的交互界面的实现同样是影响用户进行功能体验的重要一环。交互界面用于描述用户可看到的开关、界面示意，以及各个界面之间的交互关系及逻辑；功能交互界面的实现则是在用户对功能进行开启、关闭等操作时，中控屏显示界面的设计。

以驾驶模式中的涉水模式功能实现为例，在评估该功能有可行性后，先输入具体的功能需求，即阐述该功能的功能说明、使用环境或使用工况。涉水模式可通过自动延迟加速踏板响应、发动机强制启动等策略，确保车辆能够顺利通过涉水路况。涉水模式的使用场景较为特殊，一般适用于以下三种路况：驾驶人在城市道路上驾驶车辆，前方遇到一段积水路段；大雨或者暴雨天气，驾驶人要通过前方积水较深的涵洞；驾驶人驾驶车辆在户外郊区时，需要通过前方一段水坑或小河流。

在明确功能使用工况后，需要绘制功能实现流程图，如图4-34所示。在涉水模式功能实现流程图中，驾驶人将通过中控显示屏进入涉水模式。此时中控显示屏会弹出风险提示，在用户同意风险提示后，系统将自动判断是否符合涉水模式的行驶条件。若满足行驶条件，则涉水模式进入成功，中控显示屏亦有对应的显示反馈；若不满足行驶条件，中控显示屏将告知操作指引，驾驶人若在2s内完成对应提示操作，则涉水模式也会进入成功。退出驾驶模式时，驾驶人可通过切换其他驾驶模式或者直接在中控显示屏选择退出涉水模式，此时显示屏会提示退出风险，若驾驶人明确退出风险，即可直接退出。

涉水模式功能实现的最后一步，即制定满足该功能各系统的执行策略。涉水模式中，驾驶人仅可通过中控显示屏进入该模式；而退出时，除了中控显示屏的软开关，也可通过转向盘的切换驾驶模式按键退出该模式。成功进入该模式的条件有三项：驾驶人主动触发、高压无漏电故障、车速≤10km/h。成功进入该模式时，各项系统都会有相关联的系统执行策略，见表4-15。

4.5.4 功能开发

整车功能开发可分为三个环节（图4-35）：软硬件开发、功能匹配测试、功能体验评价。每一环节都是在上一环节的基础上调整和优化，以提升用户体验为目标完成最终的功能开发。

1. 软硬件开发

整车功能开发是一个系统化、有序化、科学化的过程，而软硬件的开发决定了功能的最终状态。在进行具体的软硬件开发之前，需要确认各类功能的开发方式。部分功能可能仅需要软件开发或硬件开发，而有些功能则需要软硬件开发以完成功能目标。制定每一功能具体的开发计划后，需要明确每一功能的逻辑、界面展示方式、物理按键位置等是否符合前期定义，解决功能开发各种多系统交互问题，完成功能开发，保证项目顺利进行。

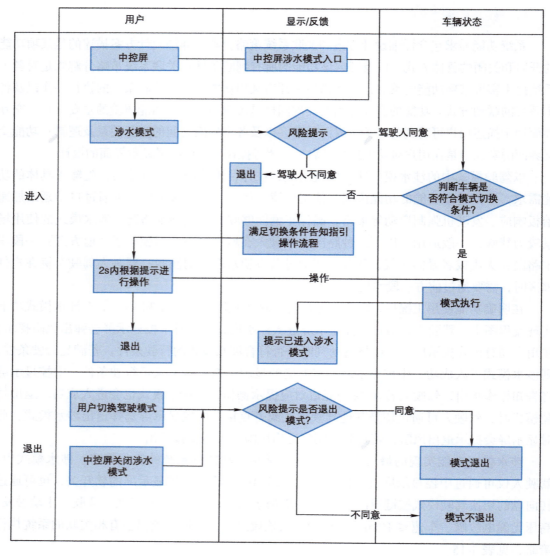

图 4-34 涉水模式功能实现流程图

表 4-15 涉水模式关联系统策略定义

系统	策略
仪表	①通过中控屏进入涉水模式后,涉水模式弹窗自动弹出,显示"涉水模式"已启动 ②成功进入涉水模式后,仪表界面显示"请谨慎驾驶,尽快离开水域"警示语 ③驾驶人切换其他驾驶模式时,弹窗显示"涉水模式已退出"
中控屏	①车辆上电首次进入涉水模式提示功能使用须知 ②涉水模式进入失败时,弹窗提示驾驶人
动力系统	①强制启动发动机 ②切换涉水动力模式 ③模式运行过程,若检测到发动机意外熄火,则发动机进入自我保护策略,整车启动纯电模式

第4章 设计开发

图 4-35 功能开发流程

软件开发主要包括应用算法软件和系统软件两部分的开发。应用算法软件包括应用软件、算法软件、中间件组件的开发,系统软件则包括操作系统内核、Hypervisor、BSP、驱动软件的开发。硬件开发为系统层面的功能需求在硬件层面的具体表现,主要包括车身结构设计、摄像头或雷达等传感器、ECU/DCU 等控制器等。以座椅一键放倒功能为例,硬件开发主要指座椅装置、座椅物理按键(硬开关)和座椅控制器,而软件开发则指中控屏功能入口和功能开关(软开关)。

功能集成软硬件开发流程遵循"V 形开发流程",涵盖从整车功能策划到产品功能实现的全过程,如图 4-36 所示。V 形开发流程以功能需求描述为起点,将功能需求逐渐转化为系统需求,并最终转化为软件需求规范。在确认软件需求规范的基础上,再进行软硬件开发以实现功能需求。在功能开发过程中,对之前制定的软件需求、系统需求和功能需求进行逐层测试和验证,列出测试问题并不断优化,完成整车功能验收。

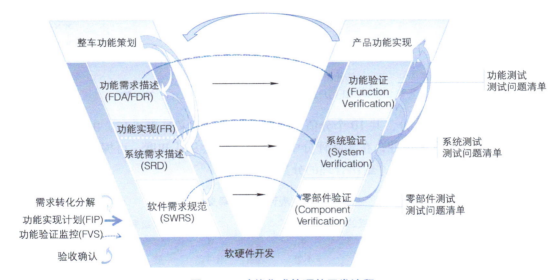

图 4-36 功能集成软硬件开发流程

2. 功能匹配测试

在完成基础的软硬件开发后,需要对功能清单上的每一个功能进行匹配测试。实际车型开发过程中,在样车试验阶段需要对试制车进行功能匹配测试,即对照功能清单测试每一条功能是否已开发完全,并对未完成开发的功能进行标记,标明目前软硬件开发状态及负责的项目组,以及统计功能开发完成率。

功能匹配测试中,需要详细测试每一个功能的操作步骤、反馈形式。首先需要在车辆找到该功能入口进行对应的操作，并查看执行该操作的车辆是否有正确和及时的功能反馈。如果发现某一功能或模式存在软硬件开发问题或者体验问题，应及时反馈给负责部门。以整车拖拽功能为例，在功能匹配测试中，可能出现拖拽失效状态仪表不显示、拖拽数据中控屏页面信息错误等问题，测试员需要拍照或录像记录相关问题，将记录结果向中控开发部门进行反馈，并持续跟进该问题，不断测试该功能是否达到预计的设计效果，直至该功能开发完全。

3. 功能体验评价

在完成整车功能匹配测试后，并不是所有功能都能达到用户的预期，因此需要对各类功能进行体验评价，来提升用户用车的满意度和舒适度，并判断哪些功能需要进行后续的改进。整车功能体验评价是对汽车功能集成开发成果的初步测验，也是对已开发功能进行适当干预并不断优化的过程。测试者从用户角度出发，深度感受各类功能体验问题，并对每一功能进行客观的评测。测试部门将从有效性、效率、吸引性、容错性、易学性五个维度对整车各功能进行评价（表4-16），每一维度下都有具体的需求指标，分别从这几个维度和需求指标进行打分，以评价该功能是否能达到用户预期。

表 4-16 功能评价维度

评价维度	一级需求	评分
有效性	精确满足用户的场景需求	× ×
效率	最小化功能的实现时间	× ×
吸引性	用户愉快、满意程度	× ×
容错性	防止错误发生、帮助用户纠正错误	× ×
易学性	让用户通过较低的学习成本掌握	× ×

功能评分为 1~10 分，共 10 个分值，具体分值代表意义见表4-17。由于该评分是主观评价，因此为提升客观性，在实际评分中，测试部门会从认知度、可探测度、感觉、看法等维度综合评判该功能，并给出合理的分数。

表 4-17 主观评价分值释义

分值	不可接受的				可接受的					
	1	2	3	4	5	6	7	8	9	10
分值的含义	很差	差	不好	不怎么样	勉强接受	刚可以接受	一般还行	好	很好	很出色的
主观评价参数 — 认知度		高			适中的		小	很小		没有
主观评价参数 — 可探测度	所有用户都能发现问题	很多用户能发现问题			很挑剔的用户或部分用户能发现问题		专业人员才能发现问题			
主观评价参数 — 感觉	无法忍受的				烦恼	轻微烦恼	没感觉	大部分用户感到满意	用户满意，专业人士感到高兴	
主观评价参数 — 看法	重做		……				可接受		没想法	
需要的纠正措施	立即强力介入		需要改进，早介入		改进		需要注意		成功	

在功能体验评价中,交互体验问题、逻辑问题、系统方案问题是常见的验收问题。交互体验问题指用户误触率高、功能入口缺失、操作反馈不及时、功能文案描述不清晰等人机交互类体验问题;逻辑问题指操作方法、操作反馈不符合惯性思维模式的问题;系统方案问题指与竞品功能对标后,功能实现层面仍有改进空间的问题。

在功能体验评价环节中发现的任一问题,需要先评估问题风险等级再确定整改方案。若风险等级较高,需要立即强力介入整改;若风险等级中等或较低,需要明确是哪一个环节导致该问题产生,并提出最优的解决方案,以实现制定的功能目标,形成"功能评价—提出问题—干预优化"的正循环。

4.5.5 功能验收

功能验收是确认实车功能是否达成原功能定义状态及目标的环节,也是整车功能集成开发过程中的最后一个环节。在这一环节,各部门需要核对各个周期制定的功能目标和实际功能达成率。功能验收不仅对开发成果进行最后检验,也能通过该环节回顾整个开发流程,对开发工作进行总结,有利于后续开发工作的提升。一般情况下,在功能验收环节,整车功能开发已经基本完成,但偶尔也会出现验收不合格的情况。如果功能验收不合格,首先考虑是否由测试方法不正确或者前置条件不满足导致功能失效;其次重新考虑开发方案是否合理,找出导致功能验收不合格的具体原因,并重新制定开发方案、规划开发计划及周期。在该过程中,各部门需要充分沟通,在功能开发的每一环节都保持谨慎,直至完成最终的功能验收。

4.6 系统设计

在完成整车级目标定义和设计开发之后,需要对分解出来的整车关键系统开展进一步的系统设计与开发。相比传统燃油汽车,智能电动汽车作为结构功能更复杂的产品,其电驱动系统、热管理系统、整车电子电气架构和智能底盘是实现智能化、电动化功能的关键系统,相应的系统设计开发过程也更加复杂。

4.6.1 电驱动系统

1. 电驱动系统构造

电驱动系统是智能电动汽车的核心部件之一,它的功能是将动力蓄电池的电能转换为驱动汽车行驶的机械能,还可以在制动和滑行过程中将汽车的机械能转换为电能,并储存至动力蓄电池中。电驱动系统一般布置在车辆的前舱和后驱动桥,主要包括:电机、电机控制器、减速机构、相关的连接线束及附件,如图4-37所示。电能由动力蓄电池通过高压线束传输至电机控制器,之后电机控制器根据接收到的整车控制信号,将电池输出

图4-37 电驱动系统结构

的直流电转换成交流电，进而传送至电机并驱动电机转动产生机械能，电机产生的驱动力由减速机构减速增扭后传至车轮，驱动车辆行驶。

随着智能电动汽车的发展，电驱动系统也向着高性能、集成式、轻量化、低成本的设计开发目标不断迭代优化。通过应用先进的材料、更科学的设计理念和生产工艺，电驱动系统的峰值性能和工作效率持续提升，反映在智能电动汽车产品上则表现为整车动力性能不断增强、续驶里程逐年增加。

1）驱动电机为电动汽车的动力源，是实现电驱动总成能量转化功能的关键部件。目前，主流的车用电机有三种类型：永磁同步电机、异步感应电机与励磁电机，如图4-38所示。

图4-38 驱动电机类型及结构

2）电机控制器通过控制电机的输入电压或电流，完成对电机转速、转矩和旋转方向的控制。图4-39为某款电动汽车电驱动系统中的电控线路板及其包含的组件。

3）电机具有低转速、高转矩的特性，且转速范围较传统内燃机更宽泛，不需要单独匹配专用变速器机构，因此电动汽车减速器一般为单档或两档。按结构形式不同，电动汽车的减速器可分为平行轴式减速器与行星齿轮式减速器。图4-40a为平行轴式减速器结构，驱动力经过高速轴、中间轴主减速器两级减速并经差速器传至输出轴。图4-40b为行星齿轮式减速器，其中电机驱动力经过行星排机构一级减速传至半轴连接机构。

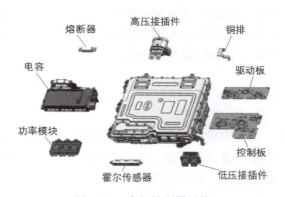

图4-39 电机控制器结构

图4-40 减速器结构图

2. 电驱动系统性能设计

汽车电驱动系统性能的开发设计遵循"V 形开发流程"。通过市场调研确定整车产品定义后，可得到动力性、经济性等整车性能。在电驱动系统设计与开发过程中，整车性能被转化为电驱动系统性能，这些性能可被进一步细化为电驱动系统零部件对应的性能参数（如效率、NVH、电机最高转速等），以及为了实现目标性能需要设计的结构参数（如系统尺寸、齿轮模数和齿数、电机转子直径等）。

在进行设计开发时需要注意，整车各系统的性能在开发中会存在相互影响。例如，悬架系统所确定的整车俯仰角变化范围会使加速时整车重心偏移，造成前后轴输出转矩的差异，对动力系统的加速性能造成限制。此外，电驱动系统的各项性能之间也会相互影响，如动力性的提升会造成系统能耗增加，影响经济性。因此，在电驱动系统设计阶段，研发人员会通过制作性能互斥矩阵、性能与系统矩阵，分析各项性能之间以及性能对系统的影响，得出可实现的整车性能参数。

以电驱动系统中关键零部件（电机和减速器）的性能为例，介绍电驱动系统零部件的性能定义。

1）电驱动系统的驱动功率由电机输出功率 P_m 决定，P_m 可通过电机转矩 T_m 与电驱动系统效率 η 计算得到：

$$P_\mathrm{m} = \frac{T_\mathrm{m} n_\mathrm{m} \eta}{9550} \tag{4-1}$$

式中，P_m 是电机输出功率（kW）；n_m 是电机转速（r/min）；T_m 是电机转矩（N·m）。

电驱动系统的动力性能可以由转矩-速度特性曲线来体现，主要由恒转矩区、恒功率区和自然特性区三部分组成，如图 4-41 所示。当电机达到额定功率 P_m 时，对应额定转矩 T_r 下的速度为电机基本转速或额定转速 W_rm，相应车速为 v_rm，此时电机处于恒转矩区；超过额定转速后，电机处于恒功率区，转矩以与电机转速成反比的比例平稳下降；进入自然

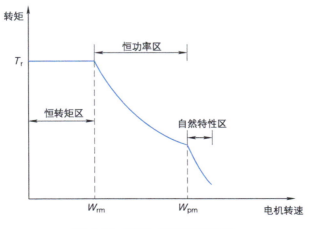

图 4-41 转矩-速度特性曲线

特性区后，电机转速继续升高，但转矩迅速下降，下降速率与电机转速的二次方成反比。通常情况下，将恒功率区尾部时刻车速定义为车辆的最高车速。

然而，最高车速大小除与电机本身特性有关外，还受减速器传动比的影响，从而影响整个驱动系统的牵引力。两种不同传动比下，车辆牵引力与车速的关系如图4-42所示。从图中可以看出，低传动比可以获得更高的车速 v_{max2}，但驱动系统的牵引力 F_{max2} 会变小，而较低的牵引力会进一步降低车辆的初始加速度和最大爬坡度；如果减速器采用了较高的传动比，可增大峰值牵引力 F_{max1}，但最高车速 v_{max1} 会有一定程度的降低。

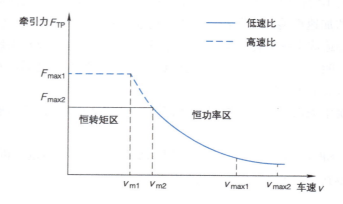

图 4-42　两种传动比下驱动系统的牵引力 - 车速曲线

2）减速器速比 i_g 也是影响电驱动系统动力性的重要因素。当电机转矩 T_m 一定时，减速器速比 i_g 增大，会使车轮转速提高，轮端转矩降低。i_g 取值范围一般在 10~14 之间。

3）电驱动系统的效率来自整车能耗要求的目标定义，如果不考虑空调附件及制动能耗，整车能量损失受电驱动系统效率 η 影响。电驱动系统效率可分为电机效率、电控效率、传动系效率：

$$\eta = \eta_m \eta_c \eta_t \tag{4-2}$$

式中，η_m 是电机效率（%）；η_c 是电控效率（%）；η_t 是传动系效率（%）。

电机效率 η_m 与电机结构、电压平台等参数相关，该项性能为电机开发过程中的重要参数。电控效率 η_c 取决于电路设计、电压平台以及功率模块参数。这两项参数可用电机电控的转速 - 转矩 - 效率 MAP 表示，等高线代表对应转速转矩区域的效率，如图4-43所示。传动系效率 η_t 与润滑情况、齿轮参数等设计参数相关；同样的，传动系统的效率受齿轮系、润滑系统设计开发影响。

3. 电驱动系统结构设计

在性能目标确定之后就可以进行电驱动系统及零部件的结构设计。电驱动系统结构设计分为电驱动系统及零部件仿真设计，以及样件的测试验证阶段。

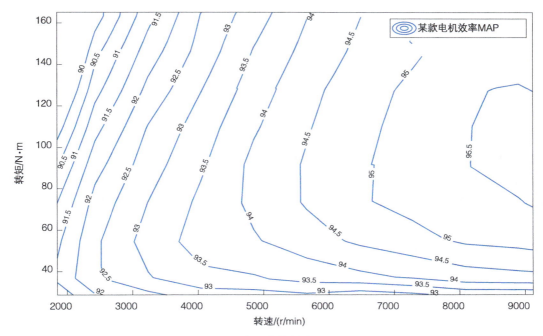

图 4-43　电机电控效率 MAP 图

在仿真设计阶段，需要考虑多方面因素。由整车性能定义的电机转子最高转速往往在万转以上，因此电机转子的结构强度仿真校核是电驱动系统结构设计中的重要一环。电驱动系统的壳体结构对于系统的 NVH 性能，以及动力系统的 EMC 性能都有很大影响，因此壳体除进行结构仿真之外还需要进行模态分析以及电磁兼容仿真。此外，电驱动系统的润滑油道与冷却管路的设计会影响到系统峰值以及系统效率，对润滑冷却的仿真也是电驱动系统结构设计的重要一环。

在零部件结构及尺寸参数仿真分析均达到标准后，试制样件会首先进行零部件级盐雾测试以及高低温环境等测试。当零部件均满足设计要求后，实验人员会对电驱动系统进行系统级台架测试，以检验电驱动系统的各项性能。

4.6.2　热管理系统

热管理系统涵盖整车和子系统之间的热量交互、传递、利用及耗散，通过系统方案设计、零部件选型及控制策略匹配等，旨在保证各系统部件在最佳工作温度范围内运行，保证系统运行效率及安全性，同时实现整车舒适性及能耗的性能平衡。为了解决智能电动汽车在冬季和夏季的续驶里程和热安全问题，需要对其进行热管理。电驱动系统、电池系统和空调系统是智能电动汽车产生热量的主要来源。传统热管理方案通常各自独立，缺乏对整车热量的统一管理，热管理效率较低。目前智能电动汽车的热管理系统趋向高度集成化，并且电驱动总成散热、动力蓄电池热管理及乘员舱空调系统热源相互耦合、策略彼此关联，因此热管理系统的设计需要全面考虑各个系统的工作特性、性能要求，对三大系统产生的热量进行统一的管理，提高整车热管理效率。

1. 空调系统

汽车空调系统主要针对乘员舱进行采暖、制冷、通风换气、除霜除雾、空气净化等，由压缩机、冷凝器、储液干燥器、蒸发器、膨胀阀、暖风芯体/PTC加热器（Positive Temperature Coefficient Heater，正温度系数加热器）、鼓风机、送风管道组成。相比于传统燃油汽车采用离合器控制的压缩机，电动汽车采用独立可控的电动压缩机，转速区间不再受到发动机转速的限制。此外，电动汽车的空调系统与电驱动热管理系统、电池热管理系统存在热源的交互，通过冷却液或制冷剂与电池包的热交换，实现空调降温（或采暖）与动力蓄电池冷却（或加热）的协同控制，从而衍生出了"空调+电池液冷/液热""空调+电池直冷/膜加热""热泵空调+电池直冷/直热"等技术路线，如图4-44所示。在低温工况下，各车企也逐步开发应用热泵空调系统。热泵空调系统有效回收电驱动总成的水源余热，供给乘员舱采暖和电池加热，有效降低低温的热管理能耗。基于以上变更，电动汽车的空调系统与传统燃油汽车的空调系统相比，增加了电池冷板、板式换热器、车内冷凝器及相关管路、控制阀体等部件。

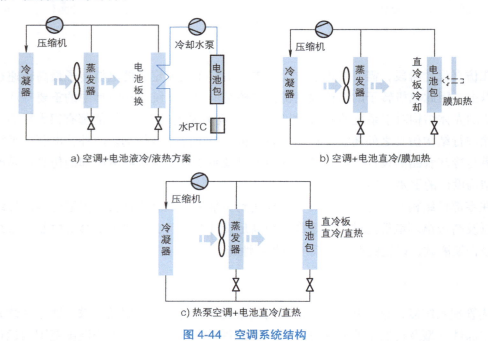

图4-44 空调系统结构

空调系统制冷的设计工况一般为车速50km/h，环境温度38℃，蒸发压力0.3MPa，冷凝压力1.7MPa，过冷度5℃，过热度10℃；制热的设计工况一般为车速50km/h，环境温度-20℃，暖风芯体进口冷却液温度85℃，冷却液流量6L/min。根据设计工况下的负荷，对主要零件（压缩机、换热器、膨胀阀等）进行理论和仿真计算选型。

对于压缩机的选型，根据给定的设计工况中的冷凝压力/过冷度、蒸发压力/过热度及热负荷，可以计算出对应的系统流量，再结合压缩机设计转速及经验效率系数，可以得到压缩机的排量。对于蒸发器的选型，蒸发器的换热量基本等同于负荷，根据工程经验，一般给定一个储备系数，为 1.05～1.1。对于换热器热泵系统的内部冷凝器/暖风芯体的设计同理，其设计换热量值基本等同于各自对应的负荷乘以储备系数。对于 PTC 加热器的选型，一般分为风暖 PTC 加热器与水暖 PTC 加热器。风暖 PTC 加热器的制热效率接近 100%，其功率基本等于制热量；而水暖 PTC 加热器选型时需要考虑通过暖风芯体的二次换热效率。对于膨胀阀的选型，其最大阀容量应比蒸发器（或换热器）大 20%～30%。

选型完成并开发出样件后，根据试验规范完成零部件台架验收、制冷剂充注量的匹配，对空调系统最大制冷/采暖能力、除霜除雾、充电冷却/加热等性能进行台架匹配与验证，保障空调系统工作可靠又节能。空调系统性能开发的验收指标主要包括制冷性能、采暖性能、除霜除雾性能、NVH 性能等。制冷及采暖性能根据《汽车采暖性能要求和试验方法》（GB/T 12782—2022）进行工况设计：制冷性能一般以环境温度为 38℃、环境相对湿度为 40%、太阳辐射强度为 1000W/m² 的环境条件作为快速降温的设计工况（中东地区可提高环境温度为 45℃）；采暖性能一般以环境温度 -20℃作为能力设计工况。除霜除雾性能根据《汽车风窗玻璃除霜和除雾系统的性能和试验方法》（GB 11555—2009）和《电动汽车风窗玻璃除霜除雾系统的性能要求及试验方法》（GB/T 24552—2009）进行相关工况的设计和考核。

2. 电池热管理系统

电池温度直接关系着电池的使用寿命、充放电性能、输出功率等，电池热管理系统的开发除了要对电池温度进行准确测量和监控外，还需要结合空调系统的制冷/加热能力，在电池高温、低温下快速调节电池包内部的温度分布，保证整车充放电性能及电池的循环寿命。

（1）电池热管理系统开发流程

电池热管理系统开发流程一般为：根据整车对电池充放电性能、电池寿命、电池安全的需求，确定电池合适的工作温度，依据整车配置和行车工况（高速行驶、0→100km/h 加速时间、越野行驶等工况）计算电池输出功率，并根据工程经验、仿真、测试等方法预估电池包的产热量和热容，以此计算电池冷却或加热的需求功率。根据热管理需求进一步进行电池包结构设计及热管理系统选型，主要包括冷板散热能力、冷板结构设计、电池传热路径、传热介质选择等。通过多轮仿真分析进行零部件设计优化，如对电池包的传热路径、冷板的流道设计、流阻、冷却介质流量均匀性、散热能力等方面进行优化。在确定方案后，进行恒功率放电、脉冲充放电、快充等工况试验验证，确认实验与仿真一致性，并确认是否满足电池包热管理设计需求，进而判断是否需要继续进行系统优化。

（2）电池热管理系统形式

电池热管理系统形式按冷却或加热性能递增可分为自然冷却、风冷、液冷/液热、直冷/直热。不同电池热管理系统形式的对比见表 4-18。一是，自然冷却是一种被动冷却形式，完全依靠外界环境中的空气的自然对流冷却电池包，无泵、风机等主动工作部件，因此该热管理形式无功耗产生。但由于自然冷却功率低且无加热功能,无法满足高低温工况、电池高倍率充放电需求,因此目前无车型搭载。二是,风冷按有无空气预热预冷功能分为被动风冷和主动风冷:被动风冷由散热风机驱动环境空气对电池进行冷却,无加热功能,风机作用下的冷却功率略高于自然冷却;主动风冷同样由散热风机驱动环境空气,但空气先经过空调换热器或PTC加热器进行预冷或预热,再对电池进行冷却或加热,性能相比被动风冷进一步提升,但在空调换热器、PTC加热器的参与下功耗也随之增加。三是,液冷/液热将电池包的冷热负荷交由空调压缩机一并处理,通过冷却液与空调制冷剂交换热量后进入电池液冷板换热,实现对电池包的冷却或加热。得益于冷却液的高热容,液冷/液热形式的电池包温度一致性高,不易产生高温热斑。四是,直冷/直热通过省略液冷/液热的冷却液回路,直接将空调制冷剂通入电池直冷板换热,利用制冷剂的相变潜热对电池包进行冷却或加热。由于减少了冷却液和制冷剂的换热过程,因此直冷/直热的换热效率更高。但由于制冷剂在直冷板中的单相换热区换热量显著低于两相换热区,单相换热区易出现高温热斑而影响电池一致性,因此对控制精度有较高要求。

表4-18 不同的电池热管理系统形式对比

类别	原理	冷却/加热性能	优点	缺点	主要搭载车型
自然冷却	依靠外界环境对电池包进行热管理	无加热能力,冷却能力取决于外界环境	无额外热管理配套零部件,成本低,技术难度低	影响高低温下电池寿命及放电功率	—
风冷	分为被动风冷和主动风冷。被动风冷通常直接使用空气作为冷却介质;主动风冷则是对空气进行预热或预冷后再与电池包热交换	冷却和加热性能差	技术难度低,成本较低	无法实现整包密封要求,安全风险高	广汽丰田C-HR
液冷/液热	通过环境/空调系统间接对电池进行热管理	冷却和加热性能良好	换热效率高,温度控制精度高,电池温度一致性高	成本较高,结构复杂	特斯拉Model S/X、荣威550、帝豪EV、荣威Ei5(2021款)
直冷/直热	通过空调制冷剂直接对电池进行热管理	冷却和加热性能优秀	换热效率更高,宽温域	温度一致性难以控制,技术难度高	比亚迪海豹、比亚迪汉EV等

3. 电驱动系统冷却系统

在电驱动系统工作过程中,一部分能量会以热能形式损耗,如电机铁心损耗、绕组损耗以及机械损耗。热能在电驱动系统中积累会引起温度升高,造成损坏。电驱动系统的热管理一方面对电机电控冷却降温,维持电机绕组和高压控制器的高效安全工作温度;另一方面将电机电控产生的这部分余热传递出来,供其他系统利用(如乘员舱和电池)。当前,常见的电驱动系统冷却系统按照冷却介质可分为风冷、水冷和油冷,不同电驱动系统冷却系统的特征见表4-19。

全场景智能脉冲自加热技术

表 4-19　不同的电驱动系统冷却系统对比

类别	原理	冷却性能	优点	缺点	应用场景
风冷	机壳与空气的自然/强制对流	极差	简单，低成本	散热效果极差	功率密度较低的小型电机
水冷	通过电机外壳的水套换热，带走电机壳体(定子)的热量	冷却性能一般	设计简单，方案成熟	冷却效率低，无法冷却电机绕组端部、转子	大多数驱动电机，主流技术
油冷	冷却油直接接触定子、转子、减速器等进行对流换热	冷却性能好	冷却效率高，超高速下冷却效果更佳，便于电驱动系统的冷却系统集成	换热效率与油温呈正比，密封要求高，油路设计复杂	高功率密度电机

1）风冷分为自然冷却和强迫风冷。自然冷却指的是没有额外的冷却装置结构，结合电机配置的组件来进行散热，适用于可靠性较高、工作环境通风良好的电机，电机壳是将热量从内部传导到周围环境的主要路径。自然对流换热系数取决于环境条件，通常只有 $2\sim25W/(m^2\cdot K)$，很难满足冷却需求。强迫风冷采用风扇系统提高电机内部与外部空气的热交换，其换热系数可以达到 $20\sim300W/(m^2\cdot K)$，冷却效果优于自然冷却。

2）水冷指在电机壳内部设计封闭的冷却液流道，冷却液在外部水泵的作用下在电机电控和散热器之间循环，通过对流换热将驱动总成的热量带到散热器，其冷却效果优于强迫风冷。为了改善冷却液介质凝固点较高、沸点较低的缺点，在使用过程中通常会采用水-乙二醇混合溶液，以降低介质的凝固点，提高水冷散热系统整体的环境适应性。然而，电机的高温部分主要集中在绕组端部，水冷无法直接接触高温部位和主要的产热源。绕组处的热量需要经过槽内绝缘层、电机定子才能传递至外壳并被冷却液带走。该冷却系统传热路径长，通常不足以消散端绕组和转子的热量，易导致温度堆积形成局部热点。加上管道连接复杂，密封结构存在绝缘安全问题，以及水道的存在增加了电机的体积，水冷系统的局限性凸显。

3）油冷是指以冷却油作为冷却介质，在循环油泵的作用下流经定子通道、转子通道等冷却结构进行热交换。油介质在电机内部与电机绕组、定子铁心等发热严重部件直接接触热交换，接触的方式分为浸油和喷油。浸油是将定子、转子浸没在冷却油中，该方式噪声小，但会增大转子旋转阻力；喷油是将冷却油喷淋在定子端部绕组、轭部和转子上，实现高效散热。油冷的优势在于油品不导电、不导磁，具有良好的绝缘性能，可以直接接触电机内部组件，深入转子、定子绕组内部进行更完全的热交换，使得散热效率更高。油冷对端部裸露面积较大的扁线绕组电机的冷却效果更明显，能够主动冷却到内部转子部件。

4.6.3　整车电子电气架构

整车电子电气架构（Electrical and Electronic Architecture, EEA）定义了整车所有电子电气部件之间的相互关系，以及包括硬件系统、软件开发模块、软硬件测试需求、车载功能实现等在内的所有电子部件和电气系统所共同承载的逻辑功能之间的关系。随着汽车的电动化、智能化、网联化的发展，传统的整车 EEA 已经不能满足智能电动汽车的技术发展要求。从架构设计的主要任务来说，智能电动汽车的整车 EEA 设计除了要满足传统的整车 EEA 设计目标（对电子电气部件进行合理排布以获得最优性能和最低成本）之外，还必须成为智能电动汽车各项软硬件平台的基础设施，并支撑包括智能驾驶、智能座舱在内的各项车载功能。

整车 EEA 的设计，首先需要保证的是整车电气系统的稳定性、可靠性和安全性。其次，根据现有的整车集成技术，设计最优的系统交互方式，从而缩短系统交互的响应时间。最后，整车 EEA 还需要具备可扩展性，以满足车型生命周期内的升级需求。根据发展趋势，整车 EEA 可以划分为分布式架构、域集中式架构、中央集中式架构和云平台架构，见表 4-20。

表 4-20 主要的整车 EEA 架构特点及对比

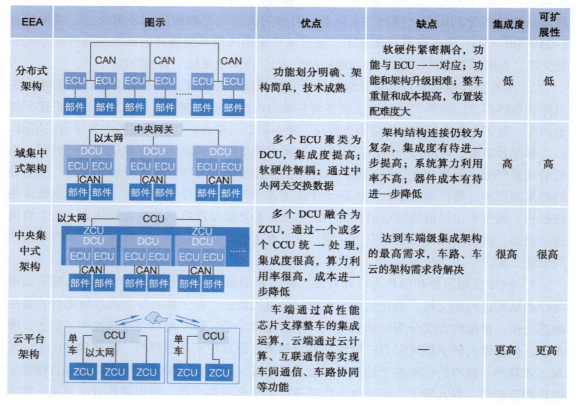

EEA	图示	优点	缺点	集成度	可扩展性
分布式架构		功能划分明确、架构简单，技术成熟	软硬件紧密耦合，功能与ECU一一对应；功能和架构升级困难；整车重量和成本提高，布置装配难度大	低	低
域集中式架构		多个ECU聚类为DCU，集成度提高；软硬件解耦；通过中央网关交换数据	架构结构连接仍较为复杂，集成度有待进一步提高；系统算力利用率不高；器件成本有待进一步降低	高	高
中央集中式架构		多个DCU融合为ZCU，通过一个或多个CCU统一处理，集成度很高，算力利用率很高，成本进一步降低	达到车端级集成架构的最高需求，车路、车云的架构需求待解决	很高	很高
云平台架构		车端通过高性能芯片支撑整车的集成运算，云端通过云计算、互联通信等实现车间通信、车路协同等功能	—	更高	更高

1）传统的 EEA 多采用分布式架构，根据动力总成、底盘系统、高级驾驶辅助系统等整车系统总体架构划分不同的模块。该架构下，每个电子控制单元（Electronic Control Unit, ECU）的功能划分明确，工作需求独立，各个ECU之间通过CAN总线进行数据传输，架构技术成熟。但是在智能电动汽车时代，传统的分布式架构无法承载整车各项复杂的功能，其众多缺陷将制约整车功能和安全性能的提升。

2）域集中式架构的提出是为了解决分布式架构在可扩展性、安全性等方面的问题，其核心思路是将多个相同功能的 ECU 聚类为一个域控制器（Domain Control Unit, DCU），由各个 DCU 负责实现各个功能域中的数据处理、规划和决策，并对该功能域下的各个 ECU 和传感器进行管理和控制。随着整车 EEA 系统耦合度的大幅降低，整车软件平台的空中下载技术（Over-the-Air Technology, OTA）、软件定义汽车（Software Defined Vehicle, SDV）和基于服务架构（Service-Oriented Architecture, SOA）的设计理念才真正实现了可落地。

3）中央集中式架构的本质是域集中式架构的优化和改进。考虑到整车算力的最大化利用、整车电气布置的最优成本、整车安全冗余性最大化等因素，可以将域集中式架构中的多个 DCU 进一步地融合，形成一个算力更强、集成度更高的中央计算单元（Central Computing Unit, CCU）。

4）依托于车联网、云计算、5G/6G 无线通信等技术的发展，未来整车 EEA 将朝着云平台架构发展。每个车辆可以集成为一个 EEA，在车端通过高性能芯片支撑整车的集成运算，在云端通过云计算、互联通信等技术实现车辆功能规划、车间通信、车路协同等功能。

某车企的典型 EEA 示意图如图 4-45 所示，图中主要展示了车身控制域（车身控制器）和智能驾驶（ADAS）域的部分设计结构。其中，根据主要零部件和控制部件在整车上的

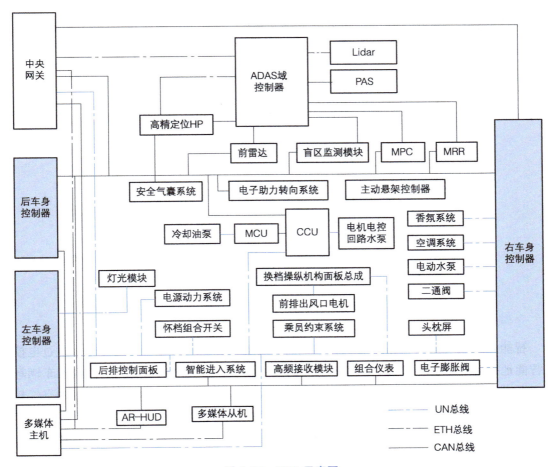

图 4-45　EEA 示意图

位置，可以将车身控制域分为左域（左车身控制器）、右域（右车身控制器）和后域（后车身控制器）。不同的车身控制域主要控制车辆不同部位的零部件，例如：左域对车辆控制单元（Vehicle Control Unit, VCU）、电子驻车制动系统（Electric Parking Brake, EPB）、电动助力转向系统（Electric Power Steering, EPS）等关键部件进行控制。智能驾驶域则主要通过智能驾驶域控制器对各类传感器进行控制，包括激光雷达、毫米波雷达、摄像头等，同时也承担智能驾驶算法的处理、执行等功能。

整体而言，随着 EEA 的不断升级进化，整车架构的集成度将越来越高，跨域融合和跨域冗余等技术也逐渐被行业重视。未来，整车 EEA 除了要进一步提高总体设计架构外，还需要进一步构建标准化的通信接口体系，以便车企进行集成度更好、配置更灵活、算力利用率更高的整车 EEA 设计。同时，构建整车 EEA 的云端化体系架构，建立统一的车路云架构方案，并保证云端传输数据的信息安全。

4.6.4 智能底盘

智能底盘为智能座舱系统、智能驾驶系统、动力系统提供承载平台，具备感知、预判和控制车轮与地面间相互作用、管理自身运行状态的能力，是具体实现车辆智能行驶任务的系统。智能底盘的关键构型包含智能悬架系统、线控转向系统及线控制动系统等，如图 4-46 所示。

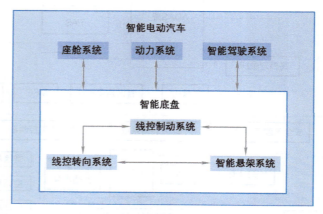

图 4-46　智能底盘的构型

1. 智能悬架系统

智能悬架系统是指根据路面状况、车辆的运动状态及载荷等参数的变化，通过电控系统智能地控制悬架执行机构，调节阻尼、高度、刚度以及施加主动力等，以改善车辆舒适性和操纵稳定性的系统。目前，主流的智能悬架系统为阻尼连续可调悬架系统和空气悬架系统，部分高端越野车、轿车也会采用主动悬架系统。智能悬架系统的主要组成及工作原理如图 4-47 所示。智能悬架控制策略由垂向控制、姿态控制、集成控制三个模块组成，其中：垂向控制模块根据悬架 Z 向加速度传感器与位移传感器信号输入以决定输出阻尼状态；

姿态控制模块通过整车 CAN 信号获取车辆状态信息，如车速、转向盘转角等信号输入以确定输出阻尼状态；集成控制模块用于各模块输出的协调控制。

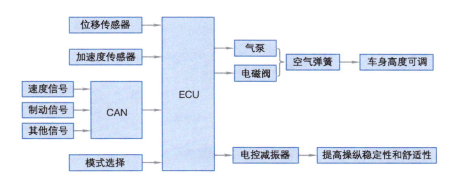

图 4-47　智能悬架系统的主要组成及工作原理

1）阻尼连续可调悬架系统：通过 ECU（控制器）收集路面状态、整车运行状态及驾驶需求信号等，并结合悬架控制算法，通过阻尼连续可调减振器自动调整阻尼，实现对整车 Z 向、俯仰、侧倾、横摆等方面的控制，从而使操纵稳定性与舒适性达到最佳状态。例如：当车身上抬时增大减振器阻尼，以提升车辆的整体感，提高驾驶人员的操控性；当车身下压时减小减振器阻尼，以减弱车辆受到的冲击，提升乘坐舒适感。阻尼连续可调悬架系统如图 4-48 所示。

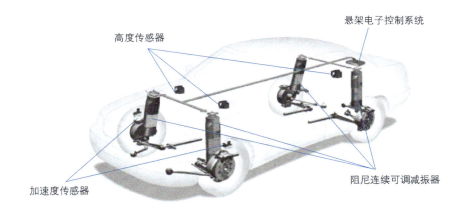

图 4-48　阻尼连续可调悬架系统

2）空气悬架系统：根据路况的不同以及高度传感器的信号，控制空气压缩机和排气阀门，来使空气弹簧自动伸长或压缩，调整底盘离地间隙，提升复杂路面通过性、高速车身稳定性及经济性；也可以根据需求对悬架系统的刚度及阻尼进行综合动态调整，从而提升驾乘舒适性及整车操稳性能。空气悬架系统适用于轿车、城市型 SUV。空气悬架系统有多种形式，其共同点是使用了以可调空气弹簧为核心的减振器组件，空气压缩机为动力源，储气罐作为储能机构。其初级形式为阻尼可调减振器与刚度可调空气弹簧的组合，高级形式为阻尼和刚度一体式的可调空气悬架。空气悬架系统的结构如图 4-49 所示。

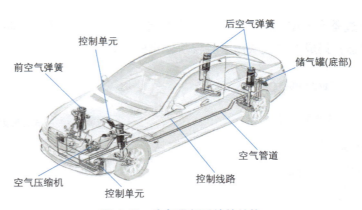

图 4-49 空气悬架系统的结构

3）**主动悬架系统**：集成机械、液压、电控三项核心技术，基于路况信息及用户需求，通过控制各关键零部件内的油液压力，可实现底盘高度调节、悬架系统刚度调节、悬架系统阻尼调节、四轮联动等功能。对于苛刻恶劣环境，液压或主动悬架系统具备适应能力强、可靠性高的特点，适用于越野车型，比如仰望 U8（搭载云辇 -P 液压悬架）、雷克萨斯 LX570（搭载 AHC 液压悬架）等；对于城市路况，液压悬架也可以提升整车操纵稳定性及舒适性，同时相对空气悬架，其承载能力上限更高，适用于高端轿车及 SUV，比如仰望 U9（搭载云辇 -X 液压悬架）、奔驰 S 级（搭载 E-ABC 液压悬架）、保时捷 Taycan（搭载 Active Ride 液压悬架）等。其中，比亚迪云辇 -P 液压悬架（云辇 -P 智能液压车身控制系统）主要由多级缓冲蓄能器、减振器、云辇智算中心、四轮联动模块、悬架控制蓄能器、悬架电机泵模块、姿态控制模块、多级刚度控制模块、连续阻尼控制模块等组成，如图 4-50 所示。

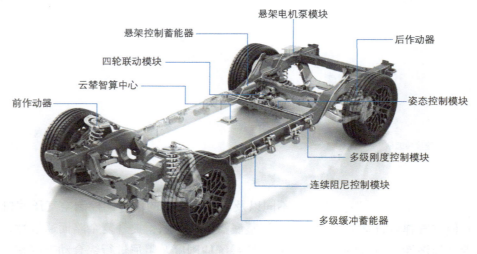

图 4-50　比亚迪云辇 -P 液压悬架结构

2. 线控转向系统

线控转向（Steering-By-Wire, SBW）系统是指车辆的转向力完全由供能装置提供，转向执行机构与驾驶人无直接物理力矩传输路径,完全由电信号传输驾驶人控制指令的转向系统。

线控转向系统是继 EPS 后发展起来的新一代转向系统,比 EPS 操纵稳定性更好,摆脱传统转向系统所固有的限制,提高了汽车的安全性和驾驶的方便性。线控转向系统可分为前轮线控转向系统、后轮线控转向系统及线控四轮独立转向系统。

线控转向系统主要由转向盘模块、转向执行模块、转向控制模块等组成,如图 4-51 所示。转向盘模块包括路感电机和转向盘转角传感器等,向驾驶人提供合适的转向感觉(也称为路感),并为车轮转角提供输入信号。转向执行模块包括转向电机、齿条位移传感器等,根据输入信号,控制轮胎转角,同时反馈轮胎受力信息和车辆行驶状态。转向控制模块包括转向盘模块控制器和转向执行模块控制器,负责协调转向盘模块和转向执行模块。

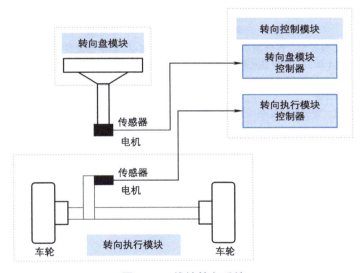

图 4-51 线控转向系统

3. 线控制动系统

线控制动(Brake-By-Wire, BBW)系统是指制动踏板和制动器之间无机械连接,以电子结构上的连接实现信号的传输,通过电子液压助力、电子气压助力、全电动等方式提供动力源,对车轮智能施加制动力矩,使车辆按照要求进行减速、停车、驻车的制动系统。

线控制动系统分为电子液压制动(Electronic Hydraulic Brake, EHB)系统和电子机械制动(Electromechanical Brake, EMB)系统。EHB 以传统的液压系统为基础,用电子元件代替一部分机械部件的功能,通过电机驱动原有液压系统实现制动,有液压备份;EMB 取消了原有的液压系统,将电机直接集成在制动钳上,实现电机机械制动,无液压备份。

1)EHB 是目前的主流技术方案,根据是否与 ESC(Electronic Stability Control,电子稳定性控制)系统集成又可分为"Two-box"和"One-box"两种形式,见表 4-21。在"Two-box"方案中,ESC 系统提供冗余制动;"One-box"方案则需要用专门的冗余制动系统 RBU(Redundant Brake Unit,备份制动)来进行制动安全备份。

表 4-21 EHB 分类及差异

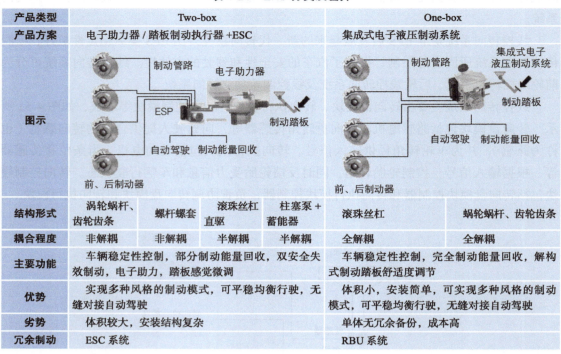

产品类型	Two-box				One-box	
产品方案	电子助力器/踏板制动执行器+ESC				集成式电子液压制动系统	
图示						
结构形式	涡轮蜗杆、齿轮齿条	螺杆螺套	滚珠丝杠直驱	柱塞泵+蓄能器	滚珠丝杠	蜗轮蜗杆、齿轮齿条
耦合程度	非解耦	非解耦	半解耦	半解耦	全解耦	全解耦
主要功能	车辆稳定性控制,部分制动能量回收,双安全失效制动,电子助力,踏板感觉微调				车辆稳定性控制,完全制动能量回收,解构式制动踏板舒适度调节	
优势	实现多种风格的制动模式,可平稳均衡行驶,无缝对接自动驾驶				体积小,安装简单,可实现多种风格的制动模式,可平稳均衡行驶,无缝对接自动驾驶	
劣势	体积较大,安装结构复杂				单体无冗余备份,成本高	
冗余制动	ESC 系统				RBU 系统	

2) EMB 是未来线控制动的解决方案,其优势在于:一是空间布置更加灵活,主要在于所有液压装置(包括主缸、液压管路、助力装置等)均被电子机械系统取代;二是响应速度更快、效率更高。但缺点也很明显,由于驱动电机和控制执行机构并无安全冗余备份,因此 EMB 对电机可靠性要求极高,导致成本提升。EMB 的具体工作原理如图 4-52 所示。

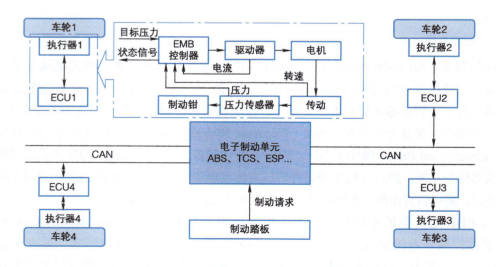

图 4-52 EMB 工作原理示意图

4.7　工程案例1：某纯电动车型总体设计开发

在车型项目设计开发过程中，总体设计开发是对整车及关键系统的整体架构和功能进行规划的首要步骤。本节以目标市场为25万~35万元价位段的某纯电SUV车型开发为实例，介绍其总体设计开发过程，并对其核心竞品分析、项目产品定义、项目平台选型及整车框架分析、性能分析、功能分析等内容进行详细介绍。

4.7.1　核心竞品分析

对25万~35万元价位段主要的新能源车型及其对应的潜在用户群体进行分析，其特征标签通常包括：年轻高收入，家庭为重，个人偏好尝鲜，消费注重性能、品质主导的性价比等；而购车的关注点则为产品续驶里程、安全性、外观、舒适性。因此，拟开发车型定位全新跨界A+级纯电动SUV市场，以超大驾乘空间、强大动力性能、高性价比、科技感配置为车型亮点。根据市场车身尺寸、价位区间、形象定位、销量表现等关键信息进行筛选后，其核心竞品主要是车型1、车型2，见表4-22。

表4-22　本车型核心竞品分析

核心竞品	车型1	车型2
价格/万元	30.184/34.79/38.79	26.5/28.2/30.99/34.74/36.99/37.99
$\frac{长}{mm} \times \frac{宽}{mm} \times \frac{高}{mm} \times \frac{轴距}{mm}$	4750×1921×1624-2890	4730×1886×1613-2984
最大功率/（转矩）	后驱：194kW/340N·m 四驱：(137+194)kW/(219+340)N·m 四驱性能版：(137+194)kW/(220+440)N·m	后驱：201/224kW/430N·m 四驱：260kW/730N·m GT版：(210+210)kW/(430+430)N·m
0→100km/h 加速时间/s	6.9/5.0/3.7	6.2/6.5/4.6/3.65
工况续驶里程/km	545/640/566	513/619/554/492
电量/(kW·h)	60/78.4	估算：69/88
悬架形式	前双叉臂后五连杆	前麦弗逊后五连杆
轮胎规格	后驱、四驱：255/45 R19 四驱性能版：255/35 R21+275/35 R21 后驱、四驱：225/60 R18 225/55 R19	GT：245/45 R20

4.7.2　项目产品定义

通过核心竞品分析可知，竞品轴距主要集中在2900mm上下，此段轴距区间车型市场产品数量较少。通过对竞品的静态性能（外观、内饰、交互娱乐、智能网联、空间、便利性、配置、续驶里程与充电等）、动态性能（动力性、经济性、安全性、操控性、制动性、驾驶平顺性、NVH、舒适性、空调性能、越野性能等）进行全面分析，以此制订本车型的产品定义策略，见表4-23。

表 4-23 本车型产品定义策略（节选）

序号	商品属性	项目属性目标（LACU）	目标设定	公司平台水平	竞品水平	
					车型 1	车型 2
1	外观	C	7.5	7.5	7.3	7.2
2	内饰	L	8.5	7.5	7	7.3
3	交互娱乐	C	7.0	7.0	6.9	6.5
4	智能网联	A	7.5	7.5	7.2	6.8
5	空间	C	7.0	7.0	6.8	6.7
6	便利性	C	7.0	7.0	7.0	6.9

4.7.3 项目平台选型

根据上述产品定义分析，可以得出车型类型、风格、轴距、动力性经济性等本车型项目的开发要求。下一步，需要在现有车型平台里进行对比分析，以进行平台选型，见表 4-24。首先，通过车型定义的轴距范围，选择出轴距带宽满足的平台。其次，结合车型、底盘系统、动力系统等关键参数选择满足要求的平台组合。最后，结合项目细化要求、车型规划、生产管理等客观因素进行评估，进而选择出本车型的平台配置。经评估，本车型项目选定在 C 平台的基础上进行产品开发，如图 4-53 所示。

表 4-24 不同车型项目平台对比分析（节选）

关键参数	A 平台	B 平台	C 平台	D 平台
轴距 /mm	2500～2700	2700～2900	2900～3100	2900～3100
前悬架	麦弗逊	麦弗逊	双叉臂	双叉臂
后悬架	扭力梁	四连杆	五连杆	双叉臂
动力	单电机	单电机/双电机	单电机/双电机/四电机	双电机/四电机
型式	承载式	承载式	承载式	非承载式
类型	轿车/MPV	轿车/MPV/SUV	轿车/MPV/SUV	SUV

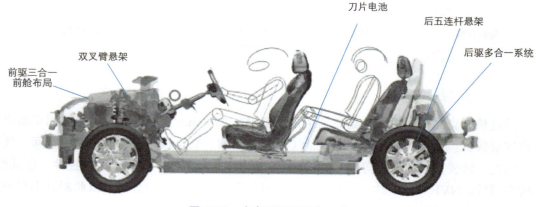

图 4-53 本车型项目平台示意

4.7.4 整车框架分析

平台选定后还需要进行整车框架分析,即根据项目开发需求确定整车特征尺寸,包含整车人机空间、置物空间、发动机舱布置空间、轮胎包络空间、被动安全溃缩空间、通过性等整车内部尺寸以及整车外廓尺寸等一系列尺寸空间。这里以整车外廓尺寸为例进行本车型的整车框架分析。

整车外廓尺寸主要包括整车的长、宽、高、前后悬长、轴距、前后轮距等,其决定了整车的比例和体量。对多款竞品车型的外廓尺寸进行分析(表4-25),可以看出,目前新能源汽车市场常采用长轴距、低车高、宽体车身的造型设计。因此,本车型项目在选定平台配置(C平台)的基础上,对整车外廓尺寸进行调整:车长增加47mm,车宽减少11mm,高度减少4mm,轴距增加30mm,如图4-54所示。

表 4-25 本车型与竞品车型整车外廓尺寸分析　　　　　　　　（单位:mm）

类型	整车长 L103	轴距 L101	前悬 L104	后悬 L105	整车高 H101	整车宽 W103	前轮距 W101-1	后轮距 W101-2
本车型	4770 ± 15	2920 ± 5	865 ± 5	985 ± 5	1620 (1 ± 1%)	1910 ± 10	1660 ± 5	1660 ± 5
车型1	4723	2890	847	986	1624	1921	1636	1636
车型2	4444	2702	886	856	1528	1890	1598	1617
车型3	4652	2686	960	1006	1876	1714	1557	1569
车型4	4680	2740	968	972	1680	1890	1630	1630
车型5	4830	2930	900	1000	1620	1925	1660	1660

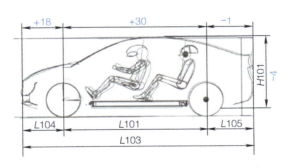

图 4-54　本车型整车外廓尺寸调整示意

4.7.5 整车性能分析

下面以动力性、经济性为例,介绍总体设计开发中整车性能分析过程。根据车型市场定位、产品定义、车型性能规划、目标市场竞品、标准法规要求等关键信息,确定本车型的动力经济性能目标,见表4-26。

表 4-26 本车型动力经济性能目标（节选）

关键参数		项目参数
动力性	最高车速 /（km/h）	≥ 225
	30min 最高车速 /（km/h）	≥ 180
	0→100km/h 加速时间 /s	4.5
	最大爬坡度（%）	≥ 50
经济性	综合电耗 /[（kW·h）/100km]	≤ 16.7
	续驶里程 /km	≥ 550

1. 电驱动系统选型

根据以上性能目标对电驱动系统进行选型，其中电驱动系统的功率、转矩、最高转速是选型的关键参数。在项目开发初期，通过估算整车质量、风阻系数、质心高度，并结合项目车型定义参数可进行初步的选型，确定出合适的电驱动系统序列，以供整车布置、成本等相关系统进一步评估。

2. 平台配置校核

完成初步电驱动总成选型后，根据选定平台配置（C平台）的动力性、经济性参数，进行进一步的匹配校核，见表4-27。然后，根据本车型动力经济性能目标（表4-26），对选定平台配置的关键参数进行优化调整，以实现本车型的性能目标。

表 4-27 平台动力性、经济性参数（节选）

平台		C 平台
动力性	最高车速 /（km/h）	180～290
	EV 30min 最高车速 /（km/h）	180～200
	0→100km/h 加速时间 /s	2.5～5
	50→80km/h 加速时间 /s	0.7～1.2
	80→120km/h 加速时间 /s	1.1～2.4
	4% 坡道爬坡车速 /（km/h）	180～240
	12% 坡道爬坡车速 /（km/h）	140～200
	最大爬坡度（%）	50～100
经济性	CLTC 能量消耗率 /[（kW·h）/100km]	15.5～17.6
	常温（23℃）CLTC 纯电续驶里程 /km	450～700

4.7.6 整车功能分析

对本车型的整车功能需求进行分析，形成本车型的功能需求清单。该清单主要包括功能需求背景、一级功能需求、二级功能需求、细分功能需求、功能需求描述/建议方案、需求类型、宣传点等内容。以车载冷热冰箱为例，本车型的功能需求清单见表4-28。

表 4-28　本车型功能需求清单（节选）

需求背景	一级功能需求	二级功能需求	细分功能需求	功能需求描述/建议方案	需求类型	宣传点	开发部门
满足用户日常出行所需物品制冷加热需求	制冷加热	制冷	制冷温度区间	制冷形式选用半导体式，制冷温差至少25℃	必备属性	性能优势点	电器部门
			制冷速度	达到稳定温度的时间控制在90min内			
			制冷档位	建议做到两档，和竞品水平持平			
			冷冻功能	半导体制冷温差达到35℃/压缩机制冷形式			
		加热	温度区间	建议温度达到65℃	期望属性		
			保温/加热功能	达到稳定温度的时间控制在60min内			

通过上述分析，本车型开发过程中的总体设计的相关工作已初步完成。与传统燃油汽车相比，动力系统的差异和智能化需求的增加给总体设计阶段的开发工作带来了变化。例如：在确定轴距尺寸时，需要考虑动力蓄电池系统的布置位置；在进行整车性能分析时，需要重点根据动力性经济性目标进行电驱动系统的选型；在进行整车功能分析时，需要根据本车型智能化相关的产品定义进行功能需求清单梳理。因此，在智能电动汽车的总体设计开发阶段，需要重点考虑智能化、电动化相关性能、功能、关键系统带来的影响，以指导后续的开发过程。

4.8　工程案例2：某车型八合一电驱动系统开发

电驱动系统作为纯电动汽车的核心部件，可以满足汽车动力、制动和纵向驾驶等方面的性能要求，为车辆安全和高效运行提供了重要保障。本节以某纯电动汽车的电驱动系统开发为案例，介绍电驱动系统的需求及特征、零部件功能和开发流程等相关内容。

4.8.1　电驱动系统需求及特征

随着新能源汽车市场竞争的加剧，以驱动电机、电机控制器和减速器三合一为基础的电驱动系统成为现阶段国内外乘用车发展的主要技术方向。电驱动系统的深度集成可以有效减轻其体积和重量，减少占用空间，降低能量损耗，同时进一步缩减系统零部件，提高整车NVH表现。从发展趋势来看，电驱动系统的开发呈现以下特征：

① 集成化：从独立布置的分立式结构逐步向机电耦合化多合一发展，通过共用壳体、一体式散热、芯片集成、功能集成等技术实现机械与电气件的深度耦合。

② 模块化：将电驱动系统拆分为不同模块，通过各个模块组合形成新的系统，不仅使模块集成更为简单，而且使系统的组合样式更加灵活，进而获得丰富的产品型谱，缩短研

发周期并降低成本。

③ 平台化：基于核心技术和相同工艺进行系统零部件模块化设计、开发和应用，以简化生产及设计步骤，提高质量稳定表现。

八合一电驱动系统占用空间减小，系统更紧凑，优化了动力系统的布局和质量，同时减少了能量传输路径和能量损耗，提高了系统效率。在性能和功能满足规划车型动力性目标的前提下，体积减小约20%，质量减少约15%，产品开发费用及管理成本减少30%以上。接下来将以八合一电驱动系统为例，介绍相关开发过程。

4.8.2 八合一电驱动系统零部件功能

图4-55所示的八合一电驱动系统集成了驱动电机、电机控制器、减速器、车载充电器（OBC）、直流（DC-DC）变换器、高压配电模块（PDU）、整车控制器（VCU）和电池管理系统（BMS）等模块，突破了电驱动系统电、磁、力、热、声多物理场耦合限制，大大提高了空间利用率，减轻了电驱动系统重量，具备高集成、高功效率等特点。

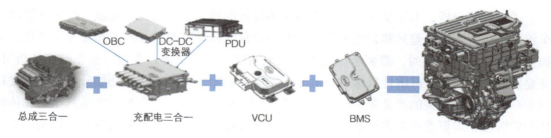

图4-55 八合一电驱动系统

4.8.3 八合一电驱动系统开发流程

1. 电驱动系统驱动形式和结构形式的选择

电驱动系统作为纯电动汽车的核心部件，除应满足市场需求设定的动力性和经济性外，还应与其他系统和机构兼容，且满足整车的结构尺寸框架和安全需求。因此，电驱动系统的驱动类型、布置方式及结构形式应首先进行确定。主后驱和四驱车型相比前驱车型具有更好的动力和操控稳定性，因此越来越多的纯电动汽车以主后驱或四驱作为主要的驱动方式。对于规划车型电驱动系统结构形式，可依据不同结构形式的空间布置特点、电驱动系统效率、驱动轴夹角和应用范围等进行选择。

2. 电驱动系统尺寸边界分析

电驱动系统驱动形式和结构形式确定后，将依据规划车型前舱和后地板区域零部件结构尺寸、安全需求和行李舱空间等结构和功能限制，分析确定电驱动系统可放置空间尺寸边界。总体来说，对主前驱车型，电驱动系统X向尺寸边界应根据《汽车正面碰撞的乘员保护》（GB 11551—2014）进行规划设计；而对主后驱车型，Z向尺寸边界应保证车内乘员和行李舱空间满足设计需求。

(1) X 向尺寸边界

与传统发动机相比,前驱车型的电驱动系统体积较小,前机舱可用空间增大,布置相对简单。基于正碰整车结构耐撞性可压缩空间、维修经济性和高压碰撞安全性,确定电驱动系统 X 向尺寸。主后驱电驱动系统尺寸相比主前驱电驱动系统有所增大,可利用空间小,布置难度大,其周边部件及 X 向尺寸分布如图 4-56 所示。在设计布置空间时,应根据后轮中心调整电驱动系统位置,保证后轮驱动轴夹角、电驱动系统离地间隙以及平顺性满足设计要求,进行电驱动系统位置的初步确定。另外,为保证电驱动系统前端第二排座椅的舒适性、美观性和靠背调节功能,应

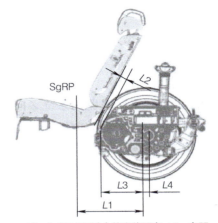

$L1$—SgRP点至动力输出线距离 $L2$—电驱动系统与座椅之间的最短距离 $L3$—电驱动系统前端至动力输出线距离 $L4$—动力输出线至轮心距离

图 4-56 主后驱电驱动系统 X 向尺寸分布

校核电驱动系统与座椅之间的距离 $L2$ 能否满足设计要求,当该值不能满足设计要求时,需要调整座椅位置或驱动系统外轮廓边界。需要注意的是,第二排座椅位置还受门洞止口、上下车方便性限制,不能无限制后移。

(2) Y 向尺寸边界

如图 4-57 所示,主前驱电驱动系统 Y 向尺寸 $W3\text{-}1$ 与前轮距 $W101\text{-}1$ 和车身前纵梁开度 $W2$ 有关。若需要增大电驱动系统 Y 向尺寸,可采用两种方式:在保证车身前纵梁与轮胎包络合理间距的前提下,增大纵梁开度 $W2$;若纵梁与轮胎包络之间距离过小,可适当增加前轮距 $W101\text{-}1$。

对于主后驱车型,电驱动系统通过悬置方式固定在后副车架上,如图 4-58 所示。与主前驱车型类似,在保证悬架运动几何不变及其与其他零部件结构保持合理间距的前提下,通过调节副车架 Y 向尺寸或后轮距 $W101\text{-}2$,可确定电驱动系统 Y 向尺寸 $W3\text{-}2$。

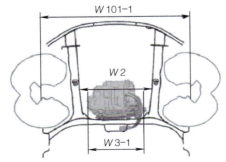

$W101\text{-}1$—前轮距 $W2$—车身前纵梁开度
$W3\text{-}1$—主前驱电驱动系统 Y 向尺寸

图 4-57 主前驱电驱动系统 Y 向尺寸边界

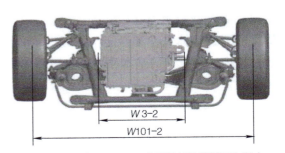

$W101\text{-}2$—后轮距 $W3\text{-}2$—主后驱电驱动系统 Y 向尺寸

图 4-58 主后驱电驱动系统 Y 向尺寸边界

(3) Z向尺寸边界

对于纯电车型，较大的前舱可用空间使得主前驱车型Z向尺寸限制较少，且与前舱其他零部件具有较好的兼容性。因此，对主前驱车型电驱动系统Z向尺寸约束不作过多阐述。

对于主后驱车型，电驱动系统布置在后行李舱下方，如图4-59所示。在满足最小离地间隙$H1$的前提下，电驱动系统Z向尺寸$H2$越大，后地板离地高度$H3$越大，导致行李舱高度$H4$减小，行李舱空间减小；同时，较小的行李舱高度也会影响物品取放便捷性。为减弱此影响，电驱动系统Z向尺寸应尽可能小。

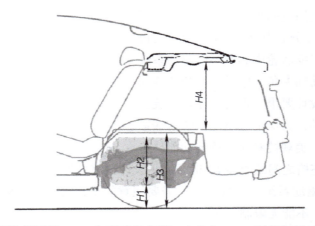

$H1$—主后驱电驱动系统离地间隙　$H2$—主后驱电驱动系统Z向尺寸　$H3$—后地板离地高度　$H4$—行李舱高度

图4-59　主后驱电驱动系统Z向尺寸边界

3. 关键零部件选型

电驱动系统尺寸边界确定后，应依据规划车型的动力性和经济性目标，对八合一电驱动系统的驱动电机、减速器和电机控制器等关键零部件进行设计与选型，具体流程如图4-60所示。

对于驱动电机和减速器的设计和选型，应依据规划车型的动力性目标进行综合确定，以优化两者的整体尺寸和性能，并进行动力性经济性校核，其设计的基本原理可参考图4-41和图4-42。

（1）减速器传动比的选择

最高车速、能耗和加速时间与减速器传动比之间的关系如图4-61所示。从图中可以看出，随着减速器传动比的逐渐升高，车辆最高

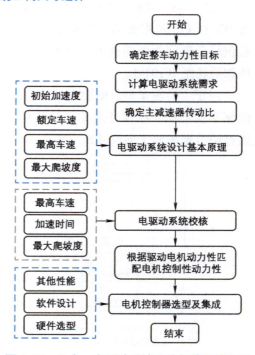

图4-60　八合一电驱动系统设计与选型流程图

车速逐渐减小,加速时间也会因驱动系统牵引力的增加而逐渐减小;能耗呈现出先减小后增加的趋势,当减速器传动比在10~11范围内时,能耗基本稳定在最小值。因此,为平衡动力性和能耗需求,减速器传动比优选区间为10~11。

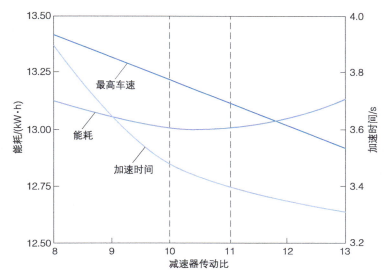

图4-61 最高车速、能耗和加速时间与减速器传动比之间的关系

(2)电机设计与选型

对于驱动电机,将以初始加速度、额定车速、最高车速和最大爬坡度等指定条件为目标进行相关电机设计与选型。

车辆加速度 a 可由下式计算得到:

$$a = \frac{dv}{dt} = \frac{F_{TR} - F_{RL}}{m} \tag{4-3}$$

式中 F_{TR}——车辆的牵引力(N),驱动车辆以期望的速度向前行驶;

F_{RL}——行驶阻力(N),包括滚动阻力、空气阻力、坡度阻力和加速阻力。

根据图4-42所示的牵引力-车速曲线,求解式(4-3)中的微分方程可得到驱动电机的额定功率。相应边界条件为:$t=0$ 时,车速 $v=0$;$t=t_f$ 时,车速 $v=v_f$,v_f 表示车辆额定速度。

在 $t \in (0 \sim 1)$、车速 $v \in (0 \sim v_f)$ 条件下,整合式(4-3)中的微分方程,得到:

$$m \int_0^{v_f} \frac{dv}{F_{TR} - F_{RL}(v)} = \int_0^{t_f} dt \tag{4-4}$$

当车轮的额定速度与传动比的乘积高于电机额定转速时,电机的转矩-转速特性位于恒功率区,式(4-4)可进一步分解为:车速在 $0 \sim v_{rm}$ 时的恒转矩模式和在 $v_{rm} \sim v_f$ 时的恒功率模式,相应方程变为

$$m\int_0^{v_\mathrm{m}} \frac{\mathrm{d}v}{\left(\dfrac{P_\mathrm{m}}{v_\mathrm{rm}}\right) - F_\mathrm{RL}(v)} + m\int_{v_\mathrm{rm}}^{v_\mathrm{f}} \frac{\mathrm{d}v}{\left(\dfrac{P_\mathrm{m}}{v_\mathrm{rm}}\right) - F_\mathrm{RL}(v)} = t_\mathrm{f} \qquad (4\text{-}5)$$

根据滚动阻力、空气阻力和道路坡度，可以将 F_RL 表示为车速的函数。通过求解式（4-5）中的超越方程可以得到额定车速下的电机功率 P_m 和额定转速。当 $F_\mathrm{RL}=0$ 时，电机额定功率为

$$P_\mathrm{m} = \frac{m}{2t_\mathrm{f}}(v_\mathrm{rm}^2 + v_\mathrm{f}^2) \qquad (4\text{-}6)$$

由式（4-6）可看出，当 $v_\mathrm{rm}=0$ 时，电机额定功率最小，即满足恒功率模式使用要求的最小电机；如果在恒转矩模式，即 $v_\mathrm{rm}=v_\mathrm{f}$ 时，电机功率则是前者的 2 倍。考虑到实际使用中驱动电机完全工作在恒功率区是不可能实现的，因此电机应设计成具有较低的额定转速，并拥有广泛的恒功率区。

驱动系统在设计时要保证有足够动力使车辆从 0 加速到额定车速，并且能以额定车速巡航，在狭义上可理解为车辆从 0 加速到 100km/h 的时间（初始加速度）要满足设计要求。

根据汽车行驶方程式，可计算车辆在保持最高车速行驶时的牵引功率 $P_\mathrm{TR,\,max}$。由于要求车辆具有很高的加速性能，因此，上文计算的 P_m 要比 $P_\mathrm{TR,\,max}$ 大；如果 $P_\mathrm{TR,\,max}$ 大于满足初始加速度要求的 P_m，可将 $P_\mathrm{TR,\,max}$ 选作为驱动电机的额定功率。

在已知驱动电机和传动比的条件下，车辆的最大爬坡度可以由下式计算得出：

$$i_\mathrm{p,max} = \frac{100 F_\mathrm{TR}}{\sqrt{(mg)^2 - F_\mathrm{TR}^2}} \qquad (4\text{-}7)$$

将初步设计得到的电机最大牵引力 F_TR 代入式（4-7），核查最大爬坡度是否满足设计要求。如果最大加速度或最高车速下的最大电机功率均不能满足车辆最大爬坡度要求，则需要改变电机的额定功率或传动比。另外，考虑到驱动电机和减速器尺寸与电机转矩和传动比有关，所设计转矩和传动比越大，相应尺寸越大，会增加两者集成化的难度和占用空间。因此，对于驱动电机的设计和选型，还应考虑电驱动系统尺寸边界进行综合确定。

（3）动力性经济性校核

在确定电机额定功率和转速以及减速器传动比之后，可进行电机控制器及其他元器件的选配。之后，结合车辆参数、动力系统结构、车轮及轮胎等进行整车级动力性经济性校核。根据规划车型的动力性和经济性目标，选择合适的工况，进行动力性经济性仿真分析，并将仿真结果与设计目标进行对比。主要内容包括：循环工况测试，整车按照指定路谱运行，模拟整车的实际行驶工况，计算循环百公里能耗及续驶里程；爬坡性能测试，计算整车在各车速下的最大爬坡度；稳态行驶工况，计算等速工况下的百公里能耗及续驶里程；全负荷加速测试，计算百公里加速时间和超车加速时间。

（4）总结

多合一电驱动系统的发展不是纯粹机械方案的组合，而是涉及电、磁、力、热、声等多物理场耦合的高度集成体，在实现电驱动系统高度集成的过程中，会面临如热管理、电磁兼容（EMC）、NVH性能、可靠性、模块兼容性等一系列问题。尽管如此，在保证多合一电驱动系统动力性经济性要求的前提下，开发出结构更紧凑和安全可靠的高集成多合一电驱动系统仍是各大汽车企业的重要发展路线。

思考与练习

一、单选题

1. 整车能耗测试标准工况中，（　　）指的是世界轻型汽车测试循环。
   A. NEDC B. WLTC C. CLTC-P
2. 整车性能目标特指整车技术规范，其英文简称为（　　）。
   A. DVP B. VTS C. STS
3. 在功能清单整理时需要标注功能方案PMXU，其中M指的是（　　）。
   A. 沿用功能，在功能使用和系统层面都没有改动
   B. 沿用功能，不同的是在系统层面有一定的改动 C. 新开发功能
4. 智能底盘的关键构型不包含（　　）。
   A. 智能悬架系统 B. 线控转向系统 C. 线控制动系统 D. 电驱动系统
5. 油泥模型制作是属于汽车产品设计开发的（　　）环节。
   A. 造型设计 B. 系统设计 C. 总体设计 D. 功能集成

二、多选题

1. 按照动力总成的相对位置，可以将汽车的布置形式分为（　　）。
   A. 前置前驱 B. 后置后驱 C. 四轮驱动
2. 整车EEA可以划分为（　　）。
   A. 分布式架构 B. 域集中式架构 C. 中央集中式架构 D. 云平台架构
3. 智能电动汽车的整车功能共涵盖（　　）。
   A. 动力域 B. 底盘域 C. 车身域
   D. 智能座舱域 E. 智能驾驶域
4. 线控制动系统可分为（　　）。
   A. EHB B. RW-SBW C. EMB D. FW-SBW
5. 电动汽车经济性的重要评价指标包括哪些？（　　）
   A. 最高车速 B. 能量消耗率 C. 续驶里程 D. 百公里加速度

三、填空题

1. 汽车的产品类型按照产品形态可分为_____、_____、_____、_____、_____等。
2. 常见的动力蓄电池整车集成技术主要有_____、_____、_____、_____。
3. 整车功能开发可分为三个环节：_____、_____、_____。
4. 电机的转矩-速度特性曲线主要由_____、_____、_____三部分组成。

四、判断题

1. 汽车产品造型设计中草图及效果图设计是首要的步骤。（　　）
2. 智能电动汽车在进行安全性能设计时需要考虑功能安全、信息安全。（　　）
3. 功能集成开发流程分为四个步骤：功能目标制定、功能分解、功能开发、功能验收。（　　）
4. 可采用 LACU 竞争力等级来进行性能目标划分。（　　）
5. 依托于车联网、云计算、5G/6G 无线通信等技术的发展，未来整车 EEA 将朝着中央集中式架构发展。（　　）

五、简答题

1. 汽车产品的关键性能包括哪些方面？每一种性能的关键评价指标或主要内容有哪些？
2. 如何进行整车性能指标分解和开发？
3. 如何进行整车功能开发？
4. 什么是整车电子电气架构？其主要定义了什么内容？
5. 什么是智能悬架？其主要分为哪些类型？

六、综合实践题

1. 国产汽车工业经过多年的发展，已经涌现出许多成功的车型设计案例，这些车型不仅在国内市场受到欢迎，也在国际市场上获得了一定的认可。红旗 H9 是一款豪华轿车，其外观设计庄重、大气，内饰豪华，配置高端，展现了红旗品牌的全新形象。比亚迪汉是一款高端电动轿车，其设计融合了中国传统文化元素和现代设计理念，外观优雅、内饰豪华，受到了市场的热烈追捧。哈弗 H6 是中国 SUV 市场的热门车型之一，其设计硬朗、空间宽敞、配置齐全，长期占据 SUV 销量排行榜前列。长安 CS75 PLUS 是一款紧凑型 SUV，其设计现代、科技感十足，内饰精致，动力强劲，市场表现优异。

这些成功的车型设计案例展示了中国汽车设计的进步和创新能力，也反映了中国汽车工业向高端化、智能化、电动化方向的转型。随着技术的不断发展和市场需求的日益多样化，未来中国汽车设计将更加注重个性化和差异化，以满足消费者的多元化需求。

请自行选择一款国内汽车市场在售的纯电动汽车，利用公开数据从产品定位、关键尺寸、关键性能、关键系统选型、功能定义等方面分析，形成该车型总体设计相关内容的调研报告。

2.国产汽车电驱动系统在不同的智能电动汽车中有着广泛的应用，为智能电动汽车提供了高效、可靠的动力。比亚迪是中国智能电动汽车的领军企业，其电驱动系统以高效、可靠著称。比亚迪的电驱动系统包括电机、控制器和减速器，能够提供强大的动力和良好的驾驶体验。

比亚迪汉是一款插电式混合动力轿车，其电驱动系统具有高性能、高效率、高集成度和良好的热管理等优势。该电驱动系统是比亚迪多年电动技术研发的成果，代表了比亚迪在电动汽车技术领域的领先地位。随着电动汽车技术的不断发展，比亚迪汉的电驱动系统将继续优化升级，提供更加强大和高效的电动动力。

请选择几款主流的电驱动系统进行资料收集调研，围绕其需求及特征、主要构成、性能表现等方面进行对比分析，形成电驱动系统的调研分析报告。

3.智能底盘系统是现代智能汽车技术的重要组成部分，它直接影响着汽车的操控性、舒适性和安全性。随着汽车工业向智能化、电动化和网联化方向发展，智能底盘系统将不断提升汽车的整体性能和驾驶体验。智能悬架系统可以根据不同的路况和驾驶模式动态调整悬架特性，提供最佳的乘坐舒适性和操控性能。线控转向系统是一种不依靠传统机械连接的转向系统，其取消传统的机械连接，通过电子信号来控制转向，可以实现更快的转向响应。同时，线控转向系统可以根据不同的驾驶模式和个人喜好进行调整，提供个性化的转向体验。线控制动系统是一种不依赖传统机械连接的制动系统，它通过电子信号进行制动控制，实现更快速、更精确的制动响应。

请从智能底盘系统（智能悬架、线控转向、线控制动）中选择一个系统，通过文献调研等形式，完成该系统的基本概念和构成、功能及性能需求、标准法规分析等方面的分析。

第 5 章
汽车软件开发与管理

> **学习目标**
> 1. 理解遵照整车开发流程,科学开展汽车软件开发各项工作的必要性。
> 2. 掌握汽车软件开发、软件测试、软件开发管理和软件策划与迭代的关键步骤。
> 3. 了解"软件定义汽车"浪潮对汽车产品开发流程的影响及其应对措施。

汽车产品已经不再是一个以硬件为主的交通工具,而是转变为一个"软硬兼备"的智能化终端。汽车软件开发与管理贯穿整车开发的全流程(图 5-1),整体遵循"三维一驱"的开发原则。"三维"指整车开发维度、系统开发维度和软件开发管理维度,"一驱"指软件敏捷开发模式。

软件是智能电动汽车实现其功能和性能的核心要素,软件开发则是根据设计目标开发出软件系统或者系统中软件部分的过程,在智能电动汽车开发工作中的比重越来越大,重要性越来越凸显。汽车软件开发过程旨在确保软件的高质量、高性能和安全性,通过严格执行每个阶段的工作步骤来确保各阶段之间顺畅衔接,才能开发出满足用户需求的软件产品。本章主要阐述智能电动汽车软件开发的基本流程和关键活动,包括软件开发、软件测试、软件开发管理、软件策划与迭代的整个生命周期,以及各阶段的技术要点和实际工程案例。

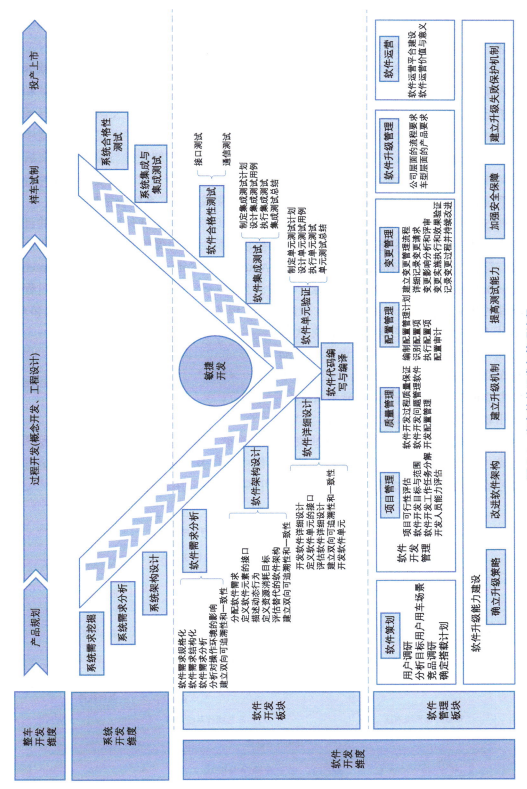

图 5-1 汽车软件开发与管理流程

5.1 汽车软件开发

上述"三维一驱"中，整车开发维度包括产品规划、过程开发（概念开发、工程设计）、样车试制和投产上市四个阶段。系统开发活动随整车开发各阶段逐步开展，软件开发活动嵌入系统开发活动中。在产品规划阶段，进行系统开发维度中的系统需求挖掘和系统需求分析活动，同时进行软件开发管理维度中的软件策划。在过程开发阶段，进行系统开发维度中的系统架构设计，并在完成系统架构设计后，依次进行软件开发管理维度中软件开发与测试活动（包括软件需求分析、软件架构设计、软件详细设计与编码，以及后续的软件单元测试、软件集成测试）。在样车试制阶段，进行软件开发管理维度中的软件合格性测试和系统开发维度中的验收活动（包括系统集成和集成测试、系统合格性测试）。

由图 5-1 可以看出，软件开发管理与软件升级管理贯穿整个软件生命周期，并且整体软件开发管理流程受到系统开发"V"形流程要求。同时，为保障软件开发的专业性，开发过程应符合汽车软件过程改进及能力评定（Automotive Software Process Improvement and Capacity Determination，ASPICE）要求。软件开发是一个不断迭代、不断完善的过程，为确保软件的快速迭代、同步工程，要在整体开发过程植入敏捷开发模式，拉齐需求和开发。

车用软件分为车控软件与车载软件（图 5-2），其中车控软件主要负责车辆运动控制与车身姿态控制以及智能驾驶控制，车载软件主要负责影音娱乐与信息显示系统。

图 5-2 车用软件分类

车用软件经典架构如图 5-3 所示，其中：车载软件由车载操作系统内核、资源抽象层、基础库、基础服务、运行时环境、程序运行框架组成；车控软件由车控操作系统内核、系统中间件及服务接口、基础软件、运行时环境、实时域功能服务、功能软件通用框架、通用模型以及应用软件接口组成。

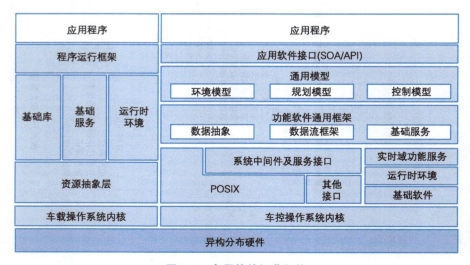

图 5-3 车用软件经典架构

智能电动汽车开发是一项复杂而精密的工程。开发需求可自上而下分解为三个层次：整车需求、系统需求、子系统需求。

汽车软件开发是子系统需求的软件实现。子系统需求确定后，软件开发将按照以下四个步骤依次进行（图5-4）：软件需求分析；软件架构设计；软件详细设计；软件代码编写与编译。

1）软件需求分析是根据子系统需求，明确软件所要满足的功能性需求及非功能性需求的过程。软件需求分析是软件开发的第一阶段，也是软件开发最重要的关键点，贯穿于软件开发的整个生命周期，直接关系到软件的成功与否。

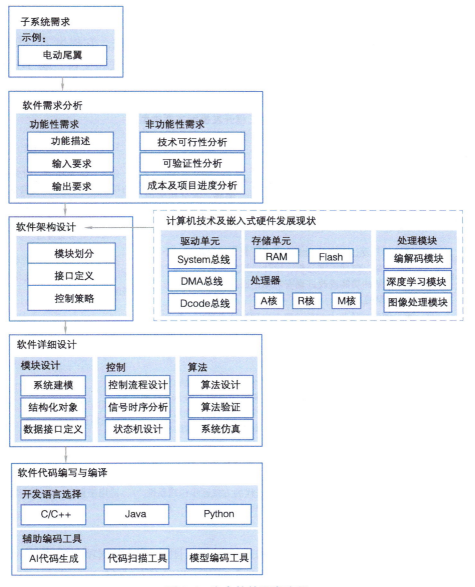

图 5-4 汽车软件开发流程

2)软件架构设计是在软件需求分析的基础上,结合计算机技术及嵌入式硬件发展现状,根据所选择的芯片架构、内存空间大小、加速模块算力等资源,确定软件系统模块划分、接口定义、控制策略的过程,其目的是建立一套功能完备、高效稳定且易于维护的软件系统方案。

3)软件详细设计是对软件系统的进一步细化,包括系统建模、结构化对象、数据接口定义、控制流程设计、信号时序分析、状态机设计、算法设计、算法验证、系统仿真等。

4)软件代码编写与编译是代码工程师根据软件详细设计,使用特定的编程语言编写软件代码,实现系统定义的功能,将子系统需求转化为可执行的程序。

5.1.1 软件开发模型

软件开发模型是软件开发过程中采用的一种组织和管理方法。它提供了一套结构化的步骤和指导原则,用于指导软件项目的规划、设计、开发、测试和交付。表 5-1 为几种主要的软件工程开发模型。

表 5-1 软件工程开发模型主要类型

软件工程开发模型	特点	适用场景
瀑布模型 (Waterfall Model)	一种线性顺序的开发模型,将软件开发过程划分为一系列连续的阶段,如需求分析、系统设计、编码、测试和维护。每个阶段在前一个阶段完成之后开始,阶段之间存在严格的依赖关系和交付物。强调阶段之间的一致性和文档化	适用于需求稳定、对变更要求较低的项目,即:需求已被很好地理解;并且开发设计人员清楚;开发组织熟悉为实现这一模型所需要的过程,熟悉什么时候来支持这一项目
增量模型 (Incremental Model)	将软件开发过程划分为多个增量,每个增量都是一个完整的开发周期,包括需求分析、设计、开发和测试。每个增量都会增加新的功能或改进现有功能,通过逐步迭代的方式逐渐构建完整的系统	适用于大型项目、需求不断变化的环境,能够快速响应变化和提供可部署的增量产品
原型模型 (Prototype Model)	通过创建初始版本的软件原型来理解用户需求、验证设计概念和获取反馈。原型可以是低保真的草图、模拟界面或具有基本功能的快速开发版本。用户的反馈和洞察力被用于改进和迭代原型,直到最终满足需求	适用于需求不清晰、用户参与度高、创新性强的项目
敏捷模型 (Agile Mode)	一种迭代增量开发的方法,强调团队协作、快速响应变化和持续交付价值。开发过程通过短期迭代周期(如 Scrum 中的 Sprint)来组织,每个迭代产生一个可交付的软件增量。需求和解决方案在迭代中不断演化,团队通过反馈和适应来持续改进和优化	适用于需求变化频繁、强调快速交付和灵活性的项目
螺旋模型 (Spiral Model)	将风险管理作为核心,将软件开发过程划分为多个循环(每个循环称为一个螺旋)。每个螺旋包括需求分析、风险评估、原型开发、评审和计划,通过迭代的方式逐步构建系统。风险驱动的方法使团队能够在早期识别和解决问题,减少项目失败的风险	适用于复杂、关键和高风险的项目

这些软件工程开发模型各有其特点和适用场景,团队可以根据项目需求、时间、资源和风险因素选择最合适的开发模型,以帮助实现高质量的软件交付。

5.1.2 软件需求分析

系统需求是整体性和宏观性的描述,它定义了系统应实现的目标,且被分解为若干个子系统需求。软件需求分析是在子系统需求的基础上,进一步细化、明确和转化为具体的软件功能需求。系统需求为软件需求分析提供了方向和框架,而软件需求分析则是子系统需求在软件设计和实现层面的具体体现。软件需求和系统需求相辅相成,共同确保了软件开发的正确性和有效性。

具体来说,软件需求分析可分解为如图 5-5 所示的 8 个步骤。

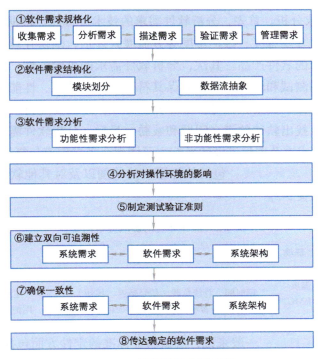

图 5-5 软件需求分析流程

1)**软件需求规格化**:将收集到的软件需求转化为明确、一致且可测试的规格描述的过程。在这个过程中,软件需求被分析、整理和具体化,形成可供开发人员理解和实施的软件需求规格文档,主要包括:

① 收集需求:将其整理成清晰、明确的需求列表。

② 分析需求:将需求进行分析和分类,并将其划分为不同的功能模块或者子系统。

③ 描述需求:将分析得到的需求转化为精确、清晰的描述性语言或者图表。

④ 验证需求:描述需求后,可以通过组织专家评审等方式验证其准确性和可行性。

⑤ 管理需求:需求是一个动态变化的过程,需要建立一个有效的需求管理机制,及时追踪、评估和更新需求,确保开发过程的顺利进行。

2)**软件需求结构化**:将系统划分为不同的功能模块,从而将软件系统抽象成一系列输入、输出的数据流,通过对数据流的分析和转换来进一步细化软件需求。通过数据流描述模块间调用关系的方式,能够清晰地追溯需求之间的依赖关系。

3)**软件需求分析**:分析已结构化的软件需求。该步骤可按软件功能性需求和软件非功能性需求进行分析:

① 功能性需求分析。首先,将软件需求结构化分析得到的各个功能模块进一步分解为更小、更具体、更易于实现的功能组件,确保每个功能组件都能够满足系统的总体目标。其次,对所有功能组件进行细化,确定每个功能组件的详细要求,包括输入、输出等方面的要求。最后,分析软件需求的相互依赖性。例如,当一个模块需要调用另一个模块的功能、使用其数据或与其进行交互时,就形成了模块间的依赖关系,需确保这些依赖关系的正确性。

② 非功能性需求分析。首先,分析软件需求的技术可行性。根据车型项目的需求和目标对技术的成熟度、开发难度、维护难度等方面展开评估,确认在现有技术条件下,是否能够开发出符合需求的软件产品。其次,分析软件需求的可验证性。软件的可验证性是指软件能够经过一系列测试和验证过程,确保其符合预期的功能、性能和安全要求,具体包括功能验证、性能验证、安全验证等多个方面。此外,还需要支持风险识别,通过风险识别帮助软件验证团队找出软件的潜在问题和威胁。最后,分析软件需求对成本、项目进度的影响。软件需求对成本及项目进度的影响主要体现在需求规模与复杂性上。

4)**分析对操作环境的影响**:包括软件影响的范围以及对其他软件部件、其他系统或整个车辆的影响,见表 5-2。

表 5-2 操作环境的影响分析内容

接口	环境	性能	资源
信号和信号质量 电压和电流	温度 EMC	接口响应时间(信号响应、采样时间、周期时间、总线负载、信号延迟、抖动) 微控制器响应时间(处理时间)	RAM / ROM 内存使用情况 EEPROM / Data Flash 内存使用情况

5)**制定测试验证标准**:一般来说,测试验证标准的定性方面包括测试目标的明确性、完整性、可重复性、可操作性等,即需要清晰地定义测试目的和测试范围,确保没有重要的测试项被遗漏,做到在不同时间、不同环境下,使用相同的测试方法能得到相同的测试结果。测试验证标准的定量方面包括测试的性能指标、覆盖率、缺陷率、资源利用率等。

6)**建立双向可追溯性**:建立起从来源需求到较低层次需求的追溯性和从较低层次需求到来源需求的追溯性。在评估软件需求对项目计划、活动以及工作产品的影响时,尤其需要双向可追溯性,这有助于确定所有的软件需求是否都得到处理,主要步骤:建立系统需求和软件需求之间的双向可追溯性;在系统架构和软件需求之间建立双向可追溯性。

7)**确保一致性**:确保系统要求、系统架构和软件需求之间的一致性。

8)**传达确定的软件需求**:将确定的软件需求和软件需求变更传达给所有相关方。

通过上述软件需求分析过程,可以确保开发人员对需求的理解一致,消除可能存在的歧义。同时使开发人员了解软件的整体架构、模块划分、接口设计等关键信息,从而顺利进行后续的开发工作,最大限度地降低项目开发风险。

5.1.3 软件架构设计

软件需求分析是软件架构设计的前置条件。根据软件需求分析的结论，软件架构设计对软件系统的整体结构和各部分组件之间的关系进行规划和设计。软件架构设计要确定软件系统模块划分、接口定义以及控制策略的过程，最终形成一套功能完备、高效稳定且易于维护的软件系统方案。在软件架构设计的过程中，除了要满足软件需求分析得到的软件功能性需求、非功能性需求以及约束条件外，还要考虑现有技术对软件实现的影响，如整车电子电气架构、车载芯片算力、通信总线带宽等，最终形成一套既能满足用户需求又便于实现的软件系统方案。良好的软件架构设计是构建高效、稳定、满足子系统需求的软件系统的有力支撑，确保了软件系统的稳定性和可维护性，同时有利于软件需求的实现。值得注意的是，软件架构设计并不是一成不变的，会根据车型项目的不同阶段进行迭代、调整以及优化。

软件架构设计可分解为如图 5-6 所示的九个步骤。

图 5-6 软件架构设计步骤

1）编写软件架构设计：根据软件需求，编写软件架构设计文档，有助于更好地明确并理解功能需求。这些需求是软件架构设计的基础，相关要求见表 5-3。

表 5-3 软件架构设计相关要求

技术要求	可维护要求	业务要求
性能（响应时间、采样时间） 周期时间，截止日期，过程 安全	可用性 简单 最大内聚和最小耦合 可测试 可分析性 可修改性 应用程序接口、编码等	费用 可移植性（重用、平台、传统接口） 可扩展性等

2）分配软件需求：将软件需求分配给软件架构设计中的元素。软件需求分配应可追溯，可通过矩阵或使用需求管理工具（如禅道、PingCode 等）来完成，其中每个需求或需求群都需要映射到软件架构设计中的至少一个元素，防止软件需求被遗漏。

3）定义软件元素接口：识别、开发和记录每个软件元素的接口，同时定义数据的发送者、接收者、格式、大小、分辨率、质量信息、频率等。

4）描述动态行为：评估并记录软件元素的时序和动态交互，以满足系统所需的动态行为。动态行为由操作模式（如启动、关闭、正常模式、校准、诊断等）、进程和进程通信、任务、线程、时间片、中断等响应时间因素决定。为描述软件系统在运行时的动态行为，可采用的形式包括状态转换图、时序图、消息时序图表、用例图等。其中状态转换图是用于描述对象或系统在不同状态间转换的动态行为的重要工具，其展示了系统状态、触发状态转换的事件以及转换后的结果状态。在状态转换图中，状态由节点表示，而状态之间的转换由带箭头的线段描绘，并可能标记有触发事件和动作。通过状态转换图，开发者能够清晰地理解系统在不同条件下的行为逻辑。以拨打电话为例，状态转换图如图 5-7 所示，图中的闲置状态是电话功能的初始状态，等待用户操作。当用户开始拨号时，软件即进入拨号音状态，此状态下挂断电话或超出规定拨号时间，则回到闲置状态。如果用户在规定时间内完成拨号，软件将不断尝试与目标号码建立连接；如果检测到拨打的是无效号码，则回到闲置状态。如果是有效号码，软件会转入试接通状态，短暂等待对方的应答，同时开启振铃状态。当对方接听后，振铃停止，软件进入通话状态，此时用户可以进行语音通话。通话结束后，用户可以选择挂断电话，软件随即进入断线状态，结束本次通话并返回闲置状态，等待下一次的用户操作。从该案例可以看出，通过描述拨打与接听电话的动态行为状态，能够有效帮助开发者明确电话功能的行为逻辑。

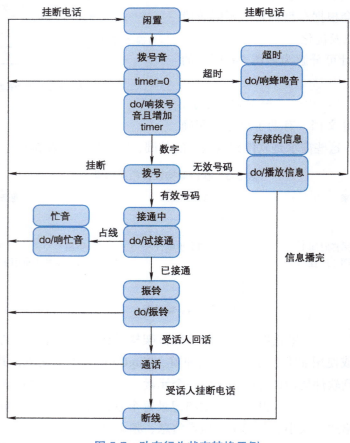

图 5-7 动态行为状态转换示例

5）定义资源消耗目标：在适当的层次级别，确定并记录软件架构设计所有相关元素的资源消耗目标，主要包括存储器（ROM、RAM、外部或内部 EEPROM、数据闪存）和 CPU 负载。

6）评估备选的软件架构：不同的软件架构可能采用不同的技术栈和组件，评估备选的软件架构有助于识别潜在的技术风险，并提前制定相应的风险应对措施。在评估备选的软件架构时，需要根据系统的实际情况，按如下步骤进行综合评估：①确定评估的标准和各项标准所占权重；②收集备选的软件架构信息；③对备选的软件架构进行初步评估；④进行模拟和测试。

7）建立双向可追溯性：主要步骤如下：①定义软件需求和软件架构设计要素之间的关系；②建立软件需求和软件架构设计要素之间的关联；③更新和维护双向关联；④验证双向可追溯性。

8）确保一致性：确保软件需求和软件架构之间的一致性。

9）传达确定的软件架构设计：将确定的软件架构设计和更新情况传达给所有相关方。

通过上述软件架构设计过程，指定了整个软件系统的组织和拓扑结构，为后续的软件详细设计提供了基本原则。

5.1.4 软件详细设计

软件详细设计的目的是将软件架构设计中定义的层次结构、模块划分、控制策略细化到具体的实现细节。因此，在开展软件详细设计前，需要深入理解软件架构的设计文档，包括软件系统的整体结构、模块、接口、数据流等关键要素。理解软件架构设计的关键要素后，进行软件详细设计的前置工作，包括系统抽象与建模、信号与控制流设计，以及算法设计验证的工作，见表 5-4。

表 5-4 软件详细设计的前置工作

一级任务	二级任务	目标
系统抽象与建模	系统建模	对软件系统的内部结构进行抽象、简化和表示，以便更好地理解和指导子系统的实现
	结构化对象	进行模型内对象结构化抽象，将系统中的实体、行为以及它们之间的关系抽象为结构化的模型对象，以清晰地描述软件系统的功能和行为
	数据接口定义	明确软件系统中不同模块之间数据交换的规范
信号与控制流设计	控制流程设计	细化程序执行逻辑，确保软件按照预定顺序和条件执行一系列步骤和决策
	信号时序分析	确定软件系统中不同组件之间信号传递的时间顺序和依赖关系
	状态机设计	定义软件系统中对象状态间的转换逻辑和触发条件，以确保系统在不同状态下能正确响应外部事件和内部条件
算法设计验证	算法设计	确定执行具体功能的计算方法，确保高效、准确地完成数据处理和逻辑运算
	算法验证	检验设计的算法在给定条件下是否能够正确、有效地执行，并满足预期结果
	系统仿真	模拟系统行为，预测软件在实际环境中的性能、可靠性

在完成上述工作后，进行软件详细设计。如图 5-8 所示，软件详细设计可按七个步骤进行。

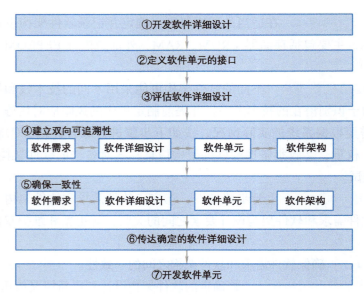

图 5-8 软件详细设计流程

1）开发软件详细设计：开发软件架构设计中定义的各软件组件的详细设计，可以用结构图来表示以说明各个模块之间的相互调用关系，也可以用图表来列出本程序系统内的每个程序（包括各个模块或子程序）的名称、标识符和它们之间的层次结构关系。图 5-9 为 4 种基本结构示例，包括：①顺序结构，即从上到下按顺序执行每一条语句，没有分支或跳转，是程序的基础执行流程。②选择结构，即根据特定条件选择性地执行某些语句，包括 if-else、switch 等结构，实现程序的分支处理。③"当型"循环（如 while 循环和 for 循环），即在循环条件为真时重复执行一段代码，先判断条件再执行循环体，适用于已知循环次数或有明确的循环退出条件的场景。④"直到型"循环（如 do-while 循环），即先执行一次循环体，然后判断循环条件，若条件为真则继续循环，直到条件为假时停止，确保循环体至少被执行一次。该设计基于软件功能性需求和非功能性需求定义软件单元。

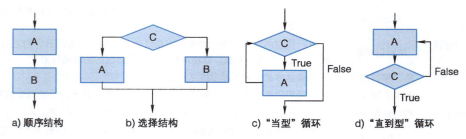

图 5-9 4 种基本结构示例

2）定义软件单元的接口：逐个给出软件系统组织结构中各个层次里每个程序的设计考虑，每一程序模块的详细设计描述单独为一节，然后识别并定义各软件单元的接口。

3）评估软件详细设计：从互操作性、交互、关键性、技术复杂性、风险和可测试性方面对软件详细设计进行评估。

4）建立双向可追溯性：建立软件需求与软件单元之间的双向可追溯性；建立软件架构设计与软件详细设计之间的双向可追溯性；对备选的软件架构进行初步评估。

5）确保一致性：确保软件需求与软件单元之间的一致性，同时确保软件架构设计、软件详细设计及软件单元之间的一致性。

6）传达确定的软件详细设计：与所有相关方（如底盘、总体、电器、内外饰、车身等系统）沟通已确定的软件详细设计。

7）开发软件单元：根据软件详细设计开发并文档化各软件单元的可执行形式。

通过对软件进行详细设计，可以得到对软件系统的精确描述。

5.1.5 软件代码编写与编译

软件代码编写（也称为软件编码）是软件开发过程中的核心环节。在这一阶段，软件工程师将之前详细设计阶段的成果转化为计算机能够理解和执行的指令。详细设计阶段已经为软件的功能、数据结构、算法等方面制定了详尽的规格和计划，而软件编码的目的正是将这些设计蓝图转化为实际的源代码。具体来说，软件编码是将软件详细设计得到的处理过程的描述转换为基于某种计算机语言的程序，使得车载电子电气设备在软件程序控制下，能够按照预先定义的功能正确而稳定地工作。在软件编码过程中，软件工程师需要深入理解详细设计文档中的每一个细节，包括数据流、控制流、逻辑结构和数据结构等，并将这些细节用选定的编程语言中的语法、语义和逻辑规则进行表达，形成可以被计算机编译器或解释器读取并执行的源程序。

软件编码的任务是编写出一套基于某种程序设计语言的"源程序清单"。因此，编写得到的"源程序清单"必须满足结构良好、清晰易读、与软件详细设计相一致、程序设计风格良好。一般来说，良好的程序设计风格具备以下要素：

1）程序文档化：按照实际物理意义为标识符命名，在源程序的适当位置添加注释，达到便于读者理解源代码的目的。

2）数据说明：数据说明顺序要规范，使数据的属性易于查找，从而有利于测试、纠错与维护。

3）语句构造：语句构造要清晰，避免大量的循环嵌套和条件嵌套。

4）输入输出：输入格式及输出操作步骤应尽量简单，程序要能对输入数据的合法性、有效性进行校验。

5）函数度量值：包括圈复杂度和注释率，以保证代码质量、可维护性与可读性。

汽车软件开发中的软件编码是一个高度专业化的过程，它专注于实现车辆子系统的特定功能，确保与车辆硬件的紧密集成，处理如以太网数据、CAN信号、LIN信号等关键实时数据。在编码阶段，软件工程师会运用高级编程语言（如C或C++）来创建用于控制车辆各种子系统（如驱动电机管理、制动系统、安全辅助等）的软件模块。这些模块不仅要能够处理来自各类总线的实时数据，确保车辆内部各系统之间的顺畅通信，还要在毫秒级的时间内做出响应，以满足汽车实时性的严格要求。因此，汽车软件开发的软件代码需具备极致的性能，编码过程中的注意事项包括：①代码的条件分支要覆盖软件详细设计的全部场景；②明确循环结束条件，避免出现死循环；③声明的变量要赋初值，避免变量未赋值带来的不确定性；④和汽车控制实时性相关的函数要具备超时保护机制；⑤合理设置数组及堆栈的大小，确保不会出现越界或缓存不足；⑥信号的解析及处理过程中尽可能使用位操作来提升程序运行速度；⑦利用联合体优化数据的存储；⑧灵活使用阻塞机制来避免无意义的轮询；⑨通过宏定义的方式实现软件配置的解耦；⑩高频率被调用的函数通过内联的方式减少调用耗时。只有通过高效的软件编码，汽车软件才能实现对车辆性能的精确控制。

另外，汽车软件开发中的软件编码必须具备良好的程序设计风格，例如：变量及函数的命名要与具体的功能或物理意义相符合，代码的换行及缩进要符合项目的编码规范，接口要有详细且易读的注释。良好的程序设计风格可以有效降低编码出错的概率，减少阅读源代码所花费的时间。因此，软件工程师在软件编码实现时要善于积累编程经验，培养和学习良好的编程风格，使程序清晰易懂、易于维护，从而提高软件的质量。随着人工智能技术（Artificial Intelligence，AI）的发展，软件工程师借助 AI 进行软件编码成为可能。

在完成软件代码编写后，需要通过编译器将文本文件的源代码转换成能够在硬件设备上运行的可执行程序，此操作称为编译。代码的编译包括以下几个关键步骤：

① 词法分析：将源代码分解成一系列的词法单元。

② 语法分析：通过这些词法单元来构建语法结构（如表达式、语句、函数等），并生成抽象语法树。

③ 语义分析：检查抽象语法树中的语义是否正确（如类型检查、变量和函数的声明与使用的匹配等）。

④ 生成中间代码：将抽象语法树转换成一种中间表示形式。

⑤ 代码优化：对中间代码进行转换和重排，以提高最终生成代码的性能。

⑥ 生成汇编语言：将优化后的中间代码转换成特定硬件平台的汇编语言。

⑦ 汇编：将汇编语言代码转换成机器语言的目标文件。

⑧ 链接：将多个目标文件（包括库文件）组合成一个可执行程序。

⑨ 生成可执行程序：生成可以在目标硬件上运行的可执行程序，该程序包含了运行所需的所有信息。

在实际的汽车软件开发工作中，编译器一般由外部供应商或开源组织提供，常用的编译器包括 IAR 公司提供的 IAR 编译器、GNU 提供的 gcc 编译器等。

5.1.6　AI 在软件开发中的应用

AI 能够根据给定的规范、需求、上下文、注释或函数名等自动创建源代码，其技术主要由代码大模型提供。代码大模型分为现成的大语言模型和代码增量训练大语言模型（简称代码大模型）。现成的大语言模型通常是基于深度学习架构和 Transformer 模型，其使用的大量文本数据具有代码部分的多样化组合，只需要微调就可以在文本生成、对话问答、文本理解、代码生成等多种自然语言处理任务上取得优秀表现。代码增量训练大语言模型是对大语言模型进行代码增量训练的大模型，对代码进行持续的预训练可以显著提高语言模型的代码性能。代码大模型的代码增量训练分为两个阶段：预训练和微调。其中，预训练负责将代码相关知识注入大模型中，微调负责使得模型具备执行代码相关任务的能力。这使得预训练和微调成为代码理解和执行任务的高效工具，显著提升了人工智能在软件开发领域的创新和自动化水平。

为了方便使用，软件编码人员在代码大模型的基础上进一步开发集成开发环境（Integrated Development Environment，IDE）插件或者编码平台，如 GitHub Copilot 和通义灵码（阿里云开发的 AI 代码助手）。GitHub Copilot 和通义灵码作为 IDE 插件发布在插件市场中，支持的 IDE 包括 Visual Studio Code、JetBrains IDEs、Visual Studio 等。以下简要介绍这两款 AI 编程助手。

1）GitHub Copilot 是 AI 编码历史上的一个里程碑式的产品，它标志着 AI 在代码生成和辅助编程领域的一个重要进展。GitHub Copilot 由 GitHub 和 OpenAI 合作开发，利用机器学习模型来根据上下文提供代码建议，从而帮助程序员编写代码。截至目前，GitHub Copilot 有代码补全、Copilot Chat、Copilot pull request summaries、Copilot 知识库四项功能。代码补全可以在当前光标位置提供代码编写建议。Copilot Chat 提供一个聊天界面，可以和 GitHub Copilot 进行交互，直接从 GitHub.com 询问编码相关问题并接收答案。Copilot pull request summaries 是针对代码提交的一个功能，概述在提交请求中所做的更改、这些更改影响了哪些文件以及审查者在进行审查时应重点关注的内容。Copilot 知识库为 Copilot Chat 功能提供一个除了 GitHub 网站以外的额外内容来源，使得进行 Copilot Chat 时可以直接从知识库当中检索文档内容并组织回答。

2）通义灵码是一款基于通义大模型的智能编码辅助工具，提供行级/函数级实时续写、自然语言生成代码、单元测试生成、代码优化、代码注释、代码解释、异常报错排查等能力，并针对阿里云的云服务使用场景进行了优化。行级/函数级实时续写是根据当前语法和跨文件的代码上下文，实时生成行、函数级的代码提示。自然语言生成代码指通过自然语言描述想要的功能，直接在编辑器区生成代码。代码优化能深度分析代码及其上下文，迅速识别潜在的编码问题，从简单的语法错误到复杂的性能瓶颈，均能够指出问题所在，并提供具体的优化建议代码。代码注释可一键生成方法注释及行间注释，节省写代码注释的时间，并能够有效提升代码可读性。代码解释指选中代码后可自动识别编程语言并解释代码功能。异常报错排查功能在运行出现异常报错时，一键启动报错排查的智能答疑，可结合运行代码、异常堆栈等报错上下文，快速给出排查思路或修复建议代码。

5.2 汽车软件测试

在完成汽车软件开发之后，需要对软件产品进行评估和验证，以确定其符合预期的功能和质量要求，该过程称之为汽车软件测试。软件测试与软件开发共同推动着汽车软件功能的落地，并确保软件产品的质量、安全性和稳定性。要在规定的条件下对待测软件进行测试,以及时发现软件漏洞和缺陷并衡量软件质量是否满足需求。汽车软件测试主要包括软件单元测试、软件集成测试和软件合格性测试。

5.2.1 软件单元测试

1. 概述

软件单元测试是针对软件中的最小可测试单元进行检查和验证的过程。"单元"的大小或范围并没有一个明确的标准,可能是一个函数、方法、类、功能模块或者子系统。图 5-10 为汽车软件单元测试示意,其主要目的是隔离代码以确认代码正确性。在代码开发过程中,进行软件单元测试可以确保每一部分代码都能够正常工作,从而保证整体车型项目的质量和稳定性。同时,软件单元测试还可以提高代码的可维护性、可读性和可测试性。

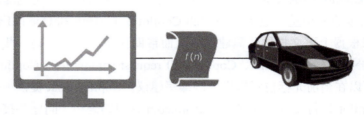

图 5-10　汽车软件单元测试示意

当进行软件单元测试时,应对软件单元的接口、局部数据结构、独立路径、MC/DC(修改条件/判断覆盖)、边界条件、错误处理、性能和内存使用分别进行测试,且对软件单元接口的测试优先于其他内容的测试。对于具体的软件单元,应该根据软件测试计划、软件设计文档及测试方法来确定测试的具体内容。以下是软件单元测试各环节的具体内容:

1)接口测试:是保障软件接口功能、数据一致性、集成兼容性、异常处理、性能、安全性、授权验证等方面的关键环节。

2)局部数据结构测试:测试软件单元内部的数据能否保持其完整性,包括内部数据的内容、格式及相互关系。

3)独立路径测试:独立路径是指在软件中不存在其他包含或等于它的路径。独立路径测试可以尽可能地覆盖所有路径,从而提高软件测试的全面性和有效性。

4)MC/DC(修改条件/判断覆盖)测试:在一个程序中,要求测试设计时涉及逻辑判定的每个条件均要考虑到真假两种情况,同时考虑每个条件的取值对整体判定路径覆盖的影响。

5)边界条件测试:主要关注程序的输入和输出等价类的边界值,以此来检查程序是否在边界条件下能够正常运行。

6)错误处理测试:测试软件单元在运行过程中发生差错时,其处理错误的措施是否有效。

7)性能测试:一般包括负载测试和软件压力测试,如根据软件设计文档的要求,对一些具有特殊要求的软件单元(如运行时间、精度等)进行测试。

8）内存使用测试：检查内存的使用情况，特别是动态申请的内存在使用上的错误（如指针越界、内存泄漏等）。

汽车软件单元经过以上各环节的测试，能够有效确保软件单元代码各部分的质量和正确性，为整体汽车软件功能的实现提供充分保障。

2. 工作过程

在汽车软件单元测试中，制定计划、设计用例、执行测试、测试总结是四个关键的步骤，如图 5-11 所示。

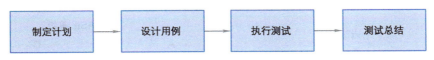

图 5-11 软件单元测试关键步骤

以下是一般软件单元测试各步骤的具体内容：

1）制定计划：测试人员需要根据被测试软件的设计文档对被测试软件单元进行分析，确定测试充分性要求、测试终止的要求和用于测试的资源要求，以及测试工作量、进度安排、风险及对策并划分测试优先级。

2）设计用例：设计单元测试用例时，应遵循正确性、全面性、可维护性、测试结果可判定性和可再观性的原则。可以使用规格导出法、逻辑覆盖法、等价类划分法、边界值分析法、状态转移测试法、基本路径测试法、因果图法、数据测试法和错误猜测法等来设计测试用例。

3）执行测试：测试人员按照软件单元测试计划和测试用例执行测试。在执行过程中，测试人员应认真观察并如实记录测试过程、测试结果和发现的漏洞，认真填写测试记录。根据每个测试用例的期望测试结果、实际测试结果和评价准则判定该测试用例是否通过，并将结果记录到软件测试记录中。

① 如果测试用例不通过，测试人员要认真分析情况，并根据实际情况采取相应措施。当所有的测试用例都执行完毕后，测试人员要根据测试的充分性要求和失效记录，确定测试工作是否充分，以及是否需要增加新的测试。

② 当测试过程正常终止时，如果发现测试工作不足，应对软件单元进行补充测试，直到测试达到预期要求，并将附加的内容记录在软件单元测试报告中。如果不需要补充测试，则将正常终止情况记录在软件单元测试报告中。

4）测试总结：测试人员根据被测试软件的设计文档、软件单元测试计划、测试用例和测试报告等，对测试工作进行总结。一般包括：

① 总结软件单元测试计划和软件单元测试用例的变化情况及其原因。

② 对测试异常终止情况，确定未被测试活动充分覆盖的范围。

③ 确定未能解决的软件测试事件以及不能解决的理由。

④ 总结测试所反映的软件单元与软件设计文档之间的差异，并将以上内容记录在测试

报告中。

⑤ 对单元测试执行活动、软件单元测试报告、测试记录和测试问题报告进行评审。评审测试执行活动的有效性、测试结果的正确性和合理性，以及是否达到了测试目的、测试文档是否符合要求。评审通过后，软件单元测试即为完成。

3. 参考方法和覆盖率

根据功能安全的汽车安全完整性等级（Automotive Safety Integrity Level，ASIL），软件单元测试阶段对应的测试方法见表5-5。

表5-5 软件单元测试阶段对应测试方法

方法		ASIL 等级			
		A	B	C	D
1a	控制流分析①	+	+	++	++
1b	数据流分析②	+	+	++	++
1c	静态代码分析③	++	++	++	++
1d	基于需求的测试④	++	++	++	++
1e	接口测试⑤	++	++	++	++
1f	故障注入测试⑥	+	+	+	++
1g	资源使用测试⑦	+	+	+	++
1h	如果适用，在模型和代码之间背靠背对比测试⑧	+	+	++	++

注：+ 代表推荐程度，+ 号越多越会被推荐。

① 方法1a和1b可用于源代码层面。这些方法同时适用于手动代码开发和基于模型的开发。
② 方法1a和1b可作为方法1c的一部分。
③ 静态分析是一个集合术语，它包括通过搜索源代码文本或模型来查找与已知故障匹配的模式，或者符合建模或编码指南的分析。
④ 单元层面的软件要求是基于需求测试的基础，包括软件单元设计规范和分配给软件单元的软件安全要求。
⑤ 此方法能够为所使用和交换的数据的完整性提供证据。
⑥ 在软件单元测试时，故障注入测试是为了修改被测试的软件单元（例如，将故障引入软件）。这种修改包括注入任意错误（例如，通过损坏变量的值、引入代码突变或通过损坏CPU寄存器的值）。
⑦ 只有在目标环境上执行软件单元测试或目标处理器的仿真器充分支持资源使用测试时，才能正确执行资源使用评估的某些方面。
⑧ 此方法需要一个能够模拟软件单元功能的模型。在这里，以相同的方式对模型和代码进行了模拟，并将模拟结果进行了比较。例如：在基于模型设计的情况下，非浮点运算的结果可以进行比较。

为评估测试案例的完整性并证明没有非预期的功能，单元测试阶段应对语句覆盖率、分支覆盖率、MC/DC进行结构覆盖率测定，见表5-6。

表5-6 单元测试阶段应测定的覆盖率

方法		ASIL			
		A	B	C	D
1a	语句覆盖率	++	++	+	+
1b	分支覆盖率	+	++	++	++
1c	MC/DC（修改条件/决策覆盖率）	+	+	+	++

注：+ 代表推荐程度，+ 号越多越会被推荐。

软件单元测试在软件开发过程中不仅是对软件代码的一次全面检查，更是对开发团队严谨工作态度和专业技能的检验。它让软件开发变得更加可控、可预测，为软件产品的顺利推进提供了坚实的保障。

5.2.2 软件集成测试

1. 概述

软件集成测试是汽车软件开发过程中的一项关键测试活动，通常在软件单元测试之后进行，将包括函数、方法和功能子模块在内的所有单元按照设计要求组装成子系统进行集成测试（图5-12），旨在验证独立开发的软件模块在集成后的正确性、互操作性和一致性，以确保整体汽车软件在模块集成后的功能、性能和稳定性符合预期。

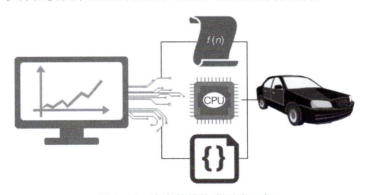

图 5-12 汽车软件集成测试示意

进行软件集成测试时，应从全局数据结构及软件的适合性、准确性、互操作性、容错性、时间特性和资源利用性这几个软件质量子特性方面进行考虑，以确定测试内容，见表5-7。

表 5-7 软件集成测试主要内容

测试项目	主要内容
全局数据结构	测试全局数据结构的完整性，包括数据的内容、格式，并对内部数据结构对全局数据结构的影响进行测试
适合性方面	对软件设计文档分配给已集成软件的每一项功能逐项进行测试
准确性方面	对软件中具有准确性要求的功能和精度要求的项（如数据处理精度、时间控制精度、时间测量精度）进行测试
互操作性方面	测试两种接口，包括所加入的软件单元与已集成软件之间的接口、已集成软件与支持其运行的其他软件、例行程序或硬件设备的接口，并对接口的输入和输出数据的格式、内容、传递方式、接口协议等进行测试
容错性方面	测试已集成软件对错误输入、错误中断等情况的容错能力，并考虑通过仿真平台或硬件测试设备形成一些人为条件，以测试软件功能、性能的降级运行情况
时间特性方面	测试已集成软件的运行时间、算法的最长路径下的计算时间
资源利用性方面	测试软件运行占用的内存空间和外存空间

2. 工作过程

与软件单元测试工作过程相同，在软件集成测试中，制定计划、设计用例、执行测试和测试总结是四个关键的步骤。以下是一般软件集成测试各步骤的具体内容：

1）制定计划：软件测试人员需要根据被测试软件的设计文档对被测试软件进行分析，确定测试充分性要求、测试终止的要求、用于测试的资源要求和工作量、需要测试的软件特性、测试需要的技术和方法。同时，要根据项目计划的要求和被测软件的特点，确定测试准出条件，并确定由资源和被测软件决定的软件集成测试活动的进度，还需要对测试工作进行风险分析与评估，并制定应对措施。

2）设计用例：为了证明软件组件符合软件架构设计、软硬件接口规范和功能定义，并且具备有效的错误检测和处理能力以及在资源的使用上满足要求，可使用软件集成验证方法，如图 5-13 所示。另外，还可以通过需求分析、等价类生成与分析、边界值分析、基于知识或经验的错误推测这些方法来设计恰当的测试用例，从而实现软件集成验证。

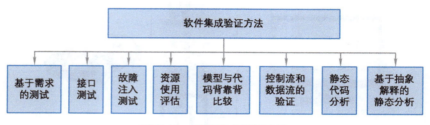

图 5-13　软件集成验证方法

3）执行测试：测试人员的主要工作是执行软件集成测试计划和集成测试用例中规定的测试项目和内容。在完成测试后还需要进行结果的分析工作，根据每个测试用例的期望测试结果、实际测试结果和判定准则来确定测试用例是否通过。

① 如果不通过，测试人员应该认真分析情况，并根据情况采取相应措施。所有测试用例都执行完毕后，测试人员要根据测试的充分性要求和失效记录，确定测试工作是否充分，是否需要增加新的测试。

② 测试工程正常终止时，如果发现测试工作不足，应进行补充测试，直到测试达到预期要求，并将附加的内容记录在软件集成测试报告中。

③ 当测试过程异常终止时，应记录导致终止的条件、未完成的测试和未被修正的差错。

4）测试总结：测试分析员应根据被测软件设计文档、集成测试计划、测试记录等分析和评价测试工作，一般包括：

① 总结测试计划和测试用例的变化情况和原因。

② 对测试异常终止情况，确定未能被测试活动充分覆盖的范围。

③ 确定未能解决的软件测试事件以及不能解决的理由。

④ 总结测试所反映的软件代码与软件设计文档之间的差异。

⑤ 将测试结果以及发现的错误情况和软件设计文档对照，评价软件的设计与实现，提出改进建议。

⑥ 编写软件集成测试报告，将以上五步的结果，以及测试结果分析和对软件的评价和建议进行记录。

⑦ 对集成测试执行活动、软件集成测试报告、测试记录和测试问题报告进行评审。评审测试执行活动的有效性、测试结果的正确性和合理性，以及是否达到了测试目的、测试文档是否符合要求。评审通过后，软件集成测试即完成。

3. 参考方法和覆盖率

根据功能安全的不同 ASIL 等级，软件集成测试阶段对应的测试方法见表 5-8。

表 5-8 集成测试阶段对应测试方法

方法		ASIL 等级			
		A	B	C	D
1a	基于要求的测试①	++	++	++	++
1b	接口测试	++	++	++	++
1c	故障注入测试②	+	+	++	++
1d	资源使用测试③、④	+	+	+	++
1e	模型和代码之间的背靠背比较测试⑤	+	+	++	++
1f	控制流和数据流的验证	+	+	++	++
1g	静态代码分析⑥	++	++	++	++
1h	基于抽象解释的静态分析⑦	+	+	+	+

注：+ 代表推荐程度，+ 号越多越会被推荐。
① 架构层面的软件要求是基于要求测试的基础。
② 这包括注入任意故障以测试安全机制（例如，通过破坏软件和硬件组件）。
③ 为了确保受具有足够误差的硬件架构设计影响的要求被完全满足，平均和最大的处理器性能、最小和最大执行时间、存储使用情况（例如：堆栈使用的 RAM，程序和数据使用 ROM）等特性以及通信链路的带宽（例如，数据总线），必须得到确定。
④ 只有在目标硬件上执行软件集成测试或目标处理器的仿真器支持资源测试时，才能正确评估资源使用测试的某些方面。
⑤ 这个方法需要一个可以模拟软件组件功能的模型。在这里，通过相同的方式激励模型和代码，并比较彼此输出的结果。
⑥ 静态分析是一个集合术语，包括通过架构分析、资源消耗分析以及在源代码文本或模型中搜索与已知故障相匹配的模式，或者符合建模或编码指南（如果尚未在单元层面进行验证）的分析。
⑦ 基于抽象解释的静态分析是扩展静态分析的集合术语，其中还包括诸如通过添加可以检查是否违反定义规则的语义信息来扩展编译器解析树的分析（例如，数据类问题未初始化的变量制流图的生成和数据分析（例如，捕获与竞争条件和死锁，指针误用有关的故障，甚至元编译和抽象代码或模型解释（如果尚未在单元层面进行验证的话）。

为评估测试案例的完整性并证明没有非预期的功能，集成测试阶段应进行结构覆盖率测定（表 5-9）：函数覆盖率和调用覆盖率。

软件集成测试能够全面且有效地确保软件单元之间以及软件单元和已集成的软件系统之间的接口关系正确，并验证已集成软件系统是否符合设计要求，为整体软件功能实现提供充分的保障。

表 5-9　集成测试阶段应测定的覆盖率

方法		ASIL			
		A	B	C	D
1a	函数覆盖率①	+	+	++	++
1b	调用覆盖率②	+	+	++	++

注：+代表推荐程度，+号越多越会被推荐。
① 方法 1a 是指执行的软件函数的百分比。此证据可通过合适的软件集成策略来达成。
② 方法 1b 是指执行的软件函数调用的百分比。集成测试完成后，需要对未调用到的函数进行分析：如果是由于测试用例设计不足，则增加测试用例；如果是无作用代码，则去掉或者提供可接受的理由。

5.2.3　软件合格性测试

1. 概述

汽车软件的合格性测试阶段聚焦于验证软件系统的输入输出信号，以确保其在各种情况下都能正确、稳定地处理数据、信息和命令。软件合格性测试的特点在于对输入和输出的全面测试，以保障软件的功能性、性能和可靠性。软件合格性测试的主要目的及内容如下：

① 验证正确性：验证软件在接收各种输入信号时，是否能够正确地进行处理、计算和产生预期的输出结果。

② 确保稳定性：旨在确保软件在各种输入情况下都能稳定运行，不易崩溃或产生不可预测的错误。

③ 评估性能：通过输入输出信号的测试，评估软件在处理大量数据或在不同条件下的性能表现。

④ 验证安全性：验证软件对潜在安全威胁的防范和应对能力，确保输入不会导致安全漏洞。

⑤ 提高可靠性：通过测试输入输出信号，确保软件在各种使用场景下都能提供一致的、正确的结果。

软件合格性测试能够有效地确保整个系统的稳定性、功能完整性和安全性，为系统投入生产提供充分的保障。

2. 工作过程

软件合格性测试旨在确保软件在与外部系统、组件或设备进行交互时的正常功能、稳定性和安全性，主要测试方法为硬件在环（Hardware-in-the-Loop，HIL）测试。

HIL 测试的过程为：将待测软件烧写到车载电子控制器，实时处理器运行仿真模型来模拟受控对象的运行状态，并通过 I/O 接口与车载电子控制器连接，对待测软件进行全方面的、系统的合格性测试，如图 5-14 所示。其中，接口测试和通信测试是两个关键的测试内容。

第 5 章 汽车软件开发与管理

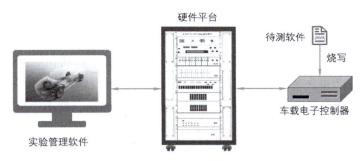

图 5-14 硬件在环测试示意

（1）接口测试

接口测试是为了确保软件与其他软件模块、硬件组件或第三方服务的接口能够正确无误地交互，验证接口的输入输出功能有效性，确保数据传递的准确性，以及遵循接口协议和通信规范。主要的测试步骤如下：

① 设计测试用例，包括正常输入和各种异常情况下的输入。
② 验证接口的数据格式、协议、传输速率等。
③ 模拟不同的接口状态，如连接成功、连接断开等，确保软件能够适应不同的情况。

（2）通信测试

通信测试旨在评估软件与外部系统、设备或网络之间的通信性能和可靠性，确保数据在通信过程中的完整性、保密性，以及在不同网络条件下的稳定传输。通信测试的主要步骤如下：

① 进行网络延迟和带宽测试，以评估在不同网络条件下的软件性能。
② 模拟网络故障，验证软件对网络中断或恢复的处理能力。
③ 测试数据加密和解密的正确性，确保通信数据的安全性。
④ 评估软件对数据丢失或重复传输的容错能力。

除上述测试步骤外，在执行接口测试和通信测试时，还需要考虑以下方面：

① 安全性：确保在接口和通信过程中的数据传输是安全的，防范潜在的安全威胁。
② 性能：评估接口和通信的性能，包括响应时间、数据传输速率等，以确保在不同负载下都能满足性能要求。
③ 异常处理：验证软件在面对异常情况（如断开连接、数据错误等）时的处理机制。
④ 兼容性：确保软件与各种外部系统、设备和通信协议兼容，以提高互操作性。

通过综合进行接口测试和通信测试，软件可以在与外部系统交互时表现稳定，确保整个系统的功能和性能得到有效验证。

5.2.4 AI 在软件测试中的应用

除了上述传统的软件测试方法，基于 AI 的软件测试方法能够有效加速软件开发的流程。截至目前，AI 在软件测试中的应用主要有单元测试生成（Unit Test Generation）、断言生成（Assertion Generation）、突变体生成（Mutant Generation）等。

单元测试生成是指为给定的程序代码自动生成测试用例。断言用于捕获在程序执行过程中应当始终为真的条件，使用断言可以帮助开发人员快速识别和定位代码中的错误或不符合预期的行为。断言生成会为给定的目标方法（例如，待测试的代码）和单元测试前缀（例如，断言之前的测试代码）生成断言语句。突变体生成是一种用于检测代码测试集质量的方法。测试人员用突变体生成工具对原有代码进行改动（例如，将代码中的加号替换成减号），从而生成与原始程序行为不一致的大量突变体，将突变体作用于测试集，如果测试集能让更多的突变体无法通过测试，则说明这个测试集的效果更好。

随着生成式 AI 的发展，软件开发人员逐渐将基于生成式 AI 的方法应用于软件测试，典型的有通义灵码和 Codiumate。

1）通义灵码支持根据基础的单元测试框架（例如，用于 Python 语言的全功能测试框架 Pytest）生成单元测试样例。在使用过程中，只需要选中相应的代码并触发功能，就可以生成相应的单元测试样例，其功能如图 5-15 所示。图 5-15 描述了通义灵码的使用过程：①打开 IDE；②选中想要生成测试样例的目标代码；③单击鼠标右键，在右键菜单中选中通义灵码；④选中生成单元测试功能；⑤生成单元测试样例。如图 5-15 中的⑤所示，生成单元测试功能为 check_factorial 函数，一次生成了 Positive Input、Negative Input、Large Input 等多种情况的测试样例。

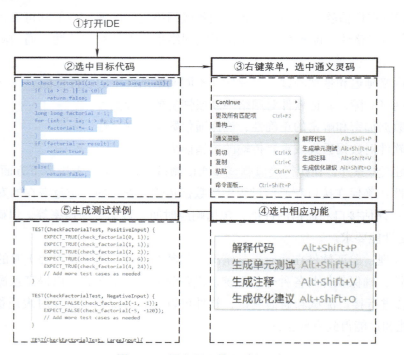

图 5-15　通义灵码使用过程示例

2）Codiumate 是一款 AI 代码测试和分析工具，可以智能分析开发者的代码、文档和注释，借助其全面的测试套件，可以帮助开发人员在软件发布前发现缺陷（BUG）或者错误,确保软件的可靠性和准确性。在使用过程中,只需要输入"/test-suite"命令并选中代码,就可以触发测试样例生成功能,自动生成测试样例。此外,Codiumate 还具备智能分析代码、代码修改建议、查找代码错误、自动添加文档字符串等功能。

在软件开发过程中,开发团队往往需要花费大量时间来调试或者修复代码错误(也就是 DEBUG),定位、复现 BUG 的过程非常烦琐且耗时,因此出现了一些将 AI 用于 DEBUG 的工具。智能编程助手 CodeGeeX 提供了自动代码修复、终端报错解释的功能。在代码出现明显的错误时,IDE 通常会用红线来标识错误,此时可以启用 CodeGeeX 自动代码修复来提供代码修复建议。使用终端运行代码时,开发者经常会遇到各种难以理解的、复杂的报错信息,IDE 往往无法在代码编写阶段发现这一类隐藏的错误,而 CodeGeeX 的终端报错解释功能可以解读报错信息甚至提供修复步骤。

5.3 汽车软件开发管理

传统汽车开发只需要考虑各关联机械零部件间的匹配与协同,智能电动汽车要实现一系列场景化、智能化的功能(例如,通过车载语音进行车辆控制),还需要集成的成百上千个软件共同协作。这些软件往往由不同的公司、团队进行开发与测试,彼此间交互密切,要保证整车开发目标达成与功能实现,提高项目的交付成功率和用户满意度,需要对所有软件的开发、测试过程进行管理。软件开发管理的目的是确保项目顺利进行、保证软件质量、控制项目进度和成本,并促进团队协作和沟通,管理要点如图 5-16 所示。软件开发管理工作主要包含项目启动与开发过程管理两大环节,同时,项目内全程应保持良好的沟通与协调。

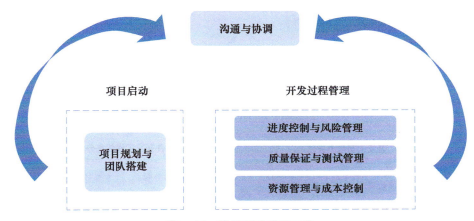

图 5-16 软件开发管理工作

1)项目启动包括项目规划与组织团队搭建:软件开发项目通常涉及多个团队成员和复杂的任务分工。有效的项目规划和团队搭建能够确保资源合理分配,减少沟通成本,提高团队协作效率。

2)开发过程管理:包括进度控制与风险管理、质量保证与测试管理、资源管理与成本控制三方面。

① 进度控制与风险管理：软件开发过程中，车型项目进度的掌握和调整至关重要。通过制定详细的计划和阶段性里程碑，可以及时发现并解决潜在的问题，避免项目延期或超出预算。同时，风险管理也是管理者需要关注的重要方面，及时评估和处理项目风险，提前采取相应的应对措施，有助于确保项目的成功交付。

② 质量保证与测试管理：软件质量是影响用户满意度和汽车产品竞争力的关键因素。良好的软件开发管理可以确保在每个开发阶段都有严格的质量控制和测试流程。通过执行代码审查、单元测试、集成测试和合格性测试等措施，有助于减少软件缺陷和故障，提高产品的稳定性和可靠性。

③ 资源管理与成本控制：软件开发过程中，资源的合理利用和成本的控制对于项目的成功至关重要。通过有效的资源管理和成本控制手段，可以最大限度提高资源的利用效率，减少浪费，降低项目的开发成本。

3）沟通与协调：软件开发涉及多个团队成员和不同专业背景的人员之间的合作。良好的管理可以提供有效的沟通渠道和协调机制，促进团队成员之间的交流和协作，减少信息传递的误差和冲突，确保项目顺利进行。

5.3.1 软件开发项目管理

项目管理的核心是通过有效地规划、执行和监控，从而实现项目目标，确保整车软件能够按时、按质地完成开发与交付。软件开发项目管理工作流程如图 5-17 所示，包括项目可行性分析、确定项目目标与范围、软件开发工作任务分解、开发人员能力评估。

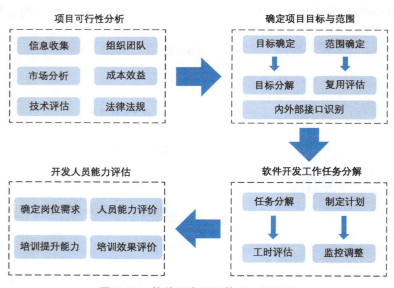

图 5-17 软件开发项目管理工作流程

1. 项目可行性分析

为了充分识别与评估项目目标的可达成性、可开发及可实施性，为项目决策者提供全面的信息和分析结论，需要对项目开展可行性分析，从而评估与决定项目是否继续推进。一般需要开展以下工作：

1）项目输入信息收集：收集外部输入到项目的要求、目标或期望，作为可行性分析的输入，如整车里程碑计划、功能清单、质量目标、车型定位等信息。

2）评估市场需求：分析目标市场、竞争情况和潜在客户需求，确定项目在市场上的潜在机会和可持续性。

3）技术可行性评估：评估将要开发的软件产品所需的技术能力、资源，包括技术是否可行、所需的技术和资源是否可获得以及专业知识是否具备等。

4）组织团队可行性评估：评估软件开发所需的人力资源、团队能力和管理能力，确定项目是否具备有效的管理和执行能力。

5）成本效益可行性评估：评估软件开发项目的资金投入、预期收益和投资回报率，从而确定项目的成本可行性和盈利潜力。

6）法律和合规性评估：评估将要开发的软件产品是否符合相关法律法规的要求，以避免法律风险和合规问题。

通过多角度的分析，可以全面评估项目中软件开发的可行性，为决策提供数据支撑，便于确定项目目标。

2. 确定项目目标与范围

为推进项目进行，需要确定项目的目标，并对项目中软件开发的目标进行分解。此外，还需要根据项目的需求或设计定义，逐个模块、逐个层级地梳理开发边界，确定项目开发范围。

1）项目目标确定与分解：基于可行性分析结果，确定项目开发目标，如成本目标、质量目标、效益目标、性能目标等；将目标作为非功能需求输入至项目，逐级分解到系统需求、软件需求中，直至形成可执行的工作与目标。

2）开发范围确定与复用评估：基于项目目标，分析软件产品的开发范围，识别需要开发的模块与功能，结合现有的软件产品或代码，评估所需的软件模块是否需要新开发、修改复用或完全复用。

3）内外部接口识别：识别项目内外部的接口，确定在开发过程中所需要接收的外部信息以及需要输出的内容，建立项目内外部沟通机制，确保信息畅通。

通过目标分解与复用评估，可以进一步明确项目所需要进行的软件开发工作，便于指导实施。

3. 软件开发工作任务分解

明确软件开发目标与范围之后，需要结合整车里程碑计划与项目时间计划，联合开发、测试团队确定软件项目开发与测试的进度计划，并基于计划形成具体的工作任务，明确任务的时间与责任人。具体工作如下：

1）确定开发测试计划：建立匹配整车里程碑计划、软件功能释放计划的软件开发测试计划。例如，系统需求何时分析完成、系统架构何时设计完成等。

2）计划监控与调整：项目无法总是按照既定的计划执行，需要定期对计划的实际执行情况与进展进行监控，当出现偏差时，应分析原因并及时调整计划。

3）任务分解与工时评估：当开发测试计划确定后，按照项目团队内的分工，将计划中的工作进一步分解为任务，确定任务责任人，评估任务工时，确定任务完成时间。其中，工时评估可以采用德尔菲法（专家调查法）、类比法、三点估算法等。

工作任务分解完成后，项目可以进入正式的开发与测试环节，管理人员通过监控任务执行与计划的偏差，可以识别项目的进展与风险。

4. 开发人员能力评估

当开发计划明确后，还需要定期分析各项开发工作的工作量以及负责人员的能力是否足够，针对人员能力不匹配的情况，需要采取如培训、更换人员等弥补措施，确保工作按时按质完成。开发人员能力评估流程如下：

1）确定岗位需求：结合开发范围与工作需求，从经验、工具掌握能力、知识、能力素养等维度确定项目内负责各项开发、测试、管理工作的工程师能力需求，制定能力评价方案。例如，系统工程师需要有相关系统的开发经验、了解汽车开放系统架构（Automotive Open System Architecture，AUTOSAR）知识等。

2）团队人员能力评价：按照评价方案对团队人员能力进行评价，识别不满足要求的人员与能力项。

3）能力提升与效果评价：针对能力不满足要求的人员，可以通过培训的方式进行提升，并定期对不满足要求的人员再次进行能力评价，确保人员能力满足岗位要求。

开发人员能力评估的意义在于可确保项目内的工作由足以胜任的人员开展，能够保证所产出的工作的质量与效率。

5.3.2 软件开发质量管理

软件开发质量管理是确保开发高质量软件产品的一系列实践和方法。这些实践和方法旨在确保软件能够满足用户需求、具有良好的性能和可靠性，并且能够按时交付。软件开发质量管理不仅要对测试发现的缺陷进行管理，更要对软件的需求分析、架构设计、详细设计以及编码等设计过程进行管理，确保设计的质量，使得问题在设计阶段就被识别并解决，从而降低修复缺陷的损失。软件开发质量管理工作包括对软件开发过程质量的保证以及对软件质量问题的管理。

1. 软件开发过程质量保证

软件开发过程质量保证是指为确保各软件开发过程能够输出符合质量标准、用户需求以及既定目标而进行的一系列活动。通过制定标准/目标、计划、执行、追踪、培训、改进和报告等多个维度的保障，以确保软件达到高质量的标准。一般需要开展以下工作：

1）制定质量标准和指南：明确质量标准和指南，以便确定软件应该达到的质量水平。这些标准和指南可以包括性能要求、功能需求、可靠性要求、安全性要求等。

2）制定质量计划：在软件开发过程开始之前，制定质量计划，明确质量保证活动的范围、目标和时间表。质量计划应该包括测试策略、测试方法、测试资源和测试进度等信息。

3）执行质量控制活动：在软件开发过程中，执行一系列质量控制活动，以确保软件符合质量标准，包括代码审查、单元测试、集成测试、系统测试等各个层面的测试活动。同时，持续监测和追踪，及时发现和解决质量问题。

4）记录和跟踪缺陷：在测试和控制过程中发现的缺陷需要被记录下来，并通过缺陷管理系统进行跟踪和管理。缺陷应该被准确描述，并分配给相应的团队成员进行修复。

5）培训和沟通：质量保证工作需要进行培训和沟通，以确保团队成员了解和遵守质量标准和流程。培训可以包括软件质量控制方法、软件测试工具使用等方面的内容。

6）持续改进：通过收集和分析质量数据，评估软件开发过程中的问题和瓶颈，并制定改进计划。持续改进是质量保证工作的重要环节，通过不断优化过程和方法，提高软件开发的质量水平。

7）质量报告和评估：定期生成质量报告，对软件开发过程中的质量情况进行评估和总结。这些报告可以用于内部团队间的沟通和决策，也可以向外部利益相关方展示软件质量水平。

通过软件开发过程质量保证工作，可以确保软件开发过程执行符合既定的要求，从而保障各阶段输出的软件开发设计文档、代码的质量。

2. 软件开发问题管理

软件开发问题管理是为了使项目内所有发生的问题能够得到记录、分析与解决。一般通过以下活动来确保软件开发问题管理工作的全面性与有效性。

1）问题识别和登记：在开发过程中，及时识别和登记项目中出现的软件问题。问题可以来自团队成员、用户反馈或其他相关方。确保问题被准确描述，并包括必要的信息，如问题描述、发生时间、责任人等。

2）问题分类和优先级确定：对软件问题进行分类，如技术问题、需求问题、进度问题等；根据软件问题的紧急程度和影响程度，确定软件问题的优先级。有助于合理安排解决问题的顺序与协调资源。

3）问题分析和原因追踪：对每个软件问题进行深入分析，找出问题的根本原因，确保能够分析出导致问题产生的所有原因，并制定有针对性的解决方案。

4）制定解决方案：基于软件问题分析的结果，制定相应的解决方案。解决方案应该明确具体，并且可实施操作。如果有需要，可以征求相关人员的意见和建议，以确保解决方案得到广泛支持。

5）问题分配和跟踪：将软件问题分配给相应的责任人，并设定适当的截止日期；跟踪问题的解决进度，并定期与责任人进行沟通，确保发现的软件问题得到及时解决。

6）问题解决和验证：一旦软件问题得到解决，就需要对解决方案进行验证，确保问题彻底解决，并且不会再次出现。可以通过软件回归测试、审核或用户确认等方式来验证解决方案的有效性。

7）问题汇报和总结：及时向项目团队和利益相关者报告项目内软件问题的解决情况。同时，在项目结束后，对问题管理过程进行总结和评估，从中吸取经验教训，以改进未来项目的问题管理工作。

通过以上活动，可以帮助项目团队有效管理项目软件问题，提高软件产品的质量和顺利交付的可能性。

5.3.3 软件开发配置管理

在汽车软件开发过程中会不断产出新的文档、代码与数据，对于后续的开发、问题的回溯，以及项目的复用具有很高的利用价值。然而，这些新的文档、代码与数据在软件开发过程中不可避免地会出现各种变更和修改。通过软件开发配置管理，可以对软件配置项进行严格的控制和管理，从而确保每个变更的影响范围和风险都能够被分析与考虑。此外，软件开发配置管理可以提高团队成员的工作效率，帮助开发人员快速定位和解决问题，减少不必要的沟通和错误。如果引入版本控制和自动化构建等工具，软件开发配置管理还可以减少手动操作和重复性工作。如图 5-18 所示，软件开发配置管理流程为：从计划环节的编制配置管理计划和识别配置项，到执行环节的执行配置管理，再到监控环节的配置审计。

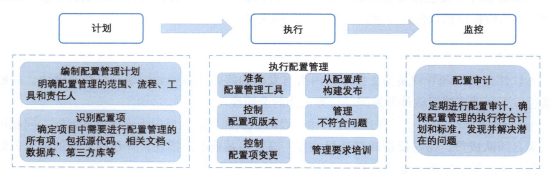

图 5-18 软件开发配置管理流程

1）编制配置管理计划：在项目启动阶段，制定配置管理计划，明确配置管理的范围、流程、工具和责任人。配置管理计划应该得到团队及项目领导的认可，并在项目全员中进行宣贯。

2）识别配置项：确定项目中需要进行配置管理的所有项，包括源代码、需求分析说明书、测试用例、测试日志、问题清单、数据库、第三方库等；对每个配置项进行清单登记，并为其分配唯一标识符。

3）执行配置管理

① 准备配置管理工具：选择合适的版本控制工具，如 Git、SVN 等。

② 控制配置项版本：对所有的配置项进行版本控制管理，确保可以追踪和控制各个配置项的变更历史。

③ 控制配置项变更：建立变更管理流程，包括变更请求的提出、评审、批准和实施等环节。确保变更得到适当的评估和授权，并且变更后的影响被充分考虑。

④ 从配置库构建发布：确定软件构建和发布的流程与频率，建立自动化的构建和发布系统，以确保构建过程的可重复性和一致性。

⑤ 管理不符合问题：使用缺陷跟踪工具（如 JIRA、Bugzilla 等）来跟踪和管理项目中的缺陷，确保缺陷得到及时的定位、修复和验证。

⑥ 管理要求培训：对项目团队成员进行配置管理相关的培训，确保团队成员了解配置管理流程和工具的正确使用。

4）配置审计：定期进行配置审计，确保配置管理的执行符合计划和标准，发现并解决潜在的问题。

通过配置管理，可以帮助团队成员协同工作，确保项目内文档的调整与变化有序进行，提高项目内文档版本控制与回溯能力，进而提高软件开发效率。

5.3.4 软件开发变更管理

在软件开发过程中，除了要对项目、质量、配置项进行管理外，对于软件变更的管理也是非常重要的一环。软件的变更可能来源于需求变更、缺陷修复、性能优化等。通过控制和管理变更，确保只有经过评估和批准的变更才能被引入软件中，使得整个开发过程有序进行，显著降低因为变更而带来的潜在风险、衍生问题与不必要的资源消耗。

如图 5-19 所示，要确保软件变更得到有效控制，首先需要建立统一的变更管理流程，项目内所有的变更都应遵循这套流程。当项目内出现发生变更需求后，应按要求详细记录变更对象、变更时间等各项信息，组织与变更相关的人员开展变更影响分析。变更评审需要由项目领导及受影响的人员参与，决定是否执行变更，只有通过评审的变更请求才能被

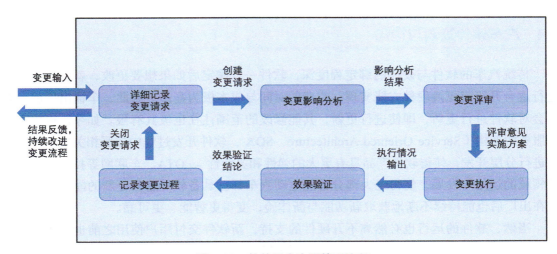

图 5-19　软件开发变更管理流程

执行。在变更执行完成后，还需要对执行完成后的效果进行验证，确保符合既定的变更方案与预期的效果，需要记录变更过程中的信息，以便后期追溯排查。此外，软件开发变更管理流程应该符合项目的特点，当发现流程不适用时，应该结合组织或项目的特点及时调整与持续优化，确保流程高效运行。

建立明确的软件开发变更管理流程，包括记录变更请求、变更影响分析、变更评审、变更执行和效果验证、记录变更过程环节。这个流程应该清晰地定义各个角色的责任和权限，并指导团队成员按照规定的流程进行变更管理。

1）详细记录变更请求：每次软件开发变更请求都应该被记录下来，并分配唯一的标识符，以便跟踪和管理。记录中应包含变更的详细描述、原因、影响范围、风险评估等信息，以便对变更进行全面的评估和决策。

2）变更影响分析：软件开发变更请求需要经过评估和决策。评估过程包括对变更的影响范围、风险、资源需求等进行分析和评估。

3）变更评审：需要确保项目领导及受影响的人员参与变更评审，应基于变更分析结果，对批准或拒绝变更请求进行决策，并确定实施变更的优先级和计划。

4）变更执行：一旦软件开发变更请求被批准，就应严格按照计划与方案执行变更。

5）效果验证：执行变更可能涉及设计与代码修改、配置更新、数据库迁移等操作，需要进行充分的软件测试和验证，确保变更达到预期的效果，且不会引入新的问题。

6）记录变更过程：每个软件开发变更都应该被记录下来，包括变更的详细描述、责任人、时间等信息。这样可以建立变更历史记录，方便回溯和审计。

软件开发变更管理是一个持续改进的过程，团队应该根据实际情况进行经验总结和反馈，不断优化软件开发变更管理流程，提高软件开发变更管理的效率和质量。

通过控制和管理项目内的变更请求，可以降低风险，提高质量和稳定性，促进协作和沟通。有效的软件开发变更管理，可以帮助团队更好地应对变更带来的挑战，并确保软件开发过程的可靠性和一致性。

5.4　汽车软件策划与迭代

传统汽车的软件与硬件的绑定程度深，软件一旦确定后如果想要更改，就需要对车辆进行逐台升级或更换硬件方能实现，花费的时间与成本极为高昂。因此，车辆出厂后一般不会对软件进行更新，即使进行更新，其能修改的范围往往也极其有限。如今，得益于面向服务的架构（Service Oriented Architecture，SOA：软件开发过程中按照相关的标准和协议进行分层开发，使得软件产品具有更大的弹性和灵活性）、OTA、车联网等技术在汽车软件领域的运用与发展，使得绝大部分智能电动汽车都已具备软件远程更新的能力，车辆即使在出厂后也能持续不断地获取新功能与新体验，变得更智能、更可靠。

当然，软件的运行也必然离不开硬件的支持，新软件交付用户使用之前也需要经过充分的验证，这需要提前进行硬件预埋并预留足够的验证时间。因此，为了使软件在汽车整个生命周期内能够得到有序的规划与迭代，有必要站在整车角度，对汽车软件进行策划、升级管理与运营。

5.4.1 软件策划

汽车软件功能十分丰富，且实现路径也多种多样，一次性完成所有软件功能的开发显然是不现实的。为了让整个软件开发过程井然有序，对汽车是否搭载相关软件功能、搭载时间、实现方式等进行策划是必不可少的。如图 5-20 所示，一个完整的软件策划流程一般包含用户调研、分析目标用户用车场景、竞品调研、确定搭载计划等环节。

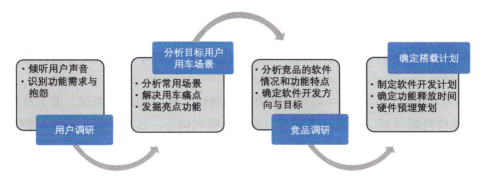

图 5-20　软件策划流程

对于需要在出厂后进行升级的软件，要结合用户需求和竞品分析结果，制定软件升级的长期和短期目标，如升级的功能和性能指标等。另外，还需要对升级内容进行技术评估，包括评估升级对系统稳定性、安全性、性能和兼容性等方面的影响，确保升级的可行性和可靠性。

5.4.2 软件升级能力建设

智能电动汽车一般通过 OTA 技术来实现软件升级，而要实现汽车软件的升级，新的软件资源只是其中一个必要条件，此外，还需要从软件架构、升级链路层面建设支撑软件升级的能力。

如图 5-21 所示，按照升级软件的类型划分，目前汽车各系统采用的 OTA 技术主要有软件空中升级（Software Over The Air，SOTA）和固件空中升级（Firmware Over The Air，FOTA）两种。具备 SOTA 技术，仅能对车辆应用层软件进行升级；具备 FOTA 技术，可以对集成在硬件中的嵌入式软件进行升级，进而实现车辆性能提升、修改控制策略等操作。

图 5-21　OTA 技术

软件升级的能力建设一般从以下几个角度入手：

1）**确立升级策略**：制定软件升级策略，包括升级时间、升级内容、升级方式等，从战略层面确定企业总体的升级目标与方案，支撑后续升级技术的部署。

2）**改进软件架构**：优化软件架构，使得软件更加模块化、可扩展和易于维护。采用合适的设计模式和分层结构，以便于将来的升级和更新。例如，某些企业将汽车软件分为应用层与底层，底层软件只负责最基本功能的控制，与硬件绑定程度较深，应用软件则主要负责底层软件的调用策略与数据运算，向底层软件发送操作指令，二者之间通过接口互相调用。只要符合底层软件设计的规则逻辑，应用软件可以随意变换更改，并快速地实现功能的增加与修改。合适的架构能更好地支持软件更新。

3）**建立升级机制**：软件升级机制包括判断软件包是否可用于升级、采用的升级方式、升级的通道、升级的目标对象、升级失败的应急处理机制等，以保证升级过程的秩序与安全。

4）**提高测试能力**：增加与软件升级有关的测试工作，如功能测试、兼容性测试、性能测试、软件升级测试、升级通道测试、并发负载测试等。区别于研发阶段的测试，这些测试主要是为了验证升级的功能与原软件之间是否能够兼容，以及软件是否能成功、安全地更新到车辆上。

5）**加强安全保障**：对车辆软件进行远程升级，需要通过车联网才能实现数据的传输，这个技术在提升便捷性的同时，也带来了网络安全隐患。因此需要对数据传输路径的安全进行加强，建立安全防护、加密机制和漏洞修复机制，防止数据在传递过程中被截获或修改，及时发现和修复安全问题。

6）**建立升级失败保护机制**：当出现升级中断或升级异常时，为不影响车辆正常使用，需要制定对应的升级保护机制。例如：升级失败后支持历史版本软件回滚；升级过程中断电，可通过升级状态记忆功能实现恢复上电，并继续执行升级活动；通过 A/B 分区升级，软件在备用系统升级完成后可直接切换，从而不影响车辆使用；通过升级失败后自动重新烧写功能，提高软件升级成功率。

通过建设以上能力，可以为汽车软件远程升级提供技术支撑与安全保障。

5.4.3　软件升级管理

在汽车售出后，车辆的所有权就已经变为用户持有，汽车销售厂商在没有获得用户允许的情况下，不允许对用户车辆的软件进行更改。而绝大部分汽车用户并不具备判断所升级的软件是否规范、是否会对其他已有功能造成影响的能力。因此，为规范汽车软件升级的过程，保证用户的利益与隐私，各国都在制修订相应的法律法规，例如，欧盟发布的 UN ECE R156（图 5-22）和我国制定的 GB 44496—2024《汽车软件升级通用技术要求》，旨在从国家层面约束汽车企业的软件升级活动，确保软件升级的合规性。

汽车企业在正式进行软件升级之前需要开展充分的升级测试，确保给到用户的软件是足够可靠的。软件升级活动还需要向有关部门进行备案，有关部门将从专业角度进行把关，只有通过审核的升级信息才能被推送给用户。此外，正式升级之前还需要告知用户升级的内容，只有获得许可才能够执行升级，充分尊重用户的意愿。

针对公司层面的流程要求		针对车型层面的产品要求	
7.1.1 评估软件 升级流程	·安全保管软件升级工作活动中的信息 ·评估软件升级对现有功能及系统的影响 ·软件升级对车辆型式认证的影响 ·软件升级与车辆软硬件的兼容性 ·用户获取升级信息的过程 ·识别目标车辆进行软件升级 ·RXSWIN的变更、获取以及完整性校验	7.2.1 软件 升级要求	·建立机制确保固件包的真实性和完整性 ·RXSWIN的设立及访问控制要求，如具备唯一性、易读取、受保护

7.1.2
记录保存
升级信息
	·软件升级过程中涉及的信息均需合理记录、存储，如合规文件、配置文件、说明文档和RXSWIN	7.2.2
		其他
			·升级过程中对安全的依赖和影响：
			  ➢ 升级失败或中断时，能恢复旧版本或进入安全状态
			  ➢ 足够的功率下才会进行升级
			  ➢ 升级过程中不影响安全
			·用户可获取本次升级的信息，如升级的目的，升级的功能和范围，预计花费时间，期间不可用的功能，建议或者禁止的操作等
			·驾驶模式下无法进行升级
			·升级完成后的提示
			·升级前对车辆状态的检查

7.1.3 安全性	·建立机制确保升级包的真实性，准确性和完整性 ·升级系统在开发和测试过程中的安全性得到保证		
7.1.4 其他	·确保软件升级对车辆安全性没有影响 ·软件升级对于人员技能的要求		

图 5-22 UN ECE R156 对于汽车制造公司以及车辆的核心要求

5.4.4 软件运营

随着汽车软件升级功能的普及，汽车商业模式也由"卖车"逐渐开始向"卖软件"转变。由于量产后所增加的功能会带来新的研发成本、新体验以及利润增长空间，因此在车辆卖出后，部分车企开始向用户售卖其新研发的软件功能。例如，某车企将其智能驾驶功能单独售卖，部分用户也乐于为这些多出的体验而买单，由此逐渐诞生出一种新的商业模型——"软件运营"。然而，软件运营不仅只体现在将软件推荐与售卖给用户的这一个过程，其背后还隐藏着庞大的工作与技术来支撑这一目标的实现。

1. 软件运营平台建设

首先需要开发和维护面向用户的软件平台，用于管理汽车信息、用户信息、订单信息等。这个平台可以包括移动应用程序和网站，用户可以通过这些平台进行预约、租赁、支付等操作。完善的软件运营平台一般会具备车辆管理、账户管理、安全和风险管理、数据分析与优化、营销推广等功能（图 5-23），同时具备可靠的安全机制来保障平台与车辆的信息安全。

通过建设软件运营平台，能够加深车企与用户之间的联系与沟通，方便车企及时了解与满足用户的真实诉求，提高使用体验。

2. 软件运营价值与意义

将软件升级与软件运营"有机结合"，可以提升用户体验、提高安全性、优化维护和保养，同时为汽车厂商提供更多商业机会，使汽车成为一个更智能、更可靠、更具有竞争力的产品。具体优势体现在：

1）**提高安全性**：可以帮助汽车增强安全性能。通过实时监测和分析车辆数据，软件可以提供预警和安全提示，也可以及时更新车辆的安全系统和功能，从而降低事故风险。

软件运营平台				
车辆管理	账户管理	安全和风险管理	数据分析与优化	营销推广
确保车辆运行状态良好，监控车辆状态	建立用户管理系统，包括用户注册、身份验证、个人信息管理等功能	确保软件平台和车辆的信息安全。加强防护措施，保护用户隐私	分析用户数据、订单数据，了解用户需求、市场趋势等，调整运营策略，不断优化和改进服务	开展有效的市场营销活动、宣传软件平台和服务

图 5-23　软件运营平台示例

2）**优化维护和保养**：可以提供远程诊断和维护功能，让汽车厂商能够及时捕捉到车辆问题并提供相应的解决方案。有助于减少车辆故障和维修时间，提高车辆可靠性和可用性，同时为用户提供更便捷的售后服务。

3）**数据收集与分析**：通过收集车辆和驾驶人的数据（如行驶习惯、路况等信息），来改进产品设计、优化能耗效率、制定个性化的服务计划等，为汽车厂商提供更多商业机会和竞争优势，为用户提供更个性化的使用体验。

4）**升级功能和增值服务**：通过远程更新和升级，为汽车增加新的功能和服务，不仅可以延长汽车的使用寿命，还可以提供更多的个性化选择，满足用户的不同需求和期望。

开展软件运营活动，能够让汽车变得更加智能，并通过不断升级与"进化"，使得智能电动汽车可以"常用常新"。

5.5　工程案例：某车型电动尾翼系统软件开发

本节以车身域控制器的电动尾翼系统开发为例，阐述某车型电动尾翼系统软件开发工作，并对其软件需求分析、软件架构设计、软件详细设计等软件开发过程进行详细介绍，测试与管理迭代部分在此不作具体阐述。

5.5.1　软件需求分析

汽车电动尾翼是在车尾安装的一个自动升降的扰流板，如图 5-24 所示。通过调节车尾过风来增加车尾下压力，从而在不增加车重的情况下加强后轮的接地性能，增强汽车在高速行驶时的操纵稳定性。电动尾翼主要有如下功能：多媒体控制尾翼开闭、语音控制打开关闭、随车速联动开闭、锁车时尾翼自动关闭、尾翼防夹功能、尾翼维修模式。电动尾翼的详细软件功能需求见表 5-10。

第 5 章 汽车软件开发与管理

a) 尾翼展开

b) 尾翼关闭

图 5-24 电动尾翼实车示意

表 5-10 电动尾翼软件功能需求

功能	工作条件	触发条件
多媒体控制尾翼打开	整车电源模式为 ON 档	接收到多媒体发送的尾翼打开指令,域控制器驱动尾翼打开至最大位置
多媒体控制尾翼关闭	整车电源模式为 ON 档	接收到多媒体发送的尾翼关闭指令,域控制器驱动尾翼关闭至全关位置
语音控制尾翼打开	整车电源模式为 ON 档	接收到语音控制的尾翼打开指令,域控制器驱动尾翼打开至最大位置
语音控制尾翼关闭	整车电源模式为 ON 档	接收到语音控制的尾翼关闭指令,域控制器驱动尾翼关闭至全关位置
尾翼随车速联动打开	整车电源模式为 ON 档,且车速 ≥ 3km/h	车速大于某一阈值,域控制器驱动尾翼打开到最大位置
尾翼随车速联动关闭	整车电源模式为 ON 档,且车速 ≥ 3km/h	车速小于某一阈值,域控制器驱动尾翼关闭至全关位置
闭锁关闭尾翼	尾翼为正常状态	整车进入闭锁防盗状态,域控制器驱动尾翼关闭至全关位置
维修模式打开并屏蔽尾翼功能	整车电源模式为 ON 档	接收到多媒体发送的维修功能打开指令,域控制器驱动尾翼关闭至全关位置,屏蔽尾翼新的指令
维修模式关闭	整车电源模式为 ON 档	接收到多媒体发送的维修功能关闭指令,响应尾翼新的指令
尾翼防夹功能	整车车速 ≤ 3km/h	往关闭方向的动作都应具备防夹功能

5.5.2 软件架构设计

根据软件需求定义可知,域控制器需要采集尾翼控制指令以及驱动尾翼工作,其软件架构设计的工作内容如下。

1. 确定域控制器

控制电动尾翼的域控制器的确认方法如下：

1）考虑成本因素：尾翼在整车的分布比较靠近车身域，用车身域去控制尾翼，可以节约线束成本。

2）考虑性能因素：车身域控制器可以分配控制尾翼驱动的引脚。

3）考虑可测试性需求：单个域负责采集并执行尾翼驱动，有利于在台架测试中验证功能，方便调试。

4）考虑可移植性需求：单个域负责采集并执行尾翼驱动，后续有需求移植到其他域时，代码和整体架构通用性强。

根据如上分析，确定控制电动尾翼的域控制器为车身域控制器。

2. 制定软件开发计划

制定软件开发计划是为了保证项目能够保质保量地完成，使得项目开发人员对该软件系统的开发做一个合理、全面的规划，在整个开发过程中能够熟知任务和开发期限，井然有序地完成整个开发过程。基于汽车电动尾翼持续变化的需求，为实现快速灵活交付，采用敏捷开发模型。电动尾翼软件开发计划如图 5-25 所示，主要包括底层和应用层软件开发，以及程序的迭代更新。敏捷开发模型适用于尽可能早地、持续地对紧急和重要的软件进行交付，能够应对开发周期的后期不断增加的需求。

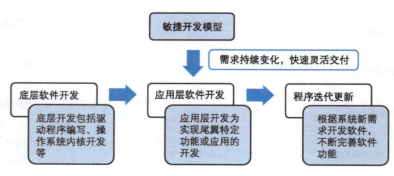

图 5-25　电动尾翼软件开发计划

3. 尾翼动态行为

通过评估并记录多媒体、域控制器和尾翼之间的时序和动态交互，分析电动尾翼动态行为。电动尾翼动态行为如图 5-26 所示，在电源档位为 ON 档时，通过接收到语音、多媒体和车速等信号和指令，控制尾翼进行开关动作。

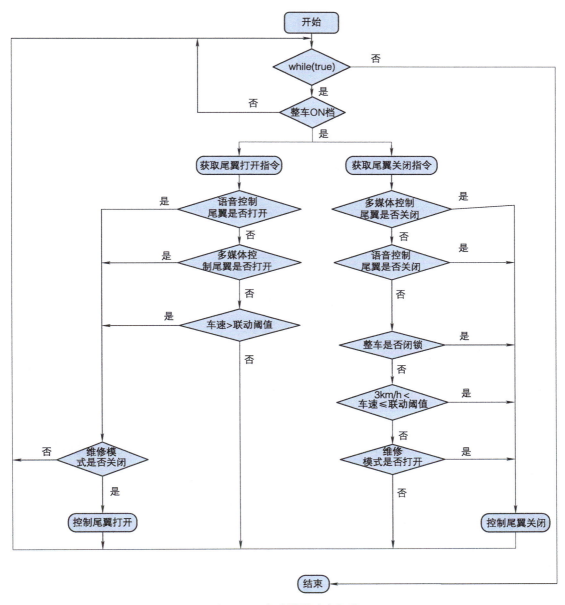

图 5-26 电动尾翼动态行为

4. 确认尾翼架构

电动尾翼软件架构设计如图 5-27 所示，多媒体发送尾翼开闭指令，EPB 发送车速信号，域控制器接收后通过逻辑判断，进行驱动尾翼动作指令。

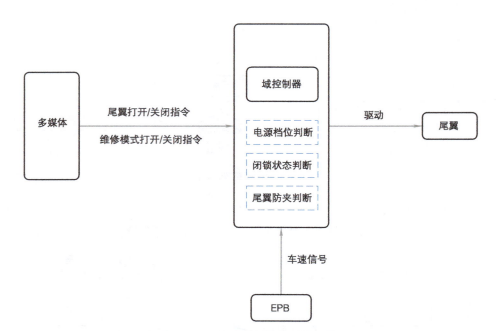

图 5-27　电动尾翼软件架构设计

完成软件需求分析和软件架构设计之后，即可进行电动尾翼软件的详细设计工作。

5.5.3　软件详细设计

软件详细设计阶段是根据软件需求分析和软件架构设计细化到可实现的细节效果，可以通过函数逻辑图的方式进行函数功能的逻辑表达。

1. 软件函数逻辑图

表 5-11 中的每一个函数对应一个函数功能。各个函数如何具体实现对应的函数功能如图 5-28 所示。

表 5-11　电动尾翼软件函数功能

案例	函数名称	函数功能	图示
例 1	int GetMediaTailOpenCommand（void）	获取多媒体软开关发送的尾翼执行打开 / 关闭指令	图 5-28a
例 2	int GetMediaTailVoiceCommand（void）	获取多媒体语音发送的尾翼执行打开 / 关闭指令	图 5-28b
例 3	int GetMediaTailRepairCommand（void）	获取多媒体发送的尾翼维修模式打开 / 关闭指令	图 5-28c
例 4	int GetEpbSpeedSignal（void）	获取 EPB 发送的车速信号	图 5-28d
例 5	int GetVehicleLockStatus（void）	获取整车闭锁状态	图 5-28e
例 6	int GetVehiclePowerStatus（void）	获取整车电源档位	图 5-28f
例 7	void ControlTailOpen（void）	尾翼执行打开动作	图 5-28g
例 8	void ControlTailClose（void）	尾翼执行关闭动作	图 5-28h
例 9	void TailMainTask（void）	尾翼主函数	图 5-28i

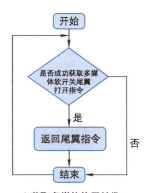
a) 获取多媒体软开关发送的尾翼指令逻辑

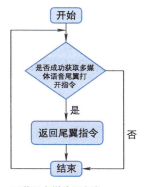
b) 获取多媒体语音发送的尾翼指令逻辑

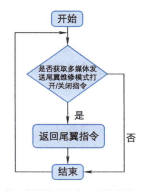
c) 获取多媒体发送的尾翼维修模式指令逻辑

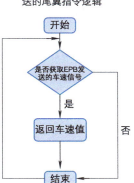
d) 获取EPB发送的车速信号逻辑

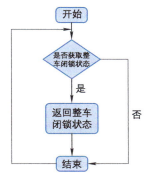
e) 获取整车闭锁状态逻辑

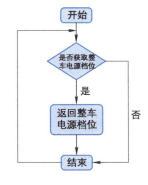
f) 获取整车电源档位逻辑

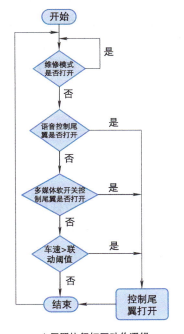
g) 尾翼执行打开动作逻辑

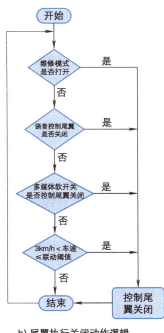
h) 尾翼执行关闭动作逻辑

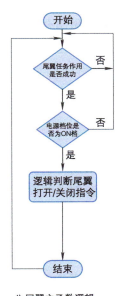
i) 尾翼主函数逻辑

图 5-28 电动尾翼软件函数逻辑图

2. 双向可追溯及一致性

为了实现电动尾翼全功能软件设计，避免遗漏，软件需求与软件详细设计功能项应保持一致。表 5-12 描述了软件需求与详细设计之间的对应关系。

表 5-12 软件需求与详细设计之间的对应关系

软件需求	详细设计
整车电源模式为 ON 档	通过函数 GetVehiclePowerStatus（）获取整车电源模式，不符合 ON 档工作条件，则返回
多媒体控制尾翼	通过函数 GetMediaTailOpenCommand（）获取多媒体打开/关闭指令，满足打开/关闭条件则执行
语音控制尾翼	通过函数 GetMediaTailVoiceCommand（）获取语音打开/关闭指令，满足打开/关闭条件则执行
尾翼随车速联动打开	通过函数 GetEpbSpeedSignal（）获取整车车速，满足打开/关闭条件则执行
闭锁关闭尾翼	通过函数 GetVehicleLockStatus（）获取整车解闭锁状态，满足闭锁条件则执行关闭
维修模式	通过函数 GetMediaTailRepairCommand（）获取维修模式状态，满足维修模式打开则执行尾翼关闭，且维修模式打开，不执行尾翼打开操作
尾翼防夹功能	往关闭方向的动作都应具备防夹功能（因篇幅限制，防夹功能暂未体现）

通过以上分析，除了防夹功能外，尾翼功能均已正常实现。

如今，智能电动汽车的软件开发与管理工作已成为开发"软硬兼备"汽车产品的关键环节之一，提高汽车软件的开发效率正成为软件开发团队的必修课程。各汽车企业虽然开发具体流程与过程文件存在一些差异，但软件开发的核心业务和逻辑思想基本相同。在总结经验教训的基础上，学习融合已有的软件开发模型，根据具体软件功能需求，对软件系统的开发做出合理全面的规划，并对持续变化的软件需求做出快速灵活响应，以更好、更快地应对快速发展的智能电动汽车软件市场的机遇与挑战。

思考与练习

一、单选题

1. 双向可追溯性是指建立起从来源需求到较低层次需求的追溯性，以及从较低层次需求到来源需求的追溯性。在软件详细设计中建立双向可追溯性有助于确定所有软件详细设计是否都得到处理。以下（　　）不是软件详细设计中建立双向可追溯性的内容。

A. 建立软件需求与软件单元之间的双向可追溯性

B. 建立软件架构设计与软件详细设计之间的双向可追溯性

C. 对备选的软件架构进行初步评估

D. 在系统架构和软件需求之间建立双向可追溯性

2.对软件产品进行评估和验证,以确定其符合预期的功能和质量要求,该过程为（　　）。

A.软件单元测试　　　B.汽车软件开发　　　C.汽车软件测试　　　D.软件集成测试

3.识别项目复用情况的目的是（　　）。

A.评估项目人员的能力　　　　　　　　B.分析项目开发的可行性

C.确定软件开发目标与范围　　　　　　D.便于项目工作任务分解

二、多选题

1.软件需求规格化是指将所收集到的软件需求转化为明确、一致且可测试的规格描述的过程。在这个过程中，软件需求被分析、整理和具体化，形成可供开发人员理解和实施的软件需求规格文档。请问软件需求规格化的主要流程包括（　　）。

A.收集需求　　　B.分析需求　　　C.描述需求

D.验证需求　　　E.管理需求

2.软件集成测试的关键步骤为（　　）。

A.制定计划　　　B.设计用例　　　C.执行测试　　　D.测试总结

3.在软件项目开发过程，主要从（　　）维度对项目进行管控。

A.项目管理　　　B.质量管理　　　C.变更管理　　　D.配置管理

三、填空题

1.一般来说，良好的程序设计风格具备多种要素。①_____：按照实际物理意义为标识符命名，在源程序的适当位置添加注释，达到便于读者理解源代码的目的。②_____：数据说明顺序要规范，使数据的属性易于查找，从而有利于测试、纠错与维护。③_____：语句构造要清晰，避免大量的循环嵌套和条件嵌套。④_____：输入格式及输出操作步骤应尽量简单，程序要能对输入数据的合法性、有效性进行校验。

2.在软件合格性测试中，_____和_____是两个关键的方面，旨在确保软件在与外部系统、组件或设备进行交互时的功能正常、稳定性和安全性。

3.完善的软件运营平台一般会具备_____、_____、_____、_____、_____等功能。

4.随着人工智能技术（AI）的发展，软件工程师借助 AI 进行软件编码成为可能。AI能够根据给定的规范、需求、上下文、注释或函数名等自动创建源代码。AI 技术主要由代码大模型提供，其中代码大模型的代码增量训练分为_____和_____两个阶段。

四、简答题

1.软件架构设计流程中，评估备选的软件架构能够起到降低技术风险的作用。不同的软件架构可能采用不同的技术栈和组件，评估备选的软件架构有助于识别潜在的技术风险，并提前制定相应的风险应对措施。请问在评估备选的软件架构时，根据系统的实际情况，进行综合评估的步骤是什么？

2. 当进行软件单元测试时，具体有哪些环节？并请简要描述各环节具体内容。

3. 企业开展软件运营的意义是什么？

五、综合实践题

1. 华为在智能电动汽车软件开发方面的布局涵盖了车载操作系统、车载服务、智能驾驶计算平台、自动驾驶解决方案等多个方面，旨在为用户提供全面、智能的车载体验。目前，华为在智能电动汽车软件开发方面的主要产品包括：华为 HarmonyOS、华为 HiCar、华为 MDC 智能驾驶计算平台、华为 Octopus 等。

华为 HarmonyOS 是华为自主研发的操作系统，适用于多种设备，包括智能电动汽车。该系统具有微内核、分布式架构等特点，能够提供流畅、安全的车载体验。华为 HiCar 是华为推出的车载智能解决方案，旨在实现车与手机、智能家居等设备的无缝连接，其支持多种应用场景，如语音助手、导航、音乐播放等，为用户提供便捷的车载服务。华为 MDC 智能驾驶计算平台集成了多种传感器和算法，能够实现高级别的自动驾驶功能，其具有高性能、低功耗等特点，适用于多种智能电动汽车。华为 Octopus 是华为推出的自动驾驶解决方案，包括感知、决策、控制等方面的技术，已经实现了在某些场景下的自动驾驶功能，如自动泊车、高速 NOA 等。

请结合本章所学内容，梳理智能电动汽车软件开发的基本流程与关键活动。

2. 汽车主动进气格栅（Active Grille Shutter，AGS）是一种用于调节汽车前部进气格栅开闭的技术，旨在优化车辆的空气动力学性能和热管理效率。这种系统可以根据不同的行驶条件自动调整进气格栅的开闭状态，从而减少空气阻力或增加冷却空气的流量。国产汽车品牌在近年来也开始广泛应用 AGS 来提升车辆的性能和燃油经济性。吉利在旗下多款车型中应用了主动进气格栅系统，如吉利博越、吉利帝豪 GL 等。长安汽车在其部分车型中采用了 AGS，以优化发动机的散热效果和空气动力学性能。比亚迪的部分电动车型也配备了主动进气格栅系统，以适应不同的驾驶环境和提高能源利用效率。随着技术的不断成熟和成本的降低，越来越多的国产汽车品牌开始在其车型中配备 AGS，该系统也是汽车智能化和电气化趋势的一个体现。

请举例说明某车型主动进气格栅（AGS）软件开发的基本流程。

第6章
试制与试验验证

> **学习目标**
> 1. 理解汽车产品试制开发的基本流程、整车试制开发的主要内容。
> 2. 理解汽车试验验证的主要内容,并能够开展初步的试验策划工作。
> 3. 理解型式认证与公告的基本概念与认证流程,了解智能电动汽车产品给公告认证带来的影响与变化。

整车试制与试验验证是按当前工程设计方案试生产车辆,并对整车的设计方案、功能和性能、生产工艺及质量等进行充分验证,以及为汽车产品设计方案提供优化建议的过程。科学合理地进行整车试制和试验工作,是保障车型顺利投产的重要基础。本章主要介绍智能电动汽车在试制与试验验证阶段的主要流程、关键步骤和实际工程案例。如图6-1所示,该阶段的主要环节包括试制开发、试验验证和公告认证。

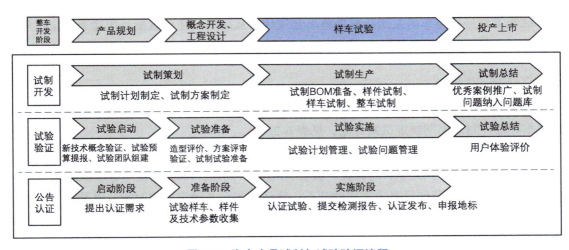

图6-1 汽车产品试制与试验验证流程

6.1 试制开发流程

对于汽车整车开发而言,试制的目的是提升设计图纸(数模)的准确率,降低产品批量上线的问题数量和产品成本,做好产品设计的验证服务工作。明确的试制开发流程可以充分发挥产品试制过程中相关部门的优势及特点,实现资源最优化、交接流程最简化,并严控必要的质量把关环节,从而提高整车试制的质量和管理水平,缩短整车试制周期,降低整车开发成本,提高试制效率。为保证整车试制工作的顺利开展,需要建立科学完善的试制开发流程,对整车试制进行指导。典型的试制开发流程包含试制策划、试制生产及试制总结三个主要阶段,如图6-2所示。

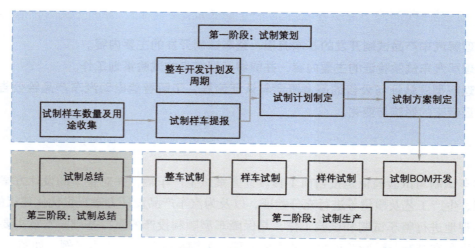

图6-2 试制开发流程

6.1.1 试制策划

试制策划是指整车研发团队根据整车开发计划及周期、样车数量及用途来制定试制计划和试制方案,目的是满足各类验证,减少开发成本投入。

1. 试制计划制定

收集并汇总各部门在试制阶段的样车数量及用途,完成试制样车提报,见表6-1。根据整车开发计划及周期制定试制计划,见表6-2。

制定试制计划时要考虑以下几点:

1)有特殊时间节点要求的验证,要优先考虑。例如,环境试验(冬季试验、夏季试验),根据验证大纲及项目要求完成的节点,确认试制车必须完成的时间节点及数量要求。

2)功能、性能类验证计划,需要根据验证大纲及各部门的特殊需求,再结合车辆的状态,制定相应的验证节点。

3)冲压、焊装、涂装及总装的生产线调试、通过性验证、生产工艺验证等验证工作,需要与整车生产验证同步进行。

表 6-1 整车样车数量及用途示例

分类①	车型代号	用途②	总计	试制阶段②			使用部门	是否外发	使用周期（D）
				第一轮	第二轮	第三轮			
EV	EV1	动力性经济性	3	1	1	1	性能开发	否	15
EV	EV1	EMC 性能试验、无线射频性能试验	2	0	1	1	EMC	是	10
DM	DM1	底盘调校	3	1	1	1	底盘	否	15
DM	DM1	制动踏板感/制动异响	2	1	1	0	底盘	否	10
DM	DM2	悬架/传动轴异响匹配	2	1	1	0	底盘	否	10
EV、DM	EV1、DM1	冬季、高原匹配、平顺性精细匹配、海南夏季试验	2	0	1	1	性能开发	是	15
EV、DM	EV1、DM1	冬季/夏季匹配	2	0	1	1	性能开发	是	15
DM	DM1	功能匹配（测试、调试）	3	1	1	1	性能开发	否	15
DM	DM2	NVH 匹配	2	0	1	1	NVH	否	5
EV、DM	EV1、DM1	碰撞安全试验	2	0	2	0	整车集成	否	5
其他	—								

① 分类可填写 EV（纯电）、DM（混动），或者用其他符号表示。
② 用途与试制阶段对应关系可根据实际情况自行调整。

表 6-2 整车试制计划示例

序号	用途	配置				车身颜色	内饰颜色	拟定焊车开始时间	拟定装车开始时间	拟定装车结束时间	需求时间	需求部门	使用时间
		配置1	配置2	配置3	其他								
1	电池系统验证	1	—	—	—	黑色	棕色	2023 年 12 月	2023 年 12 月	2024 年 1 月	2024 年 1 月	高压	3 个月
2	驾驶性能匹配	—	1	—	—	白色	黑色	2023 年 12 月	2023 年 12 月	2024 年 1 月	2024 年 1 月	整车集成	3 个月
3	其他												

2. 试制方案制定

根据样车数量、样车用途及试制计划制定试制方案，见表 6-3。试制方案中包含试制阶段、生产数量、生产场地、生产方案、所需工艺文件、试制车伪装方案和特殊要求等信息。

表 6-3 试制方案示例

序号	试制阶段	生产数量	生产场地	生产方案	所需工艺文件	试制车伪装方案	特殊要求
1	第一轮	5	A 市	改制	工艺规程、特殊清单、工艺流程	重度伪装	等电压、等电势检测
2	第二轮	10	B 市	改制	特殊清单、扭矩清单、工艺流程、作业指导书、PFMEA	重度伪装	无
……	……	……	……	……	……	……	……

1）试制生产场地方案：一般情况下，汽车企业有若干个生产基地，设计开发部门与生产基地往往处于不同的城市或地区。因此，需要根据试制计划以及场地条件，明确试制场地，兼顾设计方案验证和工艺验证。如图6-3所示，原则上，设计方案验证在研发部门的试制车间或改制车间进行，设计和工艺验证的前一两轮在试制车间进行，到工艺验证阶段则转至生产线进行试制生产。

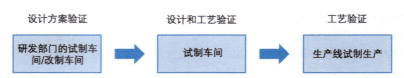

图6-3 试制生产场地方案

2）试制车间生产方案：充分利用试制车间现有的资源制定试制车间生产方案，原则上，可借调生产车间的生产资源，如专用工装、设备等。生产资源的利用方式从生产工序维度可以划分为：

① 冲压、焊装、涂装可以利用现有量产车间的生产资源，这样既能迅速完成生产线、模具、焊装夹具等调试验证，又能最大程度减少额外投资。

② 总装新增工装（工艺装备）、工具、设备可以借调至试制车间，既能保证试制生产，又能在工装、工具、设备上生产线前完成调试、验证工作。进行总装生产线通过性验证时，可借调其他车间完成验证的样车或试制车间的样车。

3）试制工艺文件方案：当车辆在试制车间生产时，试制工艺文件由试制工艺人员编制；当车辆由试制车间转到量产车间进行生产时，工艺文件则由工艺技术人员编制。工艺文件包含工艺规程、特殊清单、扭矩清单、工艺流程、作业指导书、PFMEA等，并在后续的生产过程中完成验证。

4）试制车伪装方案：新车型未上市前，样车的外造型处于保密状态，需要对样车的外造型进行伪装。各企业对样车试制至量产阶段都有详细的伪装等级划分及相应的伪装要求，需要根据样车的开发等级、涉及的外造型进行伪装要求确认，制定相应的伪装方案。其中汽车伪装等级主要分为轻度伪装、中度伪装、重度伪装，如图6-4所示。

① 轻度伪装：对涉及新开发设计的外造型特征线进行伪装。
② 中度伪装：对涉及新开发设计的外造型进行伪装。
③ 重度伪装：整车全面进行伪装，只能看出基本轮廓。

a) 轻度伪装　　　　b) 中度伪装　　　　c) 重度伪装

图6-4 试制车伪装方案示意

6.1.2 试制生产

试制生产是指样件试制、样车试制、整车试制，以及整车物料清单（Bill of Material，BOM）编制等一系列活动，目的是查找设计缺陷、验证生产工艺、固化产品设计和生产工艺，直至达到批量生产要求。

1. 试制 BOM 开发

根据制定的试制计划进行试制 BOM 的开发，用于该试制阶段的备料和生产。试制 BOM 的开发流程如图 6-5 所示，大致分为五个阶段。

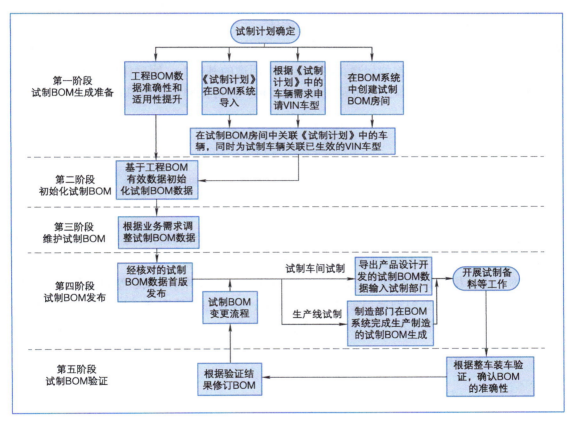

图 6-5 试制 BOM 开发流程

1）试制 BOM 生成准备：根据试制计划，将配置车型、车辆外饰及内饰颜色、选装配置等转化为 BOM 系统可识别的语言，然后创建试制 BOM 管理单元及申请试制 VIN 车型。

2）初始化试制 BOM：在对应的试制 BOM 管理单元内初始化试制 BOM 数据，产生试制 BOM。试制 BOM 的特点是单车 BOM，即一辆车对应一个 BOM。

3）维护试制 BOM：结合该阶段汽车产品开发情况，维护试制 BOM 数据，确保试制 BOM 与最终装车实物保持一致。

4）试制 BOM 发布：发布首版已核对完成的试制 BOM 数据，发布流程经研发、制造相关人员会签确认。发布完成后，导出产品设计开发的试制 BOM 数据输入试制部门，生产制造的试制 BOM 数据由制造部门接收，并相应转化成各种工艺文件，同时进行备料等相关工作。

5）试制 BOM 验证：根据整车装车验证，确认 BOM 的准确性，即确认物料数量是否匹配、是否有零部件遗漏、零部件与实际需求是否匹配等。根据验证结果修订 BOM，避免下批次装车出现问题。

2. 样件试制

样件主要用于替代量产件进行结构、功能、生产工艺验证，或者暂时替代不能按计划到位进行生产验证的零部件。样件试制是在批量生产前，用最小的代价（成本、时间），对样件进行各类验证（生产工艺性、零部件功能性、工艺问题解决方案等），使批量生产时样件质量处于稳定状态、生产工艺达到最优状态、生产节拍逐渐爬坡达到设计的节拍状态。为此，需要先明确样件试制的用途，在满足基本用途的基础上，明确样件来源、材质、加工方案，从而实现加工成本、时间周期最优的目标。样件试制流程如图 6-6 所示。

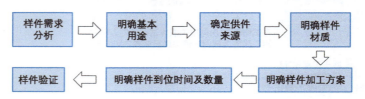

图 6-6 样件试制流程

当前，样件周期要求越来越短，可以采用 3D 打印、快速模件等方式，快速完成样件试制验证。为此，样件试制中需要综合考虑零部件结构、用途、使用环境和使用周期，并结合成本，选择相应的材料和工艺。其中 3D 打印是将原材料（金属、塑料、陶瓷等材料）通过打印设备按照数据模型层层堆叠，形成实物，具有加工效率高、加工难度小等优势，是最为常见的样件制作方式，其工艺路线如图 6-7a 所示，卡钳 3D 打印示例如图 6-7b 所示。

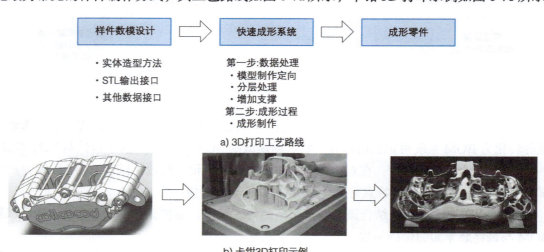

图 6-7 3D 打印

3. 样车试制

样车指新车型的样品车，样车试制是通过制造样品车，对新车型进行各种评价、性能试验和改进等。研发部门一般根据样车试制和试验，改进设计和工艺，实现设计最优、尺寸合理、质量合格和成本最低的目标。样车试制流程如图6-8所示。

图6-8 样车试制流程

样车根据用途主要分为耐久验证样车、碰撞测试样车、外观评审样车，主要特点如下：

1）**耐久验证样车**：用于验证零部件及整车耐久性能，如图6-9a所示。因耐久验证样本的验证测试环境比一般用车环境恶劣，所以装配零部件多用标准件拧紧固定；而标准件在整车开发过程中出现问题频次相对较高，因此，需要重点管控耐久验证样车的拧紧力矩。

2）**碰撞测试样车**：用于各种安全验证，如图6-9b所示。因样车成本昂贵，碰撞测试样车的碰撞测试存在不可逆性，且每一次碰撞测试都关乎潜在的用户安全，所以碰撞测试结果的准确性格外重要。为保证碰撞测试样车质量，开发工程师需要到生产场地点检验证关键零部件装车结果。对于智能电动汽车，则需要重点检验高压安全部件，包括高压电器件连接点、高压电器件接插件、高压电器件搭铁点、碰撞传感器连接点等。

3）**外观评审样车**：分为外造型、内造型评审样车。因保密要求高，这类车辆一般在各汽车企业的造型设计部门进行，对于评审人员的数量和级别都有相应规定。

a) 耐久验证样车

b) 碰撞测试样车

图6-9 不同用途样车示意

4. 整车试制

整车试制是指零部件及整车在全工装状态下，进行冲压、焊接、涂装及总装的一系列生产验证的过程。整车试制同时验证了产品设计和工艺设计，通过验证实现前期设计的各项指标以及质量目标，从而达到量产要求。整车试制可分为四个阶段，如图6-10所示。此外，为了缩短试制周期、减少试制开发成本，各汽车企业一般会根据车型项目的变更程度对整车试制阶段进行调整和整合。

1）第一阶段：全面查找设计缺陷，初步验证生产工艺；确认零部件关键尺寸、性能及功能要求是否满足。

2）第二阶段：固化产品设计和生产工艺。

3）第三阶段：验证生产一致性，即整车产品一致性能否达到批产要求。

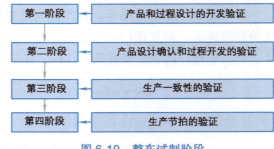

图 6-10 整车试制阶段

4）第四阶段：验证生产节拍，即工艺设施、人员能否达到批产要求。这一阶段同步开始产能爬坡。

6.1.3 试制总结

新车型的试制生产验证不可避免地会出现多种问题。为了避免问题在后续车型项目中复现，各汽车企业通常会在项目量产后进行项目总结，而试制生产验证是判断车型项目设计优良的重要手段，因此也可称为试制总结。通过试制总结，将试制问题纳入问题库，避免后续再次出现；将优秀的试制案例进行推广，促进工作效率提升，完善体系流程。

6.2 整车试制开发

整车试制是试制生产过程中的关键步骤。通过整车试制，可以确认设计要求的正确性、符合性，各项功能、性能及尺寸匹配是否满足设计目标，生产工艺资料是否满足质量要求，生产节拍是否达到设计要求等。整车试制开发流程如图 6-11 所示。

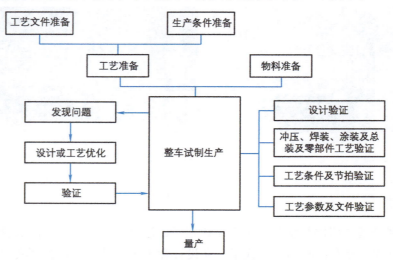

图 6-11 整车试制开发流程

6.2.1 整车试制准备

整体而言，智能电动汽车的整车试制环节与传统汽车并无太大差异。整车试制按照试制场所可划分为两种方式：一种是试制实验室或试制车间试制；另一种是生产线试制。其中试制实验室和试制车间的区别在于：试制实验室多为非流水线式生产，几乎是在一个工位（升降机）上完成各种生产；而试制车间的流水线则是把量产生产线的工位数量减少，保持和量产生产线的形式一致，模拟生产线的生产方式进行生产。这种试制流水线具有如下特点：工位数量相比量产流水线少；关键工装设备、拧紧工具和量产流水线基本无差异；可按照量产流水线的工艺流程进行试制。

试制实验室/车间一般生产耐久验证样车、外观评审样车等保密程度相对较高的样车；生产线试制是为了让生产线员工熟悉生产工艺及设备、工具、工装等验证，以保证车辆满足预定的量产计划节点。无论是实验室/车间试制，还是生产线试制，试制部门都需要按照试制计划进行相关准备工作，具体内容见表6-4和表6-5。

表6-4 试制实验室和试制车间试制准备

工艺种类	准备内容
冲压	软模模具开发、单件尺寸公差、外观件质量评估标准等
焊装	柔性夹具开发、"焊接工艺卡""焊接工艺流程"等
涂装	涂料配方调试、"车体涂胶报告"等
总装	试制工装开发、"总装工艺卡""总装工艺流程"等

表6-5 生产线试制准备

工艺种类	准备内容
冲压	硬模模具开发、压机设备调试等
焊装	工装夹具开发、"焊接工艺卡""焊接工艺流程"、焊接机器人调试等
涂装	涂料配方调试、"车体涂胶报告"、涂装机器人调试等
总装	工具采购、总装工装开发、"总装工艺卡""总装工艺流程"、工装工具设备调试

试制准备分为工艺准备和物料准备。工艺准备主要分为工艺文件准备和生产条件准备两类。其中，工艺文件一般分为试制工艺文件和量产工艺文件。试制工艺文件又分为试制实验室或试制车间使用的工艺文件以及生产线试制的工艺文件。试制工艺文件与量产工艺文件的区别是，量产工艺文件是试制工艺文件经过验证后、固化的工艺文件。生产条件准备指的是冲压、焊装、涂装及总装的各种工艺设施准备工作。物料准备需根据BOM完成各类零部件的准备工作。

6.2.2 整车试制生产

整车试制根据试制场所不同，验证内容及作用也不尽相同。试制车间的设备相比生产线较为简单，主要验证设计方案、工艺可行性，更侧重于快速交付样车来保证性能验证工作正常开展；而生产线试制在保证样车交付进度的同时，还需要验证生产工艺可行性、生产线设备可靠性、BOM 完整性和准确性。无论是试制车间的生产验证，还是生产线的生产验证，整车试制生产验证的流程都大致相同，如图 6-12 所示。在生产准备完成后进行验收，即物料验收和工艺验收；验收结束后进入生产验证，并对生产验证中发现的问题进行确认和整改。

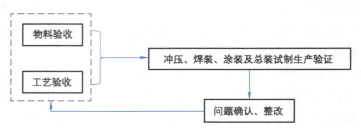

图 6-12　整车试制生产验证流程

1. 试制生产过程

整车试制的每个阶段根据实际情况会有一轮或多轮的试制生产，此过程包含零部件采购和验收、生产条件验收和试制问题整改等步骤。

1）*零部件采购和验收*：小批量试生产前的验收一般是在试制生产前一周进行。验收前，供应商需要对零部件进行检测和试验，形成尺寸、材料、功能和性能等方面的检测试验报告，并通知研发团队相关人员准备组织验收工作。研发人员根据试制阶段和产品状态，组织品质部门、制造部门和供应商对零部件进行验收，验收合格的零部件可以入库。

2）*生产条件验收*：制造部门对冲压工厂模具、检具，焊装的焊装线、输送线，涂装的涂装线、输送线，总装的输送线、工装、工具和设备进行验收；对试制车间的专用工装、工具进行生产条件的验收及确认，确定满足试制生产需求。

3）*试制问题整改*：是对试制过程中零部件验收和四大工艺试制等过程中的工艺问题以及工装、工具、设备和生产线的匹配问题进行整改，并在整改后再次验证，确认整改完毕的过程。

2. 试制生产内容

试制生产内容是不同专业、不同部门进行整车试制生产，以此验证能否达到设计要求，以及对试制问题进行整改、确认，保证生产节拍、质量、良品率逐步达到量产要求，包括冲压、焊装、涂装、总装以及整车各个零部件如何从试制逐步实现量产的具体验证内容。

1）*冲压试制生产*：按照工艺流程图、作业指导书、检验作业指导书的内容及要求进行生产，包含冲压模具验收、生产线调试、冲压模具验证。冲压件自身的质量是制约车身质量的一个重要因素，而冲压件质量是由冲压模具决定的，因此冲压试制生产的主要内容就是模具调试生产内容,如图 6-13 所示。试制模具调试中,冲压件极易发生成形问题,常见的有起皱、开裂、回弹和滑移线等表面质量问题,同时也伴随孔位及主要形面关键点不满足设计尺寸要求的质量问题。模具调试完成后,通常通过涂色法对模具进行研配,研配的主要目的是减小零部件公差,提升零部件的合格率。涂色用料有蓝油和红丹两种:对表面质量要求高的冲压件,如翼子板、机舱盖和侧围等优先选用蓝油;对表面质量要求不高的冲压件,如车身地板、各种内板等,可以选用红丹。

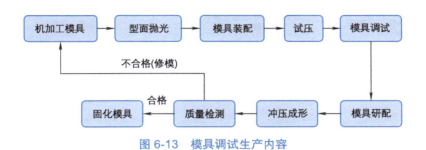

图 6-13 模具调试生产内容

2)焊装试制生产:根据 PFMEA、试生产控制计划、试生产焊装作业指导书和试生产检验作业指导书进行工艺生产验证,并根据工装夹具、检具、物流车和产线的设计开发要求及质量要求进行生产调试验证。汽车白车身是由几百个冲压零部件拼焊而成的多层次结构,焊装则是指白车身的焊接。在焊装夹具设计之前,按照逐级拼焊的流程,制定白车身分块方案以及明确各分块中的焊点数量、位置,并按照车身分块方案来设计焊装工艺流程及焊装夹具。焊装试制生产的主要内容是验证焊点强度、焊接工艺性和焊接精度能否满足设计要求。通过试制生产验证,可以让焊装夹具保证所属焊装零部件的相对位置和焊接件的尺寸精度,减少焊接过程中的零部件变形,以达到量产阶段的质量要求。

3)涂装试制生产:根据试生产工艺文件,即控制计划、作业指导书、过程检验作业指导书和初始物料清单,进行涂装试制生产。在试制生产过程中,完成涂装生产线通过性验证(工装、滑橇)、喷涂机器人工艺参数验证确认、车型颜色验证确认、彩车身防腐验证等验证内容,最终达到量产要求。

4)总装试制生产:总装试制生产分为两个阶段:第一阶段在试制车间进行生产;第二阶段在生产线进行试制生产。

① 总装试制生产的第一阶段是在试制车间进行,其生产工艺流程如图 6-14 所示。此阶段根据试制车间生产过程流程图、PFMEA、特殊特性清单、试生产控制计划、试生产试制作业指导书和试生产检验作业指导书,进行装配生产。在试制生产过程中,需要验证相关工艺文件的正确性、合理性,如零部件结构合理性、正确性、关键尺寸匹配性及特殊要求能否满足,硬件功能能否实现,软件功能有无缺陷,电控匹配件有无安全、法规及基本功能缺陷,整车关键力矩正确性与是否存在衰减,以及试制整车 BOM 的准确性。本生产阶段采用的工装均是简易工装,或者调配总装已经设计、生产制造完成的工装。生产完成后,应确认总装试制车间验证情况,各项质量问题整改进度与总装工装、设备、工具及生

产线完成程度，针对生产线上的工装、工具、设备等未开发完成，无法满足生产验证的情况，如果可以制定临时措施，满足生产验证，之后即可转至总装生产线进行生产。

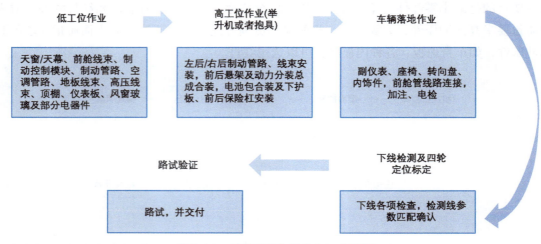

图 6-14　总装试制车间生产工艺流程

② 总装试制生产的第二阶段是在生产线进行，按照总装生产线工艺规划进行工艺流程排布，进行整车工艺性验证生产。与试制车间不同的是，生产线试制生产的所有试生产工艺文件均应按照量产的生产标准进行工艺文件编制，以指导实际生产和工艺参数验证。生产验证内容包括生产工艺流程验证、工具验证（电动工具、拧紧轴、特殊工具等）、工装验证（所有总装生产需求的工装，如电池包分装托盘、前后动力总成分装托盘、仪表板分装工装、热管理模块分装工装、制动控制模块分装模块等）、整车生产材料验证（车衣、漆面防护膜、防脏脚垫等）、设备及工艺参数验证（机油、防冻液、冷却液、制动液、制冷剂等设备加注及工艺参数验证）、电检设备验证（配置字、各种标定）、检测线验证（四轮定位、灯光、淋雨等）、物流配送验证和 BOM 验证等。此外，还需要进行整车极寒、极热、耐久及功能验证，整车试乘试驾，外观评价等过程中试验问题的整改验证等，直至所有要求达到量产目标。在实际的试制生产过程中，部分试制问题整改周期较长，随着车型换代及迭代更新的速度越来越快，为了进一步减少试制成本，可以采用周期较短的试制生产新技术来实现问题整改验证。

3. 试制生产新技术应用

试制生产中，有些问题的解决方案需要进行实物验证来确认其可行性，但是采用实物验证所需的周期较长、成本较高。此外，目前对装配工艺性进行分析的仿真软件，其仿真结果与实际仍存在偏差，导致工艺分析不够准确、有效，验证效果达不到预期。因此，为使仿真验证与实际符合度满足设计要求，实现精准的工艺验证及分析，部分车企在解决试制生产问题时，引入了虚拟现实技术，即 VR 技术。车企将 VR 技术与常规的 3D 打印技术结合，引入试制生产，解决各类装配工艺问题，如图6-15所示。随着科技的进步，以及数字技术的迅速发展，VR技术将成为试制生产验证的一种趋势。

6.2.3 整车试制生产问题及工程变更管理

在试制生产过程中会暴露出各种问题，为了对这些问题进行分类，以及快速推进整改，且保证整改措施有效，需要建立试制生产问题管理流程来实现。同时，试制问题的

图6-15 VR技术在试制生产的应用

整改往往伴随着工程变更，因此也需要相应的工程变更管理流程。形成统一完善的问题管理标准，规范试制生产问题记录及关闭流程，能促进项目品质提升，更好地保障试制生产过程高效开展。

1. 试制生产问题管理及流程

对于在试制生产过程中发现的各类问题，需要在有限的时间和条件下，优先解决重要问题，因此区分问题等级尤为关键。质量问题分类分级可参考表6-6。同时，也需要对问题的属性进行划分，明确问题是属于设计类问题、供应商制程问题还是整车制程问题。造成问题的原因中只要有一项属于设计原因，即为设计类问题；不含设计类问题，造成的原因为简单、易见的产品质量问题，即为供应商制程问题；未严格执行整车工艺规范、生产作业标准和违规操作等，因执行或管理导致的质量问题，即为整车制程类问题。以上问题分别由产品开发设计部门、供应商、工艺部门主导解决。各车企的试制生产问题管理流程大致如下：问题记录→问题确认→问题下发→问题分析→永久措施和验证计划（永久措施未执行前的临时措施也同步明确）→措施落实及效果验证→问题关闭。

表6-6 质量问题分类分级表

问题等级	影响	标准：后果的严重程度（对用户的影响）
S类	不符合安全性或法规要求	影响了汽车安全运行（如失效发生时无预警），或者包含不符合法规要求的情形
A类	基本功能丧失或降低	基本功能丧失或降低，如非常明显的异响、外观不良等问题，大多数用户会投诉或抱怨
B类	次要功能丧失或降低	次要功能丧失或降低，如舒适度、便捷性能下降等问题，少数用户会投诉或抱怨
C类	干扰	此类问题的存在会让用户感觉车辆有缺陷，细节做得不够完善

注：同一质量问题如果批量出现，则严重等级度上升一级。批量问题是指同一批次或同一时间段的产品，存在故障或风险的产品数量比例为5%以上或50车（含）以上。

1）问题记录：将试制生产各阶段过程中暴露的问题进行记录，并对问题的现状进行详细描述，便于后续质量管理人员进行问题属性识别和划分。

2）问题确认：根据质量管理人员划分的问题属性，各责任部门进行确认。

3）问题下发：责任部门将问题明确至具体的责任人。

4）问题分析：责任人对问题的根本原因进行分析、排查和确认，判定问题属性。

5）永久措施和验证计划：依据根本原因制定临时措施和永久措施的验证计划。问题属性是 S/A 类的，永久措施一般需要由专家、项目经理确认后方可推进。

6）措施落实及效果验证：根据永久措施验证问题，并组织相关问题提出人确认问题整改效果。

7）问题关闭：试制问题关闭以实车验证结果为准。

2. 试制生产工程变更管理及流程

工程变更是指来自内部或外部对产品、工艺方法、工艺流程、工装和生产设备等的变更。在试制生产过程中，工程变更不仅是对现有的质量问题进行整改，还包含对产品进行改进或优化（配置变更、功能性能提升）、来自供应商的变更需求、法律法规变化等带来的变更，其中，产品设计变更为该过程主要的工程变更。工程变更管理流程如图 6-16 所示。

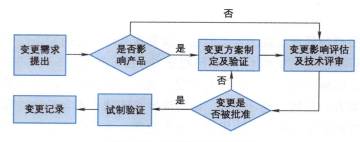

图 6-16　工程变更管理流程

1）变更需求提出：一般由主动变更方担当或项目经理指定变更发起部门，其他部门配合变更。

2）变更方案制定及验证：变更发起方组织技术团队识别变更涉及的系统或零部件，制定一个或多个变更方案，同时对变更方案进行验证。验证包含但不限于仿真模拟验证、样件试制等。

3）变更影响评估及技术评审：变更发起方组织变更会议对变更内容进行影响分析评估和评审。

4）试制验证：变更经过批准后，由变更发起方实施变更，并对变更后的产品、工艺、工装设备等进行试制验证。

5）变更记录：变更发起方对工程变更中所有的评审过程、验证结果、风险分析及变更措施进行相应的记录。

6.2.4　整车试制安全注意事项

智能电动汽车与传统燃油汽车在研发过程中的试制工作无太大差异，但由于智能电动汽车使用高压电作为动力来源，因此在试制过程中需重点关注高压安全问题。整车试制中的安全注意事项如下：

① 高压电器件（电机、电控、高压电池包）在车身钣金上的搭铁点均要求保证良好的导电性。

② 高压电器件在来料前、装配前均需要进行高压安全检测。

③ 保证搭铁或高压电器件端子螺栓连接处的导电性。

④ 先完成所有高压接插件连接，再进行低压电源连接，最后进行低压蓄电池负极线束与蓄电池连接。

⑤ 高压电池包存储应注意充放电接插件的防护，防止因误碰形成通电回路，引发安全事故。

⑥ 智能电动汽车试制生产必须严格按照《高压安全检测规范》执行，避免出现不可预估的安全事故。

《高压安全检测规范》应根据工业和信息化部于2017年发布并在2020年修改的《新能源汽车生产企业及产品准入管理规定》（工业和信息化部令第39号）中对整车项目电性能（电压、电流、绝缘电阻）及高压电安全的检测要求制定。高压检测对象见表6-7。高压检测流程如图6-17所示，主要包括零部件检测、电位均衡检测、高压系统检测、充电/放电系统检测和淋雨涉水检测。

表 6-7 高压检测对象

检测对象	整车高压系统	整车交流充电系统（慢充）	整车直流充电系统（快充）	动力蓄电池
检测项	绝缘电阻 耐压性能 电位均衡连续性	绝缘电阻 耐压性能 泄漏电流 电位均衡连续性 充电功能 OBC放电功能	绝缘电阻 耐压性能 电位均衡连续性 充电功能	端口电压 单体蓄电池电压差 SOC（剩余电量）

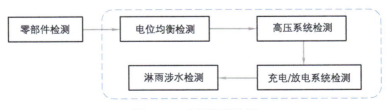

图 6-17 高压检测流程

① 零部件检测：由厂家进行零部件检测（动力蓄电池厂内需要复检），其中动力蓄电池安全性能的检测工位为动力蓄电池上线处，且应在安装前进行检测。

② 电位均衡检测：高压部件装配至车身后，在便于电位均衡检测操作的工位上执行，检测约束条件如图6-18所示。

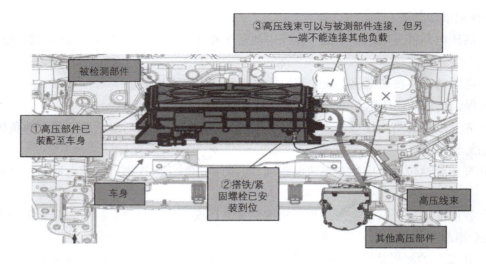

图 6-18 电位均衡检测约束条件示意

③ 高压系统检测：蓄电池处于未连接状态时，不得跨越待测物去操作或调整待测设备，高压系统检测的作业场地应干净、整洁且有明显标识，周边不得有易燃物品等。

④ 充电/放电系统检测：确认整车功能完整后，在蓄电池连接后的工位或下线位置进行充放电系统检测。

6.3 试验验证与管理

6.3.1 汽车试验目的及类型

1. 汽车试验的目的

汽车作为传统的交通工具，实际使用环境非常复杂，需要面临道路条件、天气条件、交通条件等多重影响。另外，随着汽车智能化、电动化的持续推进，汽车产品开发的技术难度进一步提高。在对智能电动汽车产品进行设计开发时，不仅要对产品设计方案进行充分评估、校核，还要考虑到汽车面临的实际使用环境、智能化及电动化带来的新功能体验需求等。然而，目前仅通过理论、仿真评估手段尚无法充分评估风险。因此，在汽车正式大批量生产交付给用户前，必须要进行大量的试验来对汽车产品的性能、风险进行验证，再次确认产品设计定义的合理性，以及是否满足国家法律法规要求、用户体验和使用需求等。从车型开发预研方案的验证，到项目实际开发过程中的造型评价、设计方案评审与验证等，再到车辆试制后的综合性能验证，汽车开发试验贯穿了汽车产品开发的全过程。

2. 汽车开发试验的分类

汽车开发试验可以按照试验对象、试验目的、试验方法、试验地点等进行分类。

(1) 按试验对象分类

① 零部件试验：评价零部件设计参数合理性，工艺质量、功能、基础性能等是否达标。
② 系统试验：评价系统设计合理性，系统功能定义、基础性能等是否达标。
③ 整车试验：评价整车功能是否完备、整车性能是否达标。

(2) 按试验目的分类

① 匹配试验：针对新产品、新技术、新功能，使用创新性的试验方法对产品的功能、性能进行标定、匹配。
② 认证试验：按照国家标准规定的试验方法、试验目标，对产品的功能、性能进行认可性验证，试验结束后出具试验结果认可报告。
③ 质量抽查试验：对经过认证的产品定期进行抽查试验，以考察产品质量的稳定性、产品性能的一致性。

(3) 按试验方法分类

① 主观评价试验：经过专业培训的人员，基于用户实际使用的角度对产品进行静态、动态评价，评价结果反映的是用户直观的驾乘感受。
② 客观评价试验：在特定场地、环境条件下，使用专业测试仪器设备对产品的功能、性能参数进行量化测试。

(4) 按试验地点分类

① 实验室台架试验：在室内实验室的试验台架上，排除外部环境干扰，使用统一的尺度对产品的各项功能、性能进行高精度的测试。
② 道路试验：在不同的实际道路试验条件下，对产品的功能、性能进行全面的考核评价。

6.3.2 汽车开发试验体系与管理

1. 汽车开发试验体系

汽车开发团队将车型开发前期的市场调研、需求分析、产品定位、法律法规等信息转化成汽车产品定义，并根据汽车产品定义设定整车设计开发目标，最后将设计目标分解至相关的系统、零部件。首先从零部件级别开始，需要确保零部件测试合格后再将零部件组成系统；然后对系统进行测试，以验证系统是否能满足各自要求；最后由系统组装成整车，再对整车性能进行综合性试验验证。

与传统燃油汽车相比，智能电动汽车为用户提供了更多智能化、网联化的体验，需要越来越多的车载软件对汽车的功能、性能进行控制。因此，在现有的"零部件层→系统层→整车层"试验验证体系的基础上，智能电动汽车又叠加了软件层的试验验证体系，使得软件的开发、验证与硬件同步进行，如图6-19所示。

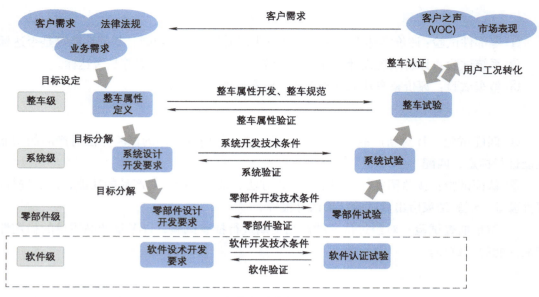

图 6-19　智能电动汽车开发试验流程

由于汽车产品开发涉及多领域且使用环境复杂多变，因此汽车的开发试验体系需要完全覆盖汽车产品的技术特点和使用条件，以确保汽车产品在正式交付用户使用前能得到充分的验证。汽车开发试验体系由多领域的试验评价项目、评价指标、试验方法、实验设施和评价人员构成。按照试验项目的领域不同，试验评价项目又分为多级子评价项目。常见的汽车开发试验评价项目如图 6-20 所示。

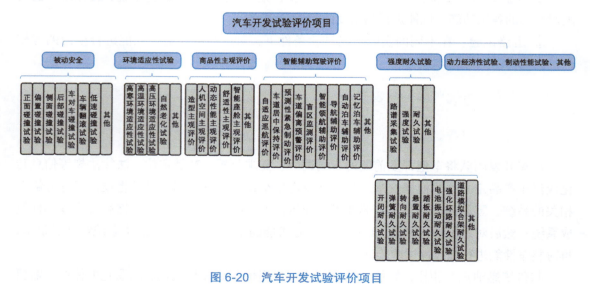

图 6-20　汽车开发试验评价项目

除了传统的汽车开发试验项目外，智能电动汽车中的智能座舱、智能驾驶、三电系统等与智能化、电动化相关的试验验证体系也在逐步建立和完善，汽车开发试验体系变得更加丰富。以智能化的试验体系为例，中汽中心于 2024 年 6 月发布了《中国智能网联汽车技术规程》（2024版），见表6-8。该文件中包含了辅助驾驶、智慧座舱和隐私保护单元，测评结果不仅可以给消费者提供新上市车辆的智能网联性能信息，还有利于车辆智能网联性能和技术水平的提高。

表6-8 《中国智能网联汽车技术规程》（2024版）

评价单元名称	评价项目细分	一级评价指标
辅助驾驶	基础行车辅助	跟车能力
		组合控制能力
		紧急避险能力
		驾驶员交互
	领航行车辅助	主动换道能力
		连续运行能力
	基础泊车辅助	泊入辅助
		泊出辅助
		驾驶员交互
		遥控功能（加分项）
	记忆泊车辅助	一键召唤能力
		一键泊车能力
智慧座舱	智能交互	触控交互
		语音交互
		无线交互
	智能护航	视野智能拓展
		视野防干扰
	智慧服务	迎宾场景
		驾乘场景
		送客场景
隐私保护	网联通信守护	基础安全守护
		攻击防御守护
	个人信息守护	车端敏感个人信息
		车端一般个人信息
		手机端个人信息

2. 汽车开发试验管理

在汽车产品开发过程中，汽车开发试验管理与试验流程紧密结合，主要涉及不同阶段的试验验证项目策划，以及试验评价项目的组织、实施与管理等工作。

（1）零部件开发试验管理

零部件开发试验一般分为DV（Design Verification，设计验证）和PV（Production Verification，生产验证）两部分。

① DV：在零部件产品设计过程中，使用手工件或模具件对前期设计的结构、材料、功能和性能等进行评估。针对试验发现的问题，进行相应的整改和验证，确保零部件产品设计数据冻结以及模具开发顺利进行。

② PV：针对使用批量工装、在批量生产条件下生产的零部件，对其功能、性能进行评价，确保零部件产品能够满足整车的相关要求。

以上大部分零部件开发试验通常由供应商完成，车型开发项目中的产品设计人员需要对零部件试验的准备、计划和过程等进行管控，管控的流程如下：

① 零部件试验开始前，汽车开发人员需要对供应商实验室资质进行审核，涉及实验室测试能力、管理体系、检测规范、操作规程、设备计量检定、人员上岗资质等。实验室经过认可后，才能进行相应的零部件试验。

② 汽车开发人员与供应商双方签订零部件开发试验验证计划，见表6-9。汽车开发人员将产品开发需求说明书（Specification of Requirements，SOR）、产品开发节点等技术要求输出给供应商。供应商按照SOR规定的试验项目、试验方法、评价指标等要求以及产品开发节点制定零部件试验验证计划。

③ 零部件试验开始后，汽车开发人员需要对该过程进行管控。供应商应将试验涉及的原始记录、照片、视频等文件按要求保存。汽车开发人员进行不定期抽查，确保整个试验过程的合规性，还要对试验的进度进行管控，识别进度风险并推动试验按进度完成。对于试验暴露的设计问题、质量问题等，开发人员应及时跟进整改验证情况，以满足零部件产品开发节点要求。

表6-9 零部件开发试验验证计划示例

××项目电动机壳体设计验证计划												
DVP编号：××××						车型：×××			阶段：DV			
编制：负责人1						审核：负责人2			批准：负责人3			
序号	试验项目	试验方法	设计目标	试验目的	试验来源	样品数量	责任方	验证周期	计划完成时间	试验结果		
										实测值	风险判定	报告编号	备注
1	重量	实物称重	≤××kg	实测实物重量是否满足图纸要求	轻量化	3	供应商	年/月/日	年/月/日				
2	尺寸	实测尺寸	符合图纸要求	实测实物尺寸是否满足图纸要求	其他	3	供应商	年/月/日	年/月/日				
3	防腐	中性盐雾试验，按照国家标准GB/T 10125—2021的要求	试验后漆膜表面无起泡、开裂、剥落，腐蚀面积≤××%	验证零件防腐性能是否满足要求	防腐和密封	3	供应商	年/月/日	年/月/日				
4	其他	—											

（2）系统开发试验管理

汽车产品包含车身、底盘、内外饰等多个系统，在进行整车集成匹配验证前，需要确保各系统的功能、性能满足要求。一方面，由于系统开发试验仅涉及系统范围内的零部件，比整车试验成本更低；另一方面，通过系统开发试验可以更有针对性地对系统进行匹配、验证。对于智能电动汽车而言，则需要重点考虑电驱动系统、电子电气架构和智能网联等系统的试验验证。系统开发试验管理流程如下。

1）系统开发试验策划。在整车开发属性完成分解后，系统试验工程师应根据车型的开发范围、系统开发清单等信息确定系统开发试验的管控范围，包括全新开发的系统、涉及重要变更的系统等。然后结合系统设计开发可行性分析报告、系统设计方案、系统开发计划等文件，进行系统开发试验策划。系统开发试验策划应包含系统试验方案、系统开发试验清单、系统开发验证计划等，其中系统开发试验清单以动力蓄电池系统和多媒体系统为例，见表6-10。

表6-10 系统开发试验清单示例

系统名称	试验类别	试验项目	参考标准
动力蓄电池系统	性能匹配试验	低温充放电	企业标准
	性能匹配试验	高温充放电	企业标准
	性能匹配试验	常温充放电	企业标准
	性能认证试验	耐振动	GB/T 31486—2024，企业标准
	性能认证试验	耐冲击	GB 38031—2020，企业标准
	性能认证试验	循环寿命	GB/T 31484—2015，企业标准
	性能认证试验	电气安全	GB 38031—2020，企业标准
	其他	—	—
多媒体系统	性能匹配试验	智能语音试验	企业标准
	性能匹配试验	触控交互试验	企业标准
	性能匹配试验	流畅度	企业标准
	性能匹配试验	车机互联	企业标准
	性能匹配试验	4G/5G 网络	企业标准
	性能匹配试验	云服务	企业标准
	其他	—	—

在系统开发试验计划实施前，需要进行试验相关的准备工作，包括系统试验零部件清单整理、系统试验零部件状态识别、系统试验零部件采购进程跟踪、系统试验资源筹备等，以确保系统开发试验能够按照计划正常实施。

2）系统开发试验计划实施与管控。在系统开发试验所需的零部件、试验设备完成准备后，系统开发试验工程师需要按照系统开发试验方案要求进行试验台架搭建工作，并组织系统设计开发相关人员对试验台架的初始状态进行现场确认，以确保其满足试验方案要求。

试验开始后，应按照系统开发试验清单进行试验验证。系统试验工程师负责系统开发试验的实施、管控，主要工作包括：

① 管控试验进度：跟进试验实施进程，处理试验过程中的突发状况。

② 传递试验问题：整理、汇总、下发试验问题。

③ 试验问题整改验证：参与试验问题整改方案策划，对试验问题的整改情况进行验证。

④ 出具试验报告：当系统开发试验清单规定的试验项目全部实施完毕，且试验问题得

到充分验证、整改后，按要求出具系统试验报告。

（3）整车试验管理

整车试验管理主要包括试验开发团队管理、试验车辆管理、试验预算管理、试验进度管理。

1）试验开发团队管理。在车型项目的启动阶段，由车型项目最高负责人任命试验经理。试验经理负责统筹管理车型开发过程中所有与试验相关的事项，并按照车型开发需求组建试验开发团队。试验开发团队通常包含试验项目主管、主观评价工程师、专项性能试验工程师、道路试验工程师、系统及零部件试验工程师等人员，试验开发团队人员的主要职责见表6-11。

表6-11 试验开发团队人员的主要职责

试验开发团队人员	职责
试验项目主管	负责车型试验进度计划管控、车型试验的组织实施工作、试验预算管理、试验委托及车辆用途管理等
主观评价工程师	负责车型项目开发过程中涉及用户体验评价相关的工作，基于专业角度对设计方案、性能进行主观评价并给出整改意见
专项性能试验工程师	负责车型属性开发过程中专项性能的测试、数据分析、性能评价与验收工作，如动力性、经济性、NVH、操控性能、ADAS、智能座舱等
道路试验工程师	负责在特定场地进行整车道路试验，如整车耐久性、道路可靠性、环境适应性等
系统及零部件试验工程师	负责车型系统及零部件开发试验的组织、策划、实施工作，如动力蓄电池系统、多媒体系统、空调系统等

2）试验车辆管理。依据车型项目的初步开发范围、技术方案、开发一级进度计划等信息，相关方提交试验用车需求，包括试验车辆的用途、类型、数量、周期等。根据汇总的试验车辆需求表（表6-12），试验项目主管对试验车辆进行合理化整合，形成初版试验车辆试制计划书。

表6-12 试验车辆需求表示例

序号	用途	类型	配置	数量	需求时间
1	被动安全	整车	配置1	5	××××年××月××日—××××年××月××日
2	底盘调校	整车	配置2	1	××××年××月××日—××××年××月××日
3	动力性经济性匹配	整车	配置3	1	××××年××月××日—××××年××月××日
4	空调性能匹配	整车	配置3	1	××××年××月××日—××××年××月××日
5	强度耐久试验	整车	配置3	1	××××年××月××日—××××年××月××日
6	冬季试验	整车	配置3	2	××××年××月××日—××××年××月××日
7	公告法规认证	整车	配置1/2/3	3	××××年××月××日—××××年××月××日
8	试乘试驾	整车	配置1/2/3	3	××××年××月××日—××××年××月××日

注：试验车辆数量仅供参考，可根据实际需求进行调整。

试验车辆试制下线后，试验项目主管将负责试验车辆使用的管理工作，包括试验车辆用途管理、保密措施完整度核查、试验车辆资产盘点等，并按照车辆编号、用途、使用时间、当前位置、责任人等维度建立试验车辆管控表，见表6-13。另外，对于借用给供应商进行相关匹配验证的试验车辆，还应签署相关约束协议。

表6-13 试验车辆管控表示例

车辆编号	车辆用途	使用周期	当前位置	责任人	所属部门/系统
E-0001	被动安全	××××年××月××日—××××年××月××日	××	人员1	部门1
E-0002	强度耐久	××××年××月××日—××××年××月××日	××	人员2	部门2
E-0003	底盘调校	××××年××月××日—××××年××月××日	××	人员3	部门3
E-0004	电器功能	××××年××月××日—××××年××月××日	××	人员4	部门4
E-0005	软件测试	××××年××月××日—××××年××月××日	××	人员5	部门5

3）**试验预算管理**。试验费用主要包含试验开发费用、车辆试制费用、试验备件费用等，此外还需要考虑试验车辆相关杂费（物流、临牌与保险、加油与充电等）等，试验预算管控表见表6-14。其中试验开发费用为试验预算中最重要的部分，需要对其进行合理管控。依据车型项目的初步开发范围、技术方案、开发一级进度计划等信息，相关方提报需要进行的试验项目名称和试验次数；试验项目主管基于当前试验检测项目价格、历史车型开发费用等信息，对试验开发费用进行综合评估形成试验开发费用管控表，见表6-15。

表6-14 试验预算管控表示例

类型	费用	发生时间	费用合计
试验开发费	×××	年/月/日/时	
车辆试制费	×××	年/月/日/时	
试验备件费	×××	年/月/日/时	×××
物流运输费	×××	年/月/日/时	
保险与临牌	×××	年/月/日/时	
加油与充电	×××	年/月/日/时	

表6-15 试验开发费用管控表示例

性能	试验项目	试验单价	试验次数	试验总价	预计发生时间
被动安全	正面碰撞	×××	4	×××	年/月/日/时
智能驾驶	AEB	×××	2	×××	年/月/日/时
智能座舱	智能语音	×××	4	×××	年/月/日/时
经济性	纯电续驶里程	×××	3	×××	年/月/日/时
动力性	最高车速	×××	2	×××	年/月/日/时
充电性能	高温充电	×××	4	×××	年/月/日/时
强度耐久性	强化坏路	×××	2	×××	年/月/日/时
环境适应性	冬季试验	×××	2	×××	年/月/日/时
道路可靠性	综合工况	×××	2	×××	年/月/日/时
NVH	车外噪声	×××	3	×××	年/月/日/时
热管理	热平衡	×××	2	×××	年/月/日/时
制动性能	制动距离	×××	4	×××	年/月/日/时
操控性能	稳态回转	×××	2	×××	年/月/日/时

注：试验次数仅供参考，可根据实际需求进行调整。

当试验开发费用获得批准后，相关方按照规定的流程向试验项目主管提出使用申请，试验项目主管评估费用的合理性并进行审批。对于预算外的费用，需要相关方组织评审并进行备案，以便于后续预算增补。同时，定期对试验预算的实施情况进行核算，通常以车型项目开发里程碑节点或年度为周期，对于试验预算超支的项目应及时做出预警。

4）试验进度管理。依据车型项目的开发范围、总开发计划等信息，试验项目主管制定试验相关的二级、三级进度计划，包括试验类型、试验项目、试验时间等，见表6-16。

表6-16 试验进度计划示例

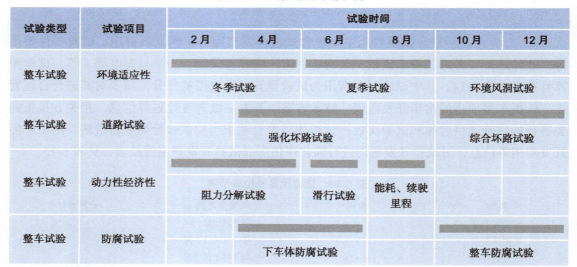

随着车型项目试制工作的开展，汽车产品设计开发相关部门按照整车设计目标及技术规范和试验进度计划开始进行整车级别的功能、性能匹配验证工作。整车的匹配验证需要严格执行项目开发过程中的品质门槛，即在不同品质门槛节点达成对应的阶段目标。整车匹配的过程也是各产品开发相关方相互协作、平衡的过程。对于匹配验证过程中出现的各种问题，车型开发团队需要随时沟通、交流，以确保各方都能达成既定的目标。当出现各方相互无法平衡的问题时，需要车型开发负责人组织相关方制定方案并进行最终决策。

当整车的各项功能、性能目标完成匹配验证和性能摸底试验后，将会对整车进行认证工作，认证的范围包括目标市场准入认证、整车软件认证、整车功能认证、整车性能认证等。当所有认证项目都通过时，代表车辆具备了上市销售的基本条件。

6.3.3 汽车开发试验流程

汽车开发试验流程中各阶段的主要工作内容如图6-21所示。

1. 产品规划阶段

（1）新技术概念验证

在立项研究阶段，针对某些创新性的技术、功能或性能，产品设计开发人员通常会在车型项目规划立项时提前进行概念设计。基于概念设计的主要方案、期望达成的功能或性能目标，试验团队有针对性地策划试验验证方案。当试验验证效果达到预期时，概念设计方案将会正式在车型项目中立项、开发。

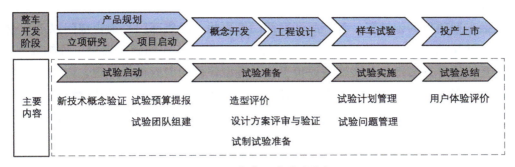

图 6-21　汽车开发试验流程

以某纯电动车型热泵空调系统为例，首先，空调系统负责人对空调系统进行设计，并基于设计方案搭建热泵空调系统台架，进行台架试验，根据台架试验结果对系统进行相应的整改。其次，按照最新的设计方案对试验车辆进行热泵空调改制，将改制后的试验车辆按照空调性能匹配试验进行相应的试验测试。再次，根据实车空调性能试验的结果，输出热泵空调预研报告。最后，汽车开发负责人根据热泵空调实际效果，决策车型开发最终是否搭载该方案。热泵空调系统预研验证过程如图 6-22 所示。

图 6-22　热泵空调系统预研验证过程

（2）试验预算提报及团队组建

在项目启动阶段主要进行试验预算提报和试验团队组建工作。试验项目主管根据车型项目开发策略、开发范围对试验预算进行评估，并对试验车数量进行收集。基于收集到的试验车辆数量，对试验预算进行综合评估汇总，形成试验预算汇总表，并提报给车型项目负责人。当车型开发负责人任命试验经理后，试验经理根据车型开发实际需求对试验团队人员构成进行评估。同时，结合不同工程师的工作经验、工作内容选定各方向的负责人，组建该车型项目的试验团队。

2. 概念开发与工程设计阶段

（1）造型评价

车型项目进入概念开发与工程设计阶段后，车辆的造型方案将首先确定下来，由主观评价工程师根据车辆造型的设计开发进展，策划本阶段的造型评价方案。造型评价面向的群体包括车型项目的领导层、各产品开发部门工程师、品质部门、销售部门以及专业测评人员等，并从油泥造型评价、虚拟样车评价、A面评价、内饰硬模评价、外饰硬模评价、人机交互评价等方面逐步开展造型评价工作。造型评价的内容包括外观、内饰、储物及空间、人机工程、感知质量、交互娱乐等具体项目。造型评价完成后对评价结果进行详细汇总整理，总结具体项目的评价得分、优势、劣势以及整改建议，形成主观评价分析报告。

（2）设计方案评审与验证

随着造型工作的逐步推进，产品的设计方案也开始有序展开。在此阶段，车型的设计方案会经历多轮评审，参与评审的人员来自不同专业方向，从各自的专业角度对设计方案进行可行性评估。试验团队在此过程中的主要工作是参与设计方案评审、策划，以及实施设计方案验证。试验团队应从试验验证角度，结合以往车型试验验证经验、当前试验标准要求等方向对设计方案进行评估，并根据评估结果对设计方案的优化方向给出建议。

（3）试制试验准备

产品设计方案数据冻结后，车型项目将进入产品开发阶段，在此阶段末期开始对试制阶段的试验验证方案进行策划。

试验验证方案的策划应基于车型的设计目标、产品设计方案、潜在风险、历史问题规避清单等内容进行综合考虑。试验项目范围包括关键零部件台架试验、系统与总成台架试验、整车功能/性能匹配试验、整车认证试验等。试验验证方案需要经过车型项目相关方内部评审和车型开发负责人审批，并作为试验指导文件应用于车型开发的下一阶段。

在试验验证方案确定后，逐步开始进行试验准备工作，主要内容包括试验备件BOM整理、试验备件采购、试验备件到件计划跟进等。特别是在试制零部件陆续到件时，需要对零部件的质量、状态进行识别。对于尺寸参数、制造工艺、质量不合格的零部件，应提前进行筛选，避免零部件质量不合格而导致的试验失败或重复试验等情况发生。另外，涉及长周期、新建试验能力等资源紧张的试验，需要提前协调试验资源，确保试验开始后试验资源能够满足试验验证的需求。

在此阶段，由于车型的设计方案、开发范围会发生变更，因此需要重新对各产品开发部门的试验车辆需求进行收集确认。基于最新的收集结果，整合各方用车时间、数量、周期等，确定最新的试验车装车数量、装车顺序。同时，不同产品的开发周期不同，导致试验车辆在试制初期部分零部件、系统的状态参差不齐。因此，需要结合零部件、系统到件状态对受影响的试验车辆进行延期可行性评估。针对无法延期装车的试验车辆，通知相关方协调供应商加快产品开发进度，保障零部件系统状态。将最终确认的试验车辆数量、装车顺序、试验进度计划等信息与试制计划合并形成车型项目的试制试验计划，项目组成员统一按照上述计划进行试制、试验准备工作。车型试制试验计划制定过程如图6-23所示。

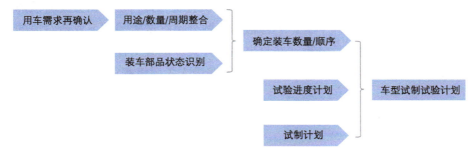

图6-23 车型试制试验计划制定过程

3. 样车试验阶段

随着第一台试制样车的下线，样车试验阶段的试验验证工作便正式开始。在此阶段，试验开发的主要工作是对零部件、系统及整车进行功能、性能验证，以确保整车能够正常进入量产阶段。按照样车试制试验计划，试验项目主管将试验样车陆续交付给不同的使用方，设计开发人员基于试验计划对试验样车进行匹配、验证工作。

（1）试验计划管理

基于整车开发里程碑制定的试验二级计划，试验团队将不同的试验项目、试验车辆、实验室资源进行匹配整合，形成初版的车型开发试验计划，见表6-17。按照试验计划规定的试验时间，责任工程师将进行试验准备工作，确保试验车辆、实验设备等准备就绪。

表6-17 开发试验计划表

序号	一级试验项目	二级试验项目	参考标准	设计目标	需求完成节点	试验时间	实验室	试验结果	责任工程师
1	基本参数	尺寸参数	GB/T 19234—2003	长：4720mm 宽：1830mm 高：1450mm	年/月/日/时	年/月/日/时	基本参数实验室		人员1
2	法规符合性	车外凸出物检查	GB 11566—2024	符合标准要求	年/月/日/时	年/月/日/时	法规实验室		人员2
3	其他								

在车型项目实际试验开发的实施过程中，难免存在突发状况，如试验车辆突发故障、车辆设计定义变更、实验设备故障等。另外，由于车型试验开发存在车辆状态不稳定、性能参数变化等问题，可能导致试验结果并不能满足设计目标，需要针对不达标原因进行针对性整改验证。因此，试验团队需要对试验计划进行动态调整，合理利用实验资源。

（2）试验问题管理

随着试验的不断进行，汽车开发的试验问题也不断出现，其原因各不相同，有的是由于设计方案不周全，有的是由于生产制造工艺问题，有的是由于系统之间交互定义冲突等。

针对这些试验问题,需要进行有效的管控,并确保在车型正式量产前得到解决。

目前主流整车企业对于试验问题的管控都建立了相应的问题管控机制,大致流程如图6-24所示。试验员提出试验问题后,一般需要试验工程师再次确认并完善故障信息,然后将试验问题上传至问题管理平台。平台根据问题分类将试验问题下发给对应的责任工程师,责任工程师针对问题进行分析,并给出整改方案。试验工程师根据整改方案,对试验问题进行验证。当整改方案验证有效后,试验问题进入关闭流程。

图 6-24 试验问题管控机制流程

为了确保每个试验问题都能够及时、有效地得到解决,需要及时跟进试验问题进展。涉及多个产品系统协调的问题,还需要组织专项会议讨论解决方案。试验问题的管控采用管控表的形式,可以直观地了解每个问题的具体进展情况,见表6-18。

表 6-18 试验问题管控表

序号	问题等级	问题分类	问题描述	发生时间	问题发现者	原因分析及进展	责任工程师	当前状态
1	B	多媒体	车辆行驶过程中,驾驶人无任何操作,智能语音助理误唤醒	年/月/日/时	人员1	问题数据分析中	人员3	分析中
2	A	动力	HEV/SPORT模式,SOC 19%,车速73.0km/h,快速踩下加速踏板起步及加速时,发动机轰鸣明显,但车辆提速无力	年/月/日/时	人员2	空调未响应热管理需求,导致电池温度过高,限制电池功率;更新空调软件验证	人员4	验证中
3		其他						

注:问题等级S指不符合安全性或者法规要求;问题等级A指基本功能丧失或降低;问题等级B指次要功能丧失或降低;问题等级C指干扰。

4. 投产上市阶段

车型量产投入市场后,会陆续接收到用户体验评价相关的售后问题。试验团队根据售后问题清单,筛选识别出车型开发过程中试验未涵盖的内容,结合售后的工况进行问题复现,并将此工况纳入后续车型项目开发过程的试验体系中。

例如,早期的电动汽车大多基于燃油车底盘平台开发,其电池布置受到限制,即电池在车辆底部凸出很大空间,导致离地间隙变小,同时对于电池防护场景、验证方法缺少经验。用户在实际用车过程中出现了很多动力蓄电池被剐蹭、磕碰的情况,严重影响了用车体验。针对这种情况,汽车研发人员结合用户的反馈对具体工况进行现场调研、分析,将典型的剐蹭、磕碰场景转化为实验室内部的验证方法,并将此类工况作为电池防护的强制性试验进行验证,具体转化试验过程如图6-25所示。

第 6 章 试制与试验验证

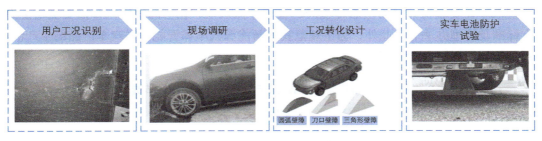

图 6-25 电动汽车电池磕底工况转化试验过程

6.4 型式认证试验与公告

汽车主管部门依据相应法律法规、标准和管理要求对汽车整车、零部件和系统建立了汽车型式认证制度。汽车产品通过认证是上市及运营的前提，由于认证工作存在一定周期，因此，为确保汽车产品最终顺利上市，在项目初期应对认证计划进行制定，并在整车试制及验证阶段开展产品认证工作。

6.4.1 汽车认证制度概述

我国汽车主管部门于 1985 年起开始实施车辆生产目录管理，当前，我国汽车产品认证制度包括国务院组成部门和直属机构直管及各级地方政府部门直管两个层级，如图 6-26 所示。其中，我国汽车市场监管和准入管理制度主要由国家市场监督管理总局负责实施的强制性产品认证（China Compulsory Certification，CCC）、工业和信息化部负责实施的道路机动车辆生产企业及产品准入（公告）、生态环境部负责实施的整车环保认证组成。除了国家对汽车产品的准入规定，在部分地区还有地方性的汽车产品准入管理规定，例如，在北

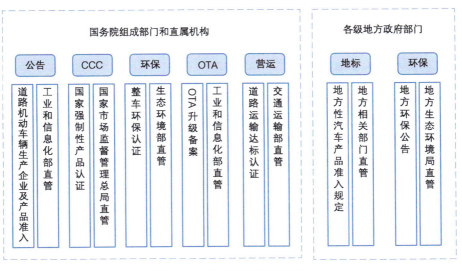

图 6-26 汽车产品认证制度

京销售汽车需要获得北京市生态环境局的整车环保认证,在上海销售汽车需要满足上海市地方标准及管理办法等。此外,为了规范我国新能源汽车和智能网联汽车产品的生产活动,汽车主管部门还制定了专项的准入管理规定,见表6-19。

表6-19 我国智能电动汽车产品准入管理规定(节选)

发布年份	发布单位	文件名称	政策要点
2017	工业和信息化部	《新能源汽车生产企业及产品准入管理规定》	对新能源汽车企业和产品的准入管理做出了规定,在2020年进行了修订
2021	工业和信息化部	《关于加强智能网联汽车生产企业及产品准入管理的意见》	加强智能网联汽车生产企业及产品准入管理,明确汽车数据安全、网络安全、在线升级等管理要求
2021	国家互联网信息办公室、国家发展和改革委员会、工业和信息化部、公安部、交通运输部	《汽车数据安全管理若干规定(试行)》	汽车数据处理者在开展汽车数据处理活动中应坚持"车内处理""默认不收集""精度范围适用""脱敏处理"等原则,减少对汽车数据的无序收集和违规滥用
2022	工业和信息化部	《关于开展汽车软件在线升级备案的通知》	工业和信息化部装备工业发展中心组织开展汽车软件在线升级(又称OTA升级)备案工作
2022	深圳市人民代表大会常务委员会	《深圳经济特区智能网联汽车管理条例》	我国首部规范智能网联汽车管理的法规,对智能网联汽车的道路测试和示范应用、准入和登记、使用管理等做了全面规定

与我国的型式认证制度相比,其他国家的汽车产品认证制度具有一定的差异性,其中欧盟和美国是其他国家建立认证制度的主要参考。欧盟采取的是型式认证,认证标准是欧洲统一的ECE法规,此外还实行自愿召回制度,即企业发现产品问题后上报备案进行召回,若故意隐瞒,则面临高额罚款。美国采取的是自我认证,由汽车生产商对进入当地市场的汽车产品自行负责,美国政府则执行监督管理工作,对不符合美国技术法规的产品实行召回制度。

1. 新能源汽车准入管理规定

为规范新能源汽车生产活动,保障我国新能源汽车产业持续健康发展,根据《汽车产业发展政策》等有关规定,工业和信息化部于2009年发布实施了《新能源汽车生产企业及产品准入管理规则》。但随着新能源汽车市场快速发展和技术水平的提升,该文件已不能满足管理需要。为解决新能源汽车产业安全风险凸显、准入条件低等问题,工业和信息化部于2017年发布实施《新能源汽车生产企业及产品准入管理规定》(简称《管理规定》)。随着国内外形势的发展变化,为更好适应我国新能源汽车产业发展需要,进一步放宽准入门槛,对《管理规定》进行了修改,并于2020年发布了新的《管理规定》。其中规定了新能源汽车产品准入的专项检验项目,包括电池、电机、电控、电动汽车安全、电磁场辐射、能耗等19个检验项目,见表6-20。

表 6-20 新能源汽车产品专项检验项目及依据标准

序号	检验项目	标准编号	标准名称
1	储能装置（单体、模块、电池包）	GB/T 18333.2—2015	电动汽车用锌空气电池
		QC/T 741—2014 第1号修改单—2017	车用超级电容器
		GB/T 31484—2015	电动汽车用动力蓄电池循环寿命要求及试验方法
		GB 38031—2020	电动汽车用动力蓄电池安全要求
		GB/T 31486—2024	电动汽车用动力蓄电池电性能要求及试验方法
2	电机及控制器	GB/T 18488—2024	电动汽车用驱动电机系统
3	电动汽车安全	GB 18384—2020	电动汽车安全要求
4	电磁场辐射	GB/T 18387—2017	电动车辆的电磁场发射强度的限值和测量方法
5	电动汽车操纵件	GB/T 4094.2—2017	电动汽车操纵件、指示器及信号装置的标志
6	电动汽车仪表	GB/T 19836—2019 第1号修改单—2022	电动汽车仪表
7	能耗	GB/T 18386.1—2021	电动汽车能量消耗量和续驶里程试验方法 第1部分：轻型汽车
		GB/T 18386.2—2022	电动汽车能量消耗量和续驶里程试验方法 第2部分：重型商用车辆
		GB/T 19753—2021	轻型混合动力电动汽车能量消耗量试验方法
		GB/T 19754—2021	重型混合动力电动汽车能量消耗量试验方法
8	电动汽车除霜除雾	GB/T 24552—2009	电动汽车风窗玻璃除霜除雾系统的性能要求及试验方法
9	纯电动乘用车技术条件	GB/T 28382—2012	纯电动乘用车 技术条件
10	燃料电池发动机	GB/T 24554—2022	燃料电池发动机性能试验方法
11	燃料电池电动汽车加氢口	GB/T 26779—2021	燃料电池电动汽车加氢口
12	燃料电池电动汽车 车载氢系统 技术要求	GB/T 26990—2023	燃料电池电动汽车 车载氢系统技术条件
13	电动汽车传导充电用连接装置	GB/T 20234.1—2023	电动汽车传导充电用连接装置 第1部分：通用要求
		GB/T 20234.2—2015	电动汽车传导充电用连接装置 第2部分：交流充电接口
		GB/T 20234.3—2023	电动汽车传导充电用连接装置 第3部分：直流充电接口
14	通信协议	GB/T 27930—2023	非车载传导式充电机与电动汽车之间的数字通信协议
15	碰撞后安全要求	GB/T 31498—2021	电动汽车碰撞后安全要求
16	超级电容电动城市客车	QC/T 838—2010	超级电容电动城市客车
17	插电式混合动力电动乘用车技术条件	GB/T 32694—2021	插电式混合动力电动乘用车 技术条件
18	电动汽车远程服务与管理系统技术规范	GB/T 32960.2—2016	电动汽车远程服务与管理系统技术规范 第2部分：车载终端
		GB/T 32960.3—2016	电动汽车远程服务与管理系统技术规范 第3部分：通信协议及数据格式

（续）

序号	检验项目	标准编号	标准名称
19	定型试验	GB/T 18388—2005	电动汽车　定型试验规程
		GB/T 19750—2005	混合动力电动汽车　定型试验规程
		QC/T 925—2013	超级电容电动城市客车　定型试验规程
		GB/T 18385—2024	纯电动汽车　动力性能　试验方法
		GB/T 19752—2024	混合动力电动汽车　动力性能　试验方法
		GB/T 26991—2023	燃料电池电动汽车动力性能试验方法

注：对 2020 年发布的《新能源汽车产品专项检验项目及依据标准》中的标准状态进行了更新，统计时间截至 2024 年 9 月。

2. 智能网联汽车准入管理规定

智能网联汽车的发展在给人们带来便利的同时也会产生诸如未经授权的个人信息和重要数据采集、利用等数据安全问题，网络攻击、网络侵入等网络安全问题，以及驾驶自动化系统随机故障、功能不足等引发的道路交通安全问题，以及在线升级（OTA 升级）改变车辆功能、性能可能引入的安全风险。因此，为加强智能网联汽车生产企业及产品准入管理，明确汽车数据安全、网络安全、在线升级等管理要求，工业和信息化部于 2021 年发布实施了《关于加强智能网联汽车生产企业及产品准入管理的意见》，加强了我国对智能网联汽车的准入管理。同年，国家互联网信息办公室等五个部门发布了《汽车数据安全管理若干规定（试行）》，对汽车数据中个人信息、敏感个人信息、重要数据进一步加强了管理。2022 年，工业和信息化部装备工业发展中心组织开展汽车软件在线升级备案工作，发布了《关于开展汽车软件在线升级备案的通知》。2022 年 6 月，深圳市人大常委会表决通过了《深圳经济特区智能网联汽车管理条例》，并于 2022 年 8 月 1 日起实施，这是我国首部规范智能网联汽车管理的法规，对智能网联汽车的道路测试和示范应用、准入和登记、使用管理等做了全面规定，成为国内智能驾驶行业向无人驾驶加速发展的重要推力之一。

6.4.2　汽车产品认证流程

在汽车产品设计开发流程中，认证工作可以大致分为三个阶段：启动阶段（策划和计划）、准备阶段（准备认证参数和样车）、实施阶段（试验、申报、认证结果公示），如图 6-27 所示。

1. 启动阶段

在车型项目立项阶段，同步进行认证的评估与策划工作。根据项目的里程碑计划，在产品定义阶段编制出详细的认证计划，并进一步确定认证机构和检测机构。

2. 准备阶段

详细技术方案锁定后即可进行认证参数资料的收集，并在零部件及整车试制阶段装配出用于各项认证试验的零部件和样车。

第6章 试制与试验验证

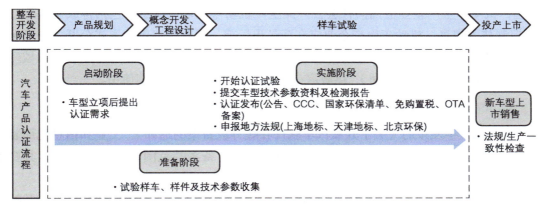

图 6-27　汽车产品认证流程

3. 实施阶段

向检测机构提交认证试验信息，并同步准备和发送零部件及整车认证的样品至检测机构。认证测试通过后，向认证机构提交认证技术资料、测试报告等资料，经审批后获取认证证书或批准。在该阶段重点进行的汽车认证工作如下：

（1）道路机动车辆产品准入

道路机动车辆产品准入申请流程参考工业和信息化部发布的《道路机动车辆生产企业及产品准入办事指南》，产品准入许可申请由申请企业通过工业和信息化部官网政务服务行政许可业务受理系统实时在线申报。工业和信息化部委托技术服务机构对产品的标准法规符合性进行技术审查，通过部门户网站公示申请准入的车辆新产品相关信息。根据技术服务机构的产品技术审查结果、公示反馈意见等，工业和信息化部做出是否同意产品准入许可的决定，并将审批结果发布至工业和信息化部《道路机动车辆生产企业及产品公告》（简称《公告》）。《公告》既是准许车辆生产企业组织生产和销售的依据，也是消费者向国家法定车辆管理机关申请注册登记的依据，未取得《公告》的车辆不允许出厂销售和登记上牌。

（2）汽车强制性产品认证

强制性产品认证是中国政府为保护消费者人身安全和国家安全、加强产品质量管理、依照法律法规实施的一种产品合格评定制度。列入国家强制产品认证目录内的产品必须申报 CCC 认证。汽车强制性产品认证流程参考《强制性产品认证实施规则（汽车）》（CNCA-C11-01:2020），认证机构应在进行资料审核后制定型式试验方案，包括试验项目、样品要求和数量、承担型式试验的实验室等。认证机构可以在评估认证委托人能力及认证产品整体风险的前提下，在产品的概念设计阶段介入并实施产品认证。型式试验结束后，实验室应及时向认证机构、认证委托人出具型式试验报告。

（3）机动车环保信息公开

根据《关于开展机动车和非道路移动机械环保信息公开工作的公告》，自 2017 年 1 月

1 日起，机动车生产企业应当向社会公开其生产机动车的环保信息，包括排放检验信息和污染控制技术信息。机动车生产企业应在产品出厂前，以随车清单的方式公开主要环保信息，并在本企业官方网站公开机动车环保信息，同步上传至机动车和非道路移动机械环保信息公开平台（机动车环保网），供政府有关部门、公众和企业查询使用。

（4）OTA 备案

根据 2022 年发布的《关于开展汽车软件在线升级备案的通知》，工业和信息化部装备工业发展中心组织开展汽车软件在线升级备案工作。备案的范围如图 6-28 所示，其要求如下：

1）企业实施 OTA 升级活动，应当确保汽车产品符合国家法律法规、技术标准及技术规范等相关要求，保障汽车产品生产一致性。

2）企业应按要求依次完成企业管理能力备案、车型及功能备案和具体升级活动备案后，才能实施 OTA 升级活动。

3）根据升级活动的影响评估，具体升级活动应采取分级备案。

4）企业是 OTA 升级活动安全和产品生产一致性的责任主体。企业应履行告知义务，升级执行前向车辆用户告知 OTA 升级的目的、内容、所需时长、升级影响、注意事项等信息，升级执行后告知车辆用户升级结果。

5）企业应识别升级活动所影响的电子控制系统，并保存软件初始和升级版本（集），支持实施升级追溯管理。相关备案信息应真实、准确和完整。

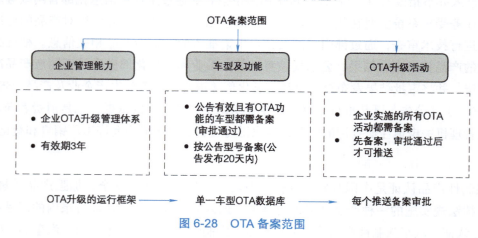

图 6-28　OTA 备案范围

6.4.3　法规一致性检查

在完成汽车产品的型式认证试验和准入审查之后，企业还需要对生产车辆的相关信息与国家和地方管理部门申报备案的信息是否一致进行检查，包括整车及零部件的各项参数、配置、性能、规格型号等。法规一致性检查工作的主要操作步骤如下：

1）法规部门依据已申报的公告参数、3C 参数、环保申报参数、新能源推荐目录申报参数、免税目录申报参数、北京环保申报参数等制定出法规一致性检查清单，并导入相关产品系统。

2)各产品系统需要依据清单中的相关参数,对比确认整车及法规部件主要技术参数的一致性。在后续的整车量产阶段,各产品系统还需要确认实际车辆和法规部件的生产信息和随车资料的一致性。

3)对于检查出的问题,经法规部门评审判定后,各产品系统需要制定出相应整改方案和计划,并由法规部门对整改进度进行实时跟踪,直到汽车产品的法规一致性符合要求。

除了汽车企业自身开展的法规一致性检查工作外,国家汽车主管部门也会对企业生产车辆进行生产一致性抽查、审核工作。同时为进一步加强事中事后监管,督促企业规范生产行为,提高车辆产品的安全性能和节能水平,根据《新能源汽车生产企业及产品准入管理规定》,针对新能源汽车的安全管理也组织开展了新能源汽车产品安全隐患排查工作。此外,新车的环保生产一致性和在用符合性检查工作也是查验的重点。

6.5 工程案例:某车型智能驾驶系统试验开发

智能驾驶系统是智能电动汽车的重要组成部分,其性能水平直接反映了智能电动汽车的智能化程度。由于智能驾驶系统需要与汽车上的其他系统交互,因此其试验开发往往比较复杂。为确保上市车辆功能完善且可靠性高,智能驾驶系统的试验开发包含了功能检测、性能评价以及安全性、可靠性和鲁棒性检验等多种测试方案。如图6-29所示,智能驾驶系统的测试伴随着车辆开发的全流程,包括软件在环、硬件在环、车辆在环(Vehicle-in-Loop,VIL)、场地和道路测试等内容。在测试内容方面,主要包括传感器、执行器、算法、人机界面测试以及整车功能等内容。

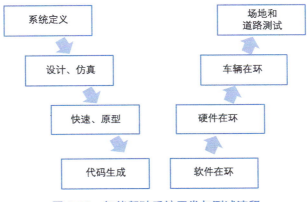

图6-29 智能驾驶系统开发与测试流程

6.5.1 产品规划阶段

1. 立项研究

在智能驾驶系统的立项研究初期,核心任务聚焦于对多个预研方案的深入分析与评估,旨在精确匹配整车性能目标的需求。在立项研究阶段,首先围绕备选技术方案,开展细致的性能评估与设计运行范围分析，以鉴定其是否具备满足既定车辆性能指标的潜力。智能驾驶系统通常包含以下几种功能，如图 6-30 和图 6-31 所示。

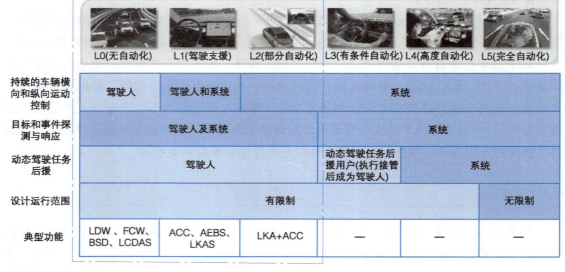

图 6-30　智能驾驶系统典型功能

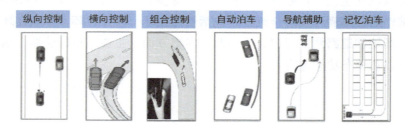

图 6-31　智能驾驶系统功能试验对照图

不同的智能驾驶系统方案，能够实现的功能是不同的，在筛选出符合 VTS 要求的智能驾驶配置方案后，针对每一种选定的智能驾驶配置，需要对这些方案中所包含各项功能实现的可行性进行全面的试验规划与策略制定，包括但不限于以下几个关键方面：

1）零部件试验：对传感器（如摄像头、雷达、激光雷达）、执行器（如转向系统、制动系统）以及计算单元等关键零部件进行单独性能与兼容性验证，确保其技术成熟度与系统集成的可行性。

2）软件测试：开发和执行一系列软件测试，包括算法验证、功能安全评估以及软件在环测试，以确保软件逻辑准确无误，且能够高效处理各类驾驶场景。

3）封闭场地试验：在专业测试场内模拟多种驾驶情境，如城市道路、高速公路、复杂交叉口等，检验系统在控制精度、响应速度和决策逻辑上的表现。

4）公共道路试验：在监管许可下进行实际道路测试，收集真实驾驶环境下的数据，验证系统的实用性和鲁棒性。

5）适应性与可靠性试验：评估智能驾驶系统在不同气候、路况、光照条件下的适应能力及长期运行的可靠性，确保系统能在各种具有挑战性的环境下稳定工作。

在此基础上，立项研究阶段还需要特别注重基于改车进行的方案可行性评估验证。需要选取代表性车辆作为平台，集成预研方案，通过实际改装与测试，来直接观察和评估系统在真实车辆上的集成效果、功能实现情况及潜在的挑战。这一过程对于识别技术瓶颈、优化系统设计至关重要，也是决定项目后续能否顺利推进的关键环节。

依据实现功能的复杂度与多样性，试验验证的成本在 100 万~1000 万元，每个配置方案的投入因具体功能要求与验证深度的不同而有所差异。因此，合理规划试验项目，有效控制成本，同时确保验证的全面性与有效性，是立项研究阶段管理的重要内容。

2. 项目启动

在智能驾驶项目的启动阶段，制定详尽的试验计划是关键的步骤，旨在确保所有关键组件与系统功能均能达到预期性能标准。该计划需要涵盖全面的测试类别，以全方位验证智能驾驶技术的安全性、可靠性和功能性。表 6-21 是对测试内容的整理与说明。

表 6-21 智能驾驶系统测试内容

一级试验项目	二级试验项目	试验项目说明
零部件试验	零部件耐久试验	目标：评估智能驾驶系统中各硬件在长期工作条件下的耐用性与稳定性 试验方法：模拟实际工况下的持续运转，包括振动测试、冲击测试等，以检测材料疲劳、磨损情况
	高低温箱试验	目标：验证智能驾驶组件在极端温度条件下的工作能力 试验方法：将样品置于预设的低温与高温环境中，观察并记录其性能变化，确保在不同气候区域的正常运行
	雷达探测范围试验	目标：确认雷达传感器的有效探测距离、精度和角度覆盖 试验方法：利用标准反射物体在不同距离和角度布置，检测雷达的响应及目标识别能力
软件测试	黑盒测试	不考虑内部结构，仅依据软件规格说明书对外部输入与输出进行测试，验证功能正确性
	白盒测试	深入代码内部逻辑，检查程序路径、条件判断等，确保代码质量与逻辑正确
封闭场地试验	自动紧急制动测试	模拟前方突然出现障碍物，验证系统能否及时做出制动反应，避免碰撞
	前后方穿行制动测试	在车辆前后有行人或车辆快速穿行时，测试系统对突发情况的应对能力
	低速紧急制动测试	在低速行驶状态下，检验系统的紧急制动性能，确保在停车场等低速环境中的安全性
	其他关于车辆横纵向控制的针对性场地测试	
公共道路与耐久可靠性测试	公共道路性能测试	在真实交通环境中验证智能驾驶系统的适应性、识别精度及决策合理性
	长时间长里程耐久可靠性测试	通过长时间连续行驶，累积大量里程，评估系统的长期稳定性和可靠性。同时监测功能误触发概率，确保系统在各种复杂场景下的表现

6.5.2 概念开发与工程设计阶段

1. 造型评审与感知元件布局优化

在智能驾驶系统的造型评审阶段，对摄像头、雷达等感知元件的布置位置和视角进行深入分析是至关重要的，将直接关系到系统对周围环境感知的准确性与全面性，主要包括以下两个方面：

1）理论评估与模拟：基于设计方案，利用 CAD 和仿真软件评估硬件布置对感知性能的影响，如识别距离、角度覆盖、遮挡风险等。例如，针对在车辆 A 柱附近安装摄像头的设计，通过模拟发现其对侧方行人的检测存在盲区，随后调整至 B 柱上方，显著改善了侧面视野。

2）性能预估报告：在评估后，形成详细报告，列出各感知元件在预期布置下的性能水平，包括但不限于视场覆盖率、探测灵敏度等。

2. 零部件试验验证阶段

在确定了感知元件的最佳布局之后，进入零部件的详细测试阶段，确保每个组件在不同环境条件下的稳定性和可靠性。该阶段进行的主要试验示例如下：

1）耐久试验示例：摄像头外壳耐久试验，模拟长期日晒雨淋，进行紫外线老化试验和盐雾腐蚀试验，确保材料不易老化或腐蚀。耐久试验的主要试验设备如图 6-32 所示。

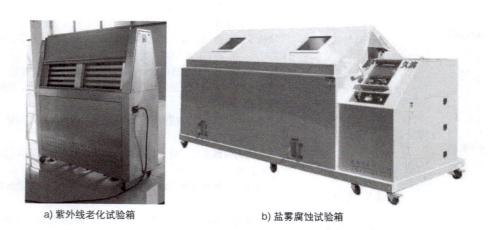

a）紫外线老化试验箱　　　b）盐雾腐蚀试验箱

图 6-32　耐久试验主要试验设备

2）高低温试验示例：在 −40~85℃ 的极端温度区间循环测试雷达组件，确保雷达信号发射与接收无明显衰减，维持稳定探测性能。高低温试验设备如图 6-33 所示。

3）雷达探测范围试验示例：选取开阔场地，设置不同材质、不同大小的目标物，验证雷达在不同距离和角度下的探测精度，如成功区分金属障碍物与行人模型，如图 6-34 所示。

第 6 章　试制与试验验证

图 6-33　高低温试验设备

图 6-34　雷达探测范围试验

4）密封性试验示例：对域控制器外壳进行高压水喷射测试，验证 IP67 防水等级，确保电子元件在恶劣天气中的安全运行，可采用 IPx9k 高温高压防水试验箱进行试验，如图 6-35 所示。

3. 试验车试制与整车验证准备

通过上述零部件试验的严格筛选，进入试验车的试制与整车验证准备阶段。该阶段需要根据不同车型配置（如 SUV、轿车等），明确所需试验车辆类型与数量，规划相应的道路测试路线、测试设备及人力资源。例如，某车型分为混动和纯电两个动力系统，则所有试验均应分别进行。

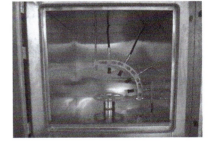

图 6-35　IPx9k 高温高压防水试验箱

在此阶段，应首先完成整车及零部件开发验证计划（DVP）的制定，并根据 DVP 严格执行零部件试验，为智能驾驶系统的开发和验证进入下一阶段提供支撑。

6.5.3　样车试验阶段

样车试验阶段应至少分成两个阶段，在每个阶段都应同时进行场地测试、性能测试和不间断的可靠性测试，并在合适的时间安排软件白盒测试和黑盒测试。

整车验证计划应该在保证前置试验完成的前提下，按时按计划进行。例如：在转向系统完成联调后，进行首轮智能驾驶横向试验和评价；在转向系统软硬件释放后，进行第二轮智能驾驶横向试验和评价。每轮试验应包含以下测试项目。

1. 客观场地测试

对于智能驾驶系统软件的主干版本，都应完成完整的客观场地测试；对于改动量较小的分支版本，可以针对变更点进行有针对性的场地测试。针对不同阶段、不同配置的车辆，应该分别单独进行客观场地测试，以保证所有配置的车型均经过完整验证。图 6-36 为武汉的智能网联汽车测试场地。

图 6-36 武汉的智能网联汽车测试场地

客观场地测试主要关注智能网联汽车在特定场地内的性能表现,主要的测试项目见表 6-22,其中典型的试验测试如图 6-37~图 6-40 所示。

表 6-22 智能驾驶客观场地测试项目

一级试验项目	二级试验项目	试验项目说明
基础功能测试	车道保持	测试智能驾驶车辆是否能够稳定地保持在当前车道内行驶
	自动跟车	测试智能驾驶车辆是否能够根据前车速度自动调整自身速度,并与前车保持安全距离
	自动超车	测试智能驾驶车辆是否能够在合适的情况下自动进行超车操作
紧急情况处理测试	突发障碍物避让	模拟道路上突然出现行人或其他障碍物的情况,测试智能驾驶车辆是否能够及时做出反应并避让
	紧急制动	测试智能驾驶车辆在紧急情况下是否能够迅速减速并停车
复杂道路模拟测试	路口处理	模拟不同类型的路口场景,测试智能驾驶车辆是否能够正确识别和响应交通信号,并安全通过
	环形交叉口处理	测试智能驾驶车辆在环形交叉口等复杂交通环境中的表现
恶劣天气模拟测试		模拟雨、雪、雾等恶劣天气条件,测试智能驾驶车辆在这些条件下的行驶稳定性和安全性
人机交互测试		测试智能驾驶车辆与乘客之间的人机交互功能,包括信息显示的清晰度、交互的便捷性、反馈的准确性和实时性等

a) 突发障碍物避让测试

b) 紧急制动测试

图 6-37 紧急情况处理测试

a) 路口处理测试

b) 环形交叉口处理测试

图 6-38 复杂道路模拟测试

图 6-39 恶劣天气模拟测试

图 6-40 人机交互测试

2. 公共道路试验

我国实际道路情况复杂，人流量、车流量均较大，仅进行排除变量的客观场地测试难以准确描述智能驾驶系统的性能，同时也无法适应智能驾驶软件快速迭代的特点。因此，应与实际路况结合紧密且机动灵活，在每个待发布的支线版本组织尽可能齐全的公共道路试验。公共道路试验典型场景如图 6-41 所示，主要的试验项目见表 6-23。

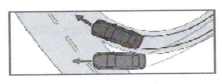

a) 匝道自动汇入主路

b) 十字路口通过

c) 环岛通行

d) 多车道匝道通过

图 6-41 公共道路试验典型场景

225

表 6-23　智能驾驶公共道路试验主要的试验项目

试验项目	试验项目说明
基本道路驾驶能力测试	评估智能驾驶车辆在公共道路上的基本驾驶能力，包括加速、减速、转向、变道、超车、停车等基本操作。测试智能驾驶车辆在不同道路类型（如城市道路、乡村道路、高速公路等）和交通状况下的表现
交通信号识别与响应测试	测试智能驾驶车辆对交通信号的识别能力，如交通信号灯、停车标志、禁止行驶标志等。评估智能驾驶车辆在不同交通信号下的响应速度和准确性
行人及非机动车识别与避让测试	测试智能驾驶车辆对行人、自行车、电动车等非机动车的识别和避让能力。设定不同场景，如行人横穿马路、非机动车在机动车道行驶等，评估智能驾驶车辆的安全性能
复杂交通场景测试	模拟各种复杂的交通场景，如拥堵路段、施工路段、事故路段等，测试智能驾驶车辆在这些场景下的表现。评估智能驾驶车辆在这些场景下的决策能力和安全性
人机交互与接管能力测试	测试智能驾驶车辆与驾驶人之间的人机交互功能，包括信息显示的清晰度、交互的便捷性、反馈的准确性和实时性等。评估驾驶人在智能驾驶系统失效或需要人工接管时的接管能力和安全性

3. 可靠性试验

为保证智能驾驶系统软硬件运行的可靠性，应该在常规可靠性试验中加入智能驾驶功能的使用。例如，自动泊车辅助系统测试，通常每个车位应进行至少 100 次测试，以测试程序运行稳定性。可靠性试验主要的试验项目见表 6-24。

表 6-24　智能驾驶可靠性试验主要的试验项目

试验项目	试验项目说明
系统长时间运行稳定性测试	模拟智能驾驶系统在实际使用中的长时间运行场景，评估系统在不同时间长度下的稳定性和性能表现。监测并记录系统在各种条件下的运行数据，如 CPU 占用率、内存使用情况、网络延迟等，以评估系统的整体性能
系统高负荷运行能力测试	在高负荷条件下测试智能驾驶系统的性能，如同时处理多个任务、处理大量数据等，以评估系统在高压力下的稳定性和处理能力。通过模拟实际使用中的高负荷场景，如城市交通高峰期、复杂路况等，来测试系统的应对能力
系统故障处理及恢复能力测试	模拟智能驾驶系统可能出现的各种故障情况，如传感器故障、控制系统故障等，评估系统对故障的识别、处理和恢复能力。验证系统在出现故障时是否能够快速切换到手动驾驶模式，并保证驾驶人和车辆的安全
系统安全性能测试	评估智能驾驶系统是否容易受到黑客攻击、病毒入侵等网络安全威胁，并测试系统的安全防护措施是否有效。检查系统是否符合相关的网络安全标准和法律法规要求，确保系统的安全性和可靠性
系统法规合规性测试	验证智能驾驶系统是否符合国内外相关的交通法规要求，如交通信号遵守、限速等。通过模拟实际道路场景，测试系统对交通法规的遵守情况，确保系统的合规性和安全性

4. 机构测试

中汽中心作为中国汽车行业的权威机构,承担着推动中国汽车技术进步和行业标准建立的重要角色,尤其在智能驾驶测评方面发挥着核心作用。表 6-25 为中汽中心的智能驾驶测评体系。

表 6-25 中汽中心的智能驾驶测评体系

试验项目	试验项目说明
中国新车评价规程（C-NCAP）	虽然起初专注于传统车辆的安全评价,但近年来中汽中心不断将其更新以适应智能汽车的发展,纳入对自动驾驶辅助系统（ADAS）的评价,如自动紧急制动（AEB）、车道保持辅助（LKA）等功能的测试
中国绿色汽车评价规程（C-GCAP）	虽然主要关注车辆的环保性能,但随着智能驾驶技术对节能减排的潜在贡献,该规程也将会涉及智能驾驶系统的能耗和环境影响评价
中国智能网联汽车技术评价规程（C-ICAP）	更侧重于智能网联汽车的综合性能评价,包括智能化水平、网联化能力、用户满意度等方面,旨在全面反映车辆的智能化程度

5. 法规认证试验

我国国家市场监督管理总局、工业和信息化部等部门陆续出台了一系列关于智能网联汽车的道路测试、示范应用、数据安全等方面的管理规定,为智能驾驶测评提供了法律框架。例如,《智能网联汽车道路测试与示范应用管理规范（试行）》明确了测试主体、测试车辆、测试驾驶人的要求及测试管理流程。

国际上,联合国世界车辆法规协调论坛（WP.29）通过的《自动车道保持系统》（UN R157）为全球智能驾驶系统的型式认证设立了统一标准。此外,欧洲的 E-NCAP、美国的 NHTSA 和 IIHS 等机构也各自发展了针对智能驾驶的评价体系,对车辆的主动安全功能进行评估。

6.5.4 投产上市阶段

在车辆投产上市阶段,应当首先组织小批量生产车辆的快速性能测试,以确保批量生产的产品与开发匹配验证过程中的测试车辆性能状态一致。同时,智能驾驶系统与用户感知关联较大,通常在上市阶段会收到大量的用户反馈。因此,需要建立快速响应机制,以保障用户反馈的问题能够快速确认、整改和再验证。此外,还应建立用户体验类问题的专用测试场景库,在后续车型开发过程中针对用户体验类问题进行针对性测试,以保证相关问题在后续的车型开发中被规避。

思考与练习

一、单选题

1. 试制 BOM 开发在试制开发流程的（　　　）阶段进行。
   A. 试制策划　　　　　B. 试制总结　　　　　C. 试制生产
2. 3D 打印技术可应用于试制生产中的（　　　）环节。
   A. 样件试制　　　　　B. 样车试制　　　　　C. 整车试制
3. 在汽车开发试验管理中，DV 和 PV 应用于（　　　）。
   A. 系统试验管理　　　B. 零部件试验管理　　C. 整车试验管理
4. 在汽车产品认证流程中，OTA 备案是在（　　　）进行的。
   A. 启动阶段　　　　　B. 准备阶段　　　　　C. 实施阶段
5. 整车试制中，小批量试生产属于（　　　）。
   A. 第一阶段　　　　　B. 第二阶段　　　　　C. 第三阶段　　　　　D. 第四阶段

二、填空题

1. 试制开发流程包括＿＿＿＿＿＿、＿＿＿＿＿＿、＿＿＿＿＿＿。
2. 汽车伪装等级主要分为＿＿＿＿＿＿、＿＿＿＿＿＿、＿＿＿＿＿＿。
3. 汽车开发试验按照试验目的可分为＿＿＿＿＿＿、＿＿＿＿＿＿、＿＿＿＿＿＿、＿＿＿＿＿＿。
4. 汽车开发四大工艺种类为＿＿＿＿＿＿、＿＿＿＿＿＿、＿＿＿＿＿＿、＿＿＿＿＿＿。
5. 样车根据用途主要分为＿＿＿＿＿＿、＿＿＿＿＿＿、＿＿＿＿＿＿。

三、判断题

1. 企业应按要求依次完成企业管理能力备案、车型及功能备案和具体升级活动备案后，才能实施 OTA 升级活动。（　　）
2. 系统开发试验一般分为 DV 和 PV 两部分。（　　）
3. 冲压、焊装、涂装及总装的生产线调试、通过性验证、生产工艺验证等验证工作，不能与整车生产验证同步进行。（　　）
4. 汽车产品通过认证是上市及运营的前提。（　　）
5. 在样车试验阶段的试验开发主要工作是对零部件、系统及整车进行功能、性能验证，以确保最后整车能够正常进入量产阶段。（　　）

四、简答题

1. 试制开发流程有哪几个环节？每个环节的重点工作有哪些？
2. 与传统汽车相比，智能电动汽车在进行型式认证时有哪些差异性？
3. 与传统汽车相比，智能电动汽车在研发过程中的试制工作有哪些安全注意事项？

4. 在整车开发的立项研究阶段，试验团队在其中主要承担哪些工作？

5. 在整车试制生产中，总装试制生产包括哪些工作内容？

五、综合实践题

1. 智能电动汽车在试制生产过程中引入了大量新技术，这些技术不仅提升了生产效率，还显著提高了车辆的安全性、智能化水平和绿色环保性能。以上汽大众 MEB 智能工厂为例，该工厂通过数字孪生技术实现了生产全过程的智能化和数字化。MEB 智能工厂采用超过 1400 台工业机器人，并大规模应用领先的制造技术，构建了虚拟与现实相结合的生产环境。这一应用不仅提高了生产效率，还显著降低了能耗和成本，为上汽集团在汽车制造领域的数字化转型树立了标杆。

在全球范围内，3D 打印在汽车工业中的应用正在迅速扩展。像保时捷和奔驰等顶级汽车制造商已经开始利用 3D 打印生产最终用途的汽车零部件，以提高产品质量、降低成本并缩短生产周期。在国内，长城汽车等国内各大汽车制造商已经开始探索将 3D 打印技术引入汽车生产过程，特别是在设计和小批量零部件生产中。

通过这些新技术的应用，智能电动汽车的试制生产过程得以高效、精确和智能化地完成，为批量生产和市场投放奠定了坚实基础。

题目要求：

1）探讨当前智能电动汽车试制生产过程中采用的新技术，如虚拟现实、3D 打印、数字孪生等，分析这些技术的基本原理及其在生产过程中的具体应用。

2）从不同技术的应用范围入手，详细介绍各项新技术在智能电动汽车的设计、制造、装配和测试等环节的实际应用，结合典型实车案例，阐明其对生产效率和产品质量的提升作用。

3）分析智能电动汽车试制生产中新技术应用的发展趋势，探讨这些技术如何推动汽车行业的数字化转型与可持续发展。

2. 目前，汽车产业正在以前所未有的速度推动绿色低碳转型。为进一步助力汽车产业高质量发展，推动汽车产品绿色化、智能化升级，由中汽中心主办的"绿色赋能　智引未来"汽车测评规程发布会于 2023 年 6 月 9 日在成都顺利召开。会上，中汽中心正式发布了《中国绿色汽车评价规程》（C-GCAP），将从健康、能效、低碳 3 个方面对汽车绿色性能进行星级评价，覆盖了车内空气、电磁防护、油耗（传统能源汽车）、续驶里程及充电（纯电动汽车）、碳足迹等行业及消费者关注的测评指标。C-GCAP 由中汽中心汽车测评管理中心运营，于 2023 年 7 月正式实施，旨在推动提升中国汽车产品的健康、节能、低碳性能，帮助消费者建立绿色出行理念，提供更加公正专业的购车参考。

除了绿色健康，智能网联功能也备受行业关注，尤其是智慧座舱，已成为汽车智能化技术创新的新高地，也逐步成为影响年轻消费者购车决策的重要因素。中汽中心在此次发布会上升级发布了《中国智能网联汽车技术规程》（C-ICAP），推出智慧座舱测评规则，将围绕汽车座舱交互、护航、服务 3 个维度展开专业测评。据中汽中心相关专家介绍，智慧座舱概念相对较新，更为重要的是，智慧座舱不仅涉及娱乐、交互、操控，还会影响行车安全。中汽中心 C-ICAP 智慧座舱测评板块的推出，相信能够更好地为行业快速发展提供技术指引，为消费者遴选"智能好车"提供重要参考。

题目要求：

1）梳理中汽中心发布的多项新能源和智能网联汽车测试评价规程，归纳智能电动汽车的典型测试场景和试验项目。

2）分析不同测试评价体系的差异性及其主要关注点。

3）探讨智能电动汽车测评体系对行业发展的技术指引作用及其对消费者购车决策的影响。

第 7 章
开发项目管理

> **学习目标**
> 1. 理解项目管理的基本概念和主要工作内容，以及项目团队的构成及分工。
> 2. 理解智能电动汽车产品开发项目管理的主要工作内容、工作步骤和要点。
> 3. 能够应用项目管理的主要知识和工具，开展初步的智能电动汽车产品开发项目管理策划、分析工作。

在车型项目的开发过程中，项目管理能将项目成果与业务目标相联系，更有效地展开市场竞争、实现可持续的发展等，是保证组织能够有效且高效开展项目的必要环节。相比传统燃油汽车，智能电动汽车产品的更新换代节奏加快，产品开发周期随之缩短，应用规范化的项目管理方法也成为必然的需求。本章主要介绍智能电动汽车开发项目管理的基本概念和工作内容、项目团队构成及分工（图 7-1），并详细介绍了项目管理中范围管理、进度管理、成本管理、质量管理、采购管理的主要工作步骤、知识工具应用以及实际工程案例。

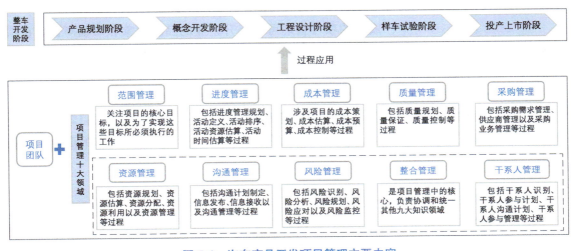

图 7-1　汽车产品开发项目管理主要内容

7.1 项目管理工作内容

7.1.1 项目管理的目的及作用

项目管理是指对项目进行规划、组织、指导、协调和控制，以达到项目目标的过程。在智能电动汽车产品开发项目中，项目管理扮演着至关重要的角色，确保项目按时、保质、保量完成，并有效地利用资源，满足市场需求。

项目管理以满足利益相关方的需求和期望为出发点，其作用主要体现在以下方面：

1）**实现企业战略目标**：项目管理是企业实现战略目标的重要手段，通过对企业资源、流程和技术的有效整合，确保企业战略目标的实现。通过项目管理的指导和控制，汽车企业能够更加高效地实现自身战略目标，提高汽车产品的竞争力和市场占有率。

2）**最大化资源利用**：对企业资源进行合理配置，以确保项目能够在资源有限的情况下顺利完成。项目管理要求在项目的规划阶段对资源进行评估，并制定详细的项目实施计划，从而确保资源的合理分配和有效利用。这不仅可以避免资源的浪费，提高企业的经济效益，还可以优化企业运营流程，提高企业的整体运营效率。

3）**提高企业创新能力**：项目管理鼓励企业在项目实施过程中进行创新和改进。通过项目管理的引导和支持，企业能够推动自身的创新和发展，提高自身的竞争力和适应性。项目管理为企业提供了一个良好的创新平台，使企业能够在项目实施过程中不断探索新的方法和思路，从而获得更多的商业机会和竞争优势。

4）**增强团队沟通协作**：在项目实施过程中，不同部门以及团队成员间需要相互沟通和协作，以确保项目目标顺利完成。通过制定明确的沟通流程和责任分配，确保团队成员之间有效沟通和协作，可以避免项目实施过程中的误解和冲突，增强团队的凝聚力和合作精神。

5）**控制项目风险**：项目管理通过对项目实施过程中的风险进行评估和控制，以确保项目的顺利完成。在项目规划阶段，项目管理要求对可能出现的风险进行预测和识别，并制定相应的应对措施，可以避免项目实施过程中的意外情况，确保项目的顺利进行。

6）**提升企业品牌形象**：成功的项目管理可以提升企业的品牌形象和市场声誉。在项目实施过程中注重质量、服务和创新，企业能够向市场传递积极的信号，提高自身的品牌形象和市场认可度。这不仅可以带来商业机会，吸引更多的用户并提高汽车企业的产品市场占有率，还可以提升企业的社会形象和声誉，为企业带来更多的长期利益。

总之，项目管理是企业生存和发展的关键因素之一。企业应该加强对项目管理的重视和应用，以提高自身的竞争力和适应性，从而在激烈的市场竞争中获得更多的商业机会和优势。

7.1.2 项目管理的十大知识领域

项目管理的十大知识领域，是项目管理知识体系（PMBOK）中的重要内容，涵盖了项目从开始到结束整个过程中的工作内容，保证项目的顺利执行和成功交付，包括如下内容：

1）项目整合管理：是项目管理中的核心，负责协调和统一其他九大知识领域。项目整合管理包括制定项目章程、制定项目范围、制定项目管理计划、指导项目执行、监督和控制项目以及项目收尾等过程内容。通过这些过程来确保其他九大知识领域在项目中得到有效应用和实施。

2）项目范围管理：关注项目的核心目标，以及为了实现这些目标所必须执行的工作。它包括明确项目范围、制定范围管理计划、进行范围定义、工作结构分解创建（Work Breakdown Structure，WBS）、核实范围以及范围变更管理等过程。这些过程确保项目的实施和交付符合预期，并确保团队成员了解项目的范围和目标。

3）项目进度管理：包括进度管理规划、活动定义、活动排序、活动资源估算、活动时间估算、进度表制定以及进度控制等过程。这些过程确保项目按时完成，同时合理分配相关资源。

4）项目成本管理：涉及项目的成本策划、成本估算、成本预算、成本控制等过程。这些过程确保项目在预算范围内完成，并监控项目的成本和进度，预测未来的成本和进度趋势。

5）项目质量管理：包括质量规划、质量保证、质量控制等过程。它确保项目的成果符合预期的质量标准和质量要求，并对不合格的成果进行纠正和预防。

6）项目资源管理：包括资源规划、资源估算、资源分配、资源利用以及资源管理等过程。这些过程确保项目所需的人力、物力、时间和预算等资源得到有效利用和管理，为项目的成功实施提供必要的保障。

7）项目沟通管理：包括沟通计划制定、信息发布、信息接收以及沟通管理等过程。这些过程确保项目中所需的信息得到及时、准确、全面的收集和发布，同时对沟通进行监控和调整，以确保信息的有效传递和共享。

8）项目风险管理：包括风险识别、风险分析、风险规划、风险应对以及风险监控等过程。这些过程确保项目的风险得到及时识别、评估和管理，为项目的顺利执行提供保障。

9）项目采购管理：包括采购需求管理、供应商管理以及采购业务管理等过程。这些过程确保项目所需的产品和服务得到及时采购和管理，为项目的顺利执行提供必要的保障。

10）项目干系人管理：包括干系人识别、干系人参与计划、干系人沟通计划、干系人参与管理以及干系人关系管理等过程。这些过程确保项目的相关利益方得到有效的管理和协调，为项目的顺利执行提供必要的支持和保障。

其中，项目范围管理、项目进度管理、项目成本管理、项目质量管理、项目采购管理是项目管理的关键，下文将针对这些项目管理工作进行具体阐述。

7.1.3 项目管理的五大过程组

项目管理知识体系（PMBOK）把项目管理划分为五大过程组，包括启动、规划、执行、监控和收尾，如图 7-2 所示。

1）启动过程组：目的是定义一个新项目或现有项目的一个新阶段，并正式开始该项目或阶段。主要包括以下工作内容：

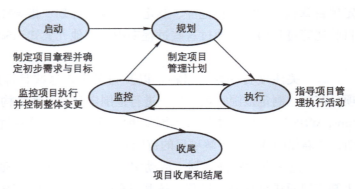

图 7-2　项目管理五大过程组

① 确定项目目标：明确项目的整体目标以及项目范围、时间表、预算和质量要求等。这个步骤需要与项目干系人进行充分沟通，明确项目的目标，为项目的后续工作奠定基础。

② 制定项目章程：明确项目的正式批准状态、项目目标、范围、可交付成果、相关风险和干系人等。项目章程是项目管理的基石，明确了项目的合法地位和项目的总体要求。

③ 识别干系人：确定项目中的干系人，包括内部和外部利益相关者，并了解他们的需求和期望。干系人是指与项目有直接或间接利益关系的个人或组织，他们的需求和期望对于项目的成功至关重要。

④ 制定初步的项目管理计划：包括时间表、预算、资源分配、质量管理计划等。初步的项目管理计划为后续的详细规划提供了基础。

⑤ 制定风险管理计划：识别项目中可能出现的风险，并制定相应的风险管理措施。风险管理计划包括风险识别、评估、应对和监控等活动。

⑥ 确定项目干系人：明确项目团队成员的角色和职责，以及与上级管理层和其他利益相关者的沟通渠道。项目干系人的确定为项目的顺利实施提供了保障。

2）规划过程组：目的是明确项目范围、优化目标，为实现目标而制定行动方案。主要包括以下工作内容：

① 制定详细的项目管理计划：根据初步的项目管理计划，进一步细化各项任务和活动，明确时间表、预算、资源分配和质量要求等。项目管理计划是后续执行和监控的基础。

② 制定项目进度计划：根据活动定义、排序和资源估算结果，制定项目的进度计划。进度计划是项目执行和监控的重要依据。

③ 制定预算计划：根据项目的进度计划和资源需求，制定项目的预算计划。预算计划包括成本估算、预算编制和资金筹措等活动。

④ 制定资源管理计划：根据项目的需求和资源限制，制定项目的资源管理计划。资源管理计划包括人力、物资、财务等资源的分配和利用。

⑤ 制定质量管理计划：根据项目的目标和需求，制定项目的质量管理计划。质量管理计划包括质量标准、质量控制和质量保证等活动。

⑥ 制定风险管理计划：根据项目的实际情况和可能出现的风险因素，制定项目的风险管理计划。风险管理计划包括风险识别、评估、应对和监控等活动。

⑦ 制定沟通计划：制定项目的沟通计划，包括与利益相关者的沟通方式、时间和内容等。沟通计划为项目的信息传递提供了指导。

⑧ 制定采购计划：如果项目需要采购产品或服务，应制定采购计划，包括供应商选择、合同制定和合同管理等活动。采购计划为项目的物资供应提供了保障。

3）执行过程组：目的是完成项目管理计划中确定的工作内容以实现项目目标。主要包括以下工作内容：

① 任务分配和实施：根据项目管理计划，将各项任务分配给项目团队成员，并确保成员了解自己的职责和任务目标。同时，确保项目团队成员具备完成任务所需的技能和资源。

② 资源协调和调配：根据项目管理计划和资源管理计划，协调和调配项目所需的人力、物资、财务等资源，确保资源的合理利用和有效配置，以满足项目的需求。

③ 风险管理应对：根据风险管理计划，实施风险应对措施，包括规避、减轻、转移和接受等措施，以对项目中的风险进行监控和管理，确保项目的顺利进行。

④ 沟通协调：根据沟通计划，与项目干系人进行沟通和协调，及时传递项目信息、进展情况和问题反馈。通过有效的沟通协调，确保项目团队成员和利益相关者对项目的进展和成果有清晰的了解。

⑤ 变更管理：对项目过程中的变更请求进行评估、批准和处理，确保变更对项目的影响最小化，并保持项目管理计划的准确性和有效性。

⑥ 质量管理：根据质量管理计划，对项目成果进行质量检查、测试和审核等活动，确保项目成果符合质量标准和质量要求，提高项目的质量水平。

⑦ 采购管理：如果项目需要采购产品或服务，应执行采购计划。与供应商进行谈判、签订合同并确保合同的有效执行。同时，对采购过程进行监控和管理，确保物资供应的及时性和质量可靠性。

4）监控过程组：目的是跟踪、审查和调整项目进展，识别必要的计划变更并启动相应变更。主要包括以下工作内容：

① 进度监控：根据项目管理计划和进度计划，监控项目的实际进度情况。通过定期报告、进度会议和进度控制工具等方式，及时了解项目的实际进度，并与计划进行比较和分析。

② 成本监控：根据项目管理计划和预算计划，监控项目的实际成本支出情况。通过定期报告、成本会议和成本控制工具等方式，及时了解项目的实际成本支出，并与预算进行比较和分析。

③ 质量监控：根据质量管理计划，对项目成果进行质量检查、测试和审核等活动。通过定期报告、质量会议和质量控制工具等方式，及时了解项目成果的质量情况，并采取相应的质量保证措施。

④ 风险监控：根据风险管理计划，对项目的风险进行监控和管理。通过定期报告、风险会议和风险控制工具等方式，及时了解项目的风险情况，并采取相应的风险管理措施。

5）收尾过程组：目的是正式验收项目成果、确保项目目标已经实现，并将项目成功地移交给利益相关方。主要包括以下工作内容：

① 项目验收：根据项目管理计划和可交付成果清单，对项目的各项成果进行验收。通过对项目成果的质量、性能和符合性进行评估，确保项目已经达到预期目标。

② 项目审计：对项目的过程和结果进行审计，以确保项目符合预定的标准和要求。项目审计可以包括财务审计、技术审计和管理审计等方面，以确保项目的完整性和合规性。

③ 项目知识管理：将项目的经验教训、最佳实践和技术知识整理成文档，并存储在知识库中，以供未来项目参考或借鉴，这有助于提高团队的学习和创新能力。

④ 项目移交：将项目的成果和资料移交给利益相关方，并确保他们对项目的成果和经验有清晰的了解。同时，与利益相关方协商并制定后续的支持和维护计划。

⑤ 项目评估和总结：对项目进行全面的评估和总结，分析项目的成功和不足之处，并提出改进建议，这有助于团队在未来的项目中更好地应用经验和教训。

⑥ 项目收尾文件：根据项目的实际情况，准备和提交相应的收尾文件，如项目总结报告、验收报告、审计报告等，这些文件对于项目的存档和记录至关重要。

⑦ 项目后期的维护和支持：根据项目移交计划，提供必要的维护和支持服务，确保项目的成果能够正常运行并满足利益相关方的需求。

项目管理的十大知识领域在五大过程组中的应用见表 7-1。这种管理知识的应用使得项目管理更加系统化和科学化，有助于提高项目的成功率和管理效率。

表 7-1 项目管理十大知识领域在五大过程组中的应用

应用		项目管理过程组				
		启动过程组	规划过程组	执行过程组	监控过程组	收尾过程组
项目管理十大知识领域	整合管理	制定项目章程	制定项目管理计划	指导与管理项目工作	监控项目工作 实施整体变更控制	结束项目或阶段
	范围管理	—	规划范围管理 收集需求 定义范围 创建工作分解	—	确认范围 控制范围	—
	进度管理	—	规划进度计划 定义活动 排列活动顺序 估算活动资源 估算活动时间 制定进度计划	—	控制进度	—
	成本管理	—	规划成本管理 估算成本 制定预算	—	控制成本	—
	质量管理		规划质量管理	实施质量保证	质量控制	
	资源管理	—	规划人力资源管理	组建项目团队 建设项目团队 管理项目团队	—	—
	沟通管理	—	规划沟通管理	管理沟通	控制沟通	—

第7章 开发项目管理

（续）

应用		项目管理过程组				
		启动过程组	规划过程组	执行过程组	监控过程组	收尾过程组
项目管理十大知识领域	风险管理	—	规划风险管理 识别风险 实施定性风险分析 实施定量风险分析 规划风险分析	—	控制风险	—
	采购管理	—	规划采购管理	实施采购	控制采购	结束采购
	干系人管理	识别干系人	规划干系人管理	管理干系人参与	控制干系人参与	—

由此可以看出，项目管理的五大过程组是逐步递进、相互关联和相互影响的。启动过程组为项目奠定了基础，规划过程组为项目制定了行动方案，执行过程组通过实施计划实现项目目标，监控过程组对项目进展进行跟踪和调整，收尾过程组确保项目的顺利结束和成果的移交。在实际应用中，可以根据项目的具体情况对这五大过程组进行灵活调整和优化，以实现最佳的项目管理效果。

7.2 项目团队

7.2.1 项目团队管理

对于整车开发项目来说，汽车产品的复杂性决定了各部门的相关专业人员需要进行跨部门协作，共同完成汽车产品的开发。随着汽车产品的智能化、电动化发展，其整车开发过程将更加复杂，需要形成更专业的管理组织团队来对车型开发项目进行管理，以此提高项目的效率与成功率。

汽车企业常用的管理组织类型有矩阵型组织和项目型组织，其中矩阵型组织包括弱矩阵型组织、平衡矩阵型组织、强矩阵型组织、混合矩阵型组织四种类型。

1）*弱矩阵型组织*：是在职能型组织上成立项目组，授权项目组成员间进行沟通与协作（图7-3），一般在初步导入项目管理模式的企业中过渡性存在。此管理模式下没有项目经理，只有一个协调员角色，项目业务既依赖于项目团队，又依赖职能部门的支持。

2）*平衡矩阵型组织*：明确了项目经理，并授权项目经理统筹协调项目内的资源和业务（图7-4），虽然同样面临项目与职能双重领导以及资源分配的矛盾，但项目经理可以有更多时间与精力投入在项目上，有助于项目成功。然而，由于没有项目管理办公室（Project Management Office，PMO）部门，在制定规则、协调资源和培养人才上很难推进。

3）*强矩阵型组织*：在公司中成立专门的PMO部门，或者明确赋予某个部门PMO的职责。PMO部门负责制定与项目管理相关的管理规章制度，选拔任命项目经理（图7-5），并为项目经理提供支持服务，同时行使监督职能。相比于平衡矩阵型组织，项目经理拥有较大权利,可以对项目成员进行绩效评价,这些权利的平衡对于项目工作开展很有帮助。

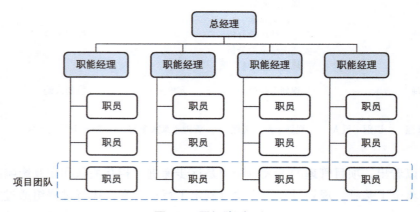

图 7-3 弱矩阵型组织

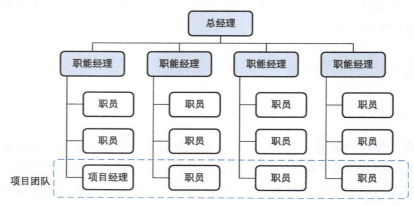

图 7-4 平衡矩阵型组织

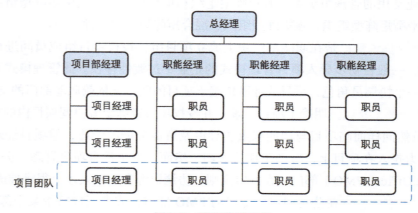

图 7-5 强矩阵型组织

4)混合矩阵型组织:在各职能部门设置 PMO 部门,项目上设置项目经理。相比于可以管控项目团队所有资源的强矩阵型组织，混合矩阵型组织中项目经理只能管控部分有代表性的职能资源（图 7-6）。这意味着有些人员要同时服务好几个项目，这些资源是多个项目共有的，不能把资源全部分配给项目组，但可以选派一两名人员作为这些共享资源的协调人。

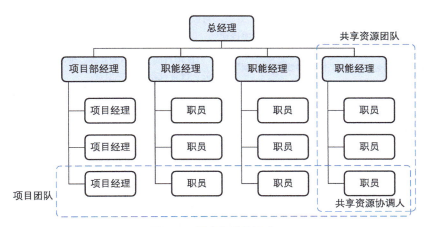

图 7-6　混合矩阵型组织

除了上述四种矩阵型组织外，还有项目型组织，该组织摒弃了原有职能部门，以项目团队为主体运行（图 7-7）。项目型组织有很大程度的自主性，项目经理拥有项目成员的所有权利，包括绩效评定、奖励额度、甚至项目组内任免。在此种管理组织模式下，项目经理对项目有完全控制权，可以有力地保障项目的成功。

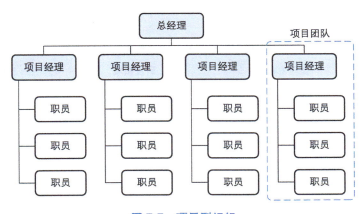

图 7-7　项目型组织

矩阵型组织与项目型组织类型的对比见表 7-2。

矩阵型组织在加强横向联结、整合资源、信息共享、提高反应速度等方面具有优势，符合当下汽车企业间竞争对效率的要求。但各企业也并非完全是矩阵型组织，会根据自身实际情况有适当调整，但基础框架主要采取矩阵型组织。

表 7-2 矩阵型、项目型组织类型对比

优缺点	矩阵型	项目型
优点	① 快速调配人才，并集中不同职能的人才；专职的项目经理负责整个项目，可以快速高效地解决问题 ② 矩阵管理中，多个项目可以共享各职能部门的资源，人力资源得到充分利用，减少人员冗余	① 项目经理对项目全权负责，对项目成员拥有全部权利，成员只对项目经理负责，可以根据项目需求调动项目的内部资源或外部资源 ② 项目型组织目标单一，完全以项目为中心，各成员属于同一部门，彼此间沟通交流方便快捷，提高沟通效率，可以加快项目经理决策速度
缺点	① 项目人员行政上属于职能部门，在项目期间主要受项目经理管理，项目团队成员需要向职能经理和项目经理汇报工作，需要在两个领导之间平衡 ② 容易引起两个经理之间的权利冲突，资源共享可能引起项目之间的冲突，需要项目经理有良好谈判和沟通技能	① 项目间资源不能共享，使项目专用资源闲置，造成人员、设备设施等资源浪费 ② 项目组织环境相对封闭，企业宏观政策、方针难以完全贯彻落实，影响企业发展

7.2.2 项目团队组建及职责分工

在接到车型项目开发任务后，需要进行项目团队的组建。项目团队将肩负项目目标的团队成员按照特定的模式组织起来，经协调一致以实现预期项目目标。由于每个项目需要一个团队来共同完成，因此需要明确团队任务，并将任务进行分解，然后确定完成各任务所需的技能，并进行团队成员招募。招募过程中除了要着重考虑某些特定人员的个人特质及偏好，还需要考虑团队中人员的组合。团队工作的环境决定了要考虑人才的多样性。

对于汽车产品开发项目，项目团队的构成基本覆盖了典型汽车企业的全部业务部门，典型的全新汽车产品开发项目共涉及三大领域，进一步可以细化为 27 个角色，具体见表 7-3。

表 7-3 典型汽车产品开发项目团队角色清单

领域	管理领域	研发领域	售后及制造领域
角色	项目经理 项目主管 项目管理 质量管理 工程质量 制造质量 供应商质量 成本工程 财务控制	设计及验证 设计开发 软件开发与测试 计算与仿真 电子电气 造型 试验 认证	销售 售后 采购 设备采购 零部件采购 物流 制造 制造规划 制造工程 试制

汽车产品开发项目中的主要角色的职责分工如下：

1）**项目经理**：负责项目的规划及过程控制策划。主要包括：根据项目开发计划，从立项开始到项目结束进行全过程的管理和控制。在产品开发过程中，协调各项目主管开展工作；负责对主要节点的控制及调整进行批准；对质量和成本控制以及重大问题进行决策；

团队中各成员业务工作绩效的评价与激励。

2）项目主管：负责制定各开发模块项目二级计划以及工作推进和全面管理。主要包括：组织产品的开发设计，对开发过程进行管理和有效控制；组织产品试制、试验工作，确保在试制过程、试验过程中及时发现问题，并进行跟踪、验证、解决问题；对验证的有效性负责，对产品的设计质量和成本控制负责，保证产品达到设计目标。

3）项目管理：负责参与项目策划、定义项目范围和工作方向、编制项目计划、协调组织资源、处理问题和风险、管理变更并控制项目进度等。根据不同的企业环境，项目管理业务所属的部门各不相同，比较典型的是属于项目管理部。在项目团队中一般从项目管理部门借调 1～2 人，担任项目管理经理和项目管理助理。

4）质量管理：主要负责质量目标定义、产品成熟度管控、质量评审、质量体系符合性检查及质量确认等。质量管理一般由负责质量管理业务的总监担任，需要负责统筹工程质量、制造质量和供应商质量的工作。

5）成本工程：主要负责零部件成本核算、成本目标定义、成本管控等，还需要与市场部门配合参与产品定价，与财务控制部门配合进行收益核算。成本工程业务，在不同的企业所属部门也不完全相同，该角色一般来自采购部门。全新汽车产品开发项目中至少需要 1 名成本工程人员。

6）设计及验证：负责统筹所有的设计及验证业务。该角色的子经理一般由总工程师担任，所需要统筹的业务是汽车产品开发项目中涉及最广泛的业务，一般包括设计、仿真、试验、造型和电子电气等。根据项目规模不同，在项目中工程设计及验证业务可能有 10～100 人不等，一般每个专业领域至少 1 人。

7）设计开发：主要负责系统及零部件的设计，可以按照系统及零部件划分为动力系统、底盘系统、高压系统、车身系统、内外饰系统、电子电气系统等。设计人员是整车产品开发项目的主要人员，需要具体专业的设计工程师参与到项目团队中。

8）软件开发与测试：主要负责整车软件开发与测试工作，包括软件需求分析、软件架构设计、软件详细设计、软件代码编写与编译、软件单元测试、软件集成测试、软件合格性测试。软件工程师需要将软件系统集成到整个汽车系统中，包括软件与硬件设备、软件与其他系统的连接，并通过算法程序控制整车各硬件设备，实现项目设计目标定义的功能。

9）计算与仿真：主要负责整车、系统及零部件的仿真分析，是整车及系统性能分析与性能目标达成的责任单位，一般包括性能计算、结构强度、刚度、模态计算和热力学计算等。计算业务通常仅在产品定义阶段有较大工作量，且工作较为分散。因此，建议选出 1 人代理计算子项目经理的职责，负责安排仿真分析计划。

10）电子电气：主要负责电子、电气、电控的设计开发。此项业务理论上属于设计开发业务的一部分，但因为电子电气系统的开发方法与结构设计显著不同，所以单独作为一个角色。

11）造型：主要负责产品的内外饰开发，与电子电气系统一样，其开发具有独特性，所以单独作为一个角色。

12）试验：主要负责整车、系统及零部件的功能、性能、可靠性和耐久性等试验验证。通常，此项业务是由不同的部门（如整车试验部、零部件试验部、机械开发部等）完成的，可以选择1人作为协调人，统筹所有试验业务领域的工作。

13）认证：主要负责标准化、认证计划编制、认证参数核查、认证申报、认证符合性核查等工作。通常企业有专门的部门负责此项业务，项目组中应至少有1人作为认证业务的总协调人。

14）试制：主要负责对标车型的拆解分析、样车的试制及试制过程的质量问题协调等。

在汽车产品开发的不同阶段，由于工作重点的差异，为了保证项目高效推进，需要针对不同的业务设立工作小组。工作小组成员由上述各相关专业人员组成，例如：产品策划小组、工程开发小组、成本工程小组、生产准备小组、质量工程小组、临时工作小组等。成立临时工作小组是因为在项目执行过程中遇到的一些复杂问题（如问题复杂、协调部门多或者沟通复杂），需要由项目经理协调各方人员专项推进问题解决。临时工作小组类似于一个小的项目团队，需要具备以下特质：

① 目标明确：准确地了解小组成立的目标，最好是具体的、可量化的。

② 设立小组长：明确小组的牵头人和责任人，通常是解决问题的主要责任人。

③ 制定计划：小组长牵头，组织小组成员针对所解决的问题，面向需要达成的目标，制定小组行动计划。

④ 过程留痕：小组需要有必要的文件管理，确保过程是可追溯的，因为临时小组解决的问题都是重要或紧急的问题。

⑤ 定期汇报：小组应定期向项目经理汇报工作进展、问题，以及需要决策或需要协调的事项。

以上是项目管理团队成员的职责分工，不同企业会有不同的职责描述及分配，但基本都包含这些领域的工作，实际职责以企业具体安排为准。

7.3 项目范围管理

在车型项目开发过程中，明确了项目预设的目标之后，需要开展一系列开发工作，这些工作构成了车型项目的工作范围。项目管理的首要工作就是确定项目目标并进行范围管理。

项目目标是指为交付具有规定特性与功能的产品、服务或成果而必须完成的工作。项目目标包括质量目标、成本目标、进度目标等。项目范围是项目工作范围，是指为项目划定一个界限，界定哪些工作是项目包含且需要完成的工作，并确定项目的目标和项目可交付的成果。项目范围管理是指为了达到项目目标，对项目包括什么、不包括什么进行定义并控制。项目范围管理不仅让项目管理和实施人员知道为实现预期目标需要完成哪些具体的工作，也让项目各相关方明确在每项工作中的责任和分工。项目目标与项目范围密不可分，量化目标的过程，就是进行项目范围管理。项目范围管理是一个动态的过程，其作为项目管理的基础，贯穿项目全生命周期。

7.3.1 主要工作及步骤

项目范围管理在整车开发过程中的工作步骤如图 7-8 所示：在产品规划阶段，对项目范围管理活动进行规划，形成管理计划，并收集需求信息以便准确定义项目范围，形成工作分解结构，严格控制项目实施；在概念开发和工程设计阶段，随时关注范围变化，严格控制项目范围变更。项目范围管理的具体工作根据 PMBOK 可分为五个部分：项目范围管理规划、项目需求识别、项目范围定义、项目范围核实、项目范围变更与控制。

图 7-8 项目范围管理工作步骤

1. 项目范围管理规划

项目范围管理规划记录了如何定义、确认和控制项目范围及产品范围，创建的范围管理计划在整个项目周期内为如何管理范围提供指南和方向。项目范围管理规划应从项目前期准备开始，和项目团队一起梳理项目的相关信息，通过会议、头脑风暴和专家判断等方式，依据项目管理计划和项目章程一起制定项目范围管理计划。计划中需要列出项目要做的主要工作、任务清单和可交付成果，明确每个阶段的目标和需要解决的问题。

2. 项目需求识别、项目范围定义

在项目范围管理过程中，必须收集、记录和管理用户方需求，以实现项目目标。收集需求是一个发现的过程，用户可能没有明确的产品愿景，但他们可能知道产品需要在哪些方面做好才能满足使用需求。项目团队成员可以通过访谈、创建研讨会、问卷调查、标杆对照或观察等方式了解用户的需求，从而确定项目需求。在明确项目的特性、功能、业务目标、交付产品所需的流程等多方位需求和验收标准后，可以开始定义项目范围。

定义项目范围是制定项目和产品详细描述的过程。由于最初收集的需求并不一定都会出现在项目范围中，所以项目团队可以通过产品分析并结合专家判断、研讨会等方式来选取最终的项目需求，然后制定项目和产品的详细描述。该过程主要明确收集的需求哪些包括在项目范围内，哪些不包括在项目范围内。

3. 项目范围核实、变更与控制

在项目进行过程中，必须时刻关注已经完成的工作和计划要完成的工作。项目范围核

实是正式验收已完成的项目可交付成果的过程，该过程应在项目的整个项目周期内定期开展，确保项目工作准确、满意地完成。但由于与车型项目相关的市场环境和用户需求处于不断的变化中，因此项目范围变更的情况时有发生。项目范围变更会对成本、完成时间、质量等产生影响，甚至关乎项目的成败，并且发生的变更会对项目产生持续的影响，因此对项目范围的变更控制也是项目范围管理的重要环节。

项目范围变更是为应对项目在执行过程中的变化，使项目朝着有益的方向发展，不管是在项目的计划、执行或收尾阶段，都有可能发生项目范围的变更。在车型项目上，项目范围变更的原因主要有两方面：一方面是人为因素；另一方面是外界客观环境。具体可以概括为以下四点：

1）用户或市场对项目车型的需求不可预见的变更。需求变更是项目范围变更的主要原因之一，而需求变更又通常是不可避免的，因为在任何一个车型项目中，项目团队成员主要在定义分析阶段收集用户信息。然而，在大部分情况下，用户在一开始并不能确切地描述他们想要什么，但随着项目的推进，新开发车型逐渐成形，用户对于汽车产品的需求也逐渐明朗。用户对汽车产品性能的不断认识和需求更新，导致了项目范围的变更。

2）车型项目团队本身发生变化，如人员变动、组织结构调整。

3）车型项目的技术环境发生变化导致项目范围变更，如在项目进行过程中出现了新技术，可以大大提高产品市场竞争力或者可以大幅降低产品成本，将会导致项目范围的变更。

4）车型项目的竞争环境发生变化而导致车型项目设计方案的变化，如竞争企业上市的新汽车产品。

项目范围变更控制是指项目范围发生变化时，对其采取检查和纠偏的过程。项目范围变更控制工作通常分为两部分：一是发现变更，项目经理在管理过程中跟进当前项目进展情况和一些新技术，以分析和预测可能发生的变更；二是对已发生的变更进行控制。在项目发生变更时，未经过评估就实施范围变更，会导致项目混乱不稳定，难以管理。因此在项目范围管理中应建立评估流程，分析和评估项目范围变更请求尤为重要。评估流程主要包括范围变更申请、审核及批准范围变更申请、范围变更后的工作。项目范围变更及控制不是独立的，因此在进行范围变更控制时，需要全面考虑对其他因素的控制，尤其是时间、成本和质量。

7.3.2 知识、工具与技术的使用

项目管理工作离不开充分的规划，车型项目的所有规划和控制管理工作都必须基于工作分解结构（WBS）。WBS可以全面系统地分析工作内容，是一种非常有效的项目管理基础方法，也是项目管理众多工具中最有价值的工具之一，在项目范围管理工作中被广泛应用。

1. WBS的概念

PMBOK第5版中将WBS定义为，项目团队为实现项目目标、创建可交付成果而需要

实施的全部工作范围的层级分解。WBS 是项目管理的核心，它给予管理者解决复杂问题的思考方法——化繁为简，各个击破。通过工作分解结构，项目团队可以得到完整的项目任务清单，从而为后续制定项目计划时的工期估计、成本预算、人员分工、风险分析、采购需求、项目管控等工作奠定基础。WBS 的主要作用如下：

1）把复杂的事情简单化，使项目的工作执行起来更容易。

2）通过 WBS 得到完成项目的工作清单，从而界定出项目的工作范围。

3）把项目要做的所有工作都清楚地展现出来，避免漏掉任何重要的事情。

4）便于对分解出的每一项工作估计其所需时间，有利于制定完善的进度、成本预算等计划。

5）通过工作分解，可以确定完成项目的计划、所需的人力以及其他资源。

6）便于将工作落实到责任部门或者个人，有利于界定职责和权限，也便于各系统（模块）就项目的工作进行沟通。

7）使项目团队成员更清楚地理解工作的性质和努力的方向。

8）能够对项目进行有效的跟踪、控制和反馈。

2. WBS 分解的方法和原则

WBS 分解的方法和工具有很多，其中包括专家判断、头脑风暴法、自上而下法以及自下而上法。可以参考或引用现成的 WBS 模板、企业的指导方针或标准等，以便快速启动 WBS 分解工作。WBS 在分解之前要主动调研，获取经验，在过程中要与项目成员一起讨论。

WBS 分解原则主要是 100% 原则。100% 原则是指 WBS 全部内容与项目目标对应，包括项目范围定义的所有工作内容以及所有可交付成果。WBS 的输入包括但不限于项目立项书、车型项目配置表、事业环境因素以及组织的过程资产，还包括全部的产品和项目工作，以及项目管理工作等。通常把 WBS 底层的所有工作逐层向上汇总，来确保没有遗漏的工作，也没有多余的工作，这即为 100% 法则。除此之外，WBS 分解还应考虑以下基本原则：

1）可交付成果导向原则：明确为了交付项目应该进行哪些工作，以可交付成果为导向，所有可交付成果都能被清楚地包括在 WBS 中。

2）独立责任原则：分解到最后的工作（也称"工作包"）必须有且只有一个部门或一个成员负责，避免责任不明确而导致无人负责，保证职责明确落实到人。

3）适当分解原则：WBS 层级越多，代表项目工作越明细，但是过度分解会造成管理和监控成本的增加。因而，要根据项目特点确保分解的详细程度与管理要求相适应。

3. WBS 的结构要素

WBS 的结构一般分解为 3~5 层：第 1 层是项目成果，第 2 层是项目成功的重要组成部分，第 3~5 层是细节组成。第 1 层要清晰具体；第 2 层要求必须 100% 完整，如果少于 100% 就会在项目中遗漏一些内容，如果多于 100% 就会导致项目范围过大，并影响下一步的进度计划；第 3～5 层是可交付成果的形式，只有这样才能把工作分配到具体的负责人，所以最后一层工作中可以包括任务负责人、时间、成本等内容。

4. 基于 WBS 的整车开发项目范围管理示例

按照 WBS 的结构要素，根据整车开发各阶段的重点工作和项目范围，自上而下进行整车开发的分解。首先，明确项目范围，确认可交付成果。可交付成果可能是具体的产品，也可能是无形的服务或是研究结果。在整车开发项目中，最终交付用户的可交付成果包括汽车产品实物和无形产品"整车性能"。其次，以便于管理、实施为主要依据，确定合适的分解逻辑，本节的分解示例基于可交付成果的构成、工作内容，以及整车开发流程交互使用。最后，分解低层工作，明确各方独立责任。将整车开发工作逐级分解，可得到整车开发工作分解结构。以整车开发中底盘系统为例，展示其 WBS 分解，见表 7-4。

表 7-4 整车开发中底盘系统 WBS 分解示例

第1层	第2层	第3层	第4层		交付物
整车	底盘系统	产品规划	立项研究	市场调研、竞品对标分析等	市场调研报告、对标车分析报告等
			项目启动	制定进度计划、制定产品策略、产品定义等	××项目制动系统设计说明书等
		概念开发	造型设计及概念设计	制动/转向系统方案、启动底盘供应商选点、概念部分 TG0 部分数据、项目主进度评估等	造型冻结报告、××项目转向系统设计报告等
		工程设计	项目批准	底盘相关产品配置冻结、造型 TG1 部分数据、项目主进度评估等	制动系统 A 版评审报告、制动软管设计开发要求、制动系统设计验证报告之零部件设计方案报告等
			设计发布	系统和零部件设计更新、完成零部件、模具及工装的开发方案、制造可行性报告评审、项目主进度审核等	××项目悬架系统设计验证计划（DVP）、燃油系统 DVP、制动软管 B 版评审报告、开模确认书等
		样车试验	试制试验与认证	工程样车试车、供应商批量零部件制造启动、项目主进度审核等	××项目悬架系统设计验证报告、××项目制动性能测试报告、转向系统公告认证-基本性能说明材料、××项目车轮系统设计验证报告等
			工装试生产	生产样车试车、工艺验证和工程签发、生产性设备预验收、项目主进度审核等	标准样车评审报告、试装报告、制动软管 OTS 实验报告、燃油箱 OTS 实验报告等
		投产上市	批量生产	预试生产造车质量、预试生产造车试车、试生产制造计划批准等	试乘试驾评价、零部件完成 OTS 和 PPAP 认可等
			正式投产	试生产造车质量、试生产造车试车、新车型发布批准等	项目经验、教训总结

7.4 项目进度管理

项目进度会影响项目的成本和质量,因此项目进度管理是项目成功的关键因素,也是开展其他管理工作的前提。项目进度管理是指在项目进行过程中,对各阶段的进展程度和项目最终完成期限进行的管理,其目的是保证项目在满足进度要求的前提下实现总体目标。项目进度管理主要包括以下 7 个过程:

1)*规划进度管理*:规定用于制定进度计划的进度规划方法论和工具,以及推算进度计划的方法。

2)*定义活动*:进行工作结构分解,确定为完成项目所必须进行的活动。

3)*排列活动顺序*:识别活动之间的逻辑顺序。

4)*估算活动资源*:估算项目所需的资源种类和数量,如工时、成本、费用等。

5)*估算活动时间*:估算基于现有资源,完成项目活动所需的时长。

6)*制定进度计划*:通过分析活动顺序、活动时间、活动资源和进度制约因素,编制书面化的项目进度计划。

7)*控制进度*:进行项目监控与管理,控制项目进度计划变更。

项目进度管理包括两大部分:项目进度计划的制定和项目进度的控制。项目进度计划是依据活动定义、活动排序、活动时间、活动资源的估算,对项目工作做出时间计划的过程。项目进度计划可以展示项目活动之间的相互关系、计划日期、持续时间、里程碑等,为项目实施过程中的进度控制和各方在时间上的协调配合提供依据,为项目高效完成提供保障。

项目进度控制是指项目进度计划制定后,在项目实际实施过程中对项目进展状况进行检查、分析、调整的活动,是项目进度计划工作的延伸。项目进度控制按不同的管理层次,可分为项目总进度控制、项目主进度控制、项目详细进度控制三类。

7.4.1 主要工作及步骤

1. 项目进度计划制定

制定可行的项目进度计划,往往是一个反复进行的过程,项目管理中的进度计划编制是基于 WBS 的分解结果。首先,通过 WBS 将车型项目中所有需要完成的工作分解出来,但 WBS 只是将所有工作识别出来,并不能体现各个工作间的相互关系。其次,将所有分解出来的工作按照发生的先后顺序和相互依赖关系的逻辑进行排序。再次,考虑在各个工作中将要投入的相关资源,如人员、设备等。最后,依据工作的内容和投入的资源,估算出完成各个工作所需要的时间,就可以进行项目安排。

制订项目进度计划时,需要考虑计划的层级设置,计划的层级一般对应项目中的管理层级。不同企业的管理层级划分略有不同,以某公司为例,在整车开发项目中设有项目经理、项目主管、项目成员三个层级,因此把项目进度计划划分为两个层级比较合理。

1）第一层级为一级计划，也称主计划，包括整车研发项目各方面的重点内容，是整车研发工作的重要主线，使用对象为项目经理层。项目经理通过制定一级计划引导各系统（模块）开展相关工作，并将他们的工作体现在一级计划中。

2）第二层级为二级计划，也称子项目计划，包括整车项目各系统（模块）工作及其详细工作内容，使用对象为项目主管层。二级计划由项目主管编制，但各个系统（模块）之间有工作交集，所以二级计划的编制需要项目主管进行跨领域协调工作。项目二级计划往下到项目成员层面，各个项目成员按照二级计划开展各项工作。

2. 项目进度控制

在整车开发过程中，作为项目管理人员，不能只关注项目结果，还需要对项目过程进行监控，并明确监控到哪个层级。本节把项目的工作分成关键节点和具体工作内容两个层级，共同支撑项目的目标。项目管理只有监控到具体工作层级才是有效的控制。整车开发流程中关键节点的项目进度管理工作见表 7-5。

表 7-5 整车开发流程中关键节点的项目进度管理工作

关键节点	进度管理工作
产品规划	① 召开项目启动会，宣布项目 SOP 节点，各系统（模块）项目主管启动计划编制工作 ② 收集编制好的二级计划，汇总形成一级计划初稿，明确冲突点、问题点及解决方案 ③ 召集一级计划编制会议，针对冲突点及问题点，制定可行方案 ④ 完善一级计划初稿并提交审批，形成一级计划终稿 ⑤ 将关键节点提交领导层审批，形成项目进度基准
概念开发	① 一级计划更新：在概念设计和技术方案评审前分别更新一级计划，由技术方案改变直接引起的一级计划变更需要有所体现；此外，在概念开发后期时，营销、售后、制造等领域的报告更新也会引起一级计划调整 ② 二级计划更新：在此阶段需要重点关注设计及验证二级计划、认证二级计划、制造二级计划，主要涉及整车及零部件设计计划、CAE 分析方案、整车设计验证计划、样车试制计划的更新 ③ 管理计划变更：一级计划和二级计划的更新最终都会演变成管理计划的变更，可通过编制合理的管理计划、建立预警制度来预防变更
工程设计	① 一级计划更新：需要在生产准备启动和设计冻结前完成对一级计划的更新，主要是因为在试验过程中可能会暴露出一些重大问题，因此需要对一级计划进行更新 ② 二级计划更新：在此阶段需要重点关注销售二级计划、采购二级计划、制造二级计划，二级计划中需要重点体现产品上市计划、生产设备和自制件工装的采购计划、安装和调试计划以及样车的制造计划的更新 ③ 管理计划变更：需要随着一级计划和二级计划的更新，变更管理计划
样车试验	① 一级计划更新：在小批量生产和正式量产启动节点前分别更新一级计划；当项目进入到生产阶段，一级计划一般不用再变更，除非市场、标准法规等方面出现重大变化 ② 二级计划更新：在此阶段需要重点关注销售二级计划、物流二级计划、制造二级计划和质量二级计划。二级计划的重点是更新产品上市计划、市场推广计划、试生产的物流计划、试生产计划、生产爬坡计划 ③ 管理计划变更：需要随着一级计划和二级计划的更新变更管理计划。在审批计划变更申请时，需要重点关注其对制造及销售计划的影响
投产上市	① 一级计划更新：在项目关闭前对一级计划进行最终更新，并作为项目总结的一部分 ② 管理计划变更：该阶段的管理计划变更主要是生产爬坡计划变更，变更时要重点考虑其对制造及销售、售后、技术方面的影响

对项目进度进行监控时，通常选择有代表性的节点作为综合评审点，对项目成熟度的达成情况进行综合性评价与判定，评估项目状态是否达成，进而判断是否可以开展下一阶段的工作。整车研发项目一般设置三个层级的评审，从上往下分别为公司级评审、项目级评审和部门级评审。其中：公司级评审是公司管理层对项目阶段性目标的达成情况进行确认与决策；项目级评审是项目经理或项目主管对项目总体状态做评审与确认；部门级评审是由各部门组织的，对项目中各工作完成情况的评审。节点评审实施后，还需要对评审问题进行跟踪管理，问题管理将在 7.6.1 中进行阐述。

7.4.2 知识、工具与技术的使用

项目进度管理中常用的几种工具和方法如下。

1. 甘特图

甘特图也称横道图，既可用于项目进度计划制定，也可用于项目进度控制，是展示进度信息的一种图表方式，如图 7-9 所示。在绘制甘特图前，需要清楚各项活动间的关系，用纵轴表示活动，横轴表示日期，活动持续时间用开始和结束日期定位的水平横道条表示。当用于项目进度控制时，甘特图将项目实施过程中收集到的实际进度信息，整理后直接用横道线并列于原计划的横道线处，进行直观比较，反映实际进度与计划进度的关系。其中粗实线表示该项目计划进度，细线条表示实际进度。甘特图简洁直观，相对易读，常用于向管理层汇报项目进度情况，主要用于比较项目进度计划中工作的实际进度与计划进度。对于大型项目，如果关系过多，复杂的线图将增加甘特图的阅读难度。

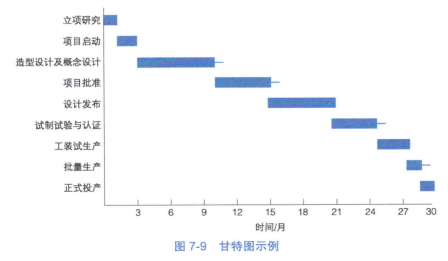

图 7-9　甘特图示例

2. 里程碑图

里程碑图区别于甘特图，主要用于标记项目中的关键节点以及这些节点的开始或完成时间，展现了项目的整体框架，如图 7-10 所示。里程碑图通常用于给项目发起人或管理层汇报，以便快速了解项目的关键进展，但不适用于细微管理每一项任务。里程碑图在管理

层中应用较多，也是整车开发过程中应用最多的方法。

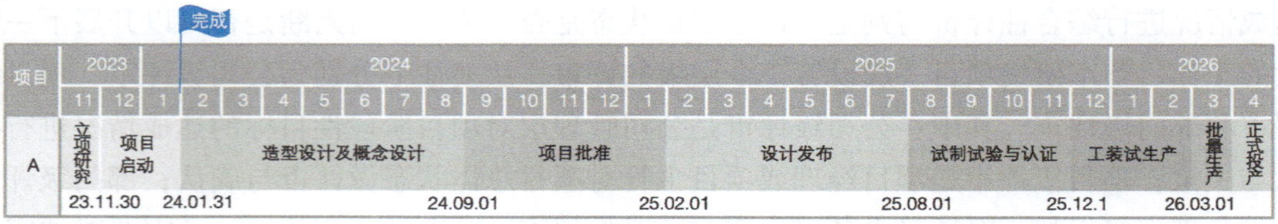

图 7-10 里程碑图示例

3. 同步工程

同步工程是指市场调研、产品概念开发、系统设计、工装开发、产品与质量目标及其他各业务工作的同步规划，强调开发过程的并行性、开发过程的系统性、各相关职能部门间的工作协同与集成。通过组建项目团队，使有关部门和相关供应商在项目初期就能参与项目，并要求设计人员在项目初期就要开始综合考虑产品生命周期的各个方面，包括产品定位、市场需求、成本、产品性能、质量控制及报废与回收等，使得占用项目开发周期较长的开发过程得以同步进行，以有效缩短开发周期，促使整车产品开发在速度和质量上取得飞速的进步。顺序开发与同步开发所需时间对比如图 7-11 所示。

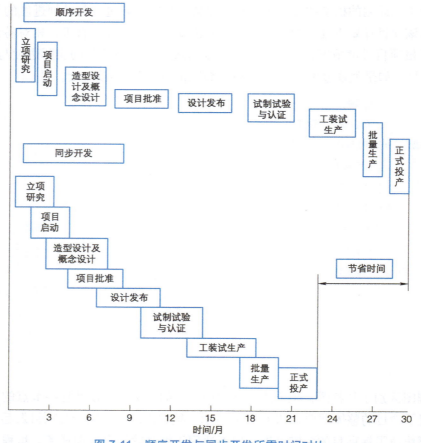

图 7-11 顺序开发与同步开发所需时间对比

4. 列表比较法

列表比较法是通过将检查时某项工作的尚有总时差（检查日到此项工作的最迟必须完成时间的尚余天数与自检查日算起完成该工作尚需的天数之差）与原有总时差的计算结果列于表格之中进行比较，以判断项目实际进度与计划进度相比超前或滞后情况的方法。列表比较法既适用于项目实际进度与计划进度之间的局部比较，还可以分析和预测项目整体进度状况对后续工作及总工期的影响程度。列表比较法示例见表 7-6，不同项目会根据实际情况进行调整。

表 7-6 列表比较法示例

工作	计划开始时间	项目要求完成时间	完成周期（周）	剩余周期（周）	尚有总时差（周）
工作 1	2024/4/15	2024/5/6	3	1	0.4[①]
工作 2	2024/3/19	2024/4/30	6	2	-1[②]

① 工作 1 检查日为 2024 年 4 月 29 日，并假设工作 1 自检查日算起至完成工作尚需的天数为 4.2 天。
② 工作 2 检查日为 2024 年 4 月 16 日，并假设工作 2 自检查日算起至完成工作尚需的天数为 21 天。

7.5 项目成本管理

据管理学者研究，汽车产品 70%~80% 的成本取决于设计阶段。从产品完整的生命周期来看，汽车产品设计所占的费用可能只占到总成本的 5%，但是却影响了约 70% 的产品成本，对成本影响最大，如图 7-12 所示。除此之外，生产环节原材料和采购等其他环节对成本影响分别达到 20% 和 10%，这奠定了在汽车设计阶段进行成本管理的重要性。若想从根本上解决成本问题，需要将成本意识贯彻到从产品开发至生产的全过程，实现降本增效。

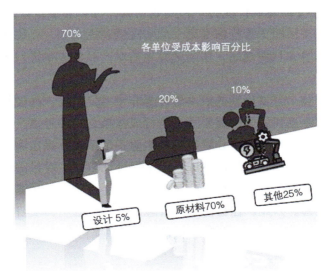

图 7-12 产品总成本比例和影响成本比例

成本管理是指企业在其生产经营活动中，根据一定的标准，对成本形成的全过程进行指导、限制和监督，并采取有效措施及时纠正脱离标准的偏差，使实际成本的各种支出被控制在规定的标准之内，以达到降低企业成本这个目标的管理活动。整车开发过程中常涉及以下几种成本类型：

1）目标成本：指企业在一定时期内为确保目标利润实现，并作为全体员工奋斗目标而设定的一种预计成本，它是成本预测与目标管理方法相结合的产物。目标成本表现的形式很多，如计划成本或定额成本，一般情况下要比实际成本更加合理和科学，更适合当下瞬息万变、复杂且难预测的市场环境。

2）可允许成本：指根据产品的市场售价、量纲（指年产车辆数），除去研模费用、运输费用、税费、销售费用、经销商利润、公司的盈利需求等费用，正向推导的成本目标。

3）当前成本：指在项目立项阶段，根据车型的配置表、系统及零部件的技术方案，通过与对标车型成本进行对比分析预估出来的整车研发 BOM 成本。

4）实际成本：指已经发生，可以明确确认和计量的成本。

在汽车产品的整个开发周期中，成本是设计出来的，而非制造出来的。项目成本管理则在成本管理的基础上重点关注完成项目活动所需资源的成本，同时考虑项目决策时对项目产品、服务或成果的使用成本、维护成本和支持成本的影响。从市场洞察分析、产品策划开发、生产控制、售后市场管理等方面，对每个环节的成本进行精细的策划和管控。项目成本管理不仅仅要"管理"成本，还要从产品定义和研发开始介入，通过优化产品设计、材料工艺选择、设计变更、物流成本等，在保障性能和质量的同时，从产品价值分析等方面来"设计"成本，进而更好地降本增效。

7.5.1 主要工作及步骤

目标成本管理是项目成本管理的一种商业工具，是一套确定产品成本的系统结构方案，用以确定新产品在预期销售价格基础上应实现的利润水平。目标成本管理需要在前期设计阶段考虑市场竞争和利润规划，在问题发生前对产品的成本进行预先估计，以避免设计成本高于市场成本。

对于车型项目，整个开发周期的成本管理都非常重要。在产品规划阶段，从销售部门预测销量、售价、企业盈利目标时就要开始进行成本策划，推导出产品的目标成本，并分解到各子系统。在概念开发阶段，分解目标成本至各个系统并提出满足目标成本的技术设计方案，以保障产品的目标成本如期达成。在工程设计阶段，对目前设计成本进行设计成本测算和目标成本的完善及调整。在样车试验和投产上市阶段，需要关注售后问题以及对产品设计进行持续改善。因此，在目标成本管理方法的基础上，项目成本管理的主要工作可分为目标设定、目标实现和持续改善三个部分。车型项目成本管理流程如图 7-13 所示。

1. 目标设定

设定产品的目标成本是项目成本管理的核心工作之一，也是车型项目产品规划阶段的重要输出物。设定目标成本可以分为两个重要阶段,即建立阶段和获取阶段。其中,建立阶段致力于产品概念构思的定义和为产品设定可允许的目标成本;获取阶段则需要把可允许的目标成本转变为可实现的目标成本。

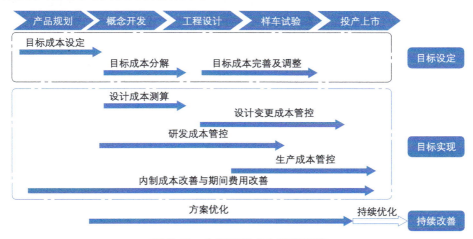

图 7-13 车型项目成本管理流程

汽车产品不仅是由技术驱动,更是由市场和用户驱动。因此,汽车产品目标成本的设定需要同时考虑产品的开发 BOM 和市场竞争策略。市场竞争策略确定了产品需满足的市场需求和保持的利润率目标,产品开发 BOM 则为目标成本提供了初始的设计成本。基于基准 BOM 成本和市场因素,可以计算可允许的成本(TOP-Down BOM 成本)和当前成本(Bottom-UP BOM 成本)的缺口,以获取目标成本。当成本缺口小于 0 时,则设计成本达成目标成本;当成本缺口大于 0 时,需要通过配置和设计的持续优化及公司对产品定位战略的影响来消除差额,使得目标成本得以实现。项目目标成本的制定思路如图 7-14 所示。

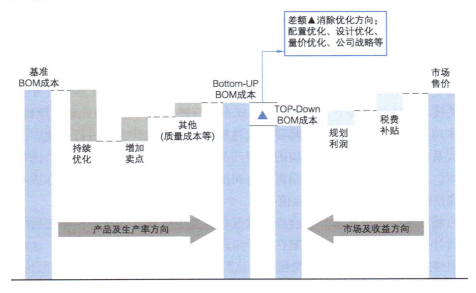

图 7-14 项目目标成本的制定思路

2. 目标实现

实现目标成本也是完成对产品的成本设计，该阶段最重要的就是达成目标成本且实现最终落地。通常情况下，招标定点的成本是判断是否达成目标成本的常用途径。项目成本管理者需要对车型项目的设计成本、设计变更成本和生产成本三个方向同时进行管控，如图 7-15 所示。

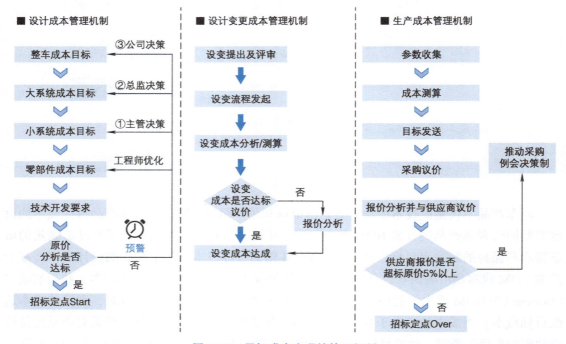

图 7-15　目标成本实现的管理机制

设计成本管理需要持续跟踪整车的系统方案并对系统及其零部件进行成本分析，可通过对标分析和价值分析与价值工程（Value Analysis and Value Engineering，VAVE）优化设计使得分析成本与目标成本达成一致。为了更好地实现整车成本目标，需要将整车目标成本分解至各个系统和零部件的成本指标，将指标具体落实到相应的工程师，并在技术开发要求等相关技术文件的支持下，对零部件的成本进行评估和测算，以此确认原价是否达标。当实际成本超出目标成本时，工程师要对未达标零部件的设计方案进行优化，而未达标的小系统和大系统成本目标则需要对应的项目产品负责人和项目经理决策是否优化方案或调整目标成本，若整车成本未达标，则需要公司决策是否优化方案或调整目标成本。当实际成本已达成目标时，则开始招标定点流程。

由于市场环境、用户需求、社会经济状况等会发生变化，因此在招标之后的过程开发中常出现设计变更，所有的设计方案在这个阶段会进行反复的调整和验证，这在车型项目开发过程中带来的成本影响是不可忽视的。该阶段的设计变更通常会带来商品价值的提升，但同时也会导致当前的实际成本发生变化，项目成本管理者需要在这个阶段平衡设计变更成本和产品功能的关系。若设计变更导致成本上升，则需要通过减少冗余设计和优化配置来吸收上升的成本，或者在合理范围内调整目标成本。目标成本的调整并不是对目标成本的否定，而是使目标成本更加合理，更具有可实现性。

项目成本管理者需要把控和关注生产成本管理的目标达成情况，对目标价格与生产所需的产品供应商报价进行差异分析。通过对收集到的成本参数进行成本测算和分析，在达成项目的目标成本时发送给采购部门进行招标和议价，对报价和目标价格不一致的情况进行报价分析，进而与供应商议价。若供应商最终报价超过原价的5%，不仅会影响到整车目标的达成，也会影响到财务利润，因此需要组织采购例会对报价进行决策。项目成本管理者需要在这一过程中对目标达成情况进行持续关注。

3. 持续改善

成本优化应当作为汽车制造企业的日常业务，而非短时项目。项目成本管理者需要在产品生产过程中以及量产后持续地进行成本优化工作，以提高效益。产品验证及量产阶段对产品成本的影响虽然仅不到15%，但是项目量产并不代表成本管理工作已经结束。市场端的降价、原材料价格的上涨以及前期为追赶项目进度而采取的方案，均可进行降本改善。随着市场情况变化或者原材料成本浮动，可制定车型项目的降本目标和改善方向，进而将目标重新分解到零部件层级，收集可实施的降本改善提案，然后使用对标分析或者产品的功能价值定义等方法进行全面分析，实现成本持续优化。

7.5.2 知识、工具与技术的使用

成本管理的目的是使产品的性能与价格相匹配。因此，产品从前端的概念设计到后端的详细设计再到生产制造都需要有科学的方法工具来分析量化产品的功能、成本、装配、制造等属性，旨在以最低的成本实现客户所需的功能或性能，从而提升产品价值和市场竞争力。价值分析与价值工程、面向产品整个生命周期各环节的设计和标杆分析是在项目成本管理过程中常用到的方法工具。

1. 价值分析与价值工程

价值分析与价值工程（VAVE）是以产品的功能分析为核心，以提高产品的价值为目的的成本分析工具。VE是价值工程，以客户需求的功能为导向，应用于产品概念和设计阶段控制成本，旨在精益设计；VA是价值分析，应用于现有成熟产品的持续降本改善，旨在提高价值，提升竞争力。实现产品的价值需要相应的功能载体和成本，价值与实现功能的成本成反比，实现产品功能的成本越低，其价值越高。产品的价值公式如下：

$$价值(V) = \frac{功能(F)}{成本(C)} \quad (7\text{-}1)$$

根据式（7-1），可通过以下途径来提高产品的价值：

1）改善功能，降低成本。通过创新设计降低成本并增加用户期望功能来增加产品的价值。

2）改善功能，成本不变。激励研发团队通过改进或创新设计来改善产品功能，但成本维持不变。

3）大幅度改善功能，略提高成本。针对购买力比较高的用户，适当改善功能从而获得更大的利润。

4）在基础功能不变的基础上，降低成本。相当于通过 VA 持续改进成本，保持基础功能不变，找出客户不需要的过剩功能，取消过剩功能来降低成本。

5）功能表现略下降，但成本大幅度下降。针对购买力较低的用户，在满足客户基本需求的情况下，可以适当缩减一些功能来降低成本，进而降低售价，成本和售价降低后可以刺激销量，从而获得更高的利润。

2. 面向产品生命周期的设计

面向产品生命周期的设计，即 DFX（Design for X），其中 X 代表产品整个生命周期中的某一环节或者特性，如可靠性、可制造性、可装配性、性能、成本等。DFX 作为一种寻求产品开发新思路和新方法的工具，在产品设计阶段可以尽可能地全方面考虑产品的各种需求，并解决相关的技术问题，优化设计，从而提高产品竞争力。

DFM（Design for Manufacture）和 DFA（Design for Assemble）是 DFX 中较为常用的有效设计和降本工具。DFM 和 DFA 是面向制造及装配的设计，可以合称为 DFMA，是一套相对成熟的降本方法和工具，它以"产品的设计越简单越好"为理念，减少没有必要的复杂设计。DFMA 的设计思路主要分为减少零部件数量和减少单个零部件装配时间两个方向。

以空气悬架储气罐的设计优化为例（图 7-16），设计初期的空气悬架储气罐由两个端盖+缸体焊接而成，零部件数多，生产制造较复杂。其中，每个零部件本身制造工艺较烦琐，后续需要通过焊接组装端盖与缸体并进行焊缝修整，以保证氦检气密性符合规定。通过 DFMA 方法分析后，新方案采用铝管旋压一体成形，减少了零部件数量以及装配时间，将 5 个零部件优化为 1 个，有效降低了设备摊销和人工费用产生的成本，并提升了装配效率。

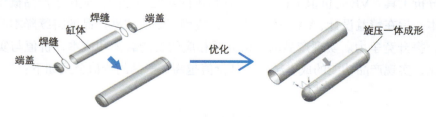

图 7-16　空气悬架储气罐设计优化示例

DFMA 在设计阶段，不仅可以降低产品成本，提高生产效率和产品质量，还可以更好地优化产品设计的装配性和平台性，进而创造最大的创新机会，是广泛应用的降本工具之一。

3. 标杆分析

标杆分析又叫标杆管理（Benchmarking），也叫对标分析。对于同一个零部件，市场上有各式各样的品牌和产品，不同的技术设计有不同的成本，对标分析是将同一产品不同的设计和制造方案通过对标成本限制范围，提取出不同设计和制造方案的技术优势点，对产品的设计和制造方案进一步优化从而打破理想方案的局限性。

以左前组合灯为例（图 7-17），把一个复杂的左前组合灯子系统分解到零部件层级，针对每个零部件不同的设计方案进行成本估算，再进行有序排列，从而得出一个标杆设计的矩阵。根据目标成本，从矩阵中选择卤素灯、LED 转向灯和日行灯、一体式前盖板以及一体式电涂铝后盖板进行方案组合，最终得到一个满足目标成本的新方案。标杆分析是一个组织创新和流程再造的过程，可以作为一种制定极限成本的分析方法。

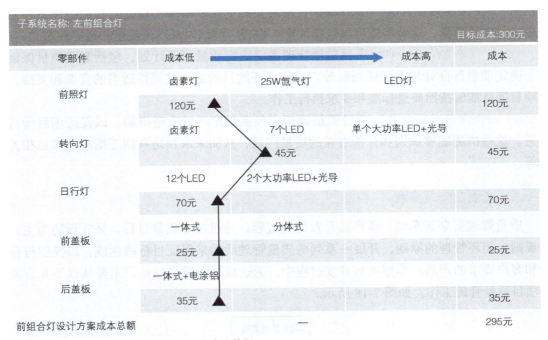

图 7-17　左前组合灯标杆分析示例

项目成本管理不仅需要管理者有成本分析的能力，也需要工程师从创新的角度实现降本增效。项目成本管理以客户需求为依托，从产品功能定义到实现此功能去综合管控成本。以功能为基础将产品的技术方案进行分解，罗列出每个功能对应的成本，形成功能价值指数，从而更好地判定产品的功能和成本是否具有相应的价值关系，并精准选取所需的成本管理方法和工具。

7.6 项目质量管理

随着市场竞争的加剧和用户对产品质量关注度的增长,汽车企业需要不断提高智能电动汽车的产品质量。因此,在新产品、新车型开发过程中项目质量管理尤为重要,它伴随着项目开发的全生命周期,与研发、生产、市场等工作环节都密切相关。项目质量管理是为保证项目交付的产品或服务符合预期的质量标准和要求的管理活动,其目的是确保项目团队在项目开发过程中采取适当的措施来管理和控制质量,以保证项目的成功。项目质量管理主要包括以下五个方面:

1)确定质量标准和要求:项目质量管理需要明确对应的质量标准和要求,包括市场需求的产品功能、性能、可靠性等方面的要求,这些标准和要求应该与项目的目标及客户的需求一致。

2)规划质量活动:项目质量管理需要确定和规划一系列质量活动,以确保项目质量目标得以实现,如系统方案评审、变更评审、试乘试驾、质量管控和检验等。

3)确定质量控制措施:项目质量管理需要确定控制措施,以监测和控制项目开发过程中交付物的质量,这些措施可以包括评审、检查、测试以及质量度量和指标的定义。

4)制定质量保证计划:项目质量管理需要确定质量保证计划,包括制定质量保证策略、确定质量保证计划和保证指标等。质量保证的目的是通过提供适当的资源和支持,确保项目团队能够按照质量标准和要求执行工作。

5)确定质量改进措施:项目质量管理应包括制定质量改进措施,以促进项目的持续改进。这些措施能够识别和分析潜在的质量问题,从而采取预防和纠正措施,实施相关培训等。

7.6.1 主要工作及步骤

质量管理贯穿新车型、新产品开发的全过程,通过制定质量目标,坚守预防为主、严守规则、闭环管理的原则,开展一系列的质量管理活动来保证目标的达成,以提供符合市场和客户要求的产品。车型项目开发过程中,为达成项目质量目标,主要从以下几方面开展项目质量管理工作,如图7-18所示。

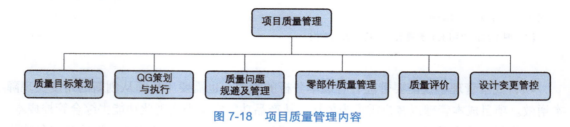

图7-18 项目质量管理内容

1. 质量目标策划

质量目标根据客户(用户、使用方)需求建立,通过质量功能展开(Quality Function

Deployment，QFD）这一品质方法将客户对产品的需求进行多层次的演绎分析，转化为产品的设计要求、零部件特性、工艺和生产要求，用来指导产品的设计和保证产品的质量。质量目标的策划也是围绕转化的过程来展开的，根据公司质量方针和质量目标，制定并组织实施各车型项目的质量管理计划和目标，目标需要可测量，过程要有管控，并要有实施记录。

在整车开发过程中，主要从以下三个方面策划并制定质量目标：

1）产品规划阶段：整车性能目标，整车及零部件售后故障率目标，以往失效规避率等。

2）概念开发和工程设计阶段：各阶段数据发布率，整车性能目标分解，各阶段零部件质量要求，问题关闭率，以往失效规避率等。

3）试制、量产阶段：零部件 OTS 及 PPAP 通过率、软件发布率、系统/性能试验完成及时率与合格率、问题关闭率、以往失效规避率等。

2. QG 策划与执行

车型项目的研发工作，需要通过设立项目里程碑，在项目运行的适当阶段按里程碑的要求对项目交付的实际情况或者状态进行检查与评审，保证各部门各阶段输出工作达到相应的品质门槛，以确保项目稳健推进，顺利进入下一阶段。

（1）品质门槛及交付物定义

1）品质门槛（Quality Gate，QG）：是戴姆勒-奔驰公司最先采用的一种产品质量管理模式。QG 主要通过对某一产品进行设计和构想，提前策划各阶段需要通过的门槛标准（成熟度描述），到达对应阶段后，按照要求的时间节点对照制定的门槛标准进行评审检查（成熟度评价），达到要求方可进入下一阶段。

2）交付物：产品开发过程中关键活动的输出物或交付成果，可以是有形的硬件，也可以是无形的软件、报告等。本书提到的交付物通常指后者，即通过文档的形式来展现工作成果，如状态、评估、计划等，有时交付物仅代表某一活动或事件的完成。

（2）QG 评审内容

在里程碑节点对与项目质量和工作就绪状态相关的交付物进行评审，即为 QG 评审，根据评审情况决定项目是否可以进入下一阶段，各车企根据项目实际开发情况可对各里程碑节点进行细化、拆分或组合。各里程碑节点 QG 评审内容和关键输出物见表 7-7。

表 7-7 各里程碑节点 QG 评审内容和关键输出物

里程碑	事项	评审内容	关键输出物
产品规划	立项研究、项目启动	① 依据型谱战略决策，结合市场需求及平台架构方案，集成产品需求为架构开发需求 ② 进一步分析识别产品潜在的机遇和竞争力，明确产品开发的可行性	项目里程碑计划 整车性能定位 技术可行性分析 系统方案说明

（续）

里程碑	事项	评审内容	关键输出物
概念开发	造型及概念设计	对造型风格、动力总成方案、整车性能、造型主题模型、制造方案、关键产品配置及新技术开发方案等进行评审决策，确定该车型设定的整车性能目标能否实现	造型冻结报告 整车性能目标 初版数据发布
工程设计	设计数据冻结发布	① 系统/零部件的功能、原理、结构形式、主要技术参数等基本确定 ② 产品选型及周边接口关系确定（包括安装位置、装配空间、组装操作、检测调整、引脚定义、控制逻辑等） ③ 输出设计数据需要经过设计验证评审，确认满足输入要求，且经开模工艺评估可行 ④ 形成文件并传递给供应商，零部件工装模具和检具启动开发	终版数据发布 产品设计开发要求 系统设计说明书 系统验证计划
样车试验	试制装车、验证	① 进入开发验证阶段，开发工作风险可控时，启动生产线的车辆制造 ② 对制造系统及产品进行验证 ③ 对整车所有系统和性能对应的测试项是否满足前期定义进行验证	零部件合格率 整车性能、系统测试验证及认可 整车功能测试报告 标准样车评审报告 软件测试发布率 问题关闭率
投产上市	量产爬坡、上市	① 审核产品开发成熟度及车辆制造成熟度是否达到要求，以便决定在产品开发无风险的情况下是否开始进入小批量的生产制造，拉动零部件供应商批量成熟，确保整车生产线连续性 ② 使用批量生产的零部件装车，确认整车厂的生产设备和工装，检验生产过程和工艺能力 ③ 决定是否可以开始生产销售，以验证零部件厂商的爬坡能力和整车厂在一定节拍下的制造能力	试乘试驾评价 软件100%发布 零部件完成OTS、PPAP认可 项目经验、教训的总结

（3）QG 评审执行

QG 评审主要通过策划各阶段质量门槛活动，推进项目开展和落实。车型项目的 QG 评审工作主要分为以下步骤：QG 策划、QG 过程确认、模块自评/项目组复评、项目晋阶及晋阶收尾。

1）QG 策划。根据项目立项书和里程碑计划，输出 QG 执行计划和对应阶段的 QG 指标清单。其中：

① QG 执行计划是根据里程碑节点计划，定义项目设立品质门槛节点，并开展对应的晋阶评审工作。其往往在项目立项的首个节点进行策划，后续计划有变更时进行调整。

② QG 指标清单是由品质负责人根据项目所处的里程碑节点，协调各部门从项目进度、整车设计目标（性能、系统、软件、零部件等）、品质、成本等方面策划交付物及完成计划，组织评审并输出指标清单。

2）QG 过程确认。QG 过程确认是为达成最终目标进行的过程管控活动。该活动依据

QG 指标清单及交付物过程成熟度管控频次定期开展过程确认，主要通过确认各指标当前达成情况，形成过程风险预警，并达成结果预测的可视化图表，帮助项目组快速识别项目进度风险点，推动各指标在 QG 评审前顺利达成。

针对重大风险，品质负责人应组织相关方开展专题会议推动，明确各方任务及完成时间。风险点责任人需要讲述指标当前进展，同时评估最终目标是否可达成，确定是否可进入下阶段。

3）*模块自评 / 项目组复评*。模块自评是各部门根据设定的里程碑展开自评，对指标状态、过程风险等进行确认，明确风险、拟定整改措施、方案和计划，输出自评结论，并将自评结果汇报项目组，目的是确认各系统前期策划的指标项目达成情况。

模块自评完毕，品质负责人组织项目组进行复评，复评时确定 QG 指标的最终达成情况。对于未达成的指标，需要明确具体问题，进行风险评估，明确对应措施和改善节点，最终输出项目组的结论。

4）*项目晋阶*。项目晋阶的目的是通过品质门槛的晋阶评审，确认项目的质量、计划和成本等是否符合设定的目标，及时发现项目过程中的重大问题。

项目组复评通过后开展晋阶会议，由项目组向晋阶会评审小组（常由质量委员会或其授权者组成）汇报整体情况，如项目开发验证进度和重点风险事项等。评审小组基于汇报内容进行最终的风险评估和决策，给出晋阶结论，以决定项目是晋阶通过到下一阶段，还是对风险项整改后再次组织评审，或者因风险较大晋阶不通过。在一些关键节点，如工程设计冻结和投产上市，需要向公司总裁办公室汇报以进行最终决策。

5）*晋阶收尾*。晋阶评审完成后，对相关文件（如晋阶评审报告等交付物）进行整理存档，便于后续追溯查询，并同步开展下一节点的 QG 指标清单策划工作。当为最后一个门槛节点时，根据上市后产品质量监控情况，结合前期上市遗留事项，进行产品质量跟踪及整改工作汇报。

3. 质量问题规避及管理

质量问题规避和管理是项目质量管理的核心，在车型项目整个开发过程中持续进行，主要运用 FMEA，以及鱼骨图、5W2H、团队导向问题解决方法（见 7.6.2）等品质工具，对问题提前排查确认，进行有效分析管控，杜绝问题重复发生，不遗留问题到下一个阶段。

在项目开发早期的策划和设计环节进行质量控制和改进，解决质量问题可能只需要进行数据调整，相对来说，其成本微不足道，但效果却立竿见影。随着项目开发进度至后期，甚至需要新开发模具来解决质量问题，以及讨论不良品的处理方案等，质量改进成本较高。早期及时发现问题，进行质量改进所需投入的人力、物力、财力均最佳，因此需要从项目立项开始进行质量问题规避及问题管理。

（1）案例规避策划

案例规避策划是在项目早期输入具体问题和建议，并在过程中对应进行规避确认，以降低同一问题再次发生的概率。案例规避是通过系统化的方法来获得问题并提前规避，避免问题重复发生，主要步骤如图 7-19 所示。

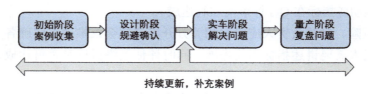

图 7-19　案例规避确认步骤

案例主要来源如下：
① 竞争车型、参考车型的设计亮点及槽点。
② 各车型开发中各项评价活动、车型试制和试验验证，以及售后品质问题和建议等。
③ 生产、装配过程中提出的优化建议，即产品建议书。
④ 结合市场投诉和反馈，形成的售后产品建议书。

通过对以上问题进行收集整理，分析案例问题原因、改善措施及设计建议，形成失效案例库。在立项初期，品质部门根据项目初版系统方案，从案例库中筛选有关联的案例，形成本车型失效案例规避清单。规避清单并非一成不变，因为各阶段问题来源不断更新，规避确认活动将持续进行。

失效案例规避确认活动需要对每一条案例进行确认，主要确认规避阶段，如数据检查阶段还是实车验证阶段等。在对应阶段进行规避结果的确认，以避免在其他车型上已出现过的问题再次发生。失效案例规避确认活动的主要步骤如下：
① 产品规划阶段，方案选型时进行确认，包括亮点方案借鉴、问题规避确认。
② 概念开发及工程设计阶段，数据评审时进行规避确认。
③ 样车试验阶段，装车及试制试验时进行规避确认。
④ 投产上市阶段，问题复盘确认规避情况。

（2）问题管理

问题管理是项目质量管理的核心工作之一，贯穿整车项目开发过程的各个阶段。从最初的失效案例输入规避到后期开发过程中产生的具体质量问题，均需要落实责任部门，推动问题解决，形成闭环。另外，在车型上市前，要对该车型相关的所有问题，在设计状态车辆上应进行复盘确认，确保不遗留一个未确认、未解决的问题到市场端。问题管理的关键流程如图 7-20 所示。

问题管理流程对应的工作事项见表 7-8。

4. 零部件质量管理

零部件质量管理主要指零部件供应商按照整车企业提供的设计图纸和技术要求，考虑如何选用符合规定的材料、如何设计符合规定的模具、制定相应的加工工艺以及检具等来确认产品是否合格的过程。这个阶段的主要目的是将技术要求转换为具体的产品并且符合设计要求，整个过程如图 7-21 所示。

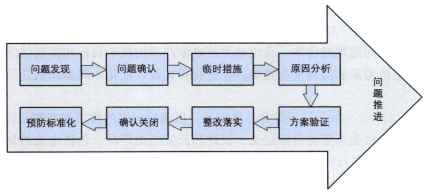

图 7-20　问题管理关键流程

表 7-8　问题管理流程说明

序号	主要步骤	说明
1	问题发现	主要问题来源：竞品车型和参考车型负面信息、以往设计失效案例、造型、设计评审、试验、生产装车、用户体验以及售后反馈的问题等
2	问题确认	运用 5W2H 进行问题确认，清晰的问题描述将给问题的分析和解决起决定性作用
3	临时措施	为防止问题恶化，在真正有效措施还未实施前，需要制定临时措施进行围堵，并对临时性应急措施的有效性进行验证
4	原因分析	原因分析的方法有头脑风暴法、鱼骨图、柱状图、柏拉图分析法等
5	方案验证	针对已确认的根本原因制定可能的改进措施，并对每一项措施进行验证，确认各项措施所能达到的改善效果
6	整改落实	方案验证可行后，问题整改涉及的变更需要按工程变更流程执行，同时，问题责任人需要推动整改方案落实
7	确认关闭	整改后的样件需要策划验证，如台架试验、整车路试、装车验证等，并保留相关验证记录，作为问题关闭的依据
8	预防标准化	问题关闭后需要及时进行归纳总结，形成标准化文件。例如，设计规范/FMEA、失效案例规避清单等，或者需要增加及更新实验方法与实验工况等，以避免同样的问题再次发生

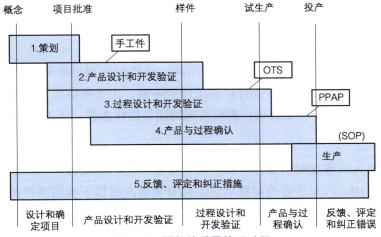

图 7-21　零部件质量管理过程

按照整车开发过程，零部件质量管理主要分为五大阶段，各汽车企业根据项目实际开发情况可进行细化、分解或者重新组合。

1）策划：确定用户对产品的需求和期望。以确定动力蓄电池选型为例，需要收集市场需求，结合历史问题规避清单，确定动力蓄电池产品的核心目标和预期结果，如提高电池性能、增加电池寿命和提高安全性等，并进行相关设计优化，同步确认开发计划和潜在风险。

2）产品设计和开发验证：设计和开发产品，以满足确定的需求和期望。以动力蓄电池的设计开发为例，根据车型的目标定义，设计和开发电池产品，包括电池的化学成分、结构和其他关键特性，进行详细的失效模式及后果分析，以评估和降低任何潜在的设计风险，同时输出图纸及相关技术要求。

3）过程设计和开发验证：可以按预期的数量和质量对产品的生产过程进行要求。以动力蓄电池包的过程设计为例，该阶段将确定生产动力蓄电池所需的制造过程。针对每一个生产过程，设计具体的工艺流程，并通过测试、试验或者小规模产线验证该工艺流程的可靠性和稳定性。此阶段会要求进行OTS认可，以验证产品的设计能力。

4）产品与过程确认：确认设计的产品和过程能满足批量生产的节奏，同时符合前期定义的质量要求。在完成产品和过程的设计和开发后，需要开展各项试验（如零部件台架试验、整车可靠性及环境试验等）来验证产品功能、性能是否满足设计要求，这需要在生产线上生产一定数量的产品并进行全面的测试。这个阶段会要求进行PPAP认可，以此验证产品和生产过程。

5）反馈、评定和纠正措施：每个阶段都要不断地发现问题、分析问题、解决问题、持续改进。

5. 质量评价

质量评价活动从车型项目立项开始一直持续到车型上市，主要从用户的角度，通过对车型进行测试和评价来判断项目风险，发现车辆存在的问题，明确优化方向，推进整车质量改善，以提高市场满意度。质量评价包含数据阶段和实车阶段的评价。

（1）数据阶段评价

在立项及数据设计阶段组织内部评价团队，必要时可邀请外部如第三方专业评测机构、媒体、经销商和意向客户等进行对应的评价体验，主要在仿真分析之外，对造型辅助的油泥、硬模等实物进行感知确认，提前发现问题并优化改善。相关评价活动见表7-9。

（2）实车阶段评价

该阶段主要为试乘试驾活动，在试制阶段及量产之初组织整车的试乘试驾活动。相关评价活动见表7-10，汽车企业可根据项目实际开发情况对以下类型进行选择或组合。试乘试驾活动需要定义组织部门，申请车辆，确认和维护车辆状态，策划试乘试驾活动，以及汇总和分析试乘试驾发现的问题点，并组织召开各项试乘试驾会议，明确需要整改项目，确定责任人、完成时间和验证方式，并对问题的整改情况进行跟进。

表 7-9　数据阶段评价活动说明

序号	类别	评价对象要求	活动目的
1	竞品、参考样车试乘试驾	立项之初，组织评价团队对竞品车型和参考样车进行驾驶体验，通过动态、静态评价，结合商品属性定义，初步制定整车性能目标	性能目标定义
2	效果图	①外饰多角度展示整车造型、颜色、灯具及其点亮效果等 ②内饰展示完整的产品设计方案、配色及色彩面料、氛围灯点亮效果等	数据阶段按设计规范进行布置和校核，此外，通过对应的实物展示、操作件的动作等，以及结合3D动画体验，提前模拟实车表现，发现问题点并及时优化
3	油泥模型	按照最新效果图制作的油泥： ①外饰展示造型、尺寸、流线等 ②内饰展示造型、人机、储物空间及视野等 ③内、外饰均需体现可见的覆盖件，如门把手、外后视镜、开关等	
4	虚拟样车	外观、内饰可见面零部件通过3D软件进行展示，运动件的结构、开启方式能模拟对应的动作，主要是四门（左前、右前、左后、右后门）两盖（前舱盖、后背门）、天窗、灯光以及PAD旋转动作等，评价活动从初版数据开始，直至数据冻结	
5	硬模及台架	①外观完整，体现整车大小、造型、流线、颜色和材质 ②内部空间、尺寸、视野、人机等都在设计状态 ③人机操作方面尽可能的展示，如转向盘调节、踏板行程、座椅前后移动、换挡力大小、安全带拉出力等 ④仪表、多媒体、空调面板有UI和功能显示	

表 7-10　实车阶段评价活动说明

序号	类别	活动目的
1	内部试乘试驾	为充分验证产品的质量，掌握整车性能、质量现状，了解用户满意度，及早暴露车辆质量问题，由公司内部员工（含公司领导）进行试乘试驾
2	长里程试乘试驾	模拟用户进行长途驾评（例如，≥3000km），发现和确认性能问题，暴露初期质量问题
3	第三方汽车调研机构试乘试驾	通过对车型进行动态和静态评价，结合第三方调研机构（如J.D.Power等）的汽车用户调研数据（如对汽车产品和服务的感受和期望等），帮助车企根据用户意见更好地了解本车型的长处和不足，提供用户满意的产品
4	媒体试乘试驾	为提升产品知名度和美誉度，特邀请专业媒体及大众媒体试乘、试驾新产品，加强新产品媒体曝光频次，引起消费者关注并购买
5	标准用户试乘试驾	新产品试生产阶段，组织目标用户和竞品用户就产品功能、配置、性能进行对比评价，提出产品改进意见和建议
6	经销商试乘试驾	为使经销商了解产品性能，增强销售热情和信心，邀请经销商试乘、试驾新产品

6. 设计变更管控

变更是指任何事物的状态或性质发生改变，如：产品设计变更、工程变更、工艺变更、供应链变更等。变更管控是管理变更申请、评估、批准、执行到回顾变更的系统性方法。

变更管控属于质量管理，任何环节未执行到位都会产生质量问题，理论上应尽量降低变更频次，但在设计或量产阶段，因成本、供应、效率、功能等众多调优考量，变更时常发生。研发部门应对涉及的变更进行审核，主要从设计机理层面评估变更点对产品性能是否有积极的帮助，是否存在负面影响，是否有其他产出物及其造成的额外影响。把控好设计变更，质量问题会大大减少。

（1）变更管控的目的和要求

设计开发过程中，变更是无法避免的。为了降低变更带来的影响，提高项目运行质量，控制项目风险，避免不必要和不可控的变更，需要对变更进行管控。同时，当变更发生时，对其管控可保证项目运行和操作的流畅性，避免研发和生产的意外中断。变更管控可定义相关流程，从而保证产品开发以及生产过程中发生的变更，得到及时控制并有效解决。变更实现越晚，成本越高。在样品出来之前变更，可能仅需要修改几份文件；在开模后变更，不仅需要修改各类技术文件，还要处理物料、半成品，甚至已交付的产品，造成更大的经济损失。

在变更管控中，需要识别、记录变更点，组织评审，进行验证和确认，并在实施前得到确认和批准。变更时，需要注意协调性，受影响的各方面都要同步更改，如图纸、检验规范、作业指导书、工装、向外部供应商传递的技术要求等。同时，根据项目所处阶段，评审需要包括各环节，如变更点对其他系统的影响、变更成本和周期以及已交付产品的影响等。此外，任何对产品有影响的变更都要通知相关方，并征得其同意。

（2）变更时机

变更几乎贯穿车型项目开发的整个生命周期，从变更成本、变更时长及变更影响看，变更越早越好。变更一般多发生在以下几种情况：

1）对现有质量问题的改进，如评审、验收、试制、试装、试验、试驾、生产、市场销售等过程发现的问题。

2）对现有产品和工艺持续改进和优化，包括配置变更、产品改型、功能性能提升。

3）法律法规、国家标准、企业标准变更。

4）来自供应商的变更需求。

（3）变更流程

变更流程如图7-22所示，其中对应的工作内容和说明见表7-11。

第 7 章 开发项目管理

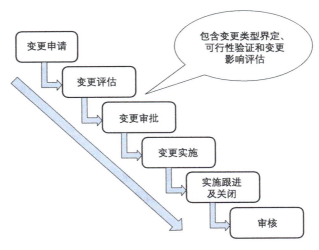

图 7-22 变更流程

表 7-11 变更过程说明

序号	变更过程	说明
1	变更申请	由变更发起方提出，工程变更发起方在提出工程变更前需要先进行内部评审，确定变更可行后，方可向工程变更控制单位提出工程变更申请（Engineering Change Request，ECR），内容至少包括变更的原因、变更的内容、变更的前后情况对比、变更的影响等
2	变更评估	① 可行性验证：变更控制单位组织评估小组根据仿真计算、过往设计经验，或通过制作样件进行试装、试验等方式对变更的可行性进行验证 ② 影响评估：变更影响需充分评估，评估小组需包括相关的产品部门和性能部门，甚至包括法规、计划、生产、市场等部门；如对其他系统有影响，需要考虑试验是否要重新安排，模具、检具是否需要配套变更，变更前旧状态产品如何处理，以及对库存零件、材料及半成品、交货期及成本、已交付产品及市场销售和服务、法规认证等造成的影响 ③ 评估结论：可行，进行变更审批后发布实施；不可行，终止变更或由发起单位修改变更方案
3	变更审批	工程变更控制单位负责工程变更通知（Engineering Change Notice，ECN）的审批，ECN 中需根据变更的影响及控制程度要求，明确变更的切换方式： ① 仅图纸和（或）工程技术文件修改 ② 自然切换，旧物料继续使用，用完后更换新物料 ③ 立即切换，仅允许使用新物料，旧物料立即隔离报废 ④ 立即切换，但不影响使用功能的已制成产品允许出厂并继续使用 ⑤ 立即切换，不影响使用功能的已制成产品也不允许出厂，但已发产品允许使用 ⑥ 立即切换，已制成产品不允许出厂，已发出产品须全部召回
4	变更实施	各责任单位按照变更影响评估中，识别的受影响内容及变更通知单中明确的切换方式进行变更的执行和切换，并在规定时间内完成 ① 涉及认证的产品变更，必须向认证机构申报并获得批准后才可对变更后的产品施加认证标志 ② 需要重新提交 OTS 和 PPAP 的变更影响评估必须按照客户要求在规定时间内完成 ③ 变更执行时注意协调一致，受影响的所有工艺文件、设备、工装、物料、半成品、成品等要同步切换

267

(续)

序号	变更过程	说明
5	实施跟进及关闭	工程变更控制单位需要指定人员对变更实施情况进行跟进,确保所有受影响的内容都已按要求切换执行到位,并保留跟进关闭的记录
6	审核	工程变更控制单位可定期组织对变更的执行情况进行审核,可与技术状态审核一起进行,以确保每一项变更都按时闭环管控

7.6.2 知识、工具与技术的使用

车型项目质量管理过程中会用到多种质量管理工具,其中五大产品开发工具在2.2节中有详细介绍,本小节就质量管理中常用的工具和方法进行简单介绍。

1. 8D

8D(8 Disciplines)又称为团队导向问题解决方法,由八个步骤和一个准备步骤组成,这些步骤用来客观地定义、分析和解决问题,预防相似问题再次发生。8D是一个质量管控过程,主要对车型项目开发过程中会出现的批量性故障、原因不明确、客户投诉问题、反复频发问题、需要团队作业的问题等情况进行解决。8D的主要步骤见表7-12。

表7-12 8D步骤说明

序号	步骤名称	说明
1	D0 准备8D	鉴定是否需要进行8D,立项并确定主题,收集相关资料
2	D1 问题描述	对问题进行界定,量化问题并确定问题细节(问题发生频率、风险等),问题描述一般用5W2H方法
3	D2 问题解决团队	建立一个跨职能团队小组来解决问题和执行纠正计划,小组成员应具有产品知识、可分配的时间和需要的技能等
4	D3 临时措施	临时措施也叫围堵措施、遏制措施、紧急措施,主要目的是从发现问题开始,对可能的不良品进行控制,避免不良品流入下个阶段,减少不良品的影响范围。当发现有不良品时,第一时间应对影响的范围进行控制
5	D4 原因分析及验证	指出问题发生的一切可能原因,再分别针对每一项原因进行测试,以验证真正的根本原因,然后找出消除该项根本原因的各项纠正措施。根本原因分析是8D步骤中的重点及核心内容。在未确定根本原因之前,需要对各种可能的因素进行验证,这是一个循环的过程。根本原因的分析方法有多种,常见的有5W2H和鱼骨图
6	D5 长期措施实施过程及结果确认	针对各种失效状态选定并采取纠正措施,并验证措施实施的有效性,最好的纠正措施是防错
7	D6 效果验证及标准化	监控并确保纠正措施的执行效果,取消围堵措施,在车型项目内推广并标准化纠正措施
8	D7 问题关闭结案	专人核查并确认该问题的各项改善措施是否落实到位,问题是否能够有效关闭。同时,总结经验教训并内部分享和培训,确认该问题解决的资料的正确性及完整性,并归档管理
9	D8 团队总结	组长确认小组成员在解决问题上扮演的角色,承认小组的集体努力,对小组工作进行总结,并对小组成员予以肯定和激励

2. 5W2H

问题的描述对质量问题的解决至关重要，它关系到人员的分析和判断方向，需要以问题抱怨客户的角度详细描述其所感受到的问题现象，将其所遇到的问题以量化的方式进行表达，往往用5W2H要求内容进行描述，见表7-13。

表7-13　5W2H问题描述方法

5W2H	说明
Who（谁）	描述问题发生主体（故障车型）以及问题抱怨客户
What（什么）	描述问题的症状，文字描述不清的，可以借助数字、图片或者视频等将问题表达清楚
When（何时）	描述问题在何时发生，如时间、时间段、季节
Where（何地）	描述问题在何处发生，如地理环境、建筑场所
Why（为什么）	识别已知的解释，如根据故障现象，市场端做出的初步判断
How（怎么样）	描述在哪些模式或者状态下发生的问题，如车况、路况、操作模式
How much（多少）	描述问题发生的频次、严重程度

3. 鱼骨图

鱼骨图是一种发现问题"根本原因"的分析方法。在制作鱼骨图时，首先需明确要解决的问题，从人、机、料、法、环五要素出发进行分类和描述，然后对问题的根本原因进行深层剖析，如图7-23所示。鱼骨图在质量管理过程中，尤其是在质量分析过程中和质量改进活动中可以高效定位根本原因，并提供合适的对策来解决问题。

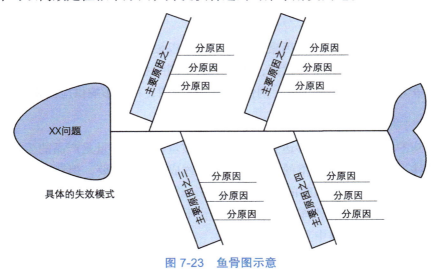

图7-23　鱼骨图示意

鱼骨图的主要分析步骤如下：

1）针对问题点，选择层别方法，如人、机、料、法、环等，确定主要原因。
2）按头脑风暴分别对各层别、类别找出所有可能的分原因。
3）将找出的各分原因进行归类、整理，明确其从属关系。
4）分析选取重要原因。

5）检查各分原因的描述方法，确保语法简明、意思明确。

7.7 项目采购管理

采购作为企业经营的核心环节，是获取利润的重要来源之一，并在企业产品开发、质量保证、供应商管理及经营管理中起着重要作用。在车型项目开发过程中，采购管理必不可少。采购可分为狭义采购和广义采购：狭义采购是指物品及服务的获得，即企业根据需求，以较低的成本，在适当的时间、地点，在众多的备选对象中，获得适当的数量和恰当质量的物品或服务的行为；广义采购是指除了以购买方式获得物品或服务之外，还可以通过其他途径获得物品的使用权，来满足企业需求，包括租赁、借贷、交换、征用、外包、自制、转移及赠予方式。

采购管理是指为保障企业物资供应而对企业采购活动进行计划、组织、领导、协调和控制的管理活动，确保企业经营战略目标的实现。采购管理不仅面向采购人员，还面向企业组织的其他人员和供应商，协调配合采购工作的开展，满足企业的物资供应。良好的采购管理可以通过节约成本、把控质量等提高利润和企业竞争力；通过与市场的接触为企业内部提供价格、产品可用性等信息；可以促进产品标准化，减少采购品类，降低企业生产成本；还可以增强柔性，对市场变化快速响应；减少库存，避免占用资金。

采购管理的总目标是确保企业生产经营中的物资供应和利润最大化，对车型项目开发而言，是确保新车型从开发到量产过程中的零部件供应和采购成本最优，具体有以下三点：

（1）确保采购价格合理，降低成本

采购价格是影响成本的主要因素。节约成本，以最优的价格完成采购任务，是采购管理的主要目标之一。若采购价格过高，将会增加车辆的总成本，导致研发的车型产品在市场上失去竞争力。若采购价格过低，则供应商无利可图，将会影响供应商积极性。

（2）确保采购物品的质量

确保采购的汽车零部件能够达到企业要求的质量标准。质量是产品的生命，只有质量合格的零部件，才能生产出合格的车辆。尽管节约成本至关重要，但获取高质量和可靠的产品和服务同样重要。如果采购的零部件不合格，将造成采购过程中的人力、财力的浪费。若使用不合格零部件制造的汽车产品流向市场，不仅会损害消费者的利益，还会影响企业的声誉，不利于企业在竞争中立足。

（3）确保采购物品的时效和数量

采购管理要根据车型项目组的总体战略目标，安排好各项采购活动，按时采购所需要的零部件，保证不缺货，确保车型项目开发如期进行，保障生产是采购管理的基本目标。在当今激烈的竞争环境下，一些企业为了加速资金周转，采购准备的期限大大缩短，这对供应商的时效要求越来越高，如果不能确保采购的物品如期交货，将会产生不利的经济后果。但是保障生产也不是供应物品储备越多越好，应保障供应不间断、库存合理。若库存

量过大，长期堆积，不仅面临报废的风险，而且占用资金，加大库存成本，减缓了资金的周转速度。若库存量过低，则会导致供不应求，从而影响车型项目开发进度，不利于企业生产经营。

7.7.1 主要工作及步骤

采购管理的主要工作包括以下三个方面：一是与采购需求有关的企业内部管理；二是企业外部市场和供应商的管理；三是采购过程本身的管理。不同企业采购流程因采购品类的来源、采购方式等不同，在作业细节上有若干差异，但基本的流程大同小异。在采购过程中，作为汽车制造厂的购买方，首先由项目组提出采购需求，采购部门编制采购计划；其次，寻找相应的供应商，调查供应商提供的产品在数量、质量、价格、信誉等方面是否满足企业要求；再次，选定供应商后，与供应商进行价格谈判，签订采购合同，以订单方式传送订货计划、需求信息，并跟进订单状况，并与供应商保持联系，以便供应商按企业需求组织生产、供货；最后，定期对采购物品管理工作进行评价，寻找优化采购流程的方法。项目采购管理流程如图 7-24 所示。

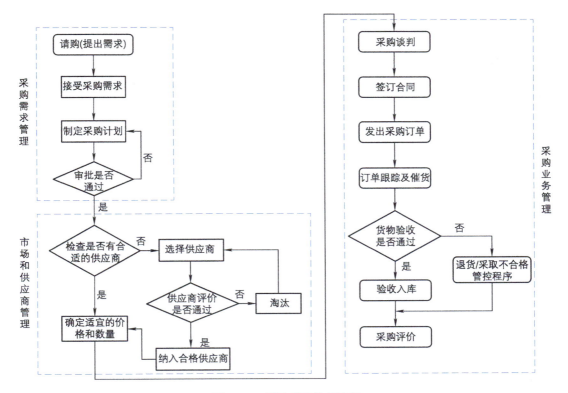

图 7-24 项目采购管理流程

1. 采购需求管理

企业采购需求和计划的形成主要来自生产部门，在车型项目开发过程中即项目组。首先，项目组根据车型项目的研发里程碑和生产计划，提出该车型项目的原材料、零部件、辅助材料等需求计划。其次，市场和销售部门根据市场需求的预测分析和竞品销售情况，提出本项目的成品需求计划。最后，固定资产管理部门提出设备添置、维修需求计划及技术、研发部门提出新产品开发需求计划。采购部门要对这些计划进行审查、汇总，与各部门协商采购的品种、规格、数量、质量、进货时间等，综合平衡，编制出切实可行的采购计划。

2. 市场和供应商管理

市场是提供资源的外部环境，采购管理是企业和资源市场的物资输入窗口，也是企业和资源市场的信息接口。采购管理要随时掌握资源市场信息，不仅要了解地区市场、国内市场，还要了解国际市场，针对不同的市场采取不同的应对策略，将信息反馈到企业中，为企业的经营决策提供有力支持。

供应商管理是采购管理的核心任务之一，也是采购管理中最重要的一环。下面将详细介绍采购管理中的供应商管理，主要包括供应商开发选择、项目供应商综合评价、项目供应商日常管理三个方面。

（1）供应商开发选择

良好的供应商群体是实现采购目标的基础，寻找最佳供应商，以确保企业在采购过程中最大限度地降低成本，提高企业的利润，增强企业的竞争力。不同企业有不同的项目供应商选择流程，基本流程如图 7-25 所示。

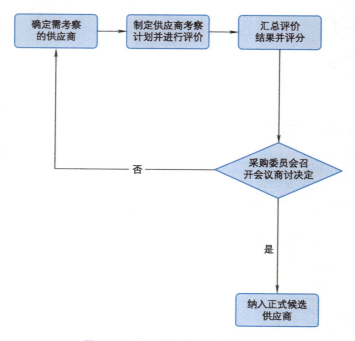

图 7-25　企业项目供应商选择流程

根据公司车型项目开发需求，提出项目供应商选择计划及日程，并编写需求的说明书。供应商管理部门根据车型开发项目组的需求清单在现有的供应商中寻找满足条件的供应商；若有符合条件的供应商，向供应商发出询价请求；若现有的供应商库中没有满足条件的供应商，要进行相应产品的市场调研，根据公司发展策略、新技术、新工艺等开发需求和预算，寻找潜在的供应商，通常在有新车型开发的时候会选择新的项目供应商。

通过各种渠道寻找到的供应商，供应商管理部门需要对供应商的营业执照、行业经营许可证、体系证书、配套经验等证明材料进行资格预审，判断是否达到公司准入要求。筛选出允许准入的供应商，并进行综合评价。供应商管理部门根据筛选出的供应商状况和日程安排，制定供应商考察计划，并组织相关部门对筛选出的供应商按照供应商综合评价作业流程进行实地考察，形成详细报告。

供应商管理部门将报告提交采购委员会，对供应商选择计划书进行讨论，判定供应商选择计划是否通过批准。采购委员会一般由车型开发项目部门、品质部门、供应商管理部门、成本管理部门、采购部门以及公司领导组成。由各相关部门准备产品询价资料，供应商管理部门汇总给通过批准的供应商，与供应商进行询价、报价交流，需要公司各相关部门积极配合，对供应商提出的报价问题进行解答。供应商管理部门对供应商的报价进行评价，并向采购委员会提交评价报告，由采购委员会开会讨论，采购委员会批准通过后，供应商选择方案才可以生效。

选择方案生效后，公司依据协议签署要求与供应商完成准入协议、采购通则、框架协议的签署。公司需要对合作的供应商创建供应商代码，供应商按照实际情况填写供应商导入评审表后方可合作。当签署协议并导入后，供应商选择完成并进入日常管理。供应商需要根据车型项目需要求按计划进行生产供货，由相关部门对其进行日常管理，确保可提供合格产品。

（2）项目供应商综合评价

当出现企业供应商库中的供应商无法满足新车型项目要求、原有供应商的成本、质量和生产能力无法满足当前要求、供应商自身发生重大组织架构变更等情况时，需要寻找新的供应商，并对新引入的供应商进行综合评价。首先，采购部门提交通过资格预审满足要求的供应商，采购委员会相关部门对候选供应商进行提报和分析，确定要考察的供应商。其次，采购部门制定供应商考察计划，相关部门依据考察计划，按照各自的评价标准对供应商进行评价。再次，各相关部门汇总评价结果并进行评分，由供应商管理部整理各部门的评价结果，并编写综合评价报告，将供应商考察情况和综合评价报告提交至采购委员会。最后，采购委员会召开会议商讨决定候选供应商是否通过，将综合评价通过的供应商纳入正式候选供应商。供应商的综合评价流程如图7-26所示。

（3）项目供应商日常管理

当项目供应商导入企业供应商库后，就要对供应商进行日常的管理。供应商日常管理内容见表7-14。汽车制造企业与供应商是一个长期合作的关系，通过对双方资源和竞争优势的整合来共同开拓市场，降低产品前期的高额成本，实现双赢。加强供应商日常管理，使企业与供应商建立合作伙伴关系,提高双方灵活性,同时有助于提高供应商对客户需求反应的敏捷性。在新能源汽车快速发展的环境中,供应商对客户需求反应的敏捷性将决定供应商能否在激烈的市场竞争中站稳脚跟。

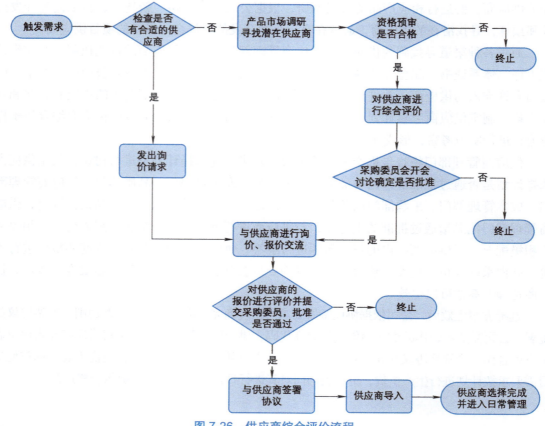

图 7-26　供应商综合评价流程

表 7-14　供应商日常管理内容

供应商日常管理	说明
供应商交流	① 企业与供应商之间需要经常进行有关成本、作业计划、质量控制信息的交流与沟通,及时沟通近期的生产计划或向供应商通报市场情况,保持信息的一致性和准确性,以消除牛鞭效应 ② 企业与供应商之间需要经常互访,及时了解供应商的动态及是否存在供货困难,可以有效地在现场解决双方合作过程中出现的问题,有利于营造良好的合作氛围,提高工作效率
供应商激励	企业需要采取一定的激励手段,调动供应商的积极性,使双方合作更加顺利: ① 正激励主要有以下几种表现形式:增加合作份额、延长合作期限、荣誉激励、新产品合作优先选择奖励等 ② 负激励主要有以下几种表现形式:罚款、淘汰、通报批评等
供应商绩效评分	根据企业规章制度,对供应商进行绩效评分,促进供应商不断完善和改进产品,建立有竞争力的供应商平台。供应商绩效评分管理不仅可以作为多家供应商供货比例的主要参考依据,还可以作为确定开发后续产品供应商的指导依据
项目供应商退出管理	结合企业各相关部门对供应商技术能力、绩效表现、供货情况、合规表现、考察结果、市场行情的评估,及时退出严重违约、无竞争优势、不符合公司考核要求的供应商

3. 采购业务管理

采购业务管理是对采购有关的事务进行管理，把前期采购的需求、采购计划进一步落实，包括与已选择的供应商进行谈判、签订采购合同、采购订单管理、交货管理、验收入库、支付货款等一系列工作，并在采购完成后对本次采购进行评估，发现问题、解决问题、改进工作，不断提高采购管理水平。

7.7.2 知识、工具与技术的使用

项目采购管理中常用的几种工具和方法如下。

1. 采购需求预测技术

采购市场需求预测是企业制定采购计划的依据，采购需求预测技术分为定性预测和定量预测两种方法。

1）定性预测：是指具有丰富经验和综合分析能力的人员与专家，根据已掌握的采购市场情况的数据资料，运用个人的经验和分析判断能力，对市场需求指标的变化趋势或未来结果进行预测的方法，主要包括德尔菲法、类比法、用户调查法和经验判断四种。

2）定量预测：是指根据已掌握的比较完备的、系统的数据，运用一定的数学方法和统计方法预测和推测指标未来发展变化趋势的方法。它逻辑推理缜密，预测结果具有说服力，但预测成本较高，且需要较高的理论基础。定量预测一般包括时间序列预测法和回归预测法。

2. 采购谈判技巧

在采购谈判过程中，各方都是力求维护自身的利益，想方设法让对方让步，因此在采购谈判时，要掌握一定的谈判技巧。谈判技巧通常有入题技巧、阐述技巧、报价技巧、还价技巧等。

1）入题技巧：刚开始谈判时，要采用恰当的入题方法，包括迂回入题、先谈细节后谈原则性问题、先谈一般原则再谈细节、从具体议题入手等。

2）阐述技巧：谈判入题后的开场阐述是谈判的一个重要环节，可以让对方先谈，并在此基础上提出自己的要求，既赢得对方的信任又不使自己陷入被动。

3）报价技巧：谈判双方在明确了具体内容和范围后，提出各自的交易条件，表明自己的立场和利益，在报价时报价要果断，采取"低开"策略、影子报价/要约价、探知临界价格等技巧。

4）还价技巧：报价结束后，双方会进入讨价还价状态，还价过程也要掌握相应的还价技巧，包括弹性还价、化零为整、压迫降价等技巧。

3. 采购流程优化方法

采购流程优化方法主要有以下四种。

1）标杆瞄准法：又称竞标赶超、战略竞标，是将企业自己的采购流程与从事该项活动最佳者进行比较，从而提出行动方法，以弥补自身的不足，不间断精益求精的过程。

2）ESIA 分析法：消除（Eliminate）、简化（Simply）、整合（Integrate）和自动化（Automate）四个步骤，简称 ESIA 法。所有企业的最终目标都应该是获得最大的利润和提升客户在价值链上的价值分配。设计新的流程就是为了以一种新的结构方式为用户提供这种价值的增加，反映到具体的流程设计上，就是尽一切可能减少流程中非增值活动，调整流程中的核心增值活动。

3）SDCA 循环：是标准化维持，即"标准、执行、检查、总结（调整）"模式，包括所有和改进过程相关的流程的更新（标准化），并使其平衡运行，然后检查过程，以确保其精确性，最后做出合理分析和调整使得过程能够满足愿望和要求。

4）DMAIC 模型：是 6sigma（6σ）管理中最重要、最经典的管理模型，主要侧重在已有流程的质量改善方面。

7.8　工程案例：某车型主驾驶座椅项目成本管理

项目成本管理包含目标设定、目标实现、持续改善这三个主要工作步骤，通过将成本意识嵌入并应用至整车管控流程，最终形成全生命周期零部件成本的闭环管控流程。本节以某车型主驾驶座椅开发项目为实例，阐述其成本管理的具体工作内容，主要包括对象选择、价值分析和方案实施。

7.8.1　对象选择

在做成本优化对象选择时，可以从没有达成目标、降本潜力大、盈利压力大、金额比较大的零部件入手进行分析。座椅的成本占整车成本约 2%～9%。座椅主要由面套、发泡、骨架、功能件、塑料件等零部件组成，其中，骨架和面套的成本普遍占比最高，功能件成本占比会随着车型价位的升高有明显提升。

从成本角度对主驾驶座椅的设计方案优化和降本改善时，可以选取与本品同类型车型作为竞品进行对标分析，并将零部件的主要参数信息以及成本影响因素列举出，见表 7-15。

表 7-15　主驾驶座椅主要参数对比

参数	主驾驶座椅	竞品主驾驶座椅
图片（实拍图片）		
基本信息 尺寸 /mm	$W510 \times D620 \times H1020$	$W510 \times D600 \times H970$

（续）

参数	主驾驶座椅	竞品主驾驶座椅
重量 /kg	16.80	17.66
座椅材质	PVC	织物
功能配置	—	—
几向调节	6（前后/靠背/高低）	6（前后/靠背/高低）
调节方式	手动	手动
头枕调节	2向4档（手动）	2向2档（手动）
头枕行程 /mm	[总]55/[每档]15	[总]40/[每档]20
SAB（是/否）	是	是
制造信息		
零件数（约值）	170	146

从表 7-15 中可以看出，本品在重量上有较大的优势，且头枕调节行程较大，座椅舒适度较高，竞品的零件数比本品少了 24 个。从 DFMA 面向制造及装配的设计的角度看，减少没有必要的复杂设计，不仅可以降低产品成本，提高生产效率和产品质量，还可以更好地优化产品设计的装配性和平台性。

7.8.2 价值分析

功能是 VAVE 的分析核心，所谓的功能是 VAVE 分析的对象能够满足人们某种需求的一种属性，对产品而言，其功能就是指它的用途。提取主驾驶座椅的主要功能，罗列各零部件或组件（总成）的主要功能、辅助功能，便于后续对具体产品进行功能筛选定义及功能成本分配，进而针对功能过剩的零部件进行设计简化，以降本增效。

从座椅的组成和成本占比方面对主驾座椅的功能进行提取。骨架的功能为支撑载体，面套的功能为美化外观，发泡主要用来吸能缓冲，功能件可以调节座椅和提供热量，头枕用来支撑头部，提升座椅的整体舒适性。将功能罗列，通过两两对比法，按功能重要程度评分。重要的功能得 1 分，次要的功能得 0 分，从而确定主驾驶座椅每个零部件的功能系数，见表 7-16。

表 7-16 主驾驶座椅零部件组成及其功能

零部件	功能	支撑载体（增加强度）	美化外观（耐脏耐磨）	吸能缓冲	调节座椅	支撑头部	提供热量	功能评分值	功能系数
骨架	支撑载体（增加强度）		0.6	0.6	0.6	0.8	0.7	3.3	22.0%
面套	美化外观（耐脏耐磨）	0.4		0.5	0.6	0.7	0.7	2.9	19.3%
发泡	吸能缓冲	0.4	0.5		0.6	0.7	0.7	2.9	19.3%
功能件	调节座椅	0.4	0.4	0.4		0.6	0.7	2.5	16.7%
头枕	支撑头部	0.2	0.3	0.3	0.4		0.5	1.7	11.3%
功能件	提供热量	0.3	0.3	0.3	0.3	0.5		1.7	11.3%
总计								15.0	100%

结合面套、发泡、骨架、功能件、头枕等零部件的成本系数和功能系数比例，按照式（7-1）计算出主驾驶座椅的功能价值指数，见表7-17。根据功能重要度系数和功能成本系数，进行综合评估，得出价值提升、创新分析的方向。

表 7-17 主驾驶座椅各零部件的功能价值指数

功能	功能系数	成本系数	价值指数
支撑载体（增加强度）	22.0%	15.0%	1.47
美化外观（耐脏耐磨）	19.3%	21.6%	0.89
吸能缓冲	19.3%	14.4%	1.34
调节座椅	16.7%	6.1%	2.72
支撑头部	11.3%	19.5%	0.58
提供热量	11.3%	23.4%	0.48

根据 VAVE 的方法论，功能价值指数高于1，代表较低的费用实现了重要的功能或有过剩功能存在。功能价值指数低于1，代表功能与实现功能费用不匹配，功能偏低或费用偏高。因此，优先优化支撑头部和提供热量功能的成本，并考虑调节座椅的功能是否过剩，可以进行降本增效。

7.8.3 方案实施

通过价值分析确认降本方向后，可以从零部件着手进行设计方案的优化。美化外观的功能价值指数为0.89，说明面套的成本与功能不匹配，存在成本偏高的情况。针对面套，可以对其绗缝工艺进行优化，节省面料，降本7.8%，且制造装配时间减少2min。主驾驶座椅面套设计方案优化见表7-18。

表 7-18 主驾驶座椅面套设计方案优化示例

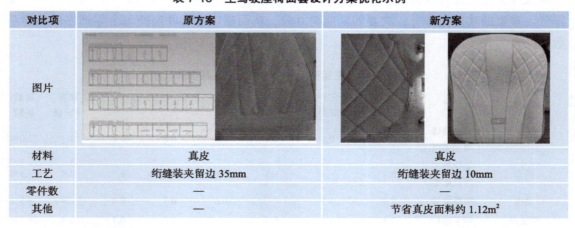

对比项	原方案	新方案
图片		
材料	真皮	真皮
工艺	绗缝装夹留边35mm	绗缝装夹留边10mm
零件数	—	—
其他	—	节省真皮面料约1.12m²

支撑头部的功能价值指数为0.58，说明主驾驶座椅头枕部分的成本相对于其功能偏高。针对头枕结构，可以对其整体结构进行优化，将提供支撑的硬发泡和塑料骨架一体化，减

少零部件数量，节省装配工时，最终降本 5%，制造装配时间减少 3min。主驾驶座椅头枕设计结构优化见表 7-19。

表 7-19 主驾驶座椅头枕设计方案结构优化示例

对比项	原方案	新方案
图片	主驾驶座椅头枕部分结构（舒适性绵、发泡、EPP、塑料骨架、装饰条）	（舒适性绵、发泡、塑料骨架、装饰条）
材料	EPP	PA6
工艺	发泡	一体注塑
零件数	5	4
其他	EPP 硬发泡提供支撑，结构复杂	保证支撑功能的情况下，优化结构，减少装配工时

另外，针对功能类成本偏高的情况，可以根据车型定位、竞品方案和目标成本等因素，在主驾驶座椅配置规划偏高的情况下适当调整主驾驶座椅的功能，优化主驾驶座椅配置。例如，调整座椅通风加热功能为选配，以此在成本优化的同时适配用户的不同需求。

思考与练习

一、单选题

1.（　　）是制订进度计划的基础。
A. 工作分解结构（WBS）　　B. 网络图
C. 甘特图　　　　　　　　D. 里程碑图

2. 范围核实应该在（　　）进行。
A. 项目结束时　　　　　　B. 项目开始时
C. 项目每一个阶段期间　　D. 计划编制时进行一次

3. 从产品完整的生命周期来看，（　　）阶段的费用在汽车产品成本中占比最高，对成本影响最大。
A. 汽车产品设计　　B. 生产　　C. 采购　　D. 售后

4. 项目成本管理的最终目标是（　　）。
A. 缩短工期　　B. 提高质量　　C. 降低成本　　D. 项目审计

5. 根据项目成本、功能和价值之间的关系，当项目成本不变而功能上升时，下列正确的是（　　）。

A. 项目的价值降低　　B. 项目的价值增加
C. 项目的价值不变　　D. 项目的价值与成本和功能之间没有关系

二、多选题

1. 开发新供应商的程序包括（　　　）。
A. 明确需求、编制供应商开发进度表　　B. 寻找新供应商的资料、初步联系
C. 初步访厂、报价、工厂审核　　D. 产品质量认证、确定合格供应商

2. QG 评审的里程碑节点包括（　　　）。
A. 产品规划　　B. 概念开发　　C. 工程设计
D. 样车试验　　E. 投产上市

3. 项目质量管理中的设计变更过程包括（　　　）。
A. 变更申请　　B. 变更评估　　C. 变更审批　　D. 变更实施
E. 实施跟进及关闭　　F. 审核

三、填空题

1. 项目管理的十大知识领域包括_____、_____、_____、_____、_____、_____、_____、_____、_____、_____。

2. 汽车企业常用的管理组织类型有矩阵型组织和项目型组织，其中矩阵型组织包括_____、_____、_____、_____四种类型。

3. 项目质量管理内容包括_____、_____、_____、_____、_____、_____、_____。

四、判断题

1. 里程碑图是在整车开发过程中应用最多的项目进度管控方法。（　　　）
2. WBS 分解的原则主要是 100% 原则。（　　　）
3. 不同类型采购项目的供应商评价需要采用的评价标准也不同。（　　　）
4. 选择供应商时不仅需要考虑价格、质量、交货期、服务、柔性等因素，还需要考虑供应商的信誉。（　　　）
5. 质量管理只是生产部门的责任。（　　　）

五、简答题

1. 数据阶段和实车阶段的质量评价活动有什么区别？
2. 项目质量管理中常用的 8D、5W2H 和鱼骨图在应用上有什么区别？
3. 供应商选择的步骤有哪些？
4. 同步工程较顺序开发有哪些优势？

六、综合实践题

在当前国内汽车市场，受到政策支持和消费者需求增加的双重推动，纯电动汽车正迎来快速发展的机遇。随着公众环保意识的提升和电动出行理念的普及，消费者对新能源汽车的关注度显著上升。同时，国家出台了一系列补贴政策和产业扶持措施来促进电动汽车的普及。此外，国内外众多汽车制造商纷纷加大对电动汽车的投入，市场竞争日益激烈，产品层出不穷，技术创新和产品差异化成为重要竞争优势。

在这样的市场环境下，针对特定纯电动汽车车型的深入分析显得尤为重要。通过研究其市场环境、竞品动态以及本车型的表现，结合用户需求和反馈，可以有效制定符合市场趋势的改款策略。这不仅有助于提升该车型的市场竞争力，还能更好地满足消费者的期望，推动品牌的长期发展和价值提升。

题目要求：

1）从当前国内汽车市场在售的纯电动汽车中任意挑选一款进行调研，并简要介绍该车型的基本信息，包括品牌、型号、主要技术参数及市场定位，分析所选纯电动汽车的产品特点、市场表现及用户反馈。

2）研究当前国内纯电动汽车市场的整体发展态势，包括政策支持、市场需求、消费者偏好及行业趋势。

3）分析所选车型的同类竞品的市场表现、技术特点和价格策略。在续驶里程、智能化配置、用户体验等方面对所选车型与其同类竞品进行比较，分析所选车型优势与劣势。

4）基于以上分析，制定该车型的改款策略，明确该车型的改进方向，如续驶里程提升、智能化功能升级、设计优化等，以增强市场竞争力和用户满意度，确保品牌的持续发展。

第8章 产品生命周期管理与开发改进

> **学习目标**
> 1. 理解汽车产品生命周期管理的内涵和主要管理内容。
> 2. 理解汽车产品优化和开发改进的主要流程和工作要点。
> 3. 能够应用汽车产品生命周期管理和产品优化改进的主要流程,初步开展车型生命周期跨度、节奏规划和产品优化分析工作。

汽车市场竞争激烈,企业必须不断加快汽车产品的更新换代速度,推出更高品质、更具用户价值的汽车产品,才能在市场上保有充分竞争力。为确保汽车产品在生命周期内保持竞争优势,汽车企业需要对其产品开展生命周期管理和持续的开发改进。本章主要介绍汽车产品生命周期管理与产品开发改进的主要流程、内容以及实际工程案例。汽车产品生命周期管理及优化改进的典型流程如图8-1所示,车型上市前完成其生命周期跨度、节奏的初版规划,上市后对其市场表现、用户需求及反馈、竞争环境等进行持续监控,动态调整汽车产品的生命周期跨度及节奏,明确各产品节奏的优化方向,策划具体变更内容,完成改款/全新车型的开发及上市导入。

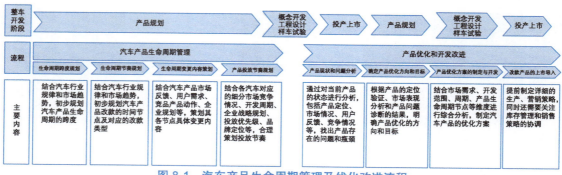

图8-1 汽车产品生命周期管理及优化改进流程

8.1 汽车产品生命周期管理

在汽车产品生命周期管理工作中,对于单一汽车产品,主要管理其生命周期跨度、生命周期跨度内的产品节奏,以及各产品节奏下的变更内容。对于汽车企业旗下的多个汽车产品,还需要对各产品的投放节奏进行合理规划。

8.1.1 汽车产品生命周期管理内涵

1. 定义

汽车产品从投入市场到退出市场所经历的全部时间,称为汽车产品的生命周期。在汽车产品开发及销售阶段,对其进行的产品管理活动,称为汽车产品生命周期管理。

2. 特征

汽车产品的生命周期大致可分为导入期、成长期、成熟期和衰退期 4 个阶段,如图 8-2 所示。随着时间推移,产品逐渐老化、竞品先后入局、消费者需求等发生变化,汽车产品的市场竞争力、销量、利润率将逐步下滑,进入衰退期。如果不及时进行产品更新换代,将被市场淘汰。

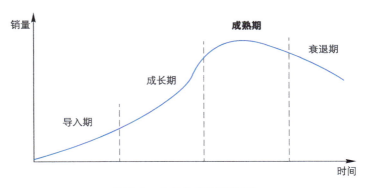

图 8-2 产品生命周期特征

3. 目标

为了避免汽车产品过早进入衰退期,企业需要通过采取必要措施,维持其市场竞争力,合理延长产品寿命,提升生命周期投资回报。措施一般可分为两类:

1)短期措施:通过增加配置/功能、降价促销等形式,提升产品性价比。

2)长期措施:采用全新设计、全新技术、全新平台、前沿配置等,全面提升产品的市场竞争力。

4. 核心关注点

汽车企业主要以提供汽车产品及服务,进而获取效益为目的。因此,对汽车企业而言,汽车产品生命周期管理工作的核心指标包含:汽车产品生命周期的销量表现、价格走势;汽车产品生命周期的盈利情况。在汽车产品上市后,汽车企业需要动态监控其量价走势,结合内部盈利模型进行盈利测算,并据此对汽车产品的生命周期跨度、产品投放节奏、产品变更动作进行调整。

8.1.2 单车型生命周期管理主要内容

1. 生命周期跨度规划

对汽车市场销售的各级别、各品类乘用车进行梳理分析发现，汽车产品完整的生命周期跨度一般约为 5～7 年，极少数小众汽车产品的生命周期跨度可延续至 10 年左右。在车型开发项目正式立项之前，汽车企业通常需要结合汽车行业规律和市场趋势，初步规划汽车产品的生命周期跨度（主流车型一般为 5 年左右），与各年度销量规划一并输出至财务部门，用于初步测算汽车产品生命周期盈利情况。伴随着更多新能源汽车企业及其汽车产品入局，市场竞争程度进一步加剧。为了向目标用户提供更有体验价值、更有市场竞争力的汽车产品，新能源汽车企业加快了产品更新换代的步伐。得益于新一代平台、技术的量产应用，新能源汽车企业旗下部分汽车产品的生命周期进一步缩短，换代时间提前，完整生命周期约为 3.5～4.5 年，如图 8-3 所示。

图 8-3　主流新能源车企旗下汽车产品生命周期跨度

汽车产品生命周期跨度不是一成不变的。在开发过程中，应结合市场环境变化、盈利测算等，动态调整生命周期跨度及年度销量规划。在全新汽车产品上市后，随着时间的推移，现有竞品陆续完成更新换代，细分市场内也会有全新竞品入局竞争。此外，用户对汽车产品的需求也随着消费观念的转变而发生改变。因此，在汽车产品上市后，仍需持续追踪其市场表现（销量、价格走势、用户反馈及需求等），并紧密结合政策法规要求、企业战略规划（品牌定位、技术、平台等）、竞品产品节奏等因素，合理地动态调整汽车产品生命周期跨度。

2. 生命周期节奏规划

汽车产品上市后，竞争企业势必会对其制定针对性的应对措施。在生命周期内，如果汽车产品不持续优化，其产品竞争力会被竞品稀释，进而影响销量表现。因此，汽车企业需在不同的时间节点，策划汽车产品改款方案。常见的改款类型主要包括：年度改款、新增版型、中期改款、全新换代。随着时代变迁、技术进步，用户对智能电动汽车产品的体验也提出了更高的要求。为持续提升智能电动汽车产品的竞争力和用户体验满意度，除了进行改款/换代外，汽车企业还不定期地通过 OTA 的方式，对智能电动汽车产品进行远程升级。

1）年度改款，即 Model Year（简称 MY），指汽车企业在全新汽车产品上市后，每隔一年左右投放的改款车型。主要基于企业对汽车产品上市后的追踪调研，针对其市场表现、竞品变化、用户使用反馈及需求演变、市场口碑等因素做出适应性调整。

2）新增版型，即 New Version（简称 NV），指汽车企业在汽车产品现有销售版型基础上，增加的新版型。新增版型主要包含两种形式：新版型，即汽车企业基于产品市场表现、投放策略、营销策略、用户反馈、市场竞争形势变化等因素而打造的版型；特别版，即当汽车企业或者社会上发生重要事情以后，为了扩大品牌影响力以及回馈消费者，企业基于现有在售版型打造的特别版（如：某车企在成立 30 周年之际，旗下车型推出 30 周年纪念版）。

3）中期改款，即 Facelift（简称 FL），指在汽车产品生命周期中期投放的改款车型，整体上延续现款车型的设计风格、车身尺寸通常无较大变化。为确保市场竞争力，其变更范围相比年度改款车型更大。

4）全新换代，即 New Generation（简称 NG），指对汽车产品整车进行重新设计。汽车产品进入生命周期末端时，已逐渐"老化"，局部改动难以有效提升市场竞争力，汽车企业需要对其进行更新换代。对于大多数汽车产品来说，除了沿用老款汽车产品的命名之外，本质上跟上代产品基本没有太大关系。

5）空中下载技术（Over-The-Air technology，OTA），即通过移动通信接口，从云端服务器无线下载软件更新包，并对自身系统进行升级。进行 OTA 升级的主要目的包括但不限于：①优化车辆性能或功能，解决潜在问题；②导入全新功能，提升用车体验；③提供选装，提升汽车企业利润率。OTA 更新的周期并不固定，可贯穿于智能电动汽车产品整个生命周期。

在汽车产品整个生命周期中，汽车企业在不同的时间节点投放改款车型。结合汽车行业规律和市场趋势，汽车产品生命周期改款节奏可大致规划为：①全新产品上市后第一年、第二年左右推出年度改款车型或新增版型；②第三年左右投放中期改款车型；③第四年左右投放年度改款车型或新增版型；④第五年左右进行更新换代；⑤ OTA 更新节奏贯穿于智能电动汽车整个生命周期。某款智能电动汽车产品的生命周期节奏规划如图 8-4 所示。生命周期改款节奏的策划并非一成不变，需要结合产品的市场表现、用户需求、投放策略、企业战略规划（技术、平台、设计语言等）、竞品产品节奏等进行动态调整。

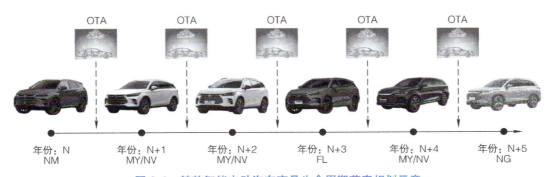

图 8-4　某款智能电动汽车产品生命周期节奏规划示意

3. 生命周期变更内容策划

智能电动汽车产品生命周期内涉及年度改款、新增版型、中期改款、全新换代、OTA升级等产品变更动作，相对应的主要变更内容如下所述。

1）年度改款（MY）。年度改款整体改动范围较小，一般通过调整汽车产品价格，优化配置组合、版型数量，增加车身及内饰颜色、风格供给方案等，来提升其市场竞争力和市场热度。特殊情况下（如国家法规和政策调整、企业战略规划、市场反馈等）可能会对法规和政策规定的相关部件（动力总成等）、造型相关部件（装饰件、钣金件等）等进行适度优化。因年度改款变更范围小，通常不涉及动力总成、平台的变更，开发周期一般约为12个月以内。

2）新增版型（NV）。新增版型主要包含两种形式。①新版型：通过对现有汽车产品在配置层面进行重新组合、新增全新动力总成组合及驱动形式、优化部分产品设计（造型、人机工程）等打造而来。②特别版：是为了纪念某个活动或者某个事件，因此有可能会限量销售或限时销售。为了增加与现有销售版型的区分度，会在部分细节做设计区分，以凸显视觉差异化。通常情况下可在以下内容进行设计区分，包含但不限于：格栅、前/后保险杠、轮毂、徽标、缝线、特殊标识、车身及内饰颜色。新增版型变更范围相对较小，但可能涉及造型相关部件的优化，开发周期一般约为6~12个月。

3）中期改款（FL）。中期改款变更内容通常包括：①外观、内饰造型重新设计（包含但不限于：前/后保险杠、格栅、车灯、机舱盖、后尾门、轮毂、内饰造型、材质、车身和内饰配色、座椅面料）；②动力总成升级或优化；③悬架升级或优化；④增加科技配置、前瞻配置。中期改款变更范围大，涉及造型、动力总成等，开发/调校周期长，一般为18个月左右。

4）全新换代（NG）。相比老款产品，换代产品的主要变化体现在外观内饰造型、车身尺寸、底盘悬架、动力总成、配置装备、车辆性能等。通常情况下，换代汽车产品将会基于企业最新平台打造，采用全新造型设计，搭载新配置、新技术、新动力、新底盘等。由于换代汽车产品开发范围大，因此开发周期相对更长。全新车型开发周期一般约为30~36个月。但随着"平台化、模块化"理念不断应用，一般均基于通用化平台打造，大幅缩短了开发周期，全新车型开发周期可缩短至24个月左右。

5）OTA。OTA主要分为两种类型，即软件空中升级（Software Over The Air，SOTA）和固件空中升级（Firmware Over The Air，FOTA）。SOTA是指车辆软件应用层的升级，多应用于多媒体系统、车载地图以及人机交互界面等功能的更新，如地图版本更新，人机交互形象、语音类型、语言类别更新等。FOTA是指对车辆底层操作系统的软件升级，包括动力、底盘、电池、驾驶辅助等，如提升车型加速/制动性能、续驶里程、驾驶辅助功能等。基于前文所述的OTA升级主要目的，其在智能电动汽车上的典型应用如图8-5和表8-1所示。

第 8 章　产品生命周期管理与开发改进

图 8-5　某智能电动汽车 OTA 履历（节选）

表 8-1　智能电动汽车 OTA 升级典型应用

项目	优化前	优化后
优化城市智能导航辅助驾驶功能	自动限速调节	自动限速调节
	自动切换高速公路	自动切换高速公路
	自动上下匝道	自动上下匝道
	自动超车	自动超车
	—	交通锥桶识别与避让
	—	变道自动紧急避让
	—	故障车辆避让
优化车辆充电功能	用户手持充电枪靠近充电口盖，手动打开充电扣盖，将充电枪与充电口连接，实现充电	用户手持充电枪靠近充电口盖，充电口盖识别到充电枪后自动开启，将充电枪与充电口连接，实现充电
提升车辆续驶里程	702km	710km（通过升级电池控制算法，提升电池性能）
导入全新驾驶辅助功能	车道辅助系统	车道辅助系统
	智能远近光灯	智能远近光灯
	—	驾驶人疲劳监测
	—	驾驶人分心监测
	—	交通标志识别系统
提供选装方案	—	增强版自动驾驶辅助系统 完全自动驾驶系统 增强领航辅助驾驶系统

8.1.3　多车型生命周期管理主要内容

一个汽车品牌旗下通常布局多个车型，密集的产品投放会造成有限的资源分配不合理。同时，集中投放同一品牌下的多个车型，对于消费者而言，产品信息眼花缭乱，哪款车型值得关注、值得购买，还需要花费大量精力仔细研究。除此之外，密集的车型投放过后可能会出现新车型投放断档的现象。

产品投放断档的现象多发生于新品牌：一是新品牌旗下车型的市场表现存在不确定性，

前期可能仅规划少量车型；二是新品牌旗下车型相对少，单个车型生命周期跨度内早期规划的全新车型已全部投放市场，而率先投放的车型又未达到换代节点，从而导致产品投放断档现象的发生。

为避免以上不良现象的发生，汽车企业需要基于品牌定位、竞企车型布局、潜在市场机会等规划本企业车型布局。同时，结合各车型对应的细分市场竞争情况、市场表现、生命周期跨度规划、产品节奏规划、开发周期、投放优先级、法规要求及政策导向、企业战略规划（平台、技术、设计语言）等，合理策划投放节奏，确保产品投放节奏的合理性。

如图 8-6 所示，通过对品牌下各车型的投放节奏进行梳理，使得各年度内全新或换代产品的投放数量相对均匀。

车型	2023年				2024年				2025年				2026年				2027年				2028年				2029年			
	Q1	Q2	Q3	Q4	Q1	Q2	Q3	Q4	Q1	Q2	Q3	Q4	Q1	Q2	Q3	Q4	Q1	Q2	Q3	Q4	Q1	Q2	Q3	Q4	Q1	Q2	Q3	Q4
车型A	NM					MY					FL					MY						NG						
车型B			FL		NV				MY						NG				MY						FL			MY
车型C						NM				MY				FL				MY									NG	
车型D		MY						FL					MY					NG				MY				FL		
车型E			NG						MY					FL					MY				NG					
车型F				MY			NG						MY				FL					MY						NG
车型G						NM							MY					FL					MY					
车型H	FL					MY			NG				MY						FL				MY					
车型I																	NM				MY							

图 8-6　某汽车品牌各车型产品节奏梳理示意

8.2　汽车产品优化和开发改进流程

为了使汽车产品立足市场、持续保持竞争力，在汽车产品上市后企业还需要深入了解市场及用户需求、用户使用反馈。通过对汽车产品的持续优化，改进产品的性能和用户体验，缩小产品使用与用户期望的偏差，为用户提供超预期的产品体验，提高产品的竞争力和用户的满意度，实现企业的可持续发展。汽车产品优化通常需要以下步骤：产品现状及问题分析，产品优化方向和目标确定，产品优化方案的制定与开发，改款产品的上市导入。

8.2.1　产品现状及问题分析

通过对当前产品状态进行分析，包括产品定位、市场情况、用户反馈、竞争情况等，找出产品存在的问题和瓶颈。

1. 产品市场分析

为全面了解当前产品的市场表现，需要对产品的销售情况、市场份额、客户反馈等市场表现信息进行分析，以便制定科学合理的产品优化方案，提高产品竞争力，主要内容如下：

1）**销售数据分析**：收集并分析产品的销售数据，包括销售额、销售量、客户群体、销售渠道等。通过分析销售数据，了解产品的市场表现和用户需求特点，以找出产品的优势和存在的问题。同时，了解产品在市场中的占有率情况，与竞争对手进行对比分析。通过市场占有率的分析，找出自身产品与竞争对手的差距以及自身产品提升的空间。

2）客户反馈分析：收集并分析客户的反馈意见，包括对产品的评价、建议和投诉等。通过客户反馈分析，了解客户对产品的满意度和需求，以便确定产品优化方向。

3）竞品对比分析：选择典型的竞争对手产品，从性能、价格、市场占有率等方面进行多维度对比分析。通过竞品对比分析，了解自身产品的竞争优势和劣势，有针对性地进行优化改进。

2. 产品定位验证

全新/换代汽车产品在上市后的3~6个月内，汽车企业通常通过专项市场调研对新产品的市场表现、产品定位、产品竞争力进行全面的分析研究，探究企业规划的产品与市场对产品认知之间的偏差，审视企业产品规划定位是否精准，判断汽车产品的产品定位是否需要进行修正。

产品定位验证旨在确保产品定位与市场和用户需求保持一致，以提高产品的市场竞争力，其重要性在于以下三个方面：

① 确保产品与市场需求相匹配：通过验证产品定位，可以确保产品符合目标市场的需求，满足用户期望，从而提高产品的市场占有率。

② 避免盲目开发与投资：通过产品定位验证，可以避免企业进行产品开发与投资时盲目追求流行趋势或主观臆断，从而降低开发风险，减少投资成本。

③ 建立品牌形象：正确的产品定位有助于企业在目标市场中梳理独特的品牌形象，使消费者对产品产生认知和信任，从而提高品牌价值和竞争力。

产品定位验证主要从以下四个方面开展：

① 目标市场定位验证：需要确保汽车产品所选择的目标市场具备可行性，包含市场规模、潜在增长空间、竞争环境、目标客户群体等因素。通过市场调研和数据分析，评估目标市场的潜力和趋势，以验证产品目标市场定位的合理性。

② 用户需求定位验证：了解用户对产品的需求和期望是产品定位验证的关键。通过收集和分析用户反馈意见，了解用户对产品的评价、建议和投诉等信息，以验证产品是否满足用户需求。同时，可以通过用户测试、调查问卷等方法进一步了解用户对产品的接受程度和反应，以便及时调整产品定位。

③ 竞争环境分析：了解竞争对手的产品特点、优势和市场占有率等信息，以便更好地修正自身产品的定位。通过对比分析竞争对手与自身产品的差异，可以找到产品的竞争优势和改进方向，从而制定更具竞争力的产品策略。

④ 产品定位调整：根据市场环节、用户需求和竞争态势的变化，适时调整产品定位。在验证过程中，如果发现当前产品定位与市场需求或竞争环节不匹配，应及时调整产品定位以适应市场变化。

3. 客户满意度调查

客户满意度调查（Net Promoter Score，NPS）对于产品分析具有重要作用，它不仅可以帮助企业了解用户的需求和期望，还可以揭示产品在市场中的表现以及与竞争对手的差距。客户满意度调查对产品分析的作用主要体现在以下方面：

1）**发现产品缺陷**：通过客户满意度调查，企业可以了解到产品在哪些方面存在问题，例如产品质量、功能、设计、服务等方面。这些问题可能会影响客户的满意度和忠诚度，及时发现并解决这些问题有助于改进产品质量、提高客户满意度。

2）**了解客户需求和期望**：客户满意度调查可以获取宝贵的客户反馈，帮助企业了解客户对产品的需求和期望，以指导产品的设计和改进。

3）**评估市场表现**：客户满意度调查可以评估产品在市场中的表现，包括客户对产品的评价、满意度、忠诚度等方面。同时，可以帮助企业了解产品在市场的竞争地位，以及与竞争对手的差距。

4）**指导产品改进**：客户满意度调查的结果可以指导产品改进的方向和重点。通过分析客户反馈和评价，企业可以确定改进方向，如优化产品设计、提高产品质量、完善售后服务等。

5）**预测产品发展趋势**：通过对客户满意度调查的结果进行分析，企业可以预测产品的发展趋势，如客户需求的变化、市场发展的方向等。这些信息可以帮助企业做出更具前瞻性的产品开发决策，以及提前做好市场准备。

总之，客户满意度调查对于产品分析具有重要指导作用，可以帮助企业了解客户需求和市场趋势，发现产品问题、评估市场表现，并为产品改进提供方向和重点。因此，定期进行客户满意度调查是企业在产品开发过程中不可或缺的环节。

8.2.2 产品优化方向和目标确定

根据产品的市场表现分析、定位验证、客户满意度调查的结果，结合不断变化的市场竞争环境，明确产品优化的方向和目标。常见的产品优化方向和目标包含以下七个方面。

1）**提高用户满意度**：优化产品的目的是为了提高用户满意度，让用户能够更加方便、高效地使用产品，提升用户体验。

2）**降低成本**：优化产品需要考虑降低成本，包括减少生产成本、提高生产销量、降低维护成本等，以提高产品的竞争力。

3）**提高销量**：优化产品最终目的是提高销量，增加市场份额，提高企业的经济效益。

4）**增加功能**：根据用户反馈和市场需求，增加产品的功能，提高产品的实用性和竞争力。

5）**优化设计**：优化产品的设计，包括外观、操作方式、易用性等方面，以提高产品的用户体验和满意度。

6）**提高性能**：优化产品的性能，包括提高产品的舒适型、操控性、动力性等，以提升用户的使用体验。

7）改善可靠性：提升产品的可靠性，包括产品的故障率、维修频率、维修成本等，改善用户使用体验，提升品牌口碑。

明确汽车产品的优化方向和目标对于产品优化工作的成功是至关重要的，可以为产品开发团队提供清晰的方向和目标，提高优化效率、减少浪费，确保所有工作和资源都集中在实现预期的优化效果上，避免盲目性和随意性。因此，在产品优化的过程中，需要重视产品优化方向和目标确定这一环节，以确保优化工作的成功实施。

8.2.3 产品优化方案的制定与开发

制定汽车产品的优化方案是一个复杂且关键的任务，需要结合市场需求、开发范围、开发周期、产品生命周期节奏等维度进行综合分析。

1. 产品优化方案的细化

在确定产品优化目标后和产品改款节奏后，需要对优化方案进行细化。这个过程包括了解用户需求、分析市场趋势和竞争对手、制定评估标准等步骤，主要内容如下：

1）通过市场调研、用户访谈、数据分析等方式，收集用户对产品的意见和建议，找出用户最关注的需求点。

2）了解市场趋势和竞争对手的产品特点，有助于车企在优化产品时把握市场机遇，提高产品的竞争力。通过市场调研、竞品对标分析等方式，了解市场趋势和竞争对手的产品特点、优劣等。

3）根据用户需求和市场趋势，制定评估产品优化方案的价值标准。这些标准应该具体、可衡量，以便在评估优化方案时能够做出客观的判断。根据可量化的价值标准，将优化方案进行重要度排序，与开发资源匹配，评估优化开发的必要性。

4）产品优化方案需要考虑到资源的有限性，包括人力、物力、财力等方面的资源。因此，在制定与实施过程中，需要合理分配资源，优先优化对产品影响较大的问题和方面，确保优化方案具有可行性。

2. 产品改款的策划

产品改款节奏是产品具体优化方案实施的重要载体。汽车产品改款是指根据产品优化目标在原车型的基础上进行适应性调整，整体平台、性能与原车型相比不发生改变或改动较小。这种改动的原因通常来源于当前产品的缺陷、用户的建议等。

产品改款策划包括对改款节奏和改款范围的策划。改款的节奏通常根据市场需求、竞品情况以及公司战略进行制定，一般来说，车企需要在产品生命周期的各个阶段，根据市场反馈和用户需求，有计划地进行改款。改款范围则应基于对产品当前状况的分析和产品的优化目标，确定需要改进的内容，如外观设计、功能配置、内饰品质、动力系统等。在分析改动范围时需要考虑改动的可行性和实施难度，同时还需要考虑改动的周期与改款节点的匹配，对于部分改动范围较大、周期较长的优化方案，可结合产品生命周期的整体规划，安排合适的改款节点进行体现。

3. 产品优化的开发

在完成汽车产品改款策划后，便可启动产品改款的立项流程并开始正式的开发工作。整个流程可以参照整车开发流程，但根据实际开发范围可以进行一定程度的简化。如果改动范围较小，可对开发流程进行简化。但需要注意的是，关键的流程和环节不能省略，以确保产品的质量和性能达到预期目标。同时，在产品改款开发中，还需要注重以下四点。

1）**保持对市场和用户的实时跟踪**：在开发过程中，需要持续对市场进行监控，与用户保持密切沟通，了解市场的变化趋势和用户的需求反馈，及时调整和优化产品方案。

2）**关注数据分析和量化评估**：在开发过程中，需要收集和分析相关数据，对产品的性能、质量、成本等方面进行量化评估，以便更好地优化产品方案和提高产品质量。

3）**注重跨部门协作**：产品改款开发需要多个部门之间的协作和支持。因此，需要建立有效的协作机制和沟通渠道，促进部门之间的合作和协调。

4）**考虑资源限制和开发周期**：在产品改款开发中，需要考虑资源和开发周期的限制。根据实际情况制定合理的开发计划和资源分配方案，以确保项目的顺利进行和按时完成。

汽车产品改款开发是一个持续改进和优化的过程，需要在开发过程中不断收集用户反馈和市场信息，对产品进行持续的改进和优化，以提高产品的竞争力和市场占有率。

8.2.4 改款产品的上市导入

改款产品的上市与导入是一项重要任务，需要提前制定详细的生产、营销策略。与全新车型上市相似，需要考虑车型的市场定位、品牌形象、产品亮点等方面。此外，由于需要与老款车型库存切换，因此要更加关注库存管理和销售策略的协调。

1）**在库存管理方面，需要合理规划老款车型库存的数量。**根据市场需求和销量、库存数据，制定合理的订货策略，以保持老款车型库存水平在合理范围内。同时，针对销售不佳的老款车型，应及时减少订货量，避免库存挤压。同时，还需要定期开展市场调研活动。通过市场调研预测市场需求，并据此调整车辆库存数量。

2）**在销售策略方面，实施产品价格策略，根据市场情况和成本考虑，对老款产品给予适当优惠，以加快老款车型库存释放。**针对新款车型的特点和市场定位，制定相应的营销宣传策略，提高消费者对新车的认知度和购买意愿。

根据市场需求和产品特性，制定详细的切换计划，包括切换时间、切换方式、切换流程等。在切换过程中，需要考虑如何平衡新老车型的库存，避免对销售造成过大的冲击。通过逐步增加新款车型的生产和减少老款车型的生产，以实现新老车型的平稳切换。

总之，老款车型的库存管理与新老车型的切换需要进行详细规划，并依据市场形势变化进行修正。通过精细库存管理、合理的切换策略、灵活的价格调整和精准的营销策略等手段，可以有效地管理库存，顺利完成新老产品切换。

8.3 工程案例：某车型生命周期管理与产品开发改进

2018年9月20日，秦Pro DM作为新产品正式上市销售，上市后进行了多次改款，涵盖不同的改款类型。2021年3月，其中期改款车型（更名为秦PLUS DMi）推出，市场销量在短时间内实现飞跃并长期保持。该车型的产品生命周期节奏如图8-7所示。接下来，以秦Pro DM的中期改款车型为对象，示例这款产品的改款策划工作。

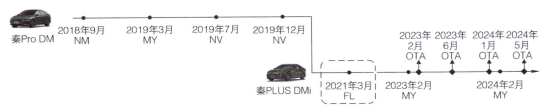

图8-7 秦Pro DM/秦PLUS DMi产品生命周期节奏

8.3.1 产品诊断及市场分析

产品诊断及市场分析的内容主要包含：量价走势监控、用户特征及需求分析、用户反馈分析、细分市场竞争环境分析等。量价数据可通过行业权威机构获取，用户及需求分析一般可通过专项市场调研、新车购买者研究（New Car Buyers Study，NCBS）调研分析获取，用户反馈收集的渠道包含专项市场调研、网络口碑、售后反馈等。

1. 量价走势监控

从量价走势图（图8-8）可以看出，秦Pro DM上市后销量一度稳定在每月1000台以上，但随着市场竞争加剧、补贴退坡，其销量、价格出现下降的趋势。为扭转销量颓势，需考虑对其进行改款。

图8-8 秦Pro DM车型量价走势图

2. 用户特征及需求分析

对秦Pro DM车型上市后的市场调研进行梳理（图8-9），可以看出，此细分市场用户整体偏年轻，大部分用户年龄小于35岁、已婚有孩，以单位普通职员、基层管理人员为主，家庭年收入中等，对车辆的要求较为朴实，购车时主要关注车辆的安全性、实用性、可靠性、性价比及使用成本。

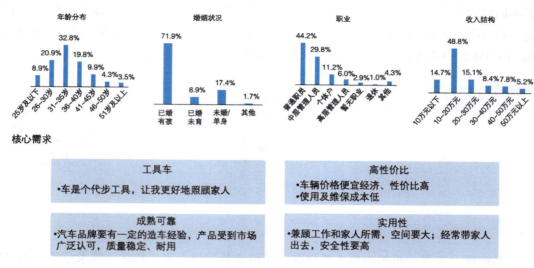

图 8-9　细分市场用户特征及核心需求

3. 用户反馈分析

基于上市后调研、网络口碑等信息梳理可知（表 8-2），用户对秦 Pro DM 车型的外观颜值、动力性能、远程控制功能很满意，但也普遍认为其内饰过于成熟、亏电油耗高、车辆价格缺少性价比等。

表 8-2　秦 Pro DM 车型用户反馈梳理

反馈内容	正面反馈	反馈内容	负面反馈
外观颜值	外观颜值是最满意的，大气国风设计彰显高贵气息	内饰成熟	最不满意的是内饰设计，过于死板，缺乏特色
	最满意车身外形，第一次看车龙脸造型吸引了我		整体风格偏年轻，但内饰比较成熟，较为沉闷
动力性能	动力强劲，超车提速较快	亏电油耗高	亏电油耗达 7L，比一般 A 级车还要高
	配置高，动力好，等交通信号灯时提速特别快	车辆价格缺少性价比	安全配置低，只有两个气囊，综合性价比较低
远程控制	科技感强，智能无钥匙，支持远程启动	其他配置项	主驾驶座椅是手动调节的，不太方便
	喜欢云服务，可以提前把空调打开，特别舒心；远程控制很方便，可以随时查看车辆状况		轮毂尺寸偏小
用车成本	市区跑得多，用电为主，用车成本较低		行李舱空间较小，全家出行时行李装不下；后排头部空间不足，高个子乘坐比较压抑

4. 细分市场竞争环境分析

在轿车市场中，10万~15万元A级轿车、15万~20万元B级轿车容量巨大（图8-10），主要以德系、日系等合资车型为主。相对A级主流轿车产品，秦Pro DM虽存在尺寸优势，但其价格劣势明显，售价与尺寸更大的B级轿车相近。

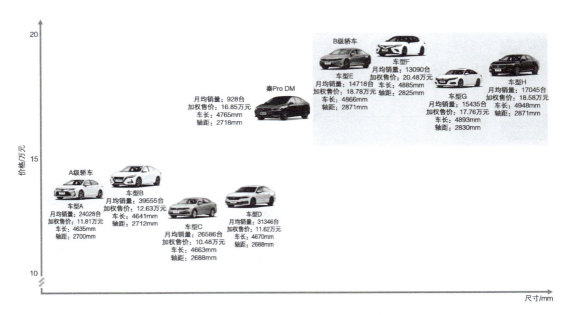

图8-10 细分市场竞争环境分析示意

综合以上分析，秦Pro DM虽然在产品性能、尺寸上优于同级别车型，但其在售价、燃油经济性方面与细分市场用户对车辆高性价比、低使用成本的核心需求不匹配，并且其内饰设计过于成熟。结合行业主流车型改款规律（新车上市后2~3年推出中期改款车型），需要对秦Pro DM进行中期改款，并重点解决以上问题。

8.3.2 政策导向、企业规划梳理

对相关国家政策导向以及企业在新能源技术路线方面的战略规划进行系统梳理，可以看出，新产品需要具备更优异的燃油经济性，如图8-11所示。为响应国家战略，比亚迪前瞻性地规划了具有优异燃油经济性的DM 4.0混动技术，并于2021年第一季度投产。同时，比亚迪的设计语言也在不断优化，为了紧跟时代潮流、契合用户偏好，搭载最新家族式设计语言Dragon Face 3.0的比亚迪汉DM于2020年第三季度上市。因此，秦Pro DM中期改款车型的造型设计、动力系统的选型应契合企业设计语言和动力系统规划。

8.3.3 改款策略制定

综合考虑秦Pro DM市场表现、用户需求及使用反馈、竞争环境、企业规划等因素，应及时对中期改款车型进行优化升级，打造出更符合用户需求的汽车产品。

a) 国家政策导向

b) 企业战略技术规划

c) 企业战略设计语言规划

图 8-11　国家政策导向及企业战略规划梳理示意

1）造型。为避免消费者产生审美疲劳，结合行业主流车型中期改款变化范围的规律，以及王朝系列产品设计语言规划，比亚迪对秦 Pro DM 中期改款车型"秦 PLUS DMi"的外观、内饰造型进行了以下调整（图 8-12）：前格栅、前保险杠、前照灯内部造型、后尾灯造型、后保险杠、尾门造型、副仪表台造型、仪表台造型。

图 8-12　秦 Pro DM 和秦 PLUS DMi 造型调整示意

2）动力。基于用户对车辆价格、使用成本、维修保养成本的需求，调整中期改款车型的动力性能方向，由注重动力性转向主打经济性，如图 8-13 所示。中期改款车型秦 PLUS DMi 搭载比亚迪最新研发的、燃油经济性更优秀的 DMi 混动技术，契合用户购买高性价比产品的核心需求。

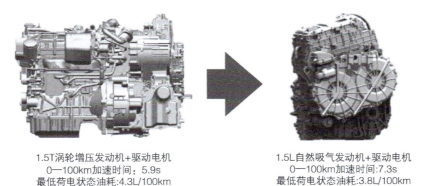

图 8-13　秦 Pro DM 和秦 PLUS DMi 动力系统优化

3）配置。调整使用频率低、成本高、感知低的配置，优化成本；聚焦用户核心需求，增加使用频率高、感知高、用户期望拥有的配置。以主销版型配置变化为例，相比秦 Pro DM，秦 PLUS DMi 主销版型取消矩阵式前照灯（非用户核心需求，且成本昂贵），将多连杆独立悬架调整为扭力梁悬架（同价位竞品车型一般采用扭力梁悬架），并将"省"出来的成本转换成用户更为关注的安全性、舒适性、便利性配置，如安全气囊、安全气帘、双温区自动空调、NFC 钥匙、手机无线充电、后视镜和座椅电动调节等，如图 8-14 所示。

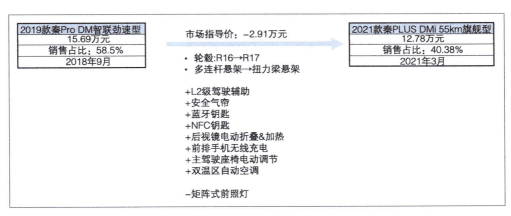

图 8-14　秦 Pro DM/ 秦 PLUS DMi 主销版型配置优化

此外，针对部分用户提出的建议（如后排空间小、侧面造型不美观等），结合相关部件的改动周期、成本等，通过优先级判断模型进行判定，如图 8-15 所示。

4）价格。如前文所述，10 万～15 万元价格区间内的紧凑型轿车，市场容量巨大，主要以合资品牌为主，而同为紧凑型轿车的秦 Pro DM 车型加权售价却接近 17 万元，加上彼时比亚迪与主流合资品牌在品牌溢价上存在较大差距，导致秦 Pro DM 车型缺乏市场竞争力，最终其市场销量也长期在低位徘徊。在识别到这个问题后，比亚迪对其产品售价进行了调整，其中期改款车型秦 PLUS DMi 官方指导价 10.58 万 ~ 14.58 万元，相比秦 Pro DM 售价下调了 3 万元左右，大幅提升了市场竞争力，为后续秦 PLUS 车型销量跃升打下了坚实基础。

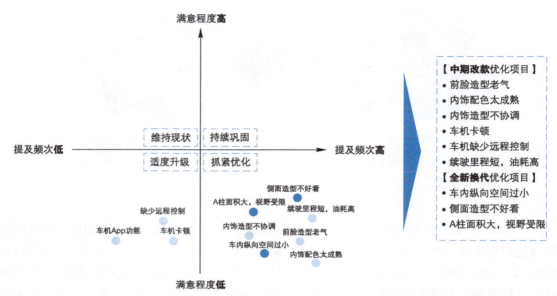

图 8-15　改款优先级判断模型（非本次改款涉及的车型，仅作示意）

8.3.4　改款车型市场表现

2021 年 3 月 8 日，秦 PLUS DMi 正式上市销售，其凭借优异的燃油经济性、极具竞争力的产品售价，广受市场认可，车辆平均交付周期更是超过 90 天，打破了合资车型长期垄断紧凑型轿车市场的局面。如图 8-16 所示，秦 PLUS DMi 市场销量长期稳居细分市场前列，是改款车型的成功典范。

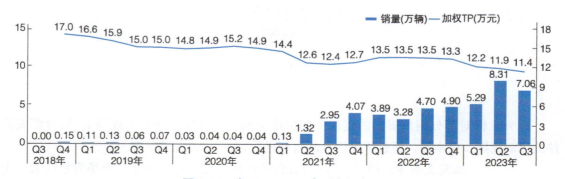

图 8-16　秦 PLUS DMi 车型市场表现

注：Q1、Q2、Q3、Q4 分别表示第 1 季度 ~ 第 4 季度。

在秦 PLUS DMi 上市后，比亚迪也在持续追踪客户用车体验，并根据用户反馈对秦 PLUS DMi 进行了 OTA 升级活动，具体如图 8-17 所示。

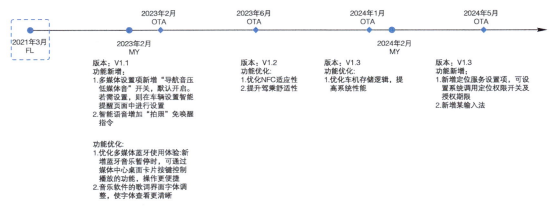

图 8-17　秦 PLUS DMi OTA 升级主要内容

在进行 OTA 升级后，秦 PLUS DMi 的部分功能实现新增和优化，持续提升客户使用满意度，进一步促进了车型销量的增长。

思考与练习

一、单选题

1. 汽车产品的生命周期大致可分为（　　）。
A. 导入期、成长期、成熟期　　　　　B. 导入期、成长期、成熟期、衰退期
C. 导入期、成熟期、衰退期　　　　　D. 成长期、成熟期、衰退期

2. 常见的改款类型主要包括（　　）。
A. 年度改款、新增版型
B. 新增版型、中期改款、全新换代
C. 年度改款、新增版型、中期改款、全新换代
D. 年度改款、新增版型、中期改款

3. 客户满意度调查在汽车产品优化和开发改进流程中主要应用于（　　）。
A. 产品现状及问题分析　　　　　　　B. 确定产品优化方向和目标
C. 产品优化方案的制定与开发　　　　D. 改款产品的上市导入

二、判断题

1. 汽车产品生命周期跨度在完成规划后不会发生改变。　　　　　　　　（　　）
2. OTA 更新的周期并不固定，可贯穿于智能电动汽车产品整个生命周期。（　　）
3. 汽车产品改款开发是一个持续改进和优化的过程。　　　　　　　　　（　　）
4. 汽车产品改款的开发流程需要遵照完整的整车开发流程。　　　　　　（　　）

三、简答题

1. 汽车产品在上市之后为什么还要进行产品优化和改进工作？
2. 什么是 OTA？它包括哪几种类型？它在汽车产品生命周期管理中如何应用？
3. 随着智能电动汽车产品的发展，汽车产品生命周期管理工作发生了哪些变化？
4. 如何进行汽车产品定位验证？
5. NPS 是什么意思？它起到哪些重要作用？

四、综合实践题

产品生命周期管理是现代汽车企业在产品规划、设计、制造、运营和退市各个环节中不可或缺的管理理念。它能够帮助企业通过系统化的流程管理，优化产品开发和更新迭代，以实现最大化的市场价值和长生命周期。随着市场竞争的加剧，汽车企业必须在生命周期的不同阶段制定相应的改进和优化策略，确保产品在市场中保持竞争力并满足用户不断变化的需求。

汽车产品生命周期通常被划分为导入期、成长期、成熟期和衰退期。在不同的生命周期阶段，企业需要采用不同的策略进行管理。例如，在成长期，市场推广、生产扩张和技术优化是关键，而在成熟期，产品的迭代更新和创新则显得尤为重要。汽车中期改款是应对产品进入成熟期后市场挑战的重要手段。

题目要求：

1）结合产品生命周期管理的理论，某款电动 SUV 上市已三年，目前市场竞争加剧，部分关键技术逐渐落后于竞争对手。根据产品生命周期理论，分析该车型所处的生命周期阶段，并说明在这一阶段，企业应重点关注哪些改进和优化内容。

2）提出一个详细的中期改款方案，包括如何在续航、电动化功能和智能网联技术上做出改进，提升产品竞争力。请结合产品生命周期的管理理论，说明这些改进对延长产品生命周期的作用。

3）如何通过调整生产规划和市场推广策略应对中期改款后的市场需求变化？请结合产品生命周期的不同阶段，讨论企业在此过程中的应对措施。

第 9 章
创新驱动的汽车产品开发与管理

学习目标

1. 充分认识创新对汽车产品开发和提升竞争力的重要性。
2. 理解技术创新的不同类型和实现创新的途径。
3. 应用技术生命周期曲线和第二曲线模型对具体技术进行分析。
4. 应用典型的技术创新方法开展初步的创新实践。
5. 分析各类不确定性因素对创新管理工作的影响。

创新是推动社会进步和经济发展的核心动力，在当前全球化和技术快速发展的背景下，已成为推动经济社会高质量发展的关键。在汽车产品开发过程中，开发人员通过采用新理念、新技术、新材料和新工艺，不断推动产品更新换代，实现创新驱动的汽车产品开发与管理，以满足市场需求和提升竞争力。在当前汽车行业面临的转型和挑战中，创新驱动成为推动汽车产业高质量发展的关键因素。本章主要介绍技术创新的基本概念、技术演进规律、技术创新方法、创新管理等内容，以及相关的关键技术和实际工程案例。

9.1 技术创新的概念

9.1.1 创新的重要性

从历史的角度来看，创新一直是推动人类社会发展的核心力量。从早期的工具使用到现代的高科技产品，每一次重大的创新都极大地改变了人类的生活方式和社会发展的轨迹。在当今快速变化的世界中，创新对于国家、企业和个人都至关重要。在国际竞争日益激烈的今天，创新能力是国家竞争力的重要标志。我国确立了创新驱动发展战略，旨在增强经济社会发展的新动力，加快形成经济发展的新方式。这一策略不仅是对世界发展历程、特别是我国改革开放实践的深刻总结，也是我国应对发展环境变化、增强发展动力、把握发展主动权、更好推动高质量发展的根本之策。我国经济发展进入结构调整、动力转换的关键时期，亟须发挥科技创新在驱动经济社会发展中的重要作用。唯有实现创新驱动发展，形成新的发展驱动机制，将创新打造成引领发展的第一动力，才可能实现发展方式的根本转变，抓住未来发展的主动权。

科技创新是指在经济和社会领域，通过科学研究和技术发明，创造新的产品、服务、生产方法、商业模式等。科技创新是现代经济增长的主要驱动力，它通过提高生产效率、降低成本、创造新的市场和就业机会等方式，直接促进经济增长。在全球化竞争中，科技创新是企业获得竞争优势的关键，拥有先进技术和创新产品的企业能在市场中占据有利地位。科技创新带来的新技术和新产品，能够提高人们的生活水平，如智能网联和新能源汽车技术的进步能够提高人们交通出行的便利性和汽车对环境的友好性，同时智能座舱和信息技术的进步能够为驾乘人员提供更多的便利、娱乐和体验感。科技创新有助于解决社会问题，如环境污染、资源短缺等。通过开发新能源技术、环保材料和可持续的生产方式，科技创新有助于实现可持续发展。科技创新为人类应对未来挑战提供了可能的技术解决方案。总之，科技创新不仅是科技进步的驱动力，也是经济社会发展的关键因素，对于竞争力的提升、应对全球性挑战以及实现可持续发展都至关重要。

同时，需要注意的是，科技创新需要处理好技术发展带来的工程伦理挑战，如智能汽车发生事故时的责任归属问题，以及智能汽车所收集和处理的乘客个人信息、行车路线、车内外的音视频等大量数据的隐私保护问题等。因此，需要制定新的法律法规和政策来适应新的技术发展。

9.1.2 创新的概念

创新是一个新思想、新技术、新产品、新流程、新服务或新方法的引入和应用的过程，旨在提高效率、创造价值和满足新的需求。创新可以发生在任何领域，包括科技、商业、教育等，并且可以是渐进式创新或颠覆性创新。根据经济合作与发展组织（OECD）的定义，创新是指"在业务实践、工作场所组织或对外关系中实施一种新的或经过重大改进的产品（商品或服务）或流程、一种新的营销方法或一种新的组织方法"。创新不是一种单独的行为，而是由相互关联的子过程组成的一个完整的过程。它不是仅仅想出一个新的创意、发明一个新的产品或开发一个新的市场，而是这些行为和过程的整合。

创新与发明，这两个基本概念之间存在密切联系，但又有显著区别。发明主要是指创意的提出，而创新关注的是创意或发明的商业化和实际应用。借助以下关系式，可以阐明这两个概念之间的区别与联系：

$$创新 = 新创意 + 技术发明 + 商业开发$$

式中，新创意是创新的起点，但它既不是发明也不是创新，仅是一系列概念或想法。将富有创意的想法转化为有形的实物（通常是产品或流程）的过程即是发明，在这个过程中，科学和技术通常发挥着巨大作用，需要许多人的艰苦工作，才能将发明有效转化为能够提升公司业绩的产品。后续的活动属于商业开发，只有完成上述整个过程才算创新。因此，创新是这些行为和过程的整合。

产品创新是指在产品的设计、功能、性能、服务或用户体验等方面进行的创新活动，旨在提供新的或显著改进的产品，以满足现有市场的需求或创造新的市场。产品创新主要体现在以下几个方面：开发全新产品、改进产品、设计创新、技术升级以及服务创新。开发全新产品是指开发在功能、设计或使用方式上与现有产品有显著不同的产品，以满足市场上未被满足的需求或开辟新的市场领域。改进产品是指对现有产品进行改进，以提升其性能、效率、可靠性、用户体验或其他重要属性，进而增强产品的市场竞争力。设计创新是指在产品的外观、形状、材质或包装设计上进行创新，使产品更具吸引力，更好地满足消费者的审美需求或使用习惯。技术升级是指采用新技术或材料对产品进行升级，使其具备更先进的功能或更好的性能。服务创新是围绕产品提供新的或改进的服务，如增强售后服务、提供个性化定制服务、增值服务等，以提升整体的客户体验。产品创新的关键在于理解市场需求、预见未来趋势、鼓励创造性思维，并能够将创新想法转化为实际可行的产品。成功的产品创新不仅能够为企业带来经济效益，还能够提升品牌形象、增强客户忠诚度，并推动整个行业的技术进步和市场发展。

9.1.3 创新的过程

创新应该被视为一个过程，而不是一种结果。为了更好地描述这一过程，研究者们提出了不同的模型，用于对创新过程进行分析和研究。典型的分析模型包括：团队接受模型、序列模型和螺旋过程模型等。

罗杰斯所提出的团队接受模型详细描述了公共部门组织在采用科技创新、管理创新或概念创新时所经历的过程，如图 9-1 所示。首先，需要确定一个旨在解决特定问题的项目或任务，并在起始阶段开始探索创新解决方案。其次，一旦确定了创新解决方案并决定引进它，便进入了实施阶段，这一阶段涉及对创新进行重新定义以适应其需求和文化。再次，还需经历对创新项目的重构和清晰化过程，这使得团队成员对创新的理解更加明确。最后，创新融入组织并实现惯例化。

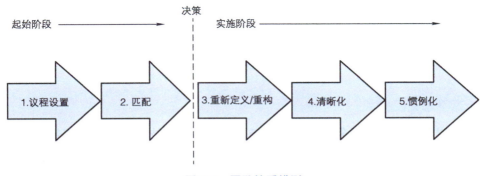

图 9-1 团队接受模型

舒英和约翰逊提出了用于描述创新过程的序列模型。该模型包含多个阶段，涵盖想法的产生、想法的筛选和评估，以及项目的落地，如图 9-2 所示。

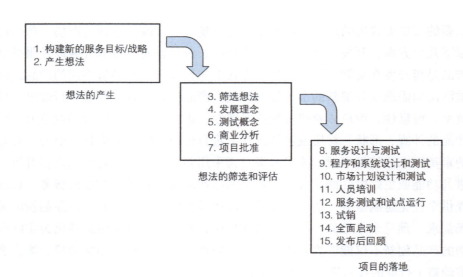

图 9-2 创新过程序列模型

马尔根提出了黄金螺旋过程模型,该模型能够更好地展示创新的增长范围,并呈现开放性和合作性的特点,如图 9-3 所示。

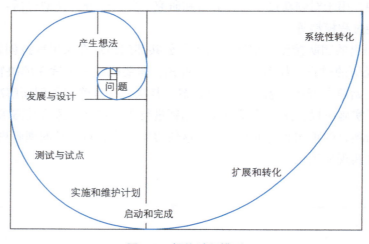

图 9-3 螺旋过程模型

9.1.4 技术创新的概念

创新可以涉及产品、服务、流程、市场、生产方式、技术和其他能够带来持续且不可或缺的变化的事物。其中,技术创新是最典型的一种创新。技术创新是指由技术的新构想,经过研究开发或技术组合,直至获得实际应用并产生经济、社会效益的商业化全过程的活动。其核心在于新构想的产生。新构想可以是关于新产品、新服务或新工艺的构想,源自科学发现、技术发明、新技术应用或用户需求。研究开发和技术组合是实现技术新构想的基本途径,前者涉及新知识和新技术的获得,而后者则将现有技术进行新的组合。"实际应用"指生产出新产品、提供新服务、采用新工艺或对产品、服务、工艺的改进。"经济社会效益"指近期或未来的利润、市场占有或社会福利等。"商业化"指全部活动出于商业目的,"全过程"则指从新构想产生到获得实际应用的全部过程。

新能源汽车和智能网联汽车是典型的技术创新例子,不仅颠覆了传统燃油车的产品和服务,而且在可持续能源利用和智能驾驶方面开辟了全新的领域。正如在工业 4.0 技术中看到的那样,新能源汽车和智能网联汽车的技术创新使得人们能够采用更环保、高效的出行方式,并且提供了燃油汽车技术难以实现的智能驾驶和车联网等解决方案。

技术创新的特点包括基于技术的活动、允许较大的技术变动弹性,以及技术与经济的紧密结合,具体内容如下:

1)*基于技术的活动*:技术创新是建立在技术领域的活动,与非技术创新(如组织创新、管理创新、制度创新)有所区别。它主要通过技术手段来实现经济目标。

2)*允许较大的技术变动弹性*:技术创新并非仅依赖于技术的根本性变动,也依赖于技术的增量性变动,如对产品、工艺的改进。在实现方式上,可以在研究开发获得新知识、新技术的基础上实现技术创新,也可以将已有技术进行新的组合以实现技术创新。这使得技术创新的范围具有一定的弹性。

3)*技术与经济的紧密结合*:技术创新是技术与经济相结合的概念。虽然其核心是技术,但其成功与否的关键在于商业化,即产生商业价值,有时也包含社会价值。

9.1.5 技术创新的类型

对技术创新可以从不同的角度进行分类,如按创新程度、按创新对象等。

1. 按创新程度分类

按技术创新中技术变化的强度分类,可将技术创新分为渐进式创新和颠覆性创新两类。

(1) 渐进式创新

渐进式创新是指对现有技术进行局部性改进所产生的技术创新。与其他类型的创新相比,渐进式创新没有那么"引人注目"和具有颠覆性,但在解决产品及技术问题时,渐进式创新是有效的。在汽车制造领域,丰田公司一直是实施渐进式创新的代表,其生产方式强调持续改进和提高效率。

(2) 颠覆性创新

颠覆性技术是通过科学或者技术的创新突破,对已有传统、主流工艺技术等进行另辟蹊径的革新,并对经济社会发展产生革命性、突变式进步的技术。可以看出,颠覆性技术的核心特点是技术本身要做到与当前主流技术相比具有重大的突破。颠覆性创新无疑是技术创新的最高层次表现,也必将是产业变革的主要突破口。颠覆性技术除了变革性等特征之外,还具有隐蔽性、高风险性、长周期性等特征,在技术变革过程中需要进行长期关注和投入。颠覆性创新涉及引入革命性的概念、方法或技术,挑战现有规范并颠覆市场,往往会带来突破性的进步。例如，特斯拉等新能源汽车公司通过推出性能卓越、续航能力强的高性能电动汽车，根本性地改变了汽车行业。创新的电动汽车设计、先进的电池技术，以及对可持续发展的关注颠覆了传统的燃油汽车市场，并为电动汽车的广泛普及奠定了基础。

2. 按创新对象分类

按创新对象的不同，可将技术创新分为产品创新和工艺创新两大类。

(1) 产品创新

产品创新是指在产品技术变化基础上进行的技术创新，既包括在技术发生较大变化的基础上推出新产品，也包括对现有产品进行局部改进而推出改进型产品。产品创新通过听取消费者的反馈来进行改进，从而增强产品的功能或添加其他功能和技术。广义的产品包括服务（无形产品），因此，产品创新也包括服务创新。汽车公司每年都会推出新的汽车产品车型，通常都具有新的功能、设计或技术。

(2) 工艺创新

工艺创新是指生产（服务）过程技术变革基础上的技术创新。工艺创新包括在技术较大变化基础上采用全新工艺的创新，也包括对原有工艺的改进所形成的创新。宁德时代的麒麟电池是工艺创新的典型案例。麒麟电池通过无模组电池包技术（CTP 3.0），使体积利用率提高至72%，显著提升了能量密度和续驶里程。尽管电芯材料未变，但改进了电池组集成工艺，使三元锂电池的能量密度达到 $255W\cdot h/kg$，磷酸铁锂电池系统能量密度达到 $160W\cdot h/kg$。此外，多功能弹性夹层设计和电芯大面冷却技术进一步提高了电池的安全性和充电速度。这些创新有效降低了成本，推动了新能源汽车向可持续能源的转型。

9.1.6 技术创新的驱动方式

1. 国家驱动技术创新

国家作为研发的资助者和主要购买者，在关键行业的战略方向和鼓励创新创业方面具有重要影响力，其间接资助研发方式包括免税、补贴、贷款担保、出口信贷以及某些形式的保护等，有利于提高企业研发动力。作为主要购买者，国家愿意支付高价购买早期成果，以减少不确定性，增加有利的现金流。政府采购被视为一种重要的政策创新工具。通过教育、信息发布、统一管理和其他社会行为等措施，国家能够提升社会凝聚力，影响社会对新技术的态度和适应程度，并通过战略干预促进高素质劳动力的形成。国家和社会之间的相互依存会创造有利的文化氛围，促进技术创新进步，化解领先行业和传统行业之间、经济利益主体和社会力量之间、文化传统和新趋势之间的潜在冲突。国家和社会的一致性提升为社会带来了目标和动力，对产业发展具有促进作用。

波特提出的行业吸引力框架模型如图9-4所示，展现了国家在技术创新方面发挥的作用。它强调了创新型企业与客户、生产要素（如劳动力、资本和原材料）、支持性产业（如技术提供者、供应商等），以及有助于促进战略实施和提高创新能力的制度背景之间的关系。

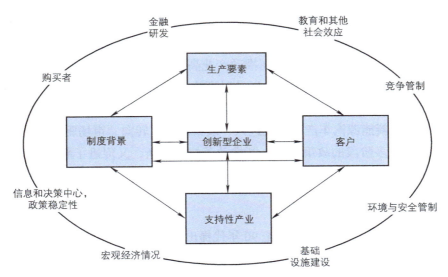

图 9-4 行业吸引力框架模型

国家一直以来十分重视新能源汽车技术的研发工作，从"十五"计划开始，连续 5 个五年规划按照"三纵三横"技术体系来持续支持新能源汽车的技术创新。《新能源汽车产业发展规划（2021—2035 年）》中明确提到，创新驱动是新能源汽车产业发展的基本原则之一。该规划确定了新能源汽车产业到 2035 年的发展战略目标，并对此进行了系统规划和部署，旨在提升我国新能源汽车产业的技术创新能力，包括深化"三纵三横"研发布局、加快建设共性技术创新平台以及提升行业公共服务能力等方面。"三纵三横"研发布局如图 9-5 所示：以纯电动汽车、插电式混合动力（含增程式）汽车、燃料电池汽车为"三纵"，布局整车技术创新链；以动力电池与管理系统、驱动电机与电力电子、网联化与智能化技术为"三横"，构建关键零部件技术供给体系。"三纵三横"的研发布局包括整车集成技术创新和产业基础能力提升，涵盖了从整车设计到关键零部件和系统技术的全方位发展，以提升新能源汽车整体性能和技术实力。

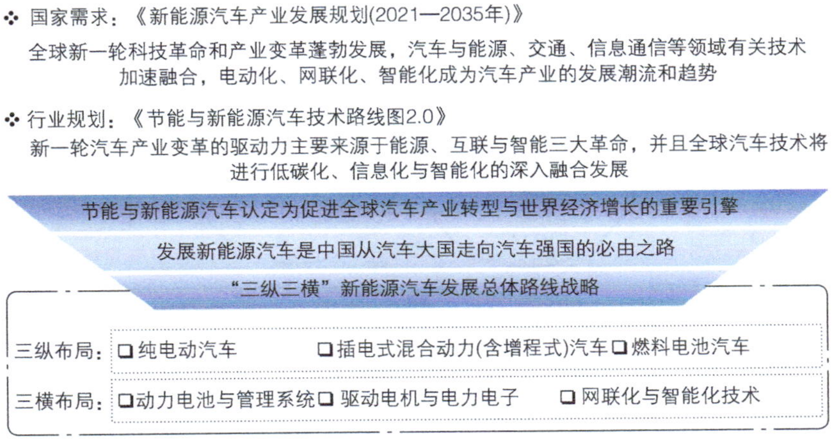

❖ 国家需求：《新能源汽车产业发展规划(2021—2035年)》
　　全球新一轮科技革命和产业变革蓬勃发展，汽车与能源、交通、信息通信等领域有关技术加速融合，电动化、网联化、智能化成为汽车产业的发展潮流和趋势

❖ 行业规划：《节能与新能源汽车技术路线图2.0》
　　新一轮汽车产业变革的驱动力主要来源于能源、互联与智能三大革命，并且全球汽车技术将进行低碳化、信息化与智能化的深入融合发展

节能与新能源汽车认定为促进全球汽车产业转型与世界经济增长的重要引擎

发展新能源汽车是中国从汽车大国走向汽车强国的必由之路

"三纵三横"新能源汽车发展总体路线战略

三纵布局：☐纯电动汽车　　☐插电式混合动力(含增程式)汽车　☐燃料电池汽车
三横布局：☐动力电池与管理系统　☐驱动电机与电力电子　☐网联化与智能化技术

图 9-5 新能源汽车发展总体规划

新能源汽车产业的快速发展得益于多重政策支持和积极推动。国家通过补贴、免征购置税、路权以及配套基础设施建设等多层次的扶持政策形成强大的合力，推动了新能源汽车产销量爆发式增长。政策杠杆调控在推动产业高质量发展方面发挥关键作用，如购置补贴政策的实施、财政补助的退坡机制，以及对高续航、高质量、高安全性产品的倾斜政策。其中，国家补贴政策根据新能源汽车产业阶段性特征，经历退坡、中止、重启、延期，最终彻底退出，中国新能源汽车产业自此进入"政策驱动"转向"市场驱动"的新发展阶段。政府通过多层次、多阶段的政策手段，既推动了技术创新，又促进了新能源汽车市场良性发展。

2. 驱动创新的模式

Etzkowitz 和 Leydesdorff 于 20 世纪 90 年代提出"政产学"三螺旋模式，亦称"创新三螺旋"（见图 9-6），旨在描述政府、产业和大学之间协同创新的关系。该模式突显了"创新"作为核心主题，标志着从工业社会以"产业-政府"为主导的二元关系，向知识社会的"大学-产业-政府"三元关系转变。这一模式认可大学在知识社会中扮演更为关键的角色，特别是在知识的生产、转化和应用方面，对创新和经济发展潜力具有重要影响。其关键思想在于通过组织间的结构性和制度性协调机制，在合作过程中实现高效的科技资源运用，推动创新系统的演化和升级。

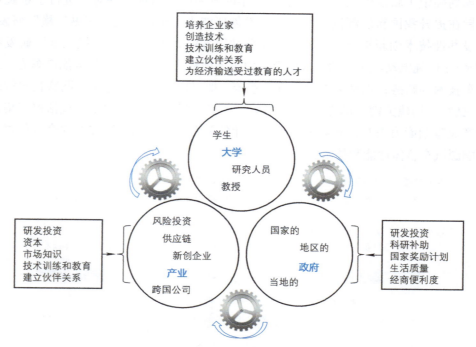

图 9-6　驱动创新的"政府-产业-大学"三螺旋模式

双三螺旋模式是以三螺旋理论为基础，将三元主体拓展为涵盖"公众"主体的两个三螺旋结构。其中一个三螺旋是传统三螺旋结构，而另一个三螺旋中的三元主体则分别是大学、政府和公众。两个三螺旋分别聚焦于创新和可持续发展两大内容，如图 9-7a 所示（图中阴影部分左侧代表创新，右侧代表可持续发展）。双三螺旋模式认为，多元主体在螺旋结构中会以多个稳定的三螺旋结构出现，并产生相互间的协同作用，如图 9-7b 所示。双三螺旋的相互作用对于构建社会组织、实现多元主体间协同创新、形成稳定且富有创新动力的协同创新系统有着重要意义。

图 9-7 创新和可持续发展的双三螺旋模式

更进一步地，可以构建"政、产、学、研、用、资"多元主体的合作体系，补充协同创新系统的主体，弥补三螺旋理论面临的主体固定、全局性被忽视的问题。在对多主体协同创新中，大学和研究机构有相似的定位，如科研、人才培养、为政府企业提供咨询服务等，在研究中可以作为同一个主体去探索。三三螺旋模式是由 3 个三螺旋构成，彼此相对独立又相互联系的三螺旋体系（见图 9-8），是双三螺旋模式的演化结果。

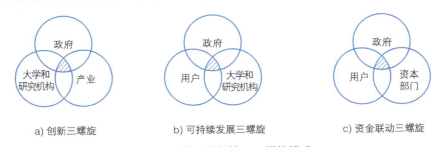

图 9-8 协同创新的三三螺旋模式

在协同创新的三三螺旋模式中，创新三螺旋的核心在于技术的创新和经济的发展，是一个"主动轮"，其价值取向为利益的最大化。可持续发展三螺旋的核心在于使技术创新和经济发展符合人类和社会需要，需要用户需求去拉动协同创新系统向正确的方向发展，是一个"从动轮"。资金联动三螺旋旨在借助资金的特殊地位，在"主动轮"和"从动轮"之间寻找既符合技术进步和经济发展的最新方向、又符合用户需求，还符合自身投资目标要求的驱动力，是一个"平衡轮"。在三三螺旋模式下，产生了更为丰富的交互协同关系：①产业和资本部门之间的协同关系，资本对产业进行投资，而产业的创新成果产出和反馈信息也会传递给资本部门，从而影响其后续的资金投入；②产业和用户之间的协同关系，产业直接面向用户和市场，接受用户传递的需求信息并提供产品和服务；③资本部门与大学和研究机构之间的协同关系，大学和研究机构产出专利和论文等形式的创新成果。三三螺旋模式的动力机理如图 9-9 所示。

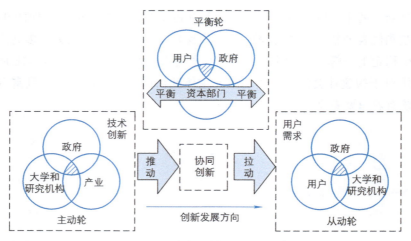

图 9-9　三三螺旋模式的动力机理

9.2　技术演进规律

9.2.1　技术系统进化发展的 S 曲线

19 世纪，微生物学实验研究了细菌菌落的生长情况。研究人员采集一批细菌，将其放在培养皿中，计算各个时间培养皿中的细菌数量。研究发现，最初细菌数量几乎保持不变，随后从某个时刻开始，细菌逐渐增长，其速度从缓慢到逐渐加快。然而，当环境资源饱和或限制时，生长速率减缓，终至停滞或下降。由此形成的生长曲线类似字母 "S"。该曲线具有明显的不同阶段：适应期、快速生长期、稳定期和衰败期，如图 9-10 所示。后来的研究表明，其他生物的生长也大体上遵循 S 曲线。

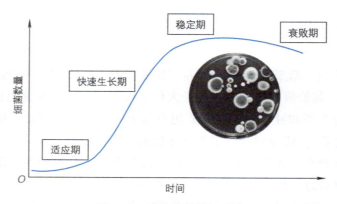

图 9-10　菌落生长的 S 曲线

关于技术系统生命周期的研究表明，随着技术逐步成熟，相同时间或技术投入所带来的产品或工艺性能改进效果并不相同。在技术发展早期，性能改进速度相对较缓慢。随着技术的理解、控制和普及程度提高，技术改进速度急剧增加。而在技术成熟阶段，技术逐渐接近自然或物理极限，实现性能提高需要更多时间或技术投入。这种技术成长规律可以用 S 曲线来描述（见图 9-11），其中纵轴用产品或工艺性能来表征。横轴的选择通常取决于目的，如果旨在衡量开发团队投入的相对效率或潜在产出率，可选用技术开发投入作为横轴；如果旨在评估技术成熟度对产品销售或竞争地位的影响，可选用时间作为横轴。

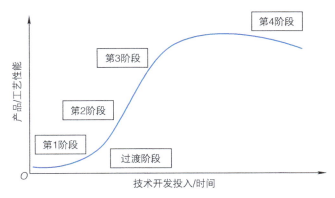

图 9-11　技术开发的 S 曲线

通常，S 曲线有 4 个阶段：第 1 阶段为萌生期；第 2 阶段为快速成长期；第 3 阶段为成熟期；第 4 阶段为衰退期。出于进行分析的原因，还可以有一个被称为"过渡阶段"的阶段。过渡阶段大体上处于第 1 阶段和第 2 阶段之间，是系统从实验室走向规模生产的中间阶段。相关研究表明，技术系统的技术参数也呈现 S 曲线增长模式。例如，电动汽车进化过程中的技术参数（如续驶里程、安全性、智能化水平等），都可以用这种方式来研究。当技术走向成熟时，其发展趋势会逐渐逼近水平线（极限），随后被新技术所取代。沿着给定技术方法前进的过程中，所带来的性能提高速度会逐渐减缓。因此，维持竞争力的关键在于要及时获取或开发新技术，转换到新技术，使其性能超越现有技术。S 曲线理论对企业技术战略具有重要的指导作用。按照这一理论，企业技术进步的理想路径是沿着图 9-12 中展示的一系列 S 曲线的包络虚线发展。

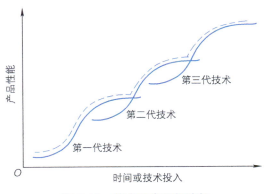

图 9-12　技术研发理想路径

这种逻辑可以从人类的主导通用技术发展历史中得以印证，如图 9-13 所示。可以看出，主导人类社会发展的通用技术大致可分为三个不同的阶段，分别是材料转化、能源转化、信息转化。第一个阶段侧重于材料转化，包括石器、青铜器和铁器等。第二个阶段通常被称为工业革命，专注于能源转化，包括水力、蒸汽、电力和内燃机等。第三个阶段旨在信息转化，起初涉及通信与存储数据的大量应用，现如今已进入算法时代。

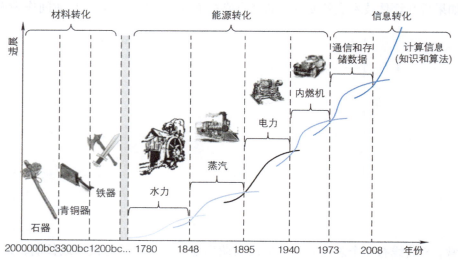

图 9-13　主导人类社会发展的通用技术

9.2.2　技术生命周期

苏联经济学家尼古拉·康德拉季耶夫（Nikolai Kondratiev）在其著作《主要经济周期》中首次提出了技术生命周期的概念。技术生命周期描述了一项技术从诞生到衰落的演变过程，可以帮助企业和创新者了解技术发展的各个阶段，预测市场未来的变化趋势，并做出投资和发展的战略决策。技术生命周期主要由 4 个阶段组成（见图 9-14）：

1）研究与开发（R&D）阶段：这是技术生命周期的最早阶段，此时新技术初步开发和引进，投入远超收益，存在高失败风险。这个阶段涉及大规模研发投入，但是技术尚未得到充分测试，市场上可能少有竞争者，需要耗费巨大资金以完善技术并呈现其潜在价值。

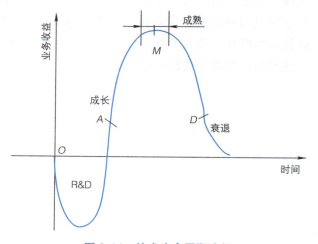

图 9-14　技术生命周期路径

2）成长阶段：此时实付成本已经收回，技术开始积聚力量，超过了技术生命周期上的某个 A 点（Ascent，有时称为"领先优势"）。在这一阶段，技术逐渐被广泛接受和应用，对产品或服务的需求迅速增加。同时，技术在不断完善和改进，初期采用者和创新者或许能获得高额利润，但由于新的竞争者不断进入市场，市场竞争也可能很激烈。

3) 成熟阶段：此时增益较高且稳定，该区域进入饱和状态，以 M（Maturity）标记。在这一阶段，技术变得更加标准化，应用更为普及，增长开始减缓。因此，市场趋于饱和状态，竞争日益激烈。企业应该将重点放在成本降低和效率提升，而非大规模投入新的创新。此时的利润往往低于成长阶段。

4) 衰退阶段：在 D 点（Decline）之后进入衰退阶段，技术逐渐过时或被更新的技术所取代，需求开始下降，技术的财富和效用下降。企业也许会继续销售产品或服务，但利润微薄，对新的创新的投资意愿也会减少。最终，技术被淘汰时，企业必须调整策略或转向新技术。

值得注意的是，并非所有技术都严格遵循此周期。各阶段的持续时间和强度受技术本身和市场条件的影响而异。因此，深入理解技术生命周期可为企业和创新者提供战略性指导，帮助其在投资和发展上做出明智决策，并为其应对未来市场的变化和趋势上做好充分准备。

9.2.3 第二曲线模型

创新是企业效益增长的根本原因，对于两种创新形态：渐进式创新和颠覆性创新，渐进式创新形成 S 曲线。当企业跨越颠覆性创新阶段后，将进入第二条 S 曲线，即第二曲线，如图 9-15 所示。这可以类比于生物学进化论中原有物种的变异，通过自然选择形成新物种，第二曲线是第一曲线中渐进式创新被市场选择后生长出新曲线。

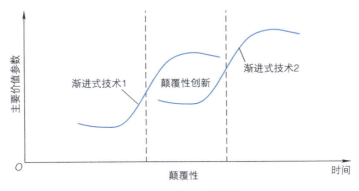

图 9-15 第二曲线模型

第二曲线模型包括两个关键步骤：发现极限点和启动第二曲线。

1) 发现极限点：企业通常处于渐进式创新的状态，但 S 曲线必将面临极限点，即失速点。一旦到达极限点，企业的业务将会回落或者崩塌。布莱恩·阿瑟在《技术的本质》中指出，在技术发展的过程中，总会遇到极限点出现的那一刻。令人沮丧的是，极限点是不可避免的。因此，领导者需要及时识别并启动第二曲线，避免企业失败。但是，由于财务数据往往是滞后的，识别极限点不能仅依赖财务指标，而是需要从技术、产品、用户等数据变化中提前感知极限点的到来。

2）启动第二曲线：从宏观市场视角来看，是创造性破坏推动了市场的长期发展。熊彼特指出，创造性破坏是市场经济的本质，正是创造性破坏成就了经济的真正发展。市场总能淘汰落后的技术和产品，将资源流向进步更快的企业，摧毁原有巨头企业。因此，每次颠覆都促使市场更快增长。但是，企业内部往往难以轻易淘汰老业务，当新业务与老业务竞争时，通常是老业务占优，这也使得企业内部难以形成第二曲线，进而难以维持增长。因此，要实现长期增长，企业需要向市场学习，引入创造性自我破坏，摧毁过时业务和产品，不断跨越第二曲线，才有可能实现基业长青。

第二曲线的启动时机至关重要，启动期过早可能导致第一曲线未充分成长，造成不必要的损失，过晚则可能失去发展机会。最佳时机是在第一曲线经历破局点且增长的加速度开始下降，但是财务数据尚未反映极限点的出现之时。若第二曲线能在第一曲线到达极限点之前达到破局点，实现完美交接将更为理想，如图 9-16 所示。

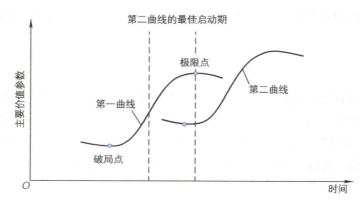

图 9-16　第二曲线的最佳启动期

比亚迪在面临电子产业激烈竞争和预见到手机电池市场潜在饱和的情况下，通过制造能力和技术研发的积累，勇于寻求转型，将目光投向了汽车产业。这一转变被视为企业运用创新第二增长曲线的范例。首先，比亚迪在电池业务中取得了成功，但意识到电子行业，尤其是手机电池市场可能进入价格战和衰退阶段，迫切需要寻找新的增长曲线。其次，认识到了汽车产业的潜在增长机会，预判中国经济的发展将推动汽车产业高速成长。以比亚迪手机在电池市场积累的造血能力为基础，在公司巅峰时期进行了转型，将汽车产业作为第二增长曲线。再次，收购秦川汽车和进行大额研发投入，尽管经历了起伏，但始终坚持在新能源汽车领域进行尝试和投入。最后，经历了长期的试错和持续研发，在新能源汽车产业取得了长足的进步和成功。比亚迪的故事体现了企业在既有成功基础上勇于转型，投入巨大的研发资源，并通过延伸和拓展新领域，成功运用创新的第二增长曲线来实现长期的发展。

9.2.4　创新生命周期

一个完整的创新生命周期应该包括 3 个阶段，即不确定阶段、过渡阶段和专业化阶段，如图 9-17 所示。

1. 不确定阶段

第一个阶段称为不确定阶段，技术和市场上的不确定性占主导地位，市场中存在大量实验性质的尝试。在这个阶段，企业通过产品特色的差异化来建立竞争优势。此时竞争不太激烈，因为企业缺乏对不同创新潜在应用的了解，也无法明确未来市场增长点。

通常企业应尽可能努力超越竞争者的水平，并使自身的产品成为行业"主导设计"。例如，开发具有卓越性能和先进技术的新能源汽车，将会在市场上取得竞争优势。

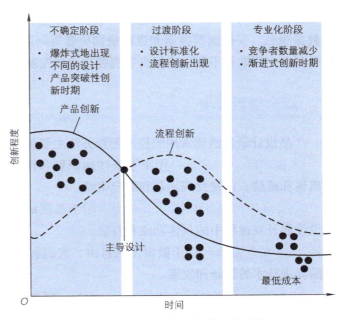

图 9-17 创新生命周期的 3 个阶段

2. 过渡阶段

创新生命周期的过渡阶段是指在生产者逐渐掌握技术应用前景和消费者需求等信息后，技术迅速发展并在市场上形成相关标准的阶段。在这一阶段，创新受到广泛认可，市场开始快速扩张，企业竞争加剧。此阶段为技术合并和聚集的过程，最终导致主导设计的出现。主导设计意味着所有行业竞争者和创新者必须采取跟随策略才能获得一定的市场份额。企业渴望在行业内赢得主导设计，因为这将获得垄断优势并能有效利用知识产权保护自身成果，不必担心其他竞争者的模仿。即便标准是公开的，企业仍有机会开发周边产品，并迅速更新版本，以期在未来构建新的标准。在主导设计形成前的过渡阶段，会有大批新竞争者进入该行业，并根据创新的技术含量构成不同程度的威胁。若新技术受到严密的专利保护，那么原先的技术会保持竞争优势。因此，企业会采取战略来稳固自身的技术地位，增加产能和过程创新以准备进入下一个阶段：专业化阶段。

3. 专业化阶段

在专业化阶段，企业竞争点由产品差异化转向产品绩效和成本，每个企业都已经明确了各自的目标市场，并聚焦于服务特定人群。制造业倾向于采用特定设备进行大规模生产。对企业而言，上游供应商和客户的议价能力都将上升。竞争变得更加激烈，市场逐渐进入垄断阶段。最终，行业内存留的企业将通过巩固与供应商、渠道商的关系以及构建其他互补资产等方式来维持市场地位，这些举措提高了新进入者的准入门槛。

技术复杂性越高，其在不断演化和进步中受社会、政治因素影响的可能性越大。例如，不同级别的自动驾驶技术（如 L3）与政策立法密切相关。政府的相关法规决策涉及安全、责任分配等方面，影响着自动驾驶技术的推广和使用。自动驾驶技术的政策立法还涉及数据隐私、安全漏洞披露和道路规则更新等问题。因此，政策制定者需要在技术发展和社会利益之间取得平衡，确保自动驾驶技术的发展不损害公众利益和影响道路安全。

9.3 技术创新方法

产品设计研发活动常用的技术创新方法主要包括：

1）SWOT 分析方法：用于系统性地识别和评估项目或产品的内部优势、劣势以及外部机遇和威胁，以便发现问题和制定策略。

2）QFD（质量功能展开）方法：用于系统地分析和理解客户需求，并将其转化为产品设计和开发过程中的具体功能和特征。

3）头脑风暴法：用于激发团队自由、大胆和富有想象力的想法，构思产品研发创意，鼓励促进技术的创新和发展。

4）TRIZ（发明问题的解决理论）方法：解决发明问题的系统化方法论。

9.3.1 SWOT 分析方法

发现问题是解决问题的第一个阶段，因此首先要做的工作是找到问题的所在，紧接着就要确立需要实现的目标，再来寻得问题的解决方法。采用系统搜索的方法可以帮助辨识问题，目前常用的方法是 SWOT 分析方法。

SWOT 分析方法是一种战略规划和战略管理的分析工具，用于评估组织内部的优势和劣势，以及外部环境中的机会和威胁。该方法侧重于识别与组织目标相关的内外部关键因素，以及当前和未来的潜力。其核心在于对 4 个要素进行综合评估，并在此基础上采取相应战略。SWOT 分析方法旨在使企业全面了解自身的内外部情况，并在此基础上，制定战略方针以更好地利用机会、应对威胁、发挥优势和改善劣势，从而为未来的发展打下更坚实的基础。SWOT 分析方法现已成为企业战略分析的重要工具之一，经常被战略咨询公司、策划公司、企业的市场部门、战略部门、品牌部门等机构，应用于企业的战略分析之中。

1. SWOT 分析方法的组成

SWOT 分析方法的核心在于综合评估以下 4 个要素，以指导组织制定相应战略。

1）优势（Strengths）：是指组织内部的显著优点和具备的核心能力，如卓越的品牌价值、忠实客户基础、稳健的资产结构以及独特的技术创新。

2）劣势（Weaknesses）：涉及组织内部的局限性和不足之处，可能阻碍其在市场中的竞争或实现目标。

3）机会（Opportunities）：是指外部环境中有利于组织发展的趋势、事件或情况，为其提供增长或创新的潜在可能性。例如，空气悬架系统、智驾域控芯片及控制器等关键零部件的国产化替代可能为汽车零部件供应商开辟新市场，增加销售额和市场份额。

4）威胁（Threats）：是指外部环境中可能对组织造成负面影响的趋势、事件或情况会限制其发展或引发风险。典型的威胁包括原材料成本上升、激烈的竞争、劳动力供应不足，以及所需关键原材料、汽车芯片等贸易禁令等。

SWOT 分析方法通常以四象限矩阵的形式呈现，将内部和外部因素分别放置在上下两行，而积极有利和消极令人担忧的因素则分别位于左右两列，如图 9-18 所示。这种直观的安排有助于快速理解技术的情况。尽管某些要素可能在权重上并不相同，但它们都代表了对机会、威胁、优势和劣势等关键见解的平衡描述。这种布局使得内外部因素和正负面因素的对比清晰可见，有助于指引分析者理解并评估产品的竞争力。

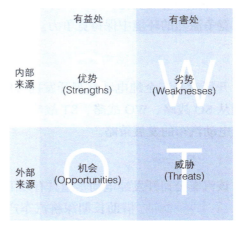

图 9-18 SWOT 分析方法

2. 基于 SWOT 分析方法的战略选择

SWOT 分析方法在战略选择方面涵盖了 4 种战略，如图 9-19 所示。

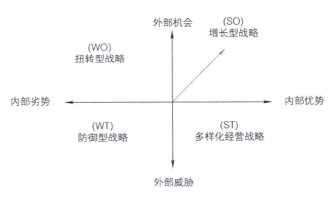

图 9-19 SWOT 分析方法的战略选择

1）SO（Strengths-Opportunities）战略：这是一种增长型战略，旨在利用内部的优势来抓住外部的机会。此时，应专注于利用其内在优势来支持并利用外部环境中的有利机遇，寻求发展和扩张。

2）WO（Weaknesses-Opportunities）战略：这是一种扭转型战略，针对外部机会与内部劣势的情况。这个策略的核心在于转变内部的不足之处以利用外部机会，通过改进和提升来抓住外部机遇。

3）ST（Strengths-Threats）战略：这是一种多样化经营战略，旨在利用内部的优势来缓解外部威胁。这种策略需要利用内部优势来应对外部环境中的威胁，通过多元化经营等方式降低风险。

4）WT（Weaknesses-Threats）战略：这是一种防御型战略，着眼于面临的内外双重挑战。在这种情况下，需要紧缩边界、集中资源，并致力于消除内外双重威胁。

这些战略选择是基于对内外部情况的综合评估，旨在充分利用或改善内部因素以适应或利用外部环境的变化。SWOT 分析方法为组织提供了战略决策的框架以促进目标的实现，并在竞争激烈的环境中保持竞争力。

3. 某汽车公司纯电动车型开发 SWOT 分析

开展对某车企纯电动汽车开发拥有的优劣势 SWOT 分析，把握其发展的机遇与挑战。分别从 SO 战略、WO 战略、ST 战略、WT 战略对其进行分析，进而找到最适合该汽车公司纯电动汽车的发展策略。

（1）优势分析

该汽车公司开发纯电动车型具有以下优势：

1）**品牌优势**：借助长期深耕汽车产业所积累的品牌形象和庞大客户群体，该公司在新能源汽车领域中保持了竞争力，其高质量、高可靠性的品牌形象有利于吸引传统车型用户向纯电动车型转变。

2）**营销渠道优势**：车型销售采用代理制销售模式，是依托深度渗透的销售网络，推动新电动车型快速打开市场。这种销售模式创新有助于提升交付效率，并吸引消费者对新产品的关注和体验。

3）**产品技术优势**：凭借其强大的品牌技术基础，成功将传统技术与电动化技术相结合，特别是在车辆安全验证和质量品质保证方面，可以实现比造车新势力品牌更稳定的产品质量。专门开发的纯电动产品平台所拥有的模块化能力为产品创新提供了灵活性，有助于提高研发速度和产品更新频率。

4）**资金优势**：依靠自身的利润驱动电动化转型的发展。同时，凭借财务实力雄厚的股东，其资金实力明显高于其他竞争对手，这有助于加速电动汽车新产品的研发和推出。

（2）劣势分析

当前的纯电动车型主要劣势有：

1）**智能配置和设计水平相对滞后**：新电动系列车型的智能网联及辅助驾驶等配置不够智能，与目前自主品牌的新能源汽车相比已经落后。同时外观设计缺乏时尚感，难以吸引年轻消费者，使其在竞争激烈的市场中处于劣势。

2）**续航性能不足且充电设备成本较高**：新电动系列车型虽然采用头部动力电池公司的三元锂离子电池组，但续驶里程仍未达到一流水平，与同类竞争对手相比稍显不足。同时，电动汽车充电不方便，配套充电设备价格较高，不符合消费者预期，进一步影响了其竞争力。

3）**缺乏创新营销和定价策略**：新电动系列车型缺乏有针对性的市场定位和营销策略，定价较高，未能在竞争中展现性价比优势，缺乏吸引力。

（3）机会分析

在当前市场环境中的新系列纯电动车型具有以下机会：

1）政策推动与环保意识提升：城市交通拥堵问题日益突出，导致政府出台传统燃油车限购限行政策，刺激新能源汽车的需求增长。同时，全社会公民环保意识日益增强，进一步推动了对新能源汽车的需求。

2）政策支持与优惠措施：国家及地方政府纷纷出台支持纯电动汽车发展的政策，如充电设施建设和电价补贴等。这些措施大幅降低了消费者购车成本，在一定程度上加速了新能源汽车行业的发展。

3）市场需求增长与车型发展：新能源汽车市场需求旺盛，增换购规模不断扩大。在国内纯电动车市场上，轿车占比七成以上，SUV车型占比虽有一定比例的提升，但仍未超过30%，未来随着电动化渗透率的不断提升，SUV比例可能持续增加。

（4）威胁分析

1）政策变化和供应链压力：全球芯片短缺问题加剧了成本压力，可能导致生产成本上升，给车型的定价和市场竞争带来挑战。

2）电池技术与充电基础设施限制：纯电动汽车报废电池的退役利用问题亟待解决。目前，在三四线城市、乡村及县城的充电基础设施的不完善，制约了纯电动汽车在这些地区的推广。

3）国内外品牌竞争激烈：国内自主品牌以较高的性价比和智能化程度，迅速占领新能源汽车市场。因此对于传统合资汽车企业来说，大力发展纯电动汽车势在必行。

（5）基于 SWOT 分析的战略选择

在上述内容的基础上，将相应战略的选择进行了整理，具体见表9-1。

表9-1 某企业纯电车型开发的 SWOT 分析

	内部因素	
外部因素	优势（S） ① 品牌优势 ② 营销渠道优势 ③ 产品技术优势 ④ 资金优势	劣势（W） ① 产品配置不智能，设计不时尚 ② 续驶里程较低，配套充电设施少 ③ 缺乏创新的营销策略，定价偏高
机会（O） ① 消费者环保意识不断增强 ② 中央及地方政策支持 ③ 市场需求旺盛，增值换购增加	SO 战略 充分利用品牌和技术优势，强化高品质、高性价比形象，满足市场旺盛的需求，加大产品的投放力度。利用国家政策扶持的机会，运用当前的渠道和资金优势，迅速将产品推广到市场上	WO 战略 创新营销策略，吸引客户的注意力，提升产品及品牌的知名度。加大对产品的研发力度，扩充产品线，以满足不同客户的需求。建立良好的品牌形象，强化品牌的知名度，增加产品销量
威胁（T） ① 新能源汽车价格上涨 ② 充电等基础设施不完善 ③ 国内外品牌竞争激烈	ST 战略 应加强研发电池技术，并与充电桩企业加深合作，为消费者提供便捷的充电服务。同时利用自身产品、渠道、技术和资金优势，加速合资品牌电动化转型，提升市场份额	WT 战略 应寻求各种不同的方式与渠道，提升品牌的知名度，树立品牌形象。掌握竞争对手的发展动向。根据细分市场特征提供适合的产品，及时调整自身策略，找到最适合自身产品推广的营销策略

纯电动车的发展受到其市场环境的影响。如今，新能源市场处于高速发展的黄金时期，企业应充分发挥自身优势，顺应时代的潮流，充分把握市场机遇。在新能源汽车快速发展浪潮中，树立独特的品牌形象，迅速提升产品的竞争力，抢占更大的市场份额，因此该汽车公司应采取 SO 战略。

9.3.2 QFD 方法

QFD，即质量功能展开（Quality Function Deployment），是一种结构化的产品设计和生产规划方法，它将用户需求与产品设计和生产的具体要求相对应。这种方法的核心在于创建一个被称为"质量屋"（House of Quality，HOQ）的结构。HOQ 是一个矩阵，用于可视化和分析用户需求与产品特性或设计参数之间的关系。QFD 的目的是确保产品或服务的开发能够满足市场和用户的需求，同时提高产品质量和市场竞争力。

QFD 方法的优势在于它能够确保产品开发团队集中精力解决用户的关键需求，同时考虑成本、时间和资源的约束。通过这种方法，企业可以提高产品的市场接受度，减少开发时间和成本，最终提升用户满意度和市场竞争力。QFD 方法的应用不仅限于产品设计，还可以扩展到其他领域，如过程改进、服务设计等。此外，QFD 方法还可以与其他质量管理工具和技术结合使用，如六西格玛、故障模式与影响分析（FMEA）等，以提高整体的质量和效率。

1. QFD 方法的基本步骤

通过 QFD 方法，企业可以更好地理解用户的期望，并将这些期望转化为具体的技术要求和设计标准。QFD 方法的实施通常包括以下步骤：

1）收集用户需求（VOC）：通过市场调研、用户访谈、问卷调查等方式收集用户的声音。将用户需求转化为可量化的术语，以便进行分析。

2）构建质量屋的第一层（需求矩阵）：将收集到的用户需求列出，并在质量屋的左侧列出。对用户需求进行评估，确定它们的重要性或优先级。

3）确定设计参数：基于用户需求，确定产品或服务的关键设计参数。这些设计参数是满足用户需求所必需的产品特性。

4）构建第二层（参数矩阵）：在质量屋的顶部列出设计参数。评估每个设计参数对满足用户需求的贡献度。

5）建立需求与设计参数之间的关系：在需求矩阵和参数矩阵之间建立联系，通常使用数值（如 9、3、1 等）来表示关系强度。这些关系有助于确定哪些设计参数对用户需求的影响最大。

6）评估竞争力：分析竞争对手的产品，确定他们如何满足相同的用户需求。通过比较，确定自己产品的优势和劣势。

7）优化设计参数：根据用户需求的重要性和设计参数的贡献度，优化产品特性。确定哪些设计参数需要改进或优先开发。

8）制定生产和质量控制计划：基于设计参数，制定生产过程和质量控制的标准。确保产品能够按照设计要求生产，并满足用户的期望。

9）实施和监控：将 QFD 方法的结果应用于产品开发过程。监控产品性能，确保持续满足用户需求，并根据反馈进行必要的调整。

2. 某智能汽车 HMI 设计需求分析

用户对于汽车座舱舒适度及用户体验的需求在逐步提升，其中智能汽车人机界面（Human Machine Interface，HMI）的设计是提升汽车座舱智能化用户体验与舒适度的重要环节之一。综合运用层次分析法（Analytic Hierarchy Process，AHP）和质量功能展开方法，可以将用户的需求转化为具体的设计要素，开展智能汽车 HMI 的设计方案分析。

根据如图 9-20 所示的用户需求及智能汽车 HMI 的特性，对智能汽车 HMI 的相关设计需求进行综合分析，得到基本功能需求 E_1、界面样式需求 E_2 和交互功能需求 E_3，以及 3 个需求下的具体设计需求，如图 9-21 所示。

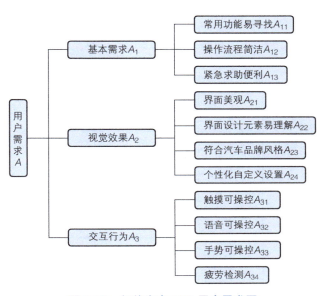

图 9-20　智能汽车 HMI 用户需求图

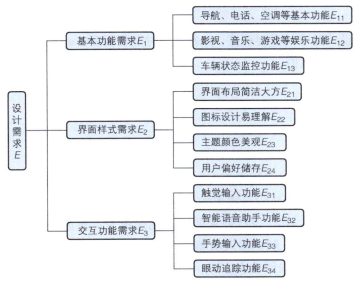

图 9-21　智能汽车 HMI 设计需求

通过层次分析法得到目标用户需求权重值，结合综合分析得到智能汽车 HMI 设计需求，建立智能汽车 HMI 设计需求质量屋。其中，H、M、L 分别对应用户需求及设计需求之间的关系程度。"H"代表强相关，取值为 9；"M"代表中等相关，取值为 3；"L"代表弱相关，取值为 1；二者需求无相关则不进行标记，取值为"0"。最终结果如图 9-22 所示。

		用户需求权重	基本功能需求E_1			界面样式需求E_2				交互功能需求E_3			
			E_{11}	E_{12}	E_{13}	E_{21}	E_{22}	E_{23}	E_{24}	E_{31}	E_{32}	E_{33}	E_{34}
基本需求 A_1	A_{11}	5	H	M							M	L	
	A_{12}	5	M								L		M
	A_{13}	5			M				M	L	H		
视觉效果 A_2	A_{21}	2				H	M	H					
	A_{22}	3				M	H	L					
	A_{23}	1				L							
	A_{24}	4						L	H				M
交互行为 A_3	A_{31}	4	L							H			
	A_{32}	4									H		
	A_{33}	2										H	
	A_{34}	3											H
设计需求权重			64	15	15	28	33	25	51	61	86	18	54

图 9-22　智能汽车 HMI 设计质量屋

采用 F_j 表示设计需求的重要程度，f_i 表示相对重要程度，ω_i 为第 i 个用户需求的权重，E_{ij} 为两者所对应的关系数值：

$$F_j = \sum_{i=1}^{n} \omega_i \times E_{ij} \tag{9-1}$$

$$f_i = \frac{F_j}{\sum_{i=1}^{n} F_j} \tag{9-2}$$

将 QFD 质量屋内得出的有关智能汽车 HMI 设计需求权重值通过式（9-1）和式（9-2）计算，得到有关智能汽车 HMI 设计需求的排序，如图 9-23 所示。

可以看出，智能汽车 HMI 设计需求的权重优先级为：智能语音助手功能 E_{32} > 导航、电话、空调等基本功能 E_{11} > 触觉输入功能 E_{31} > 眼动追踪功能 E_{34} > 用户偏好储存 E_{24} > 图标设计易理解 E_{22} > 界面布局简洁大方 E_{21} > 主题颜色美观 E_{23} > 手势输入功能 E_{33} > 影视、音乐、游戏等娱乐功能 E_{12} ≈ 车辆状态监控功能 E_{13}。

第 9 章 创新驱动的汽车产品开发与管理

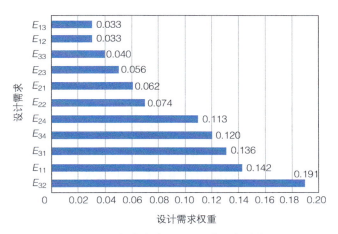

图 9-23 智能汽车 HMI 设计需求排序图

9.3.3 头脑风暴法

头脑风暴法（Brain Storming）是一种促进创造性思维和集体创新的技术。这种方法旨在通过集体的、非结构化的方式产生大量创意。这种方法通常在小组讨论中进行，鼓励参与者自由地提出任何想法。头脑风暴的关键原则是"数量产生质量"，即通过快速生成大量的想法和解决方案，提高最终找到创新和有效解决方案的机会。

头脑风暴法的基本原则包括：①延迟评判。在头脑风暴的过程中，不评价、不批评任何提出的想法，直到想法生成阶段结束。这样可以鼓励参与者自由地表达任何想法，不论其是否可行或合理。②追求数量。鼓励参与者尽可能多地提出想法，因为大量的想法可以提高发现有价值想法的概率。③鼓励自由联想。鼓励参与者根据其他人的想法进行自由联想，这样可以激发更多的创意。④组合和改进。鼓励参与者将不同的想法结合起来，或者对已有的想法进行改进和扩展。

头脑风暴法的步骤通常包括：

1）定义问题。明确头脑风暴的目标是什么，需要解决的问题是什么。例如，如果要改进汽车的燃油经济性，那么讨论的焦点可能是"如何降低汽车的重量"或"如何提高动力系统的效率"。

2）组建团队。选择一组具有不同背景、经验和知识的人参与头脑风暴，多样性有助于产生更多创意。在汽车产品开发的头脑风暴会议中，通常会邀请来自不同背景和专业领域的人员参与，包括来自设计、工程、制造、市场等不同部门的专家，以便从多个角度审视问题，提出更全面的解决方案。

3）设定规则。确保所有参与者都了解头脑风暴的基本原则。例如，不批评任何想法，鼓励自由思考，追求想法的数量等。

4）产生想法。在设定的时间内，鼓励团队成员尽可能多地提出想法。这个阶段不进行任何评价或讨论。在当前汽车行业，智能化和电动化是两个重要的发展方向。头脑风暴可以用来探讨如何将最新的技术整合到汽车产品中，如自动驾驶系统、新型电池技术、车载信息娱乐系统等。针对汽车产品开发过程中会遇到各种实际问题，如提高安全性、降低成本、提升驾驶体验等。头脑风暴可以帮助团队找到解决这些问题的创新方法。

5）整理和归类。将产生的所有想法进行整理，去除重复的想法，并将相似的想法归类。

6）评价和筛选。对整理后的想法进行评价，筛选出最有潜力和可行性的想法，以确定哪些想法是可行的，哪些可以进一步发展为产品特性或改进措施。

7）发展想法。对筛选出的想法进行深入讨论和发展，形成具体的行动计划。

头脑风暴法的目的是创造一个自由和开放的环境，帮助团队突破传统的思维模式，发现新的视角和解决方案。头脑风暴的成功在很大程度上取决于团队的文化和参与者的态度，一个支持和鼓励创新的环境对于头脑风暴的有效性至关重要。汽车行业面临快速变化的市场和技术趋势，头脑风暴法可以帮助企业快速响应这些变化，它不仅促进了创新思维的产生，还有助于提高团队的协作效率，最终推动汽车产品的持续改进和创新。

9.3.4 TRIZ 方法

为了解决技术性问题（特别是产品研发和改善等），创造力（构思新创意的能力）是必不可少的。因此，对技术人员提出了时刻保持创造性思维的要求，并鼓励组建项目小组，整合多名技术人员的专业能力。在这种情况下，仅利用头脑风暴法很难在本质上打破固有观念。在解决技术性问题时，头脑风暴法存在心理惰性的问题，即技术人员往往囿于自身专业领域，难以跳出行业范畴，从本质上打破专业局限性。为克服这一问题，苏联发明家根里奇·阿奇舒勒（Genrich S. Altshuller）及其团队在 1946 年通过对海量的专利进行归纳总结，创建了 TRIZ 方法，可以从根本上防止人们在解决问题时陷入心理惰性。图 9-24 所示为头脑风暴法和 TRIZ 方法的比较。可以看出，相对于传统的头脑风暴法，TRIZ 方法在技术性问题解决上具有独特优势。

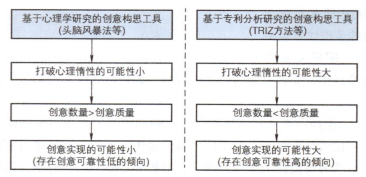

图 9-24 头脑风暴法与 TRIZ 方法的对比

TRIZ 方法是一种系统化的创新方法论，是俄文转换成拉丁文"Teoriya Resheniya Izobretatelskikh Zadatch"（Theory of Inventive Problem Solving）后的首字母缩写，直译为"发明问题解决理论"。TRIZ 方法成立的基本逻辑是：基于过往的专利案例，通过类比的思维方式，基本上可以找到技术问题相关的创新性解决方案。它基于对全球数百万件专利的分析，总结出了一系列创造发明的内在规律与模式，能够快速提升创新设计的效率和质量。

TRIZ 方法的体系框架包括：基于技术解决的基本思考流程（算法）、技术解决的具体技巧（问题分析的方法和解决创意创造的方法）、对解决有效的知识数据库。

TRIZ 方法的基本概念包括：

1）**技术系统进化法则**。TRIZ 方法研究了技术系统的发展规律，提出了一系列模式，如技术系统发展的 S 曲线，以及技术矛盾的演化规律。TRIZ 方法认为技术系统遵循一定的进化法则，这些法则可以帮助预测未来技术的发展趋势。

2）**技术矛盾**。在设计和发明过程中，经常会遇到某些参数的改进会导致另一些参数的恶化，这种现象称为技术矛盾，如图 9-25 所示。这是一种将技术性问题转换为"改善产品的某一物理特性则会出现恶化其他物理特性"这样的典型性技术矛盾问题的技巧（阿奇舒勒从过去的专利分析中抽出了 39 种物理特性）。具体而言，就是从通用的 39 种物理特性中选择"想要改善的属性及其最终恶化的结果"，通过将现实问题抽象为明确问题本质的方法。

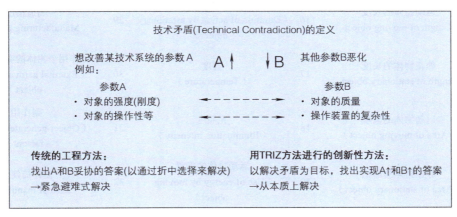

图 9-25 技术矛盾的定义

3）**40 个发明原理**。TRIZ 方法总结了 40 个发明原理，用于解决技术矛盾。40 个发明原理与 39 种物理特性之间的对应关系整理成表即为"矛盾矩阵"（Contradiction Matrix），见表 9-2。矛盾矩阵是 TRIZ 方法中最著名的工具之一。当工程师面临两个物理特性之间的矛盾时，可以通过矛盾矩阵找到解决矛盾的创新原则。

表 9-2 技术矛盾矩阵表（部分）

改善的特性		未被要求的结果(恶化的特性)				
		1 运动物体的质量	2 静止物体的质量	14 强度	38 自动化水平	39 生产性
1	运动物体的质量			28,27, 18,40		
2	静止物体的质量					
38	自动化水平					
39	生产性					

- 由横向39项和纵向39项组成，表示有可能出现的矛盾
- 矛盾的行和列交叉部分是去除矛盾的40个发明原理的参考

提议解决方案的概要：
28表示用非机械系统替代机械系统
27表示使用经济性、寿命短的物品代替高价格且耐久的物品
18表示机械振动
40表示复合型物质

TRIZ 方法中的 39 种物理属性，包括质量、速度、力等，见表 9-3。任何一个技术冲突都可以通过 39 种物理属性中的一对参数来表示。40 个发明原理，包括分割、抽取、嵌套等，见表 9-4。TRIZ 方法还提供了对立表，通过查表的方式，每一个技术矛盾都可以从 40 个发明原理中寻找到创新解。

表 9-3　39 种物理属性

序号	物理属性	序号	物理属性	序号	物理属性
1	运动物体的质量（Weight of moving object）	14	强度（Strength）	27	可靠性（Reliability）
2	静止物体的质量（Weight of stationary object）	15	运动物体运动的持续性（Duration of action by a moving object）	28	测量精度（Measurement accuracy）
3	运动物体的长度（Length of moving object）	16	静止物体运动的持续性（Duration of action by a stationary object）	29	制造精度（Manufacturing precision）
4	静止物体的长度（Length of stationary object）	17	温度（Temperature）	30	作用于物体的有害因素（External harm affects the object）
5	运动物体的面积（Area of moving object）	18	光照度（Illumination intensity）	31	副作用（Object-generated harmful factors）
6	静止物体的面积（Area of stationary object）	19	运动物体的能量（Use of energy by moving object）	32	制作简便度（Ease of manufacture）
7	运动物体的体积（Volume of moving object）	20	静止物体的能量（Use of energy by stationary object）	33	操作容易度（Ease of operation）
8	静止物体的体积（Volume of stationary object）	21	动力（Power jargon）	34	维护容易度（Ease of repair）
9	速度（Speed）	22	能量的损失（Loss of energy）	35	适应性（Adaptability or versatility）
10	力（Force）	23	物质的损失（Loss of substance）	36	装置复杂度（Device complexity）
11	张力/压力（Stress or pressure）	24	信息的损失（Loss of information）	37	控制复杂度（Difficulty of detecting and measuring）
12	形状（Shape）	25	时间的损失（Loss of time）	38	自动化水平（Extent of automation）
13	物体的稳定性（Stability of the object's composition）	26	物质的量（Quantity of substance/matter）	39	生产性（Productivity）

表 9-4　40 个发明原理

序号	发明原理	序号	发明原理	序号	发明原理	序号	发明原理
1	分割/细分化（Segmentation）	11	事先防范（Cushion in advance）	21	减少有害作用的时间（Rushing through）	31	使用多孔材料（Use of porous material）
2	分离、抽取（Extraction）	12	等势（Equipotentiality）	22	变害为利/转灾为福（Convert harm into benefit）	32	改变颜色：拟态（Changing the color）
3	局部质量（Local Conditions）	13	反作用（Inversion）	23	反馈（Feedback）	33	同质性（Homogeneity）
4	增加不对称性（Asymmetry）	14	曲面化/曲率增加（Spheroidality）	24	借助中介物（Mediator）	34	抛弃与再生（Rejecting and regenerating parts）
5	组合、合并（Combining）	15	动态特性（Dynamicity）	25	自助服务（Self-service）	35	物理或化学参数变化（Transformation of physical and chemical states of an object）
6	多元性（Universality）	16	未达到或过度作用（Partial or overdone action）	26	复制（Copying）	36	相变（Phase transition）
7	嵌套构造（Nesting）	17	一维变多维（Shift to a new dimension）	27	廉价替代品（An inexpensive short-life object instead of an expensive durable one）	37	热膨胀（Thermal expansion）
8	重量补偿（Counterweight）	18	机械振动（Mechanical Vibration）	28	机械系统替代（Replacement of mechanical system）	38	加速氧化（Use strong oxidizers）
9	预先反作用（Prior counter-action）	19	周期性动作（Periodic Action）	29	使用气压和液压结构（Use a pneumatic or hydraulic construction）	39	惰性环境（Inert environment）
10	预先作用（Prior action）	20	有效作用的连续性（Continuity of a useful action）	30	柔性壳体或薄膜（Flexible film or the membranes）	40	复合材料（Composite materials）

TRIZ 方法提供了一套结构化的方法来解决创新过程中遇到的问题，降低了尝试和错误的次数，提高了创新的成功率。它不仅适用于工程和技术领域，还被广泛应用于商业、管理和产品设计等多个领域。TRIZ 方法已被广泛应用于各国的诸多企业和研究机构，这些企业利用 TRIZ 方法解决了研发中的发明问题，形成了创新，并在激烈的市场竞争中取得了优势。通过学习和应用 TRIZ 方法，个人和组织可以更有效地进行技术创新，提升产品和服务的竞争力。

9.4 创新管理

创新不仅意味着发明新事物（如产品），还需要经历向全球范围推广和介绍的过程。因此，需要对从提出创新想法、开发、确定优先顺序，到最终实施并将其应用于实践的多个环节的所有活动进行有效管理，称为"创新管理"。

创新管理是为创新提供支持和框架，促进并引导创新活动，以确保其在组织内部产生实际影响并创造价值。这包括管理创新项目、有效分配资源、风险评估和管理，以及创新成果的推广和持续改进。因此，创新管理是一个综合性、动态性的管理过程，旨在推动组织创新能力的提升，促进创新的产生、管理和应用，从而实现业务的持续发展和成功。

9.4.1 创新管理的框架

在创新型社会中，商业呈现高度透明性，信息在创新循环内传播迅速，沿着创新路径的传播时间很短，因此，时间是创新的一个关键因素。涉及企业内部流程管理时，阶段性管理方法仍占主导地位，这种项目管理方式在创新过程中具有优势。在这种情况下，创新循环的中心通常是项目经理而非企业家，采用阶段性管理的方法和文化。然而，若将企业家置于中心位置，将大幅加速创新的过程。

Berkhout等人为了从跨学科的视角探讨开放式创新中变化过程及其相互影响，提出了图9-26所示的循环创新模型（Cyclic Innovation Model）。该模型展现了一个不断迭代的创新网络，呈现为一个持续循环的形式，每个循环中又包含相互联系的小循环。这个模型将行为科学、工程学、自然科学和市场整合成一个连贯的过程系统，并在四个主要节点交叉。这些变化的结合蕴含着很多商业机会，企业家处于框架的中心位置，企业家精神在此扮演着关键角色，推动创新。

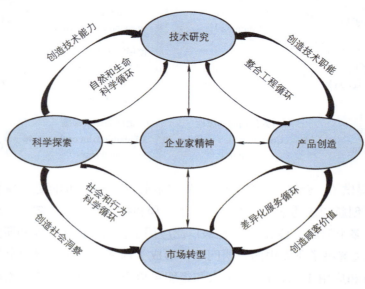

图 9-26 循环创新模型

创新管理的框架说明创新不应是简单的线性单向路径，而应该是具有控制和反馈的相互联系的循环。这种框架将社会科学、行为科学、工程学、自然科学和市场目标相互联系，构成了一个动态的网络环境。创新的重要决策不再局限于项目管理过程的阶段性发生，而是在创新过程中自发进行，或者在循环网络的节点处进行。循环创新模型的关键特征在于其结构是一个基于创新的循环体系，表明想法能够带来新概念，成功会带来新挑战，失败会带来新见解。新的想法可以在这个循环上的任何位置产生，从而沿着顺时针或者逆时针传播。

9.4.2 创新管理的困境

实际上，所有组织内部都存在稳定性需求（效率需求）和创造性需求的基本矛盾。以汽车企业为例：一方面，企业需要有稳定的、静态的惯例以高效地执行日常运营，使得组织能够应对当前的竞争。汽车制造商需要确保生产线的高效运转，以应对大规模汽车生产的需求，这需要极高的效率和严格的质量控制。另一方面，随着技术的不断演进和市场的变化，汽车企业需要不断创新，开发新技术和新车型，以保持竞争优势。因此，需要培育创新的环境来开发和试验新技术、设计新车型，适应不断变化的市场需求。这就为管理工作提出了一个基本问题：如何更好地协调创造性需求与效率需求之间的矛盾，如图 9-27 所示。

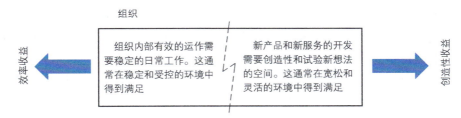

图 9-27 协调创造性需求与效率需求之间的矛盾

9.4.3 管理的不确定性

不确定性是企业面临的一个大问题。企业面临着结果的不确定性（包括市场不确定性），即什么是市场需要的，也面临着过程的不确定性，即应该怎么生产。管理要应对不确定性，试图降低不确定性。对不确定性事件的管理是创新过程管理的核心工作。大量的技术创新案例表明，创新项目都伴随着大量的不确定性因素。可以使用图 9-28 所示的皮尔森不确定性矩阵对不确定性与创新过程进行分析。

皮尔森不确定性矩阵基于 2 个关键维度：目标的不确定性（即业务或项目的最终目标是什么）和方法的不确定性（如何达到这个目标）。这 2 个维度的组合形成了 4 个象限，每个象限代表不同程度的不确定性。

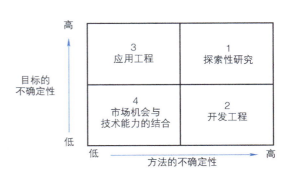

图 9-28 皮尔森不确定性矩阵

1）第一象限。第一象限指方法和目标都存在高度不确定性的业务，通常被称为探索性研究。这些业务涉及技术尚未成熟、对潜在产品或市场认知不完善的领域。这些大多是大学实验室的研究领域，因为它们通常没有实业界面临的资金和时间压力。

2）第二象限。在这个象限，目标是明确的，但方法不明确。在开发工程象限，需要一些特殊的项目管理技能以确保项目取得成功或在成本上升之前及时取消。例如，可能已经发现一个商业机会，但实现这个目标的方法还不具备。企业可能会启动多个项目，围绕不同的技术或方法，努力达成预期结果，同时在项目进行中可能发现更多途径。因此，在实现目标的方法方面存在很大程度的不确定性。这种业务类型通常属于制造型企业的内部业务，专注于改进生产流程和降低成本。

3）第三象限。这个象限的特征是目标存在不确定性，但方法相对明确。这个象限通常与如何最有效地利用技术有关，因此，应用工程是这个象限的业务名称。在应用工程象限，企业探索现有技术的潜在用途，管理层把精力放在要进入的市场上。例如，许多新材料研发属于这个象限。

4）第四象限。这个象限包含的是具有确定性的创新活动。在这个象限，科学家把这种类型的活动看作对已有技术的改进。尽管技术创新相对较少，但这些项目最贴近市场。在这些情况下，企业的主导业务是结合市场机会与技术能力改进已有产品或创造新产品。由于具有较强的确定性，类似的竞争者也积极开展此类业务。因此，产品开发的速度常常是成功的关键。使用最少的新技术，但改进了已有产品的形象或性能（有时具有显著的效果）的新产品设计是这个象限产品创新的例子。

总而言之，不确定性矩阵的价值在于：一方面，通过其简洁的框架来传达处理不确定性的复杂信息；另一方面，能够识别组织中与创新过程管理的不确定性有关的很多组织特征。

9.4.4 不确定性的管理应对

如果从不确定性和不连续性2个维度对企业战略进行梳理，可以得到图9-29：纵轴表示对未来发展方向的认知，主要面临的挑战是不确定性；横轴表示在未来发展路径上的实践，主要面临的挑战是不连续性。企业未来发展方向的不确定性可以分为高和低两种情况。可以沿着企业发展的时间线，把企业管理模式分为适应式管理、愿景式管理、计划式管理和涌现式管理4种类型。

在未来发展方向不确定性高、未来发展路径不连续性也高的情况下，事物的发展处于混沌状态，大多数企业采取适应式管理。企业在众多发展方向中进行排除，试图找到适合自身资源和能力条件的发展方向，并将有限的资源和能力押注在此发展方向上，力图实现发展路径的突破，进入成长阶段。

成长阶段的企业往往采取愿景式管理，总有企业能够克服发展路径上的不连续性，实现愿景，进入发展方向不确定性低、发展路径不连续性低的阶段，并开始采取计划式管理模式，尽力让发展方向稳定下来，让发展路径持续下去。当企业面临剧烈变化时，需要重新进行选择,以适应发展方向不确定性升高的外部环境。除了人工智能技术之外,越来越多的智能互联技术,使得产品之间、产品与消费者之间、企业之间的连接日益密切。汽车企业在这一过程面临着不断加剧的市场竞争压力,不仅源于同行业竞争者竞争方式的升级和创新,更有来自ICT企业跨界进入汽车市场而形成的全新竞争压力。工业经济时代的规模经济、范围经济原则越来越受到数字经济情境下的摩尔定律、梅特卡夫定律、网络效应以及先行者优势等规律的挑战,基于界限分明科层结构的金字塔型组织结构,逐渐被以平台为中心多元主体耦合的生态圈结构所替代,新出现的各种实践迫切需要从新的管理视角来解释和指导。

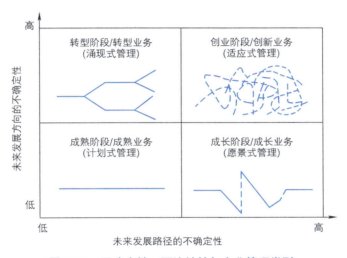

图 9-29　不确定性、不连续性与企业管理类型

新质生产力有别于传统生产力,是推动产业数字化和绿色化转型升级的先进生产力,目标是实现生产力"质"的跃迁。新质生产力依靠颠覆性技术创新和前沿技术创新,培育新兴产业和未来产业新赛道。在国内外颠覆性技术发展历程中,重要的经验是需要对创新的不确定性有更好的应对机制,营造鼓励探索、宽容失败的环境,允许合理的失败和犯错,也需要控制风险,还需要建立对具有颠覆性潜质的非主流技术的长期跟踪和投入机制。构建多渠道的信息获取机制,提高市场敏锐度和洞察力。同时,也需要建立面向颠覆性技术的长周期研发投入机制。例如:加大对战略性新兴产业、未来产业,以及具有颠覆性潜质的非主流技术的研发投入;积极拓宽研发经费投入渠道,建立多渠道资金投入机制。

9.4.5　创新管理的工具

科技企业曾凭借卓越创新在特定行业或研究领域占据主导地位,却在之后陷入停滞。科学合理的管理制度能够帮助企业领导者维持企业的创新能力,能够让创新停滞的企业再次充满活力。

以通用汽车为例,在繁荣阶段,其确立了多项成功的策略,包括重视研发、设计、销售和对行业机遇的把握。早期的技术革新和对汽车外观的关注,以及领先的经销模式和金融服务，为公司的成功奠定了基础。然而，20世纪90年代以后，通用汽车的创新不足导致衰落，并最终破产，表现在多个方面。首先，公司未能及时调整产品策略以适应市场需求变化。随着石油危机和消费者对节能车型需求的增加，市场对紧凑型车型的需求激增，但通用汽车未能迅速转变产品策略。这种缺乏创新意识和灵活性导致了市场份额的流失。其次，过度依赖传统经营模式也是通用汽车创新不足的表现。相较于新兴竞争对手，通用汽车未能充分发挥科技和数字化趋势带来的机遇，而是过于依赖既有的经销商网络和传统的车型生产方式，缺乏对创新性业务模式的发展。最后，管理层对于产品创新的重视不足也是一个问题。公司在创新方面的投入和创造性产品研发相对不足，这使得通用汽车未能及时推出引领市场潮流的革新性产品，错失发展机遇。这些缺乏创新的表现使得通用汽车在市场上逐渐失去竞争优势，最终走向衰落。开发成功的创新产品并非仅靠应用最新技术就足够，要成功地管理创新就需要提出富有创造性的解决方案。应用最广泛的创新管理方法和工具见表9-5。

表 9-5 创新管理方法和工具

创新管理类型	方法和工具	创新管理工具	方法和工具
知识和技术管理	知识审核 知识图谱 技术路线图 行业前瞻面板 文件管理 知识产权管理	创造力开发	头脑风暴 横向思维 TRIZ 思维导图
市场信息	技术监测、技术搜索 专利分析 商业情报 竞争者分析 趋势分析 典型用户 客户关系管理（CRM）	过程提升	标杆定位 工作流程 业务流程再造 准时制生产
合作和网络	群组软件 团队建设 供应链管理 产业集群	创新项目管理	项目管理 甘特图 项目评估 分阶段管理 项目组合管理
人力资源管理	远程办公 企业内部网 在线招聘 在线学习 能力管理	设计和产品开发	计算机辅助设计（CAD）系统 快速成型 可用性方法 质量功能部署 价值分析 新产品开发计算机决策模型
接口管理	研发-营销接口管理 并行工程	业务创新	业务模仿 商业计划书 研究副产品市场化

针对不同的组织和项目，不存在一种适用于所有情况的标准管理过程。项目的多样性，涵盖了不同程度的不确定性，并且企业及其所处行业的特殊情况也不尽相同，因而需要灵活采用不同的解决方案。在企业提升创新管理水平时，常常需要将不同的工具和方法

结合使用，以确保项目获得成功。企业能够取得的效果取决于其如何有效地整合这些工具和技巧，并结合自身能力，这两个因素共同决定了最终的成果。

9.4.6 创新管理的流程

创新工作需要一定程度的结构化，即所谓的流程。在关于创新流程的讨论中，往往出现明显的两极分化。一方面，一些人坚信敏捷和精益，通常基于拉动式的流程；另一方面，有些人则坚定地相信更为严格和正规的推动式创新管理过程。

可以借助于一个简单的分类矩阵对创新管理过程的不同模式进行说明，如图 9-30 所示。

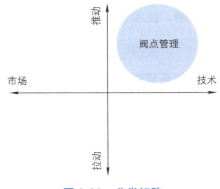

图 9-30 分类矩阵

1. 推动与拉动

创新管理中存在着两种主要取向，即"推动型"与"拉动型"。推动型更注重内部和技术，组织倾向于洞察市场和客户所面临的挑战，只需寻找解决这些挑战的最佳方法，通常是采用新技术。拉动型则更多以客户和市场为导向，致力于寻找适应不断变化的市场和客户需求的方法，更强调倾听客户的声音、向客户学习并快速行动。拉动型组织的优势之一在于，与推动型组织相比，它们能更快地进入市场，营销预算也更少。这也是许多初创企业成为拉动型组织的关键原因之一。

2. 阀点管理

阀点管理的关键在于，每个创意在其发展过程中经历着预先确定的阶段，每个阶段末尾都设有一个评估阀点，如图 9-31 所示。在创意到达阀点时，根据预设标准对其进行评估，若能符合评估标准，将获得额外投资并推进至下一发展阶段。通过规范每个创意必须通过的流程以及衡量这些创意的审查标准，每个人都非常清楚自己的期望和决策流程。这一流程有助于淘汰不好的想法，有效地分配资源，并确保创新符合管理层的目标和标准。

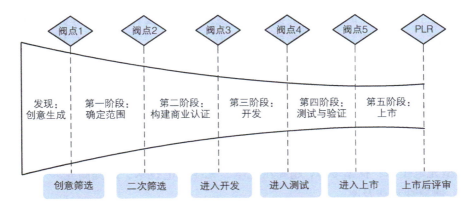

图 9-31 阀点管理路线图

333

然而，阀点管理也存在挑战，可能导致类似、渐进、易理解的想法容易获得批准，而限制了创新者的发挥，对于更具风险和创新性的想法可能不够灵活。通过细致考虑流程各阶段和关口的衡量标准，这些挑战是可以缓解的。因此，阀点管理在创意相似、运营环境可预测、技术挑战较高的情况下通常是有效的。

9.4.7 创新管理的关键因素

创新管理的关键成功因素主要体现在以下几点：

1）*持续改进*。为了培养成长型思维，个人和组织都应该持续不断地改进创新管理的各个方面。通过不断改进基础设施和流程，可以将更多时间集中在价值创造上，而不是简单地处理无休止的"待办事项"。同时，提升个人技能，能更有效地利用时间，并在机遇出现前获得竞争优势。

2）*创造价值*。许多创新者在追求自身愿景的过程中有时会忽视最终目标：为客户创造价值。只有深入了解市场和客户，持续专注于通过创新为客户创造尽可能多的价值，才能朝着正确的方向前进。

3）*创新速度*。创新速度可能是创新成功的最重要因素。"精益创业"是一个成功的框架，但其成功的关键原因在于它特别强调了"构建—衡量—学习"循环的速度。创新需要不断学习，而速度越快，成功的机会就越大。除了知识的学习，还应关注能力和组织文化的建设，以更好地支持创新。

4）*资源分配*。在分配资源时，组织需要明确目标、清晰用途，对于大型组织来说尤为重要。为了取得成功，组织应明确风险承担意愿、期望的回报水平和实现目标的时间表，并根据这些因素制定相应的战略。这个战略不仅要与组织的背景相符，还要考虑现有资源的实际情况。一旦战略确定，就应不断监测进展情况，确保资源得到合理分配。

5）*优秀的企业文化和顶尖团队*。如今，绝大多数创新都是以创新团队的形式完成的成果。在日益复杂的世界中，如果没有合适的人才组合和正确的文化，那么团队将很难创造出创新成果。

6）*专注*。缺乏专注是阻碍创新的主要挑战之一，同时，保持专注也是创造创新的关键成功因素之一。当专注时，成功的概率就会更高，因为要比别人做得更好、做到其他人做不到的事情，必须付出超过常人的努力。作为一个组织，不可能在许多不同的方面都专注，至少不可能同时专注于多个领域。

例如，对于新能源汽车企业而言，要实现创新管理的关键成功因素如下所述。

1）技术创新和研发投入

① 电池技术：投资于固态电池、硅碳负极材料等新型电池技术，提升能量密度和充放电速度。

② 新型充电技术：探索 800V 超高压充电、无线充电技术，以提高充电的速度、便捷性和普及率。

③ 电动机效率提升：研发高效电动机，降低能耗并提高续驶里程。

比亚迪智能充电技术

④ 提高续驶里程：通过优化混合动力系统、电池管理系统，以及轻量化车身设计等技术，实现 2000km 以上的超长续驶里程。

2）市场导向和消费者需求

① 市场研究：定期进行市场调查和消费者反馈分析，了解消费者对价格、性能和新技术的需求。

② 产品开发：基于市场研究结果，开发多样化产品线，涵盖经济型、高性能和豪华型电动汽车，满足不同层次消费者的需求。

③ 用户体验优化：结合智能座舱技术，提供语音助手、手势控制和个性化设置，提升用户的驾驶体验。

④ 售后服务：建立完善的售后服务网络，提供快速响应的维修和保养服务，提高消费者满意度。

3）生产技术和制造效率

① 一体式压铸技术：采用大型压铸机制造整车底盘和车身结构，减少焊接工序，提高生产效率和一致性。

② 自动化生产线：引入工业机器人和自动化流水线，减少人力成本，提升生产速度和质量控制。

③ 供应链管理：优化供应链管理，采用精益生产模式，减少库存和生产周期。

④ 绿色制造：实施环保制造工艺，降低能耗和排放，符合可持续发展的要求。

4）品牌建设和营销策略

① 品牌定位：明确品牌定位，传递高科技、环保和智能化的品牌形象。

② 营销策略：利用社交媒体（微博、微信、抖音等）进行全方位宣传，通过直播平台举办线上发布会，并在主流视频网站和科技网站投放广告。在主要城市设立试驾中心，定期举办用户体验日，增加消费者参与度。建立线上车主社区，组织线下聚会活动，增强用户黏性。推出用户推荐奖励计划，分享车主故事，利用口碑营销吸引新用户。展示企业碳中和计划，支持环保公益活动，强化品牌的社会责任形象。

5）法规和政策支持

① 政策研究：成立专门的政策研究部门，跟踪国内外新能源汽车相关法规和政策变化。

② 合规标准：确保产品的设计和生产符合最新的安全、环保和能效标准，以满足政府和行业的合规要求，降低政策风险。

③ 政府合作：积极与政府和行业组织合作，参与新能源汽车政策制定和标准制定过程，争取政策支持和优惠政策的落实。

④ 补贴利用：充分利用政府提供的补贴、税收优惠和研发资助，降低企业成本，提高竞争力。

通过在上述具体领域的努力，新能源汽车企业可以实现技术和管理创新，在市场中占据领先地位。这些因素并非孤立存在，成功的新能源汽车企业通常综合考虑并有效整合这些因素，以确保其产品能够在市场上获得竞争优势并实现持续增长。

9.5 工程案例

9.5.1 比亚迪电池系统的发展

可借助 S 曲线分析，将比亚迪电池系统的技术研发和产品发展历程进行归纳，如图 9-32 所示。比亚迪对车用动力电池的研发最早可以追溯到 2002 年，经过不断的技术革新，首款动力型磷酸铁锂电池于 2005 年上市。2008 年，比亚迪推出了搭载磷酸铁锂电池的纯电动汽车 e6，并首次将磷酸铁锂电池应用到混合动力电动汽车 F3DM 上。这是比亚迪的第一代动力电池系统，采用传统的"电芯 - 模组 - 电池包"装配模式，电池容量达到 45A·h，体积利用率为 40%。第一代动力电池系统主要应用到王朝系列车型上，采用复合模组，在尽可能提高电芯成组效率的同时，提高了电芯容量。

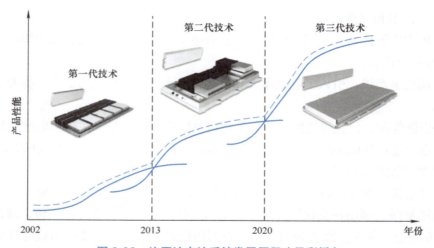

图 9-32 比亚迪电池系统发展历程（见彩插）

虽然磷酸铁锂具有成本低、热稳定性强的优势，但是其在能量密度上存在局限性。虽然可以通过不断优化磷酸铁锂材料体系，如在磷酸铁锂电池中加入锰元素来提升磷酸铁锂电池的能量密度，但其体系能量密度上升空间已达到极限。三元电池具有更高的能量密度，电芯能量密度可达 200～300W·h/kg，组装成电池组系统后达到 160～200W·h/kg，可以满足市场对高续驶里程电动汽车的需求，并很快成为市场上乘用车搭载的主流动力电池。但是，由电池热失控引发的电动汽车自燃现象频发，动力电池的安全性能日益受到重视。随着我国电动汽车政府补贴退坡，电池行业降本增效的需求增长。能量密度、安全、成本成为动力电池发展中不可忽视的三个要素。磷酸铁锂电池在安全性和成本上优于三元电池，如何提升能量密度成为其发展的关键。

针对三元电池的优势，从电芯工艺结构着手，通过提升系统成组效率、能量密度，增加整车续驶里程。比亚迪将电池结构的设计思路从复合模组转向扁平化、单层模组方向，体积利用率提高到 45%，于 2013 年推出第二代电池系统。

通过不断的电池结构创新和技术迭代，比亚迪于 2020 年集成了从电池的原材料制取到动力电池包制造的全产业链优势，推出第三代电池系统新结构、新工艺——刀片电池。该技术打破了传统动力电池系统模组的概念，突破传统涂布技术制约，攻克超薄铝壳焊接技术，成功研发出超大长宽比、厚度仅为 13.5mm 的刀片电池，实现了超高的体积集成效率，使磷酸铁锂电池的体积能量密度媲美三元电池，在安全性能方面大幅领先，实现了高能量密度和高安全防护的更好兼顾。

刀片电池首次搭载在比亚迪汉车型上，使该车型在安全性、续驶里程、车内空间、风阻系数方面的优势突出。在安全性方面，刀片电池具有更好的热稳定性，热量不易聚积，电池升温缓慢，解决了电动汽车普遍存在的安全性痛点。在续驶里程方面，刀片电池通过提升空间利用率和集成效率使比亚迪汉 EV 的电量可以达到 79kW·h，工况续驶里程可以达到 605km。车内空间方面，刀片电池的特殊组排方式使其电池包垂直高度比块状电池包降低 50 mm，能够确保车内具有充裕的乘坐空间，同时有利于整车造型设计。

9.5.2 刀片电池系统创新方案

接下来以电池能量密度提升为主要着眼点，来示例如何借助 TRIZ 方法进行电池系统技术创新。将电池能量密度如何提升这个问题转化为工程参数，确定优化属性与恶化属性之间的矛盾。通过使用 TRIZ 方法的矛盾矩阵，提出技术创新的设计思路。

1. 电池能量密度提升问题矛盾建立

(1) 问题描述

电动汽车传统电池包采用由多个电芯组成的模组，再将模组安装到带有横梁、纵梁的外壳上，组成电池包，形成"电芯 - 模组 - 电池包"三级装配模式。这种装配模式存在空间利用率低的问题，模组、横梁、纵梁都占用了宝贵的电池包空间。有数据显示，从单体组装到模组的环节，模组的空间利用率一般为 80%。从模组到电池包的环节，需要布置 4～5 根用于支撑电池包结构的横梁和纵梁，再加上电池包内部的盖板、托盘等结构件，这一环节的空间利用率为 50%。因此，传统电池包的空间利用率仅为 40%，这大大限制了电池包能量密度的提升，且无法满足电动汽车日益增长的续驶里程需求，限制了电动汽车产业的进一步发展。目前有两种主流方式来提升电池包的能量密度：一种是采用高能量密度的材料体系，如高镍三元体系，但是这类材料在高温下结构不稳定，容易引发热失控等安全问题；另一种是通过改变电池单体形状和电池包封装形式，减小电池包的重量和占用空间，提升系统集成效率从而提升电池包的能量密度。

(2) 矛盾建立

根据对提高电池能量密度问题进行分析，按照 TRIZ 方法对物理属性进行描述：改善的属性为形状（12），恶化的属性为静止物体的质量（2）；改善的属性为可靠性（27），恶化的属性为能量的损失（22）。

从 TRIZ 方法的矛盾矩阵表中，找到对应的解决矛盾的发明原理，见表 9-6。得到可选的发明原理为动态特性（15）、预先作用（10）、复制（26）、局部质量（3）、事先防范（11）、以及物理和化学转换（35）。

表 9-6　矛盾矩阵

改善的属性		恶化的属性	
		静止物体的质量	能量的损失
12	形状	15,10,26,3	—
27	可靠性	—	10,11,35

2. 刀片电池设计

通过查询矛盾矩阵表得到发明原理释义，见表 9-7。

表 9-7　发明原理释义

序号	名称	释义
3	局部质量	①将物体或外部环境（通过外部作用）由一致的构造改为不一致的构造 ②使物体的不同部件具备不同的功能 ③使物体的各个部件各自作动并处于最佳状态
10	预先作用	①事先执行对象物体所要求的全部或部分动作 ②为了不浪费某个动作实施前的等待时间，可以为在以后的动作可以顺利进行的对象物进行事前准备（使得能够从最方便的位置开始安排）
11	事先防范	采用事先防范，填补相对较低的对象物体的可靠性
15	动态特性	①为了实现不同阶段最合适的性能，对对象物体及其环境进行自动调整 ②为了使其相互关联的位置可以变更，对对象物体的元素进行分割 ③如果物体是静止的，将其变为可动的物体
26	复制	使用简化而廉价的复制品替代复杂的、昂贵的、易坏的，或者难操作的物体
35	物理或化学参数变化	改变物体的聚集态、密度的集聚度、柔性、温度等

根据该发明原理释义，并结合实际工程应用制定刀片电池方案。结合实际的零件设计环境，制定出可落实的解决方案如下：

1）原理 3（局部质量）：改变电池的结构是改进措施之一。电池的扁平形状具有许多优势，如图 9-33 所示。通过"压扁、拉长"电芯提高单体能量密度，减少因单位体积内放置多块电池和多颗小电芯并联带来的结构件引起的空间浪费；"扁长"型电池接触面积大，散热效果更佳，因此可以通过简化温控系统提升电池包空间利用率。

2）原理 11（事先防范）：对电池系统的设计始终牢守电池安全红线，针对电池使用的内部短路、外部短路、过充电、碰撞、高压、连接、危险气体这 7 重安全维度，从材料安全、电气安全、热安全、机械安全、环境安全 5 大方面进行安全评价验证，

图 9-33　比亚迪刀片电池（见彩插）

刀片电池包强化结构

同时也从电芯、模组、电池包、系统这4个层级构建全方位的动力电池安全体系，全面确保电池安全。

以电气安全为例，刀片电池主要从绝缘耐压强度和接触防护2个方面保障电气安全。

① 在绝缘耐压强度方面，采用高压绝缘设计（见图9-34），突破传统有机材料包覆的高压铜、铝排设计，添加无机非金属材料提供双重高压绝缘设计，通过内层涂覆耐高温涂层和外层添加云母，使其绝缘电阻在生命周期内和全工况条件下，满足至少500Ω/V的要求，保证极端情况（如在车辆冷热冲击、湿热循环、冷凝、水密封和绝缘耐压测试后）下绝缘有效。

刀片电池包-卡车碾压测试

② 在接触防护设计方面，进行热隔离设计，电池包设计满足IPXXB的要求，高压连接部分使用绝缘盖遮盖，绝缘盖设计满足IPXXB的要求。

图9-34　刀片电池电气安全设计（见彩插）

3）原理26（复制）：通过将电池的电极布局在电池两侧，减少布线麻烦和Z轴空间浪费，进一步提升空间利用；通过取消模组、电芯由立放改为侧放，精简了横梁、纵梁等支撑结构件，改善电池包空间利用情况。

4）原理35（物理或化学参数变化）：改变电池的结构，使其更加灵活，将对物理特性（减轻重量）、技术特性（减少受外部环境条件的影响）和安全特性（无泄漏或振动）产生积极影响。

以刀片电池热安全特性为例，其主要表现在材料选型和热隔离结构设计方面。在材料选型方面，采用磷酸铁锂材料体系，降低电池热失控的风险，并采用高阻燃等级的结构件（如固定结构件、结构胶、绝缘保护盖和采样线束等），即使在热失控的极端环境下，也能够延缓热失控的反应进程。在热隔离结构设计方面，在电芯之间增加隔热材料，隔绝或延缓相邻电芯的热扩散，并通过试验验证，确定隔热材料的最佳厚度、材质；在电池包与整车之间，通过特殊的结构设计防止冷凝水聚集并实现电池包和整车的热隔离。

在电芯安全方面，刀片电池在针刺试验中不冒烟、不起火、不爆炸，电池最高温度仅为60℃，如图9-35所示。在挤压试验中，电池仅冒烟、无起火、不爆炸，如图9-36所示。在炉温试验中，炉温梯度升温至300℃（5℃/min），无起火、爆炸现象，如图9-37所示。过充电试验中，过充充电至10V（最大电压的2.6倍），无起火、爆炸现象，如

图 9-38 所示。

a)

b)

图 9-35 刀片电池和三元电池针刺试验结果对比(见彩插)

a)

刀片电池针刺试验

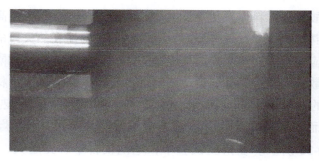

b)

图 9-36 刀片电池和三元电池挤压试验结果对比(见彩插)

a)

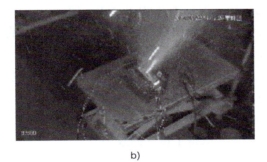

b)

图 9-37　刀片电池和三元电池炉温试验结果对比（见彩插）

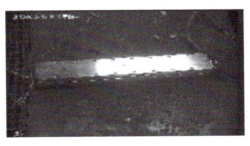

a)

b)

图 9-38　刀片电池和三元电池过充试验结果对比（见彩插）

在电池系统方面，刀片电池在整个热扩散测试过程中的最高温度为350℃，邻近电池背面温度最高约80℃，仅冒烟、无起火、不爆炸，高于国家标准"热事件报警后5min内不起火不爆炸"的要求，如图9-39所示。

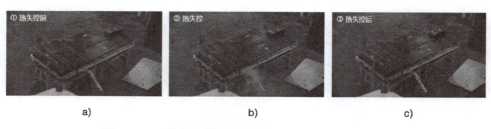

图 9-39 刀片电池热扩散试验前后结果对比（见彩插）

通过应用以上解决方案，对刀片电池系统进行设计，得到电池系统技术创新方案。传统三元电池包与刀片电池对比情况如图 9-40 和表 9-8 所示。刀片电池通过优化单体电池形状和排列方式，提高电池包的空间利用率和整体能量密度。它去除了传统的模组和梁结构，将电芯直接组成电池包，使其既作为能量体也作为结构件，使电池包的空间利用率达到 60% 以上，相较传统电池包空间利用率提升了 50%，能量密度提升至 240W·h/L，显著增加整车续驶里程。在材料方面，刀片电池采用磷酸铁锂体系，不易燃易爆，热稳定性良好，并通过特殊结构设计弥补了与三元锂电池的能量密度差距。刀片电池兼具了高能量密度和高安全性，在技术方案创新方面取得了良好的效果。

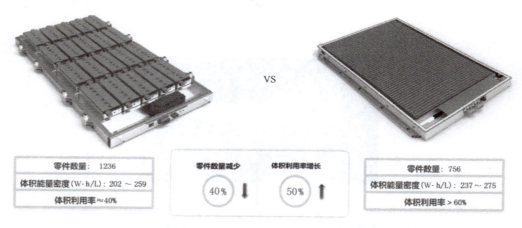

图 9-40 传统三元电池包与刀片电池的对比情况（见彩插）

表 9-8 传统三元电池包和刀片电池性能对比

性能		传统三元电池包	刀片电池
体积能量密度/（W·h/L）		202~259	237~275
体积成组效率（%）		40	>60
零件数量		1236	756
循环寿命		约 1500 次	约 3000 次
安全性能	针刺	起火、剧烈燃烧	不起火、不冒烟
	挤压	剧烈喷火	仅冒烟、不起火、不爆炸
	炉温	先喷射大量火星，然后剧烈燃烧	不起火、不爆炸
	过充电	大量火星喷射，剧烈燃烧	2.6 倍电压过充不起火、不爆炸
	热扩散	剧烈燃烧	仅冒烟、不起火、不爆炸

思考与练习

一、单选题

1. 下列（　　）不是创新的必要组成部分。
   A. 新创意　　　　　　　　　　B. 技术发明
   C. 商业开发　　　　　　　　　D. 用户好评

2. 我国支持新能源汽车的技术创新的"三纵三横"体系中的"三横"不包括（　　）。
   A. 燃料电池汽车　　　　　　　B. 动力电池与管理系统
   C. 驱动电机与电力电子　　　　D. 网联化与智能化

3. 技术逐渐被广泛接受和应用，对产品的需求迅速增加表明其处于生命周期的（　　）。
   A. 研究与开发阶段　　　　　　B. 成长阶段
   C. 成熟阶段　　　　　　　　　D. 衰退阶段

4. 技术创新方法中的"头脑风暴法"的基本原则不包含（　　）。
   A. 延迟评判　　　　　　　　　B. 追求质量
   C. 鼓励自由联想　　　　　　　D. 组合和改进

5. 在循环创新模型中，（　　）精神处于框架的中心位置。
   A. 技术研究　　　　　　　　　B. 科学探索
   C. 企业家　　　　　　　　　　D. 产品创造

二、填空题

1. 技术创新按照创新程度分类可分为_____、_____。
2. 一个完整的创新生命周期应该包括3个阶段，即_____、_____和_____。
3. 产品设计研发活动常用的技术创新方法主要包括_____、_____、_____和_____。
4. 企业针对不确定性的管理模式分为_____、_____、_____和_____4种类型。
5. 对于新能源汽车企业而言，_____、_____、_____、_____、_____是其实现创新管理的关键成功因素。

三、判断题

1. 团队接受模型是描述创新过程的一种典型分析模型之一。　　　　　　　　（　　）
2. 技术创新的产品创新仅包括推出新产品，不包括对现有产品的改进。　　　（　　）
3. 所有技术都严格遵循技术生命周期的4个阶段。　　　　　　　　　　　　（　　）

4. SWOT 分析方法是一种战略规划和战略管理的分析工具，用于评估组织外部的优势和劣势，以及内部环境中的机会和威胁。（   ）

5. 比亚迪的刀片电池是通过优化单体电池形状和排列方式，提高电池包的空间利用率和整体能量密度。（   ）

四、简答题

1. "创新三螺旋"模式的含义是什么？
2. QFD 方法的实施有哪些必要的步骤？
3. 请简述企业施行创新管理过程中可能会遇到的困境。

五、综合实践题

1. 《新能源汽车产业发展规划（2021—2035 年）》明确了到 2035 年的主要目标，截至 2025 年，新能源汽车新车销售占比达到 20% 左右，并力争在 2035 年实现公共领域用车全面电动化。为此，该文件强调需要实现技术的自主可控，鼓励自主创新，提升核心技术和产品的国际竞争力。该文件是在全球对气候变化和环境保护重视日益增强的背景下制定的，旨在推动我国汽车产业的转型升级。随着新能源汽车被视为应对能源危机、降低城市污染和推动经济高质量发展的关键，我国政府认识到必须采取积极措施，来促进这一领域的快速发展。

请选择一家国内的知名汽车企业，基于公开信息，运用 SWOT 分析法对其主流产品的优劣势进行深入研究，并在此基础上，结合当前市场趋势、技术发展方向和政府政策，为该汽车企业制定合适的新产品发展策略和思路。

2. 《新能源汽车产业发展规划（2021—2035 年）》中明确指出，要加快新一代电池技术的研发，特别是固态电池的产业化。这项政策不仅反映了国家对电池技术创新的支持，还强调了在技术突破、成本控制和产业链整合方面的紧迫性。此外，政府还通过专项资金、税收优惠和产业基金等方式，支持固态电池技术的研发和应用，提高企业在技术创新方面的积极性。相较于传统液态电池，固态电池具有能量密度高、安全性强、寿命长等优点，然而其产业化进程仍面临多重挑战。

题目要求：

1）固态电池技术的挑战分析：详细讨论固态电池在材料开发、生产工艺、成本控制、产业链整合等方面面临的主要挑战。结合国家政策，分析政府如何通过资金和政策支持帮助企业应对这些挑战。

2）不确定性管理措施：针对固态电池的产业化挑战，分析企业可以采取的有效管理措施。例如，利用政府提供的研发补贴建立多元化的供应链，以及采用阶段性研发策略以降低技术成熟度带来的不确定性。

3）TRIZ 理论分析：运用 TRIZ 理论，提出如何通过创新解决固态电池技术的瓶颈，并结合政策导向,讨论在安全性、能量密度和寿命等方面的创新路径,特别是如何利用政府的支持推动技术突破。

4)技术创新方向建议:结合市场需求和政府政策的引导,提出固态电池技术未来可能的创新方向(如新材料的开发、生产工艺的优化和智能管理系统的集成等),讨论这些方向如何受益于国家政策的支持和行业规范的引导。

参 考 文 献

[1] 尹汉锋，文桂林. 智能电动汽车安全技术 [M]. 北京：机械工业出版社，2024.

[2] 周予凡. 质量阀在汽车空调产品开发项目中的应用与研究 [D]. 上海：上海交通大学，2017.

[3] 尹义法. 产品开发项目管理 [M]. 北京：机械工业出版社，2022.

[4] 聂诗尧. 项目管理在汽车产品研发中的应用探讨 [J]. 汽车实用技术，2020（14）：225-227.

[5] 洪永福. 汽车研发管理 [M]. 北京：机械工业出版社，2014.

[6] 王睿智. 汽车产品开发项目管理：端到端的汽车产品诞生流程 [M]. 北京：机械工业出版社，2020.

[7] 吴礼军. 汽车整车设计与产品开发 [M]. 北京：机械工业出版社，2021.

[8] 王佳，陈庆樟，胡侠，等. 电动汽车产品开发教程 [M]. 北京：机械工业出版社，2022.

[9] 龚敏，郑嵩祥，柴邦衡. IATF 16949 汽车行业质量管理体系解读和实施 [M]. 2 版. 北京：机械工业出版社，2018.

[10] 王海军. 产品质量先期策划（APQP）实用指南 [M]. 北京：机械工业出版社，2019.

[11] 王丽春. 失效模式和影响分析（FMEA）实用指南 [M]. 北京：机械工业出版社，2021.

[12] 杨朝盛. 测量系统分析（MSA）实用指南 [M]. 北京：机械工业出版社，2021.

[13] 袁学成，胡湘洪. 统计过程控制（SPC）体系实施指南 [M]. 北京：中国标准出版社，2009.

[14] 王海军. 生产件批准程序（PPAP）实用指南 [M]. 北京：机械工业出版社，2020.

[15] 徐进. 汽车营销学 [M]. 北京：机械工业出版社，2019.

[16] 胡欣怡，戚叔林. 汽车市场营销 [M]. 北京：机械工业出版社，2021.

[17] 何盛明. 财经大辞典：上卷 [M]. 北京：中国财政经济出版社，1990.

[18] 刘仲康，郑明身. 企业管理概论 [M]. 武汉：武汉大学出版社，2005.

[19] 刘永清. 汽车整车集成技术 [M]. 北京：机械工业出版社，2023.

[20] 全国汽车标准化技术委员会. 汽车强制性标准路线图研究报告 [R/OL].（2023-12-08）[2024-04-29].http://www.catarc.org.cn/xinwen/show-4463.html.

[21] 张在旺. 有效竞品分析：好产品必备的竞品分析方法论 [M]. 北京：机械工业出版社，2019.

[22] 中华人民共和国国家质量监督检验检疫总局，中国国家标准化管理委员会. 机动车运行安全技术条件：GB 7258—2017[S]. 北京：中国标准出版社，2017.

[23] 比泽. 汽车产品开发 [M]. 马芳武，译. 北京：机械工业出版社，2020.

[24] 余志生. 汽车理论 [M]. 6 版. 北京：机械工业出版社，2018.

[25] 中华人民共和国国家质量监督检验检疫总局，中国国家标准化管理委员会. 电动汽车术语：GB/T 19596—2017 [S]. 北京：中国标准出版社，2017.

[26] 饶洪宇，许雪莹. 汽车性能集成开发实战手册 [M]. 北京：机械工业出版社，2021.

[27] 刘建华，张良. 新能源电动汽车构造与原理 [M]. 北京：北京交通大学出版社，2021.

[28] 孙逢春，林程. 电动汽车工程手册 第一卷 纯电动汽车整车设计 [M]. 北京：机械工业出版社，2019.

[29] 鄂大伟. 软件工程 [M]. 北京：清华大学出版社，2010.

[30] 崔梦天，张波. 软件测试技术与实践教程 [M]. 合肥：中国科学技术大学出版社，2015.

[31] 杨胜利. 软件测试技术 [M]. 广州：广东高等教育出版社，2015.

[32] 王新宇. 中国 M1 类乘用车产品型式认证手册 [M]. 北京：机械工业出版社，2010.

[33] 中华人民共和国工业和信息化部. 道路机动车辆生产企业及产品准入许可办事指南 [EB/OL].（2023-12-22）[2024-04-29]. https://ythzxfw.miit.gov.cn/businessHandle?uuid=1f804fedafd04b588d826b4094e94388.

[34] 国家认证认可监督管理委员会. 认监委关于发布汽车强制性产品认证实施规则的公告 [EB/OL].（2020-4-16）[2024-04-29]. https://www.cnca.gov.cn/zwxx/gg/2020/art/2022/art_23593a70a58b43a4ba08bf85428fa010.html.

[35] 中华人民共和国生态环境部. 关于开展机动车和非道路移动机械环保信息公开工作的公告 [EB/OL].（2016-08-25）[2024-04-29]. https://www.mee.gov.cn/xxgk2018/xxgk/xzgfxwj/202301/t20230131_1014306.html.

[36] 工业和信息化部装备工业发展中心. 关于开展汽车软件在线升级备案的通知 [EB/OL].（2022-04-15）[2024-04-29]. http://www.miit-eidc.org.cn/art/2022/4/15/art_1657_733.html.

[37] 徐玉凤，黄亚辉. 项目进度管理 [M]. 北京：对外经贸大学出版社，2006.

[38] 何清华，杨德磊. 项目管理 [M]. 上海：同济大学出版社，2019.

[39] 赵庆华. 工程项目管理 [M]. 2 版. 南京：东南大学出版社，2019.

[40] 诸德春. 同步工程在汽车开发过程中的应用 [M]. 北京：机械工业出版社，2011.

[41] 孙禹晶. 汽车成本管理 [M]. 北京：机械工业出版社，2017.

[42] 邵家骏. 质量功能展开 [M]. 北京：机械工业出版社，2004.

[43] 张俊峰，邓璘. 汽车生产质量管理 [M]. 北京：机械工业出版社，2021.

[44] 邓莉. 采购管理 [M]. 重庆：重庆大学出版社，2013.

[45] 计国君，蔡远游. 采购管理 [M]. 厦门：厦门大学出版社，2012.

[46] 李恒兴，鲍钰. 采购管理 [M]. 2 版. 北京：北京理工大学出版社，2011.

[47] 孙磊. 供应商质量管理 [M]. 北京：机械工业出版社，2020.

[48] 雷朝辉. 高效管理：汽车供应链管理实务 [M]. 北京：机械工业出版社，2010.

[49] 刘小俊. 采购管理实训 [M]. 武汉：武汉大学出版社，2016.

[50] 汪娟. 采购管理实务 [M]. 成都：电子科技大学出版社，2018.

[51] 詹樟松. 汽车性能集成开发 [M]. 北京：机械工业出版社，2021.

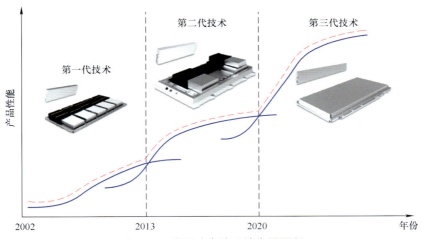

图 9-32　比亚迪电池系统发展历程

图 9-33　比亚迪刀片电池

图 9-34　刀片电池电气安全设计

图 9-35　刀片电池和三元电池针刺试验结果对比

图 9-36　刀片电池和三元电池挤压试验结果对比

图 9-37　刀片电池和三元电池炉温试验结果对比

图 9-38　刀片电池和三元电池过充试验结果对比

图 9-39　刀片电池热扩散试验前后结果对比

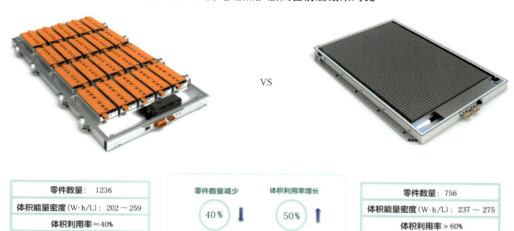

图 9-40　传统三元电池包与刀片电池的对比情况